세계 행복 전문가들이 추천한 행복 보고서!

행복 연구 분야는 과학적 연구에 기반한 인생 조언이 넘쳐나지만 슐츠와 월딩거의 조언은 그중에서도 유독 돋보인다. 이들은 인류 역사상 가장 철두철미하게 진행되고 있는 성인 발달 연구로 무엇이 좋은 삶을 만드는지 알려준다.

_ 앤절라 더크워스 Angela Duckworth **《그릿》 저자**

좋은 삶의 비밀을 알고 싶은가? 로버트 월딩거와 마크 슐츠가 쓴 이 훌륭한 책이 알려줄 것이다.

_ 아서 브룩스 Arthur C. Brooks **하버드 케네디 스쿨&하버드 경영대학원 교수**

《세상에서 가장 긴 행복 탐구 보고서》는 장기간에 걸쳐 진행되고 있는 인생에 관한 희귀하고 매혹적인 연구 이야기를 들려준다. 이 통찰력 있고 흥미롭고 정보가 풍부한 책은 행복의 비밀을 밝히면서 결국 그것이 비밀이 아니었음을 되새기게 한다.

_ 대니얼 길버트 Daniel Gilbert **《행복에 걸려 비틀거리다》 저자**

월딩거와 슐츠는 인간 번영에 관한 본질적인 책을 썼다. 훌륭한 연구와 실행 가능한 조언으로 가득한 이 책은 여러분의 뇌를 확장시키고 마음을 풍요롭게 할 것이다.

_ 대니얼 핑크 Daniel H. Pink **《후회의 재발견》 저자**

월딩거 박사와 슐츠 박사가 하버드 연구 결과를 발표하다니 정말 기쁘다. 난 오랫동안 그들의 연구에 대해 얘기하고 월딩거 박사의 TED 강연을 전 세계인들에게 추천해왔다. 《세상에서 가장 긴 행복 탐구 보고서》도 빨리 추천하고 싶다.

_ 탈 벤 샤하르 Tal Ben-Shahar **《하버드는 학생들에게 행복을 가르친다》 저자**

80년간 지속된 연구 내용과 스토리텔링을 혼합한 결과, '좋은 삶은 좋은 관계를 통해 만들어진다'는 고대의 지혜가 옳았다는 사실이 증명되었다.

_ **제이 셰티**Jay Shetty **《수도자처럼 생각하기》 저자**

매혹적인 책이다. 집중적인 연구와 실행 가능한 단계를 결합시켜서 인간관계가 지닌 힘에 대한 통찰력 있는 증거를 제시한 이 책은 행복을 높이고자 하는 모든 이들에게 소중한 보석이 될 것이다.

_ **《퍼블리셔스 위클리》**Publishers Weekly

월딩거와 슐츠는 의미 있는 삶을 만드는 반직관적인 것들을 연구하는 세계적인 전문가로 전례 없는 수준의 불행과 외로움에 직면한 이 세상에 반가운 조언을 제공한다.

_ **로리 산토스**Laurie Santos **예일대학교 심리학 교수**

정말 비범한 책이다. '하드 데이터'와 계몽적인 사례 연구, 인터뷰를 과학적 사실에 충실하면서도 인간적인 방식으로 매끄럽게 엮어낸다. 그리고 심리학이 최고의 힘을 발휘하면 어떤 모습이 되는지 보여주는 멋진 그림을 제공한다.

_ **배리 슈워츠**Barry Schwartz **《우리는 왜 일하는가》 저자**

아서 브룩스, 대니얼 핑크, 앤절라 더크워스처럼 풍요롭고 만족스러운 삶을 살아가는 방법을 깊이 있게 탐구하는 작가들의 책을 즐겨 읽는 독자들에게 안성맞춤이다. 관계가 중요한 이유를 살펴보면서 그걸 뒷받침하는 전례 없이 방대한 데이터를 제공한다.

_ **《커커스 리뷰》**Kirkus Reviews

세상에서 가장 긴 행복 탐구 보고서

THE GOOD LIFE:
Lessons from the World's Longest Scientific Study of Happiness
by Robert Waldinger, MD and Marc Schulz, PhD
Originally Published in 2023 by Simon & Schuster.

'행복의 조건'을 찾는 하버드의 연구는 지금도 계속된다

The Good Life

세상에서 가장 긴 행복 탐구 보고서

로버트 월딩거 · 마크 슐츠 지음 | 박선령 옮김

비즈니스북스

옮긴이 | **박선령**

세종대학교 영어영문학과를 졸업하고 MBC방송문화원 영상번역과정을 수료하였다. 현재 번역 에이전시 엔터스코리아에서 출판기획 및 전문 번역가로 활동하고 있다. 주요 역서로는《타이탄의 도구들(리커버 에디션)》,《인생을 바꾸는 90초》,《일터의 현자 : 왜 세계 최고의 핫한 기업들은 시니어를 모셔오는가?》,《나는 이제 설득이 어렵지 않다》,《성실함의 배신 : 목적 없는 성실함이 당신을 망치고 있다》,《어떻게 인생 목표를 이룰까: 와튼스쿨의 베스트 인생 만들기 프로그램》,《북유럽 신화》 등 다수가 있다.

세상에서 가장 긴 행복 탐구 보고서

1판 1쇄 발행 2023년 10월 24일
1판 4쇄 발행 2023년 11월 30일

지은이 | 로버트 월딩거 · 마크 슐츠
옮긴이 | 박선령
발행인 | 홍영태
편집인 | 김미란
발행처 | (주)비즈니스북스
등 록 | 제2000-000225호(2000년 2월 28일)
주 소 | 03991 서울시 마포구 월드컵북로6길 3 이노베이스빌딩 7층
전 화 | (02)338-9449
팩 스 | (02)338-6543
대표메일 | bb@businessbooks.co.kr
홈페이지 | http://www.businessbooks.co.kr
블로그 | http://blog.naver.com/biz_books
페이스북 | thebizbooks
ISBN 979-11-6254-348-1 03190

* 잘못된 책은 구입하신 서점에서 바꾸어 드립니다.
* 책값은 뒤표지에 있습니다.
* 비즈니스북스에 대한 더 많은 정보가 필요하신 분은 홈페이지를 방문해 주시기 바랍니다.

비즈니스북스는 독자 여러분의 소중한 아이디어와 원고 투고를 기다리고 있습니다.
원고가 있으신 분은 ms1@businessbooks.co.kr로 간단한 개요와 취지, 연락처 등을 보내 주세요.

우리를 낳아준 가족과 우리가 만든 가족에게 바칩니다.

The
Good
Life

불멸의 행복 연구

"행복에 관해 읽어야 할 단 한 권의 책."

이 수식어가 부담스럽지 않은 책은 없다. 아무리 많은 찬사를 받은 책이라 하더라도 모든 사람의 기준을 충족시키는 단 하나의 책이라는 타이틀을 부여받기는 매우 어렵다. 행복에 관한 백과사전식 지식을 담은 책에서는 선명한 주제를 발견하기 어렵고, 감성을 자극하는 에세이에서는 과학적 근거를 찾기가 어렵다. 어떤 책은 종교적 색채가 지나치게 강하고, 어떤 책은 진화론에 경도되어 있어서 인간이라는 종種의 행복에 대해서는 배울 수 있지만, 행복한 삶을 위한 실천적 메시지가 빈약하다.

이 난제 앞에서 무모한 용기를 내게 하는 책이 《세상에서 가장 긴 행복 탐구 보고서》이다. 지극히 주관적인 몇 가지 이유 때문이다.

그 전에 개인적인 이야기를 하나 하자면, 이 책의 원제인 《The Good Life》와 추천인인 내가 2018년에 쓴 《굿 라이프》의 제목이 똑같다. 어릴 적 헤어진 쌍둥이 형제를 만난 것 같은 희열을 느끼지 않을 수 없다. 단순 희열을 넘어 깊고 강렬한 지적 쾌감을 느끼는 까닭은 두 책 모두 '행복' 대신 '굿 라이프'를 제목으로 택한 문제의식 때문이다. 행복이 단순한 감정 이상의 것이라는 것과 진정한 행복에는 순간적인 쾌감만이 아니라 삶의 의미와 목적이 강하게 존재한다는 학문적 신념이 두 책에 가득 배어 있다. 우리는 '무엇이 우리를 행복하게 하는가'라는 질문보다 더 크고 근본적인 질문인 '무엇이 우리의 삶을 좋은 삶으로 만드는가'에 집중하고 있다.

동일한 제목의 책을 썼다는 이유 말고도 내가 이 책을 추천하는 이유는 넘쳐난다.

우선, 이 책은 글자 그대로 세상에서 가장 오래된 연구의 보고서이기 때문이다. 기록이란 깨지기 위해 존재한다는 말이 있지만, 하버드 성인 발달 연구는 절대로 깨질 수 없는 불멸 그 자체이다. 1938년에 시작되어 현재까지 85년간 계속되고 있는 이 연구는, 애초의 참가자들만이 아니라 그들의 사망 이후에는 그들의 배우자, 자녀 그리고 손자, 손녀까지 3대의 삶을 들여다보고 있는 세계 최장수 행복 종단 연구이다. 행복을 연구하는 모든 학자가 이 책에 무한한 경의를 표하는 이유이다.

둘째, 이 책은 "무엇이 좋은 삶인가?"라는 질문에 일말의 주저함도 없이 답 하나를 선명하게 제시하고 있다.

"친밀한 인간관계의 빈도와 질the frequency and the quality of our contact with other people"

행복에 영향을 주는 다른 요인들의 존재를 인정하면서도, 친밀한 인간관계가 그 중 으뜸이라는 점을 집요할 정도로 반복해서 강조하고 있다. 주장의 일관성과 집요함이 증거의 엄밀성과 결합할 때, 우리는 기꺼이 설득당한다. 이 책이 그렇다. 행복에 관한 담론들이 너무 많아서 오히려 길을 잃어버린 우리에게 OMTM one metric that matters(가장 중요한 하나의 지표)을 제공하고 있다. 수입이 얼마인지, 직업이 무엇인지, 아파트가 몇 평인지 등과 같은 지표들도 신경 써야겠지만, 인생 최고의 지표는 단연 '관계'이다. 이 책만큼 이 점을 집요하게 제시하고 있는 책도 드물다.

셋째, 저자들은 친밀한 인간관계를 가족과 친구로만 국한하지 않고, 약한 유대관계weak ties와 일터의 동료에까지 확장하여 행복을 보편적 인류애로 격상시키고 있다. 끈끈한 관계로 맺어진 사람들strong ties은 아니지만 커피숍의 바리스타나 옆자리 승객과 같은 낯선 이들! 이들과의 소소한 대화가 뜻밖에도 행복에 필수적임을 보여줌으로써, 행복을 추구하는 삶이 자기중심적이고 이기적인 삶이 아니라 보편적이고 이타적인 삶이라는 점을 보여주고 있어서 너무나 소중한 책이다.

넷째, 《세상에서 가장 긴 행복 탐구 보고서》는 학술적이면서 동시에 실용적이다. 건강하고 긍정적인 인간관계를 위해서 우리가 실천할 수 있는 다양한 팁들을 제시해 주고 있다. 행복에 관한 가장 근본적인 메시지를 가장 실천적인 가이드라인으로 풀어내고 있어서, 한마디로 깊이와 대중성을 모두 갖추었다고 할 수 있다.

결국, 메시지는 분명하다.

MRI 장치 속에서 혹시나 있을지 모르는 전기 충격을 기다리는 실험 참가자의 손을 사랑하는 사람이 잡아주면 뇌 활동이 변한다. 누군가 손을 잡아주지 않았을 때에 비해 이들이 경험하는 불안과 고통도 줄어든다. 손을 맞잡은 두 사람의 뇌가 "I am You. You are Me."라는 시그널을 서로에게 보내는 것이다. 인간이 손을 잡는 이유이다. 서로의 행복을 위해 서로가 필요한 이유이다.

"지치고 힘들 때, 손을 잡아줄 사람이 있는가?"

이 책이 우리에게 던지고 있는 인생 최고의 질문이다.

최인철

서울대학교 심리학과 교수

서울대학교 행복연구센터 센터장

저자의 글

하버드 성인 발달 연구는 같은 가족을 대상으로 두 세대에 걸친 개인의 삶을 80년 이상 추적해왔다. 이런 연구를 진행하려면 엄청난 신뢰가 필요하다. 이런 신뢰는 참가자들의 비밀을 보호하기 위한 헌신적인 노력으로 만들어진다. 우리는 참가자들의 신원과 비밀을 보호하기 위해 이름과 그들을 식별할 수 있는 세부 정보를 변경했다. 하지만 이 책의 모든 인용문은 참가자들이 한 말을 그대로 옮겼거나 실제 연구 인터뷰, 오디오 테이프, 관찰 데이터 및 기타 데이터를 기반으로 한다.

진정 행복하고 좋은 삶은 어떻게 만들어질까?

본격적으로 글을 시작하기 전에 질문을 하나 던지려 한다.

"미래에 건강과 행복을 얻으려면 지금 당장 중요한 선택을 해야 한다. 당신이라면 무엇을 선택할 것인가?"

매달 더 많은 돈을 저축하는 것? 직업을 바꾸는 것? 여행을 많이 다니는 것? 인생의 마지막 날에 이르러 지난날을 되돌아봤을 때 정말 괜찮은 삶을 살았다고 느끼게 해줄 단 하나의 선택은 무엇일까?

우리는 항상 자신의 내면과 다른 사람의 외양을 비교한다

2007년에 밀레니얼 세대를 대상으로 가장 중요한 삶의 목표를 물어보는 설문조사를 했다.[1] 응답자의 76퍼센트는 부자가 되는 게 최우선 목표라고 했고 50퍼센트는 유명해지고 싶다고 말했다. 그 후 10여 년이 지나 성인으로 보낸 시간이 늘어난 밀레니얼 세대에게 비슷한 질문을 다시 했다. 그들의 대답은 어떻게 달라졌을까?

명성에 대한 욕구는 우선순위가 낮아졌다. 하지만 돈 많이 벌기, 성공적인 경력 쌓기, 빚 없이 살기 같은 것은 여전히 가장 중요한 목표에 포함되어 있었다.

이것들은 세대와 국경을 뛰어넘어 계속 확산되고 있는 공통적이고 실용적인 목표다. 겨우 말문이 트인 어린아이에게 나중에 커서 무엇이 되고 싶은지, 즉 어떤 직업을 갖고 싶은지 물어보는 나라들이 많다. 어른이 된 뒤에도 새로운 사람을 만나면 가장 먼저 '무슨 일을 하는지'부터 묻는다. 이렇게 직장, 직위나 급여, 성취에 대한 인정을 기준으로 얼마나 성공한 인생인지 측정하는 경우가 많다. 하지만 그것만으로 행복한 삶이 완성되는 게 아니라는 건 다들 알고 있다. 원하던 목표의 일부 혹은 전부를 이룬 사람도 종종 다른 부분에서는 정체되어 있다는 기분을 느낀다.

또 날마다 우리를 행복하게 해주는 것, 살면서 원해야 하는 것, 올바른 삶을 살아가는 이들의 모습이 담긴 각종 메시지에 시달린다. 광고에서는 이 브랜드의 요구르트를 먹으면 건강해지고, 이 스마트폰을 사면 새로운 기쁨을 누리게 되며, 특별한 크림을 바르면 영원히 젊음을 유지할 수 있다고 말한다.

그런가 하면 일상생활에 은근하게 스며들어서 노골적인 느낌이 덜 드는 메시지도 있다. 친구가 새 차를 사면 문득 나도 새 차를 사야 하나

싫어진다. 새 차가 우리 삶을 풍요롭게 만들 수 있을지도 모르니 말이다. 소셜미디어 피드를 스크롤하다가 근사한 파티 장면과 멋진 여행지 사진이 계속 보이면 문득 의구심이 든다. 혹시 내 삶에는 파티와 여행이 너무 부족한 건 아닌가 하고 말이다.

우리는 주변 친구와 직장 동료에게, 특히 소셜미디어에서 이상화된 모습만 보여주려는 경향이 있다. 아무렇지 않은 척하면서 다른 사람들에게 '비치는 모습'과 스스로 '느끼는 감정'을 비교하다 보면 뭔가 놓치고 있다는 기분이 든다. 옛말에도 있듯이 우리는 항상 자신의 내면과 다른 사람의 외양을 비교한다.

시간이 지날수록 내 삶은 지금 '여기'에 있는데 좋은 인생을 살기 위해 필요한 것들은 '저 멀리'에 혹은 '미래'에 있다는 미묘하면서 떨쳐내기 힘든 감정이 커진다. 그런 것들은 항상 손 닿지 않는 곳에 있는 기분이다.

우리가 이상적으로 그리는 삶과 현실은 다르다

이런 렌즈를 통해 인생을 바라보면 좋은 인생은 사실상 존재하지 않거나 다른 사람에게만 해당하는 일로 여겨진다. 우리 삶은 우리가 머릿속으로 상상하며 이상적으로 그려놓은 좋은 삶의 모습과 일치하지 않는다. 언제나 현실은 너무 지저분하고 복잡하다.

삶에 대한 스포일러 경고를 하자면 좋은 삶은 수많은 일이 일어나는 복잡한 삶이며, 누구나 이런 삶을 살 수 있다.

좋은 인생은 즐거우면서도 한편으론 여러 가지 난관으로 가득 차 있다. 사랑이 넘치지만 가끔 고통스러울 때도 있다. 그리고 정해진 길을 따라 전속력으로 달려나가는 게 아니라 시간의 흐름에 따라 조금씩 나아간다. 한마디로 말해 꾸준히 진행되는 과정이고 그 안에는 혼란, 평온, 가벼운 기분, 부담감, 투쟁, 성취, 좌절, 도약, 끔찍한 추락이 모두 포함되어 있다.[2] 그리고 당연한 얘기지만 아무리 좋은 인생도 결국엔 죽음으로 끝나게 마련이다.

이런 책을 쓸 때는 가급적 기분 좋은 말만 늘어놓아야 한다는 걸 잘 알고 있다. 하지만 솔직히 말해서 아무리 좋은 인생이라 해도 살아가기가 쉽지 않다. 인생을 완벽하게 만드는 방법 같은 건 없으며 설령 있다 해도 별로 좋은 방법은 아닐 것이다.

왜냐고? 풍요로운 삶, 즉 좋은 삶은 우리 인생을 힘들게 하는 것들을 통해서 완성되기 때문이다.

참가자들의 인생 여정을 함께한 하버드 성인 발달 연구

이 책은 과학적인 연구 내용을 바탕으로 썼다. 그 중심에는 1938년에 시작되어 온갖 역경을 겪으면서도 지금까지 굳건히 진행되고 있는 '하버드 성인 발달 연구'가 있다. 이 연구는 놀라운 과학적 노력의 하나다. 밥(우리는 로버트를 '밥'이라 부른다)은 이 연구의 네 번째 책임자고 마크는 부책임자다. 당시 상당히 급진적이었던 이 연구는 인간의 건강 문제를 이해하기 위해 인간을 병들게 하는 원인을 살펴보는 게 아니라 번창하는 이유를 조사하기 시작했다. 연구에 참가한 이들이 어릴 때 겪은 문제 혹은 첫사랑, 그리고 인생의 마지막 시기에 이르기까지 그들 삶의 다양한 경험을 기록했다.

참가자들의 인생 여정이 그렇듯 하버드 연구도 길고 구불구불한 길을 걸어왔다. 수십 년이 지나는 동안 연구 방식도 발전하고 규모도 확대되었다. 지금은 최초 참가자 724명의 후손까지 포함해 1,300명 넘는 인원이 참여해 3세대에 걸친 연구가 진행되는 중이다. 계속 진화하면서 확장 중인 이 연구는 인간의 생애에 대한 가장 길고 심층적인 종단 연구다.

그러나 아무리 내용이 풍부한 연구라 해도 하나의 연구 안에서 인간의 삶과 관련된 광범위한 내용을 모두 다룰 수는 없다. 그래서 이 책은 하버드 연구를 직접적인 토대로 삼는 동시에 전 세계 수천 명이 참여한 다른 수백 가지 과학 연구 결과를 빌려와 내용을 뒷받침했다.

이 책은 인간의 경험에 대한 최근의 과학적 이해를 반영하는 동시에 현대와 고대의 지혜도 곳곳에 담았다. 그러나 내용상 주로 인간관계가 발휘하는 힘에 대해 다룬다. 저자들이 오랫동안 맺어온 깊은 우정도 이와 관련된 적절하고 깊이 있는 정보 제공에 기여했다.

차례

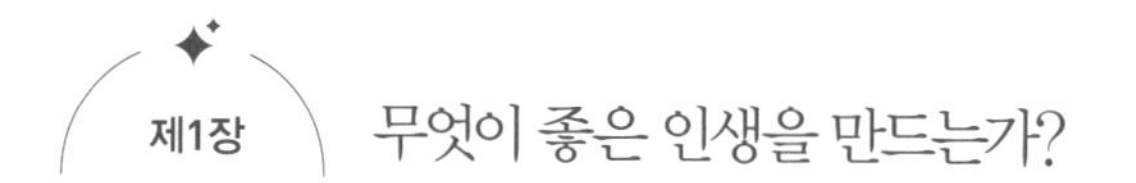

제1장 무엇이 좋은 인생을 만드는가?

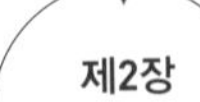

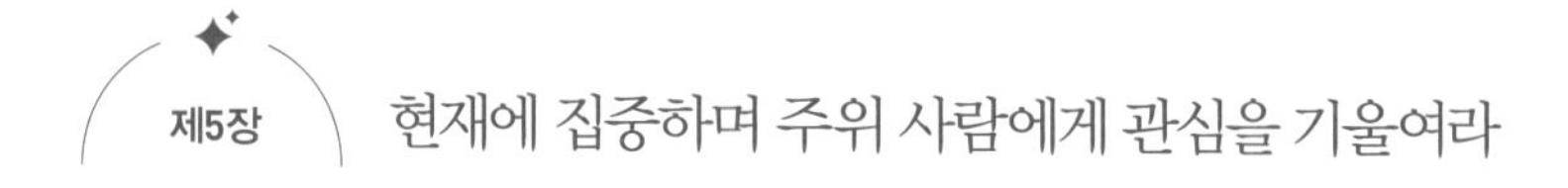

제5장 현재에 집중하며 주위 사람에게 관심을 기울여라

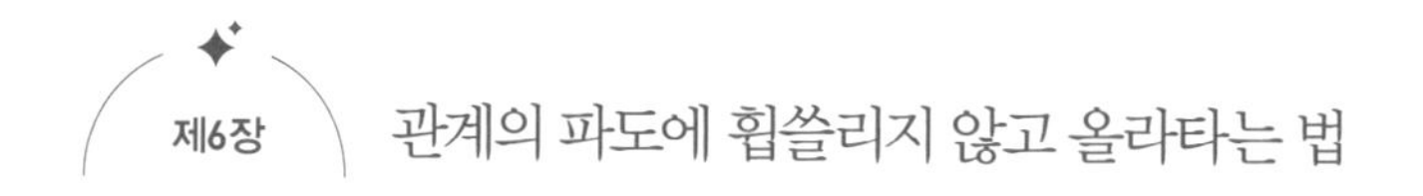

제6장 관계의 파도에 휩쓸리지 않고 올라타는 법

제7장 당신과 가장 친밀한 사람들과 어떻게 지내는가?

제8장 가깝고도 멀게, 어쩌면 우리 삶 그 자체인 가족

제 1 장

무엇이
좋은 인생을 만드는가?

인생은 너무 짧아서 다투고 사과하고 가슴앓이하고
해명을 요구할 시간이 없다.
오직 사랑할 시간만 있을 뿐.
하지만 그 시간마저도 순식간에 지나간다.[3]

_ **마크 트웨인** Mark Twain

이 책은 하버드 연구에 직접 참여한 이들의 배려와 도움으로 결실을 맺을 수 있었다. 정직함과 관대함을 베풀어줌으로써 불가능해 보였던 연구를 가능케 해준 이들이 없었다면 이 책은 결코 세상에 나오지 못했을 것이다. 바로 로자 킨과 헨리 킨 부부 같은 사람들이다.

삶에서 우리를 가장 두렵게 하는 것은 무엇인가

"가장 두려운 게 무엇입니까?"

설문지에 적힌 질문 내용을 큰소리로 읽은 로자는 식탁 건너편에 앉아 있는 남편 헨리를 쳐다봤다. 이제 70대가 된 로자와 헨리는 이 집에서 50년 넘게 살았고 거의 매일 아침 이 식탁에 마주 앉았다. 그들 앞에는 찻주전자와 반쯤 먹다 남은 오레오 쿠키 상자, 녹음기가 놓여 있다. 방 한구석에는 비디오카메라가 설치되어 있고, 카메라 옆에는 샬럿이라는 젊은 하버드 연구원이 조용히 앉아서 부부를 관찰하며 메모하고 있다.

"꽤 중요한 질문이네요." 로자가 말했다.

"'내'가 가장 두려워하는 걸 물어보는 겁니까? 아니면 '우리' 두 사람이 가장 두려워하는 걸 묻는 건가요?" 헨리가 샬럿에게 물었다.

로자와 헨리는 자신들이 흥미로운 연구 대상이라고 생각하지 않았다. 그들은 둘 다 가난하게 자랐고 20대에 결혼해서 아이 다섯을 낳아 키웠다. 대공황과 여러 힘든 시기를 거쳤지만 그건 그들만의 일은 아니었다. 그들이 아는 다른 사람들도 비슷했다.

그래서 하버드 연구진이 애초에 왜 자신들에게 관심을 갖는지 이해하지 못했다. 게다가 지금도 그 관심이 계속 유지되어 꾸준히 전화를 걸고 설문지를 보내고 때로는 비행기를 타고 미국 대륙을 가로질러 자신들을 만나러 오기까지 하다니 말이다.

그리고 2004년 10월 현재, 그들은 결혼 50주년을 맞이한 지 두 달이 지났다. 2002년에 로자는 연구에 좀 더 직접적으로 참여해 달라는 요청을 받고는 이제 때가 되었다고 말했다. 하버드는 1941년부터 꾸준히 헨리의 생애를 추적해왔다. 로자는 헨리가 나이가 든 뒤에도 계속 연구에 참여하는 게 이상해 보인다는 말을 종종 했다. 로자는 평소 사생활을 중시하는 사람이기 때문이다. 하지만 로자와 달리 헨리는 연구에 참여해야 한다는 의무감을 느꼈고, 그 과정에서 자기 인생에 대한 새로운 관점을 얻을 수 있었기에 나름 고맙기도 했다고 말했다.

이런 이유로 헨리는 63년에 이르는 자신의 삶을 연구팀에게 공개했다. 사실 그는 너무 오랫동안 연구진에게 자신에 대해 너무 많은 걸 말해왔다. 그래서 연구진이 뭘 알고 있고 뭘 모르는지조차 잘 기억이 나지 않을 정도였다. 하지만 헨리는 자기가 로자 외에는 아무에게도 말하지 않은 아주 특별한 내용까지 포함해 연구진이 모든 걸 알고 있다고 가정했다. 지금껏 연구진이 질문할 때마다 진실을 말하기 위해 최선을 다해왔기 때문이다.

실제로 연구자들은 질문을 많이 했다. 샬럿은 현장 노트에 "킨 씨는 내가 그들 부부를 인터뷰하러 그랜드 래피즈에 온 것에 대해 우쭐해하는 게 분명했다."라고 적었다. "덕분에 인터뷰를 위한 우호적인 분위기가 조성되었다. 헨리는 협조적이고 흥미로운 사람이었다. 그는 모든 질문에 신중하게 고민해서 대답했으며 대답하기 전에 잠깐씩 말을 멈추는 일도 종종 있었다. 하지만 그는 친절했고, 미시건주 출신 하면 떠오르는 이미지 그대로 조용한 남자의 전형 같은 느낌이었다."

샬럿은 이틀 동안 킨 부부를 찾아가서 그들의 건강, 개인적인 삶, 그리고 둘이 함께하는 삶에 대한 질문으로 구성된 매우 긴 설문조사를 실시했다. 이 일을 갓 시작한 대부분의 젊은 연구원처럼 샬럿도 무엇이 좋은 인생을 만드는지, 현재의 선택이 미래에 어떻게 영향을 미칠지 매우 궁금했다. 그리고 이 궁금증을 풀기 위한 자기만의 질문이 있었다.

자신의 삶에 대한 통찰이 다른 사람들의 삶과 연결되는 게 가능할까? 그걸 알아낼 수 있는 유일한 방법은 질문을 던지고 인터뷰하는 모든 사람에게 세심하게 주의를 기울이는 것뿐이었다. 이 특정한 개인에게 중요한 것은 무엇인가? 무엇이 그들의 인생에 의미를 부여하는가? 그들은 자신의 경험을 통해 무엇을 배웠는가? 무엇을 후회하는가? 이런 인터뷰 하나하나가 샬럿에게는 새로운 기회를 주었다. 자기보다 오래 살면서 다른 환경과 다른 역사적 순간을 경험한 사람과 연결될 수 있는 기회 말이다.

오늘 샬럿은 헨리와 로자를 함께 인터뷰하고 설문조사를 진행했다. 그다음 그들이 가장 두려워하는 것에 대해 이야기하는 모습을 촬영했다. 우리가 '애착 인터뷰'라고 부르는 것을 하기 위해 두 사람을 따로 인터뷰할 것이다. 보스턴으로 돌아간 뒤에는 비디오테이프와 인터뷰 녹취록을 연구해서 헨리와 로자가 서로에 대해 얘기하는 방식, 비언어적인 신호, 기타 많은 정보를 코딩해서 그들이 맺은 유대의 본질에 관한 데이터를 만들 것이다. 이 데이터는 그들 파일의 일부가 되고, 또 우리가 살아가는 인생의 실제 모습을 보여주는 거대한 데이터 세트의 작지만 중요한 일부분이 될 예정이다.

가장 두려운 게 무엇인가? 샬럿은 이미 두 사람을 따로 인터뷰해서 이 질문에 대한 그들 각자의 대답을 기록해놓았지만, 이제 함께 토론해 볼 시간이 되었다.

토론은 다음과 같이 진행되었다.

"난 어떤 면에서는 이런 어려운 질문이 좋더라." 로자가 말했다.

"좋아요, 그럼 당신이 먼저 얘기해요." 헨리가 말했다.

로자는 잠시 조용히 있다가 헨리가 심각한 병에 걸리거나 자기가 또 뇌졸중 발작을 일으키는 게 가장 두렵다고 말했다. 헨리도 그런 무서운 일이 일어날까 봐 두렵다는 데 동의했다. 하지만 이제 자기들은 그런 일이 일어날 수밖에 없는 지점에 도달했다고도 말했다. 그들은 심각한 병에 걸릴 경우 그것이 성인이 된 자녀들의 삶과 서로의 삶에 어떤 영향을 미칠지에 대해 오래 얘기했다. 결국 로자는 자기들이 예상할 수 있는 건 그 정도뿐이고, 실제로 그런 일이 생기기 전부터 속상해해봤자 아무 소용이 없다는 걸 인정했다.

"다른 질문이 또 있나요?" 헨리가 샬럿에게 물었다.

"당신이 가장 두려운 건 뭐예요?" 로자가 헨리에게 물었다.

"나한테는 잊어버리고 안 물어보길 바랐는데." 헨리의 말에 두 사람은 웃음을 터뜨렸다. 헨리는 로자의 잔에 차를 더 따라주고 자기는 오레오를 하나 더 먹더니 한동안 침묵을 지켰다.

그러더니 이렇게 말했다. "대답하기 어려운 질문은 아니에요. 하지만 솔직히 말해서 별로 생각하고 싶은 내용이 아니라서 좀…."

"아니, 보스턴에서 여기까지 먼 길을 온 아가씨도 있는데 대답을 좀 해줘요."

"듣기 싫어할 것 같은데…." 헨리의 목소리가 떨렸다.

"말해봐요."

"내가 먼저 죽지 않을까 봐 두려워요. 당신도 없는 이곳에 내가 혼자 남게 될까 봐."

어린 시절의 성장 과정이 삶에 미치는 영향

헨리 킨이 어릴 때 살았던 곳에서 머지않은 곳에 있는 보스턴 웨스트엔드의 불핀치 트라이앵글 모퉁이에 자리한 록하트 빌딩. 그 빌딩은 메리맥과 코즈웨이 스트리트가 만나는 복잡한 교차로를 내려다보며 서 있다. 이 완강한 벽돌 구조물은 20세기 초 가구 공장으로 쓰였고 헨리의 이웃에 사는 사람들을 직원으로 고용했다. 지금은 병원, 동네 피자 가게, 도넛 가게 등이 입점해 있다. 이곳은 또 지금까지 가장 장기간에 걸쳐 진행된 성인의 삶에 대한 연구인 '하버드 성인 발달 연구'의 연구진과 기록물의 본거지이기도 하다.

'KA-KE'라는 라벨이 붙은 파일 서랍의 뒤쪽에 헨리와 로자의 파일이 들어 있다. 그 안에서 1941년에 진행했던 헨리의 접수 면담지를 찾아냈다. 종이는 누렇게 변색되고 가장자리는 너덜너덜해져 있었다. 면접관이 손글씨로 기록한 내용은 물 흐르듯 거침없이 이어지는 필기체로 쓰여 있었다.

기록에 따르면 헨리의 가족은 당시 보스턴에서 가장 빈곤한 계층에 속했다. 열네 살의 헨리는 '안정적이고 잘 통제된' 청소년처럼 보였으며 '자신의 미래를 논리적으로 고민'하고 있었다. 청소년 시절의 헨리는 어머니와 매우 가까웠던 반면 아버지에게는 원망의 마음이 컸다. 아버지의 알코올 중독으로 어린 헨리가 가족의 생계를 책임져야 했기 때문이다. 특히 헨리의 20대 시절에는 아버지 때문에 매우 큰 피해를 입은 일이 있었다. 당시 헨리는 약혼녀에게 300달러짜리 약혼반지를 사주었는데, 아버지는 그 일로 헨리를 탓했다. 가족에게 쓸 돈을 헨리가 약혼반지 사는 데 썼다며 피해자인 양 굴었기 때문이다. 그 일을 경험한 약혼녀는 헨리 가족에게서 영영 벗어나지 못할까 봐 두려워 결국 약혼을 취소했다.

행복한 결혼생활을 한 부부는 무엇이 다를까?

1953년에 제너럴 모터스General Motors(이하 GM)에 일자리를 얻은 헨리는 아버지에게서 떨어져 나와 미시간주 윌로우런으로 이사했다. 그리고 그곳에서 덴마크 이민자이자 형제자매가 여덟이나 되는 로자와 만났다. 그들은 1년 후에 결혼해서 자녀를 다섯 명 낳았다. 로자는 '그 정도면 자녀가 꽤 많지만 충분하지는 않다'고 생각했다.

이후 10년 동안 헨리와 로자는 어려운 시기를 보냈다. 1959년에 다섯 살 난 아들 로버트가 소아마비에 걸리는 바람에 둘의 결혼생활은 난관에 부딪혔고, 가족들에게 많은 고통과 걱정을 안겨주었다. 헨리는 GM에서 작업 현장의 조립공으로 일을 시작했다. 하지만 로버트가 아파서 결근하는 날이 많았고, 그 바람에 직급이 강등되었다가 결국 해고를 당하고 말았다.

보살펴야 할 아이가 세 명이나 되는데 일자리를 잃은 것이다. 로자는 생계를 유지하기 위해 윌로우런 시청의 경리과에서 일하기 시작했다. 처음에는 가족을 위해 임시로 시작한 일이었지만 동료들에게 많은 사랑을 받은 로자는 이후 30년 동안 그곳에서 풀타임으로 일했다. 그리고 그곳에서 만난 이들을 제2의 가족이라고 여기며 관계를 발전시켰다. 헨리는 해고된 뒤 직장을 세 번 옮겼다가 1963년에 다시 GM으로 돌아갔고 현장 감독으로 승진했다. 그러고 얼마 뒤 헨리는 알코올 중독을 극복한 아버지와 재회했고 그를 용서했다.

자식이 평가하는 부모의 결혼생활

헨리와 로자의 딸 페기(현재 50대)도 이 연구에 참여하고 있다. 하지만 페기는 자기 부모가 연구진에게 무슨 얘기를 했는지 모른다. 가족생활에 대한 그녀의 보고서가 편향되는 걸 원치 않았기 때문이다. 동일한 가족 환경과 동일한 사건에 대해 다양한 관점을 확보하는 것은 연구 데이터를 넓히고 심화하는 데 도움이 된다.

페기의 파일을 자세히 살펴보면 그녀가 자랄 때 부모님이 자기 문제를 이해한다고 느꼈고 기분이 안 좋을 때는 격려해줬다는 걸 알 수 있다. 전반적으로 페기는 부모님이 '매우 다정하다'고 여겼다. 그리고 부모님이 별거나 이혼을 고려한 적이 없다고 말했으며, 이는 자신들의 결혼생활에 대한 헨리와 로자의 보고서 내용과 일치했다.

1977년에 50세의 헨리는 자신의 삶을 다음과 같이 평가했다.

결혼생활의 즐거움: 훌륭하다

지난 1년간의 기분: 훌륭하다

지난 2년간의 신체 건강: 훌륭하다

다양한 렌즈로 건강과 행복을 분석하다

하지만 우리는 단순히 피험자 본인과 그들의 가족에게 요즘 상태가 어떠냐고 물어보는 것만으로 헨리나 연구에 참여한 다른 사람들의 건강과 행복을 판단하지 않는다. 연구에 참가한 이들의 뇌 스캔부터 혈액 검사, 그리고 가장 심각한 고민을 털어놓은 비디오테이프에 이르기까지 다양한 렌즈를 통해 그들의 웰빙 상태를 확인한다.

우리는 스트레스 호르몬을 측정하기 위해 그들의 머리카락 샘플을 채취하고, 가장 큰 걱정거리와 인생의 중요한 목표를 얘기해 달라고 요청한다. 또한 어려운 문제를 낸 다음 그들의 심장박동수가 얼마나 빨리 진정되는지도 측정한다. 이런 정보를 통해 그들이 어떻게 삶을 살아가는지 더 깊고 완전하게 측정할 수 있다.

헨리는 수줍음이 많은 사람이지만 자신과 가장 가까운 사람들, 특히 로자와 자녀들과의 관계에 헌신했고 이런 관계를 통해 깊은 안정감을 얻었다. 또한 그는 앞으로 얘기할 강력한 대처 메커니즘도 사용했다. 헨리는 정서적 안정을 위해 효과적으로 대처함으로써 가장 힘든 시기에도 '행복하다' 또는 '매우 행복하다'고 느꼈다. 이런 것들을 계속 보고했으며 그의 건강과 장수에도 그 효과가 반영되어 있다.

2009년 샬럿이 헨리와 로자의 집을 방문하고 5년 뒤, 그리고 연구진과 처음으로 인터뷰를 하고 71년 뒤, 헨리의 가장 큰 두려움이 현실이 되었다. 로자가 세상을 떠난 것이다. 그리고 6주도 채 안 되어서 헨리도 그 뒤를 따랐다.

하지만 이 가족의 유산은 딸 페기를 통해서 계속 이어지고 있다. 최근 페기는 인터뷰를 위해 보스턴에 있는 우리 사무실을 찾아왔다. 페기는 스물아홉 살 때부터 파트너인 수잔과 행복한 관계를 유지해왔고 57세인 지금도 외롭지 않으며 건강 문제도 없다고 보고했다. 그녀는 존경받는 초등학교 교사이자 지역사회에서 적극적으로 활동하는 일원이다. 하지만 인생에서 이런 행복한 시기에 도달하기 위해 페기는 참혹하면서도 용기 있는 길을 선택해 걸어왔다. 더 자세한 그녀의 이야기는 나중에 다시 살펴볼 것이다.

좋은 관계야말로 행복의 핵심 요소다

삶에 대한 헨리와 로자의 접근 방식 중 그들이 어려움에 처했을 때 번창할 수 있도록 도움을 준 것은 무엇이었을까? 그리고 헨리와 로자의 이야기, 혹은 하버드 연구의 다른 인생 이야기에 시간과 관심을 기울일 가치가 있는 이유는 무엇일까?

사람들이 살면서 겪는 사건을 이해하고자 할 때 그들이 하는 선택과 따르는 길, 그리고 그 모든 것이 어떻게 작용하는지에 대한 전체적인 그림을 파악하는 건 거의 불가능하다. 우리가 인간의 삶에 대해 알고 있는 내용은 대부분 과거를 기억해보라고 요청해서 알아낸 것이다. 그리고 그 기억은 구멍으로 가득하다.

지난 화요일 저녁에 무엇을 먹었는지, 또는 작년 오늘 누구와 이야기를 나눴는지 떠올려보라. 그러면 우리 삶의 얼마나 많은 부분이 기억에서 사라졌는지 알 수 있을 것이다. 시간이 흐를수록 세부 사항을 더 많이 잊어버리게 되는데, 이 연구는 어떤 사건을 회상하는 행위 자체가 실제로 우리 기억을 바꿀 수도 있다는 걸 보여준다.[4] 요컨대 과거의 사건을 연구하기 위한 도구로서의 측면에서 볼 때, 인간의 기억은 부정확한 데다가 최악의 경우 없었던 일을 지어내기까지 한다.

하지만 시간의 흐름에 따라 펼쳐지는 전체적인 삶을 계속 지켜볼 수 있다면 어떨까? 사람들을 10대부터 노년기까지 연구해서 그들의 건강과 행복에 정말 중요한 요소가 무엇인지, 그리고 어떤 투자가 정말 효과적인지 확인할 수 있다면 어떨까?

우리가 한 일이 바로 그것이다.

하버드 연구는 85년 동안(그리고 지금도 계속해서) 사람들을 추적하면서 수천 개의 질문을 던지고 수백 가지를 측정해서 그들이 건강하고 행복한 삶을 유지하도록 해주는 게 뭔지 알아냈다. 이렇게 오랫동안 사람들의 삶을 연구하다 보니 신체 건강과 정신 건강, 장수와 일관되게 공고한 관계를 맺고 있는 중요한 요소 하나가 눈에 띄었다. 그게 무엇이었을까? 많은 이들의 생각과 다르게 그건 직업적 성취나 운동, 건강한 식단이 아니었다. 물론 이런 것들도 매우 중요하지만 지속적으로 광범위한 중요성을 증명한 한 가지 요소는 바로 '좋은 관계'다.

실제로 좋은 관계는 정말 중요하다. 85년간 진행된 하버드 연구 전체를 인생에 대한 단 하나의 원칙으로 요약해보자. 다른 다양한 연구에서 나온 유사한 결과를 통해 뒷받침되는 하나의 인생 투자로 요약하면 다음과 같다.

좋은 관계는 우리를 더 건강하고 행복하게 해준다. 끝.

과학은 자신의 건강과 행복을 가장 확실하게 보장할 수 있는 방법을 하나만 선택해야 한다면, 따뜻한 관계 발전을 택하라고 알려준다. 그런 관계의 종류는 매우 다양하다. 앞으로 차차 보여주겠지만 이건 한 번만 하고 끝나는 선택이 아니라 매초, 매주, 매년 수없이 반복되는 선택이다. 많은 연구를 통해 지속적인 기쁨과 풍요로운 삶에 기여한다는 사실이 밝혀진 선택이다.

하지만 언제나 쉽게 할 수 있는 선택은 아니다. 우리는 인간이기 때문에 아무리 좋은 의도를 갖고 있어도 자신의 길을 가로막거나 실수를 저지르거나 사랑하는 이들에게 상처를 주거나 또는 받기도 한다. 좋은 인생으로 향하는 길은 쉽지 않다. 하지만 그 우여곡절을 성공적으로 헤쳐나가는 건 얼마든지 가능하다. 하버드 성인 발달 연구가 그 길을 알려줄 것이다.

보스턴 웨스트엔드에서 서로 다른 부류의 소년을 연구하다

하버드 성인 발달 연구는 미국이 대공황에서 벗어나기 위해 분투하던 무렵 보스턴에서 시작되었다. 사회보장, 실업보험 같은 뉴딜 프로젝트가 탄력을 받으면서 인간을 실패하게 하는 요인이 아니라 번성하게 하는 요인에 대한 관심이 높아졌다. 이런 새로운 관심 때문에 보스턴에 있는, 서로 관련 없는 두 연구진이 매우 다른 부류의 소년 두 그룹을 추적하는 연구 프로젝트를 시작하게 되었다.

하버드 대학생 그룹

첫 번째 그룹은 하버드 대학교 2학년생 268명으로 구성된 그룹이다. 이들을 연구 대상으로 선택한 이유는 건강하고 사회에 잘 적응하는 성인으로 성장할 가능성이 높다고 생각했기 때문이다. 하버드의 새로운 위생학 교수이자 학생건강서비스 책임자였던 알리 보크Arlie Bock는 그 시대의 의학계 인사들보다 훨씬 앞선 생각을 지니고 있던 사람이다. 그는 당시의 시대정신에 맞게 사람들을 병들게 하는 원인에 집중하던 연구에서 벗어나 사람들을 건강하게 하는 원인에 초점을 맞추고자 했다.

연구 대상으로 선발된 젊은이 중 절반은 장학금과 아르바이트로 등록금을 충당해야만 학교에 다닐 수 있는 형편이었고 일부는 부유한 집안 출신이었다. 그중에는 미국 건국 당시부터 이 땅에 뿌리를 내리고 산 가문 출신의 학생도 있었고, 이민자 부모 밑에서 자란 학생도 13퍼센트 정도 됐다.

도시 빈민가 그룹

두 번째 그룹은 헨리 킨처럼 도심 빈민 지역에 사는 소년 456명으로 구성되었다. 이들을 선택한 이유는 하버드 대학생들을 선택한 이유와 사뭇 달랐다. 그들은 보스턴에서 가장 문제가 많은 가정과 가장 불우한 동네에서 자랐지만 또래들 중 일부가 밟는 비행 청소년의 경로를 열네 살 때까지 피하는 데 성공한 아이들이었다.

이 청소년 가운데 60퍼센트 이상은 부모 중 적어도 한쪽이 미국 이민자였다. 대부분 동유럽과 서유럽의 가난한 지역이나 시리아와 튀르키예 같은 중동 부근 출신이다. 그들은 대단치 않은 뿌리(출신지)와 이민자의 지위 때문에 이중으로 소외되었다. 변호사와 사회복지사로 일하던 셸던 글릭Sheldon Glueck과 엘리너 글릭Eleanor Glueck은 삶의 어떤 요소가 이들의 비행을 예방했는지 알아내기 위해 이 연구를 시작했다.

다른 성장 환경은 그들의 미래를 바꿀까?

이 두 가지 연구는 각자 다른 목적을 갖고 개별적으로 시작되었다. 하지만 나중에 하나로 통합되어 현재는 같은 기치 아래 진행되고 있다.

연구에 참여한 도심 빈민층 청소년과 하버드 대학생 전원을 상대로 인터뷰를 진행했다. 건강 진단도 받았다. 연구원들은 그들의 집에 찾아가서 부모님도 인터뷰했다. 그리고 이 10대들은 성인이 되어 다양한 분야의 직업을 가졌다. 그들은 공장 노동자, 변호사, 벽돌공, 의사가 되었다. 알코올 중독에 빠지거나 조현병을 앓게 된 사람도 있다. 개중에는 사회 계층의 맨 밑바닥에서 맨 꼭대기까지 올라간 이들도 있고 그 반대 방향으로 이동한 이들도 있다.

하버드 연구 창시자들은 상상하지 못했던 독특하고 중요한 발견을 했으며, 그런 발견이 오늘날까지 이어지는 걸 보면 놀라면서도 기뻐할 것이다. 그리고 현재 이 책의 필자이자 이 연구의 책임자(밥)와 부책임자(마크)인 우리는 본 연구 결과를 여러분에게 전달하게 된 것을 매우 자랑스럽게 생각한다.

종단 연구는 시간을 꿰뚫어 보는 렌즈

인간은 놀라움과 모순으로 가득 찬 존재다. 심지어 본인도 자기 자신을 이해하지 못할 때가 있다. 하버드 연구는 이런 자연스러운 인간의 수수께끼를 꿰뚫어 볼 수 있는 독특하고 실용적인 도구를 제공한다. 과학적인 맥락 몇 가지를 간단하게 살펴보면 그 이유를 이해하는 데 도움이 될 것이다.

인간의 건강과 행동에 대한 연구는 일반적으로 '횡단' 연구와 '종단' 연구 두 가지로 이루어진다.[5] 횡단cross-sectional 연구는 특정한 순간의 세상을 한 조각 잘라내서 그 안을 들여다보는 것이다. 케이크의 레이어가 어떻게 만들어졌는지 보려고 케이크를 한 조각 잘라보는 것과 같은 방법이다. 대부분의 심리 및 건강 연구는 이 범주에 속하는데 이는 비용 효율성 때문이다. 연구 시간이 한정되어 있고 비용도 예측 가능하다.

하지만 여기에는 근본적인 한계가 있다. 밥은 오래된 농담을 이용해서 이 한계를 설명하곤 했다. 횡단 연구에만 의존하면 마이애미에 사는 사람 중에는 쿠바인으로 태어났다가 유대인으로 죽는 사람이 있다는 결론을 내려야 한다는 것이다. 다시 말해 횡단 연구는 삶의 '스냅샷'에 가깝다. 시간이라는 중요한 변수를 생략하기 때문에 서로 무관한 두 가지 일 사이의 관계를 찾도록 유도한다.

반면에 종단longitudinal 연구는 이름 그대로다. 긴 시간에 걸쳐 사람들의 삶을 살핀다. 종단 연구에는 두 가지 방법이 있다. 앞서 얘기한 첫 번째 방법, 즉 사람들에게 과거를 기억해서 말해 달라고 하는 게 가장 일반적인 방법이다. 이를 회고적 연구라고 한다.

하지만 앞서 말했듯이 이 연구는 기억에 의존한다는 맹점이 있다. 헨리와 로자의 경우를 보라. 샬럿은 2004년에 그들을 한 명씩 따로 인터뷰하면서 처음 만났던 때를 설명해 달라고 했다. 로자는 헨리의 트럭 앞을 지나다가 빙판 위에서 미끄러졌고 그때 헨리가 일으켜 세워줬다고 했다. 그리고 나중에 친구들과 외출했다가 식당에서 그를 다시 만났다고 얘기했다.

"재미있는 기억이라서 그 얘기를 하며 웃었어요." 로자는 이렇게 말했다. "그런데 헨리가 양말을 짝짝이로 신고 있는 걸 보고 '저런, 꼴이 말이 아니네. 그에게는 나 같은 사람이 필요해!'라고 생각했죠."

헨리도 로자가 빙판길에서 미끄러진 일을 기억했다.

"그리고 나중에 그녀가 카페에 앉아 있는 걸 봤어요."라고 헨리가 말했다. "로자는 내가 자기 다리를 빤히 쳐다보고 있는 걸 알아차렸죠.

근데 전 다리를 본 게 아니라 그녀가 빨강과 검정, 서로 색이 다른 스타킹을 신고 있기에 본 것뿐입니다."

부부끼리 이렇게 기억이 불일치하는 일은 흔한데 아마 오랫동안 관계를 맺어온 사람들에게는 익숙한 모습일 것이다. 이렇게 여러분과 파트너가 함께 살아온 삶의 어떤 부분에 대한 기억이 다를 때마다 회고적 연구의 실패를 목격한다.

하버드 연구는 회고적 연구가 아니라 전향적 연구다. 우리는 참가자들에게 과거의 삶이 아닌 현재의 삶에 대해서 묻는다. 헨리와 로자의 경우처럼 때로는 기억의 본질을 연구하기 위해, 즉 과거의 사건이 미래에 어떻게 처리되고 기억되는지 연구하기 위해 과거사를 묻기도 한다. 하지만 일반적으로는 현재에 대해서 알고자 하며 현재에 대해 더 많이 질문한다. 이 경우 우리는 두 사람 중 누구의 양말 이야기가 더 정확한지 알고 있다. 그들이 결혼한 해에 헨리에게 로자와의 만남에 대해 똑같은 질문을 했기 때문이다.

헨리는 1954년에 "내가 그날 색깔이 다른 양말을 신고 있었는데 로자가 알아차렸다."고 말했다. "요즘에는 절대 그런 일이 생기지 않도록 아내가 단속하죠."

이렇게 평생에 걸쳐 진행되는 전향적 연구는 매우 드물다. 참가자들이 그만두거나 연구진에게 알리지 않은 채 이름을 바꾸고 이사하는 경우도 있다. 자금이 고갈되거나 연구진이 흥미를 잃기도 한다. 평균적으로 볼 때, 가장 성공한 전향적 종단 연구는 참가자의 30~70퍼센트를 유지한다.[6] 이런 연구 중 일부는 몇 년 동안만 지속된다. 하지만 하버드 연구는 85년 동안 84퍼센트의 참여율을 유지해왔고, 오늘날에도 여전히 건전한 상태로 유지되고 있다.

종단 연구를 위해 질문하고 수집한 자료들

종단 연구에서 진행한 질문과 수집한 자료들

종단 연구에는 다양한 이들 각각의 인생 이야기가 담기는데 이는 참가자의 건강과 습관을 기반으로 한다. 다시 말해 시간의 흐름에 따른 신체 상태와 행동 변화를 지도로 만드는 것이다. 그들의 건강 상태를 전체적으로 파악하기 위해 체중과 운동량, 흡연과 음주 습관, 콜레스테롤 수치, 수술, 합병증에 대한 정보를 정기적으로 수집한다. 그렇게 전체적인 건강 상태를 기록한다. 또 그들의 직업 특성, 친한 친구 수, 취미와 여가 활동 같은 다른 기본적인 사실도 기록한다.

이뿐 아니다. 그들의 주관적인 경험과 정량화하기 힘든 삶의 측면을 심층적으로 조사하기 위한 질문도 만든다. 직업 만족도, 결혼 만족도, 갈등 해결 방법, 결혼과 이혼이 끼친 심리적 영향, 자녀 출산과 사망에 대해서 묻는다. 어머니와 아버지에 대한 가장 따뜻한 기억, 형제자매와의 정서적 유대 혹은 결핍에 대해서도 묻는다. 그들 인생에 있어 가장 힘든 순간에 대해서도 자세히 설명해 달라고 부탁한다. 그리고 한밤중에 겁에 질려 갑자기 깨어났을 때 누구에게 전화를 걸 수 있는지도 알려 달라고 한다.

우리는 사람들의 신념과 정치적 선호도, 교회 출석 여부와 공동체 활동 참여, 삶의 목표와 걱정의 근원을 연구한다. 연구 참가자 중 상당

수는 전쟁에 나가 싸운 경험이 있다. 전쟁에서 적군을 죽이기도 했으며 전우들이 죽는 모습을 보기도 했다. 우리는 참가자들이 이런 경험에 대해 직접 설명하고 성찰한 기록도 모두 가지고 있다.

2년에 한 번씩 주관식 질문과 개인적인 답변을 적을 수 있는 빈 공간이 있는 긴 설문지를 보낸다. 5년마다 주치의를 통해 그들의 전반적인 건강 기록을 수집한다. 또 15년마다 한 번씩 플로리다에 있는 참가자들의 집 현관이나 위스콘신주 북부의 커피숍에서 그들을 직접 만난다. 그리고 그들의 겉모습과 행동, 눈을 마주치는 정도, 옷차림, 생활 상태 등을 기록한다.

우리는 누가 알코올 중독에 걸렸고 누가 회복 중인지 알고 있다. 누가 레이건에게 투표했고 누가 닉슨에게 투표했으며 누가 존 케네디에게 투표했는지도 알고 있다. 사실 케네디 도서관에서 케네디의 기록을 확보하기 전부터 우리는 케네디가 누구에게 투표했는지 알고 있었다. 그도 우리 연구의 참가자 중 한 명이었기 때문이다.

자녀가 있는 참가자들에게는 항상 자녀가 어떻게 지내는지 물어봤다. 이제는 자녀들(베이비붐 세대인 남녀)에게 직접 질문을 하는데, 언젠가는 그들의 아이들의 아이들에게도 질문을 할 수 있기를 바란다.

우리에게는 혈액 샘플, DNA 샘플, 다량의 EKG, fMRI, EEG, 기타 뇌 영상 보고서가 있으며, 심지어 참가자들이 인생 마지막 순간에 관대하게도 우리에게 기부해준 실제 뇌도 25개나 보유하고 있다.

우리가 알 수 없는 건 이런 자료가 향후 연구에 어떻게 사용될 것인지 혹은 사용되기는 할 것인지 여부다. 과학은 문화와 마찬가지로 끊임없이 진화하고 있으며 과거 연구 데이터 대부분이 유용한 것으로 입증되었다. 하지만 초기에 매우 신중하게 측정한 변수 중 일부는 심각한 결함이 있는 가정을 바탕으로 연구된 경우도 있다.

일례로 1938년에는 체형을 지능과 삶의 만족도에 대한 중요한 예측 변수로 간주했다. 우리는 중간 체격자(또는 운동선수처럼 탄탄한 체격을 가진 사람)가 대부분의 영역에서 장점이 있다고 믿었다. 또한 두개골 모양과 돌출부가 성격과 정신적 능력을 나타낸다고 생각했다. 이유는 알 수 없지만 초기 접수 면담지 질문 중에 "간지럼을 잘 타는가?"라는 질문이 있었다. 그리고 우리는 만약을 위해 40년 동안 그 질문을 계속했다.

모든 연구는 시대와 인간의 산물

80년간 지속되어온 연구들은 막연하게 골머리 아픈 것부터 완전히 잘못 진행된 연구까지 매우 다양한 문제를 안고 있다. 그리고 이런 문제들은 시간이 꽤 지나서 뒤늦게 깨닫는 경우가 많다. 아마 현재 수집 중인 데이터 일부도 80년 뒤에는 이와 유사한 당혹감이나 의혹을 야기할 가능성이 있다.

요컨대 모든 연구는 그 시대와 그걸 수행하는 인간의 산물이라는 얘기다. 그래서 시대적 한계를 벗어나기 힘든 면이 있다. 하버드 연구의 경우 연구 수행자는 대부분 중년의 백인이고 고학력자에 이성애자 남성이었다. 그런 이유로 연구에는 이들이 갖고 있는 문화적 편견이 어느 정도 영향을 미칠 수밖에 없었다. 게다가 1938년의 보스턴시와 하버드대학은 거의 대부분 백인으로만 구성되어 있었다. 따라서 연구 창시자들은 다른 백인 남성만 연구하는 편리한 길을 택했다.

과거에는 이렇게 연구 대상이나 표본이 특정 인종이나 계층에 한정되는 경우가 흔했다. 따라서 하버드 연구소는 이런 상황을 바로잡기 위해 노력하는 동시에 계속 이 문제를 해결할 방안을 고심해야 한다. 그리고 1930년대에 연구를 시작한 두 그룹 중 한쪽 또는 양쪽에만 적용되는 연구 결과가 있는데 그런 협소한 연구 결과는 이 책에 소개하지 않기로 한다.

다행히 이제는 초기 하버드 연구 샘플의 결과를 확장된 샘플(원래 참가자의 아내, 아들, 딸 등이 포함된)과 비교할 수 있다. 보다 다양한 문화 경제적 배경과 성적 정체성, 민족, 출신이 포함된 연구의 결과물과도 비교할 수 있다. 그리고 다른 연구에서 확증된 결과, 즉 여성, 유색 인종, LGBTQ+(여성 동성애자lesbian, 남성 동성애자gay, 양성애자bisexual, 성전환자transgender, 성 소주자 전반queer 혹은 성 정체성으로 갈등하는 사람questioning를 지칭하는 용어), 전 세계의 모든 사회경제적 집단에서 사실로 밝혀진 결과를 강조할 것이다. 이 책의 목적은 우리가 인간의 조건에 대해 알게 된 내용을 제공하고, 살아 있다는 보편적인 경험에 대해 하버드 연구가 알려줄 수 있는 사실을 전하는 것이다.

전혀 다른 사람의 인생에서 나의 인생을 보는 놀라운 경험

마크는 25년 넘게 여대에서 학생들을 가르쳐왔다. 그는 매년 새로 입학한 밝고 열정적인 신입생들에게 웰빙과 시간의 흐름에 따른 삶의 진화 방식을 살펴보는 연구에 참여해 달라고 부탁했다. 인도 출신인 아나냐도 그런 요청을 받은 학생들 중 한 명이었다.[7]

그녀는 특히 역경과 성인의 행복 사이의 연관성에 관심이 있었다.

마크는 아나냐에게 수백 명을 대상으로 그들의 성인기 생활 전체를 살펴본 하버드 연구의 풍부한 데이터에 대해 얘기했다. 하지만 그 데이터에 있는 이들은 백인 남성이었고 아나냐보다 70년도 더 전에 태어난 이들이었다. 그녀는 자기와 매우 다른 사람들, 오래전에 태어난 늙은 백인 남성의 삶에서 무엇을 배울 수 있겠느냐며 의문을 표했다.

마크는 아나냐에게 주말 동안 하버드 연구에 참가한 사람 중 한 명의 파일을 읽고 다음 주에 다시 얘기해보자고 제안했다. 아나냐는 열정 가득한 모습으로 다음 모임에 나왔고, 마크가 질문하기도 전에 하버드 연구에 참가한 사람들을 연구해보고 싶다고 말했다. 아나냐가 이런 생각을 품게 된 건 그녀가 읽은 파일에 기록된 삶의 풍요로움 때문이었다.

그 참가자가 살아온 삶의 세부 사항은 여러 가지 면에서 그녀의 삶과 매우 달랐다. 그는 다른 대륙에서 자라 성인이 되었고, 유색 인종이 아닌 백인의 삶을 살았다. 또한 여성이 아닌 남성이었으며 대학에 진학하지 않았다. 그 참가자는 아나냐와 완전히 다른 사람이었지만, 아나냐는 그의 심리적 경험과 도전에서 자신의 모습을 보았다.

이런 상황은 거의 매년 반복되고 있다. 심리학계와 다른 분야에서 민족적·문화적 배경과 관련된 심각한 불균형이 계속되고 있음을 지적받은 지난 몇 년 동안은 더욱 그렇다. 밥도 하버드 연구의 새로운 책임자로 합류하라는 요청을 처음 받았을 때 비슷한 망설임을 경험했다. 또 이런 인생 연구의 타당성과 몇몇 연구 방법의 기묘함에 의구심을 품었다. 그래서 주말을 틈타 연구 파일을 몇 개 읽었고 아나냐가 그랬던 것처럼 즉시 매료되었다. 여러분도 그렇게 되길 바란다.

우리의 1세대 참가자들이 태어난 지 한 세기가 지났지만 인간은 언제나처럼 복잡하며 작업은 결코 끝나지 않는다. 하버드 연구는 정보 수집 과정을 계속 다듬고 더욱 확장시키며 다음 10년을 향해 나아가고 있다. 거기에는 각각의 데이터 조각, 각각의 개인적 성찰이나 순간적인 느낌이 인간의 조건에 대한 보다 완전한 그림을 만든다는 믿음이 깔려 있다. 지금으로서는 상상할 수 없는 미래의 어떤 질문에 답하는 데 도움이 될 수도 있다는 그런 믿음 말이다.

물론 인간의 삶에 대한 그 어떤 그림도 완전할 수는 없다. 하지만 우리가 인간 발달에 관한 가장 이해하기 어려운 질문에 다다를 때 여러분이 우리와 함께해주길 바란다. 예를 들어 그 질문들은 이런 것들이다. 왜 대인관계가 번영하는 삶의 열쇠인 것 같은가? 유아기의 어떤 요소가 중년기와 노년기의 신체적·정신적 건강에 영향을 미치는가? 수명 연장 또는 건전한 관계와 가장 밀접한 관련이 있는 요인은 무엇인가? 요컨대 좋은 인생을 만드는 요소는 무엇인가?

행복이란 무엇을 의미하며 어떤 모습일까?

인생에서 원하는 게 뭐냐고 물으면 많은 사람이 '행복해지고 싶다'고 한다. 솔직히 말하자면 밥도 그 질문에 비슷하게 대답할 것이다. 매우 모호한 답변이지만 사실 그 안에는 모든 게 담겨 있다. 마크는 조금 다르게 답할지도 모른다. 아마 잠깐 뜸을 들였다가 "행복 그 이상이다."라고 말할 것이다.

그렇다면 행복이란 뭘 의미할까? 여러분 인생에서 행복은 어떤 모습을 하고 있을까? 이 질문에 대한 답을 찾는 한 가지 방법은 사람들에게 무엇이 그들을 행복하게 하는지 물어보고 거기서 공통점을 찾는 것이다. 하지만 우리가 받아들여야 할 한 가지 엄중한 진실이 있다. **사람들은 자기에게 좋은 게 뭔지 잘 모른다**는 것이다. 이 문제는 나중에 다시 얘기하자.

인생에서 원하는 게 뭐냐는 질문에 사람들이 어떻게 대답할지보다 더 중요한 건 행복한 삶을 이루는 조건에 대한 근거 없는 믿음이 암암리에 내재화되어 있다는 점이다. 근거 없는 믿음에는 여러 가지가 있지만 그중에서도 가장 문제가 되는 건 자기가 '성취'하는 것이 행복이라는 생각이다. 사람들은 마치 상을 받듯이 액자에 넣어서 벽에 걸 수도 있는 무언가를 행복이라고 생각한다. 아니면 하나의 목적지처럼 여겨서 앞을 가로막는 모든 장애물을 극복한 뒤 마침내 그곳에 도착하면 남은 평생 그냥 대충 시간을 보내도 된다고 생각한다. 이미 짐작했겠지만 행복은 절대 그런 식으로 작동하지 않는다.

아리스토텔레스는 2,000년도 더 전에 오늘날에도 심리학계에서 널리 사용하는 용어인 '에우다이모니아'eudaimonia라는 말을 썼다. 이건 사람이 자신의 삶에 '의미와 목적'이 있다고 느끼는 깊은 행복 상태를 말한다. 이 말은 다양한 쾌락의 덧없는 행복을 가리키는 '헤도니아'hedonia(쾌락주의hedonism라는 단어의 어원)라는 말과 대조된다.

달리 말해 즐거운 시간을 보내는 게 헤도닉 행복이라면, 에우다이모닉 행복은 인생이 멋지다고 느낄 때의 행복이다. 지금 당장 즐겁고 행복하다고 느끼는 이 순간 외의 삶이 얼마나 즐겁든 비참하든 상관없이 여러분의 삶은 가치 있고 본인에게 소중하다는 뜻이다. 이건 인생의 온갖 우여곡절을 모두 견뎌낼 수 있는 행복이다.

'에우다이모닉 행복'이 어렵게 느껴지는가? 이 말을 계속 되풀이하지는 않을 테니 걱정하지 않아도 된다. 하지만 우리가 앞으로 말할 내용과 그것이 의미하는 바에 대해 간단히 얘기하고자 한다.

몇몇 심리학자들은 '행복'happiness이라는 단어를 쓰는 걸 반대한다. 그 말은 일시적인 즐거움부터 현실에서는 거의 도달할 수 없는 거의 신화적인 에우다이모닉 행복에 이르기까지 모든 걸 의미할 수 있기 때문이다. 그래서 대중적인 심리학 문헌에서는 일반적으로 행복 대신에 웰빙, 웰니스, 번성, 번창 같은 미묘한 용어를 사용한다.

우리도 이 책에서 그런 용어를 사용한다. 마크는 특히 단순한 기분이 아니라 활동적이고 지속적인 상태를 의미하는 '번성'과 '번창'이라는 용어를 좋아한다. 하지만 사람들이 자기 삶에 대해 얘기할 때는 '행복'이라는 말을 주로 쓰기 때문에 우리도 그 말을 계속 사용할 것이다.

솔직히 "당신의 인간적인 번영 상태는 어떻습니까?"라고 말하는 사람은 아무도 없다. 다들 "당신은 행복합니까?"라고 묻는다. 그리고 일상적인 대화를 나눌 때나 연구에 대해 얘기할 때도 그 말을 쓴다. 우리는 건강과 행복, 의미와 목적에 대해 얘기한다. 하지만 이때 말하는 행복은 에우다이모닉한 행복이다. 그리고 그 단어가 불확실하긴 해도 거기 담긴 진정한 의미를 잘 생각해보면 당연하게 느껴진다.

어떤 부부가 새로 태어난 손자 얘기를 하면서 "우리는 정말 행복하다."라고 말하거나 상담을 받는 누군가가 "결혼생활이 불행하다."라고 말할 때를 생각해보자. 그 말은 일시적인 감정이 아니라 지속적인 삶의 질을 뜻하는 게 분명하다. 우리가 이 책에서 행복이라는 말을 쓸 때도 바로 그런 마음, 그런 뜻으로 사용한다.

데이터 너머의 일상생활을 연구하다

인간관계가 우리의 건강과 행복에 중요한 역할을 한다고 어떻게 확신할 수 있는지 궁금할 것이다. 인간관계를 경제적 상황, 행운이나 불운, 힘겨운 어린 시절, 우리가 매일 느끼는 감정에 영향을 미치는 다른 중요한 상황과 어떻게 분리할 수 있을까? **"무엇이 좋은 인생을 만드는가"** 라는 질문에 대답하는 게 정말 가능할까?

인간관계가 건강과 행복에 미치는 영향을 과학으로 증명하다

수백 명의 인생을 전체적으로 연구한 우리는 다들 이미 알고 있던 사실을 확인했다. 우리 행복에 영향을 미치는 요소가 엄청나게 많다는 사실 말이다. 우리 인생은 경제, 사회, 심리, 건강과 관련된 다양한 요소들이 복잡미묘한 균형을 이루면서 끊임없이 변화한다. 어떤 단일 요인이 어떤 단일 결과를 야기한다고 단언할 수 있는 경우는 거의 없으며, 사람들은 항상 우리를 놀라게 한다. 그래도 이 질문에 대한 답은 실제로 존재한다.

수많은 사람과 연구를 통해서 얻은 같은 유형의 데이터를 오랫동안 반복적으로 보면 패턴이 나타나기 시작하고, **인간의 번영을 예측할 수 있는 변수**가 명확해진다. 건강한 식단부터 운동, 소득 수준에 이르기까지 건강이나 행복과 관련된 많은 예측 변수 가운데서도 특히 좋은 관계가 가득한 삶은 그 힘과 일관성이 두드러진다.

하버드 연구는 인간의 심리적 번영을 수십 년에 걸쳐 연구한 세계 유일의 종단 연구가 아니다. 그래서 우리 연구 결과가 다른 시대와 다른 유형의 사람들에게도 그대로 적용되는지 알아보기 위해 다른 연구들도 꾸준히 꼼꼼하게 살펴본 후 함께 제시했다. 각 연구마다 고유한 특징이 있기 때문에 연구 결과가 여러 연구에서 재현되는 건 과학적으로 매우 흥미로운 일이다.

수만 명을 총체적으로 대표하는 다른 중요한 종단 연구 사례를 몇 가지 살펴보면 다음과 같은 것이 있다.

- **영국 코호트 연구**British Cohort Studies는 특정 연도에 태어난 5개의 대규모 대표 집단, 즉 제2차 세계대전 직후에 태어난 베이비붐 세대 그룹을 시작으로 가장 최근에는 2000년대 초에 태어난 아동 그룹까지를 연구 대상으로 삼았다. 그리고 그들의 전 생애를 추적하고 있다.[8]
- **밀스 종단 연구**Mills Longitudinal Study는 1958년에 고등학교를 졸업한 여성들의 졸업 이후 삶을 추적했다.
- **더니든 다학제 건강발달연구**Dunedin Multidisciplinary Health and Development Study는 1972년에 뉴질랜드의 한 소도시에서 태어난 아이들 중 91퍼센트를 연구했다. 그들이 태어나 중년기에 이를 때까지 계속 추적했으며 최근에는 그들의 자녀도 추적 조사하고 있다.[9]
- **카우아이섬 종단 연구**Kauai Longitudinal Study 1955년에 하와이 카우아이섬에서 태어난 모든 아이를 30년간 연구했으며 연구 대상은 대

부분 일본, 필리핀, 하와이 혈통이었다.[10]

- **시카고 건강, 노화, 사회관계 연구**Chicago Health, Aging, and Social Relations Study, CHASRS는 2002년에 시작했으며 다양한 중년 남성과 여성 집단을 10년 넘게 집중적으로 연구했다.[11]
- **다인종 거주 지역의 생애주기별 건강 고령화**HANDLS **연구**는 2004년부터 볼티모어에 사는 흑인과 백인 성인(35~64세) 수천 명에게 나타나는 건강 격차의 본질과 원인을 조사했다.[12]
- **학생회 연구**Student Council Study는 1947년부터 브린 모어Bryn Mawr, 하버포드Haverford, 스와스모어Swarthmore 칼리지에서 학생회 대표로 선출된 여성과 남성의 삶을 추적 조사했다.[13] 이 연구는 하버드 연구를 개발한 연구진들이 계획 과정에 어느 정도 참여했으며, 원래 하버드 연구 샘플에 포함되지 않았던 여성들의 경험을 포착하기 위해 일부러 설계한 것이다. 30년 이상 지속된 이 연구의 원본 기록 자료가 최근에 다시 발견되었다. 학생회 연구는 하버드 연구와 연결되어 있기 때문에 이 책에서 학생회 연구에 참여한 여성들 가운데 일부의 이야기를 듣게 될 것이다.

풍요로운 삶에 대해 과학이 말해주는 것들

이 모든 연구와 우리 하버드 연구는 인간관계의 중요성을 증명한다. 가족, 친구, 공동체와 많이 연결되어 있는 사람은 연결이 부족한 사람보다 더 행복하고 신체적으로도 건강하다는 걸 입증한다. 자신이 원하는 것보다 더 고립된 사람은 다른 이들과 연결되어 있다고 느끼는 사람보다 건강이 빨리 나빠진다. 외로운 사람은 수명도 짧다.

안타깝게도 이렇게 타인과 단절된 채 사는 사람이 전 세계적으로 증가하고 있다. 미국인 네 명 중 한 명은 외로움을 느낀다고 하는데 이는 6,000만 명이 넘는 숫자다. 중국에서는 최근 몇 년 사이에 노인들의 고독감이 눈에 띄게 증가했고, 영국은 중요한 공중 보건 문제로 부상한 이 문제를 해결하기 위해 고독부 장관을 임명했다.[14]

이들은 곧 우리 이웃, 우리 자녀, 우리 자신이다. 사회적 단절에는 무수한 사회적, 경제적, 기술적 이유가 있다. 하지만 원인과 관계없이 이미 명확한 데이터가 존재한다. 외로움과 사회적 단절의 그림자가 오늘날의 '연결된' 세계를 뒤덮고 있다.

정해진 것도, 너무 늦은 것도 없다

여기까지 읽은 독자 중 지금 자기 삶을 개선하기 위해 실제로 할 수 있는 일이 있는지 물어보는 이들도 있을 것이다. 우리를 사교적인 성격이나 수줍은 성격으로 만드는 자질이 따로 있는 걸까? 우리는 사랑받거나 외로울 운명, 행복하거나 불행할 운명을 타고난 걸까? 어린 시절의 경험이 우리를 영원히 정의할까? 이런 다양한 질문들 대부분은 사실 **'너무 늦은 건 아닐까?'**라는 두려움으로 귀결된다.

하버드 연구소는 이 질문에 대답하기 위해 열심히 노력했다. 이 연구의 예전 책임자인 조지 베일런트George Vaillant는 사람들이 삶의 도전에 반응하는 방식, 즉 대처법이 바뀔 수 있는지 연구하는 데 상당한 시간을 쏟았다. 베일런트와 다른 사람들의 연구 덕분에 우리는 '너무 늦은 건 아닐까?'라는 질문에 그건 절대 아니라고 확실하게 답할 수 있다.

너무 늦은 때란 없다. 유전자와 경험이 우리가 세상을 보는 방식, 다른 사람들과 상호작용하는 방식, 부정적인 감정에 반응하는 방식을 만드는 건 사실이다. 그리고 경제적 발전과 인간의 기본적인 존엄성을 위한 기회가 모든 사람에게 동등하게 제공되는 것은 아니다. 우리 중 일부는 상당히 불리한 조건과 사회적 위치에서 태어난다. 하지만 우리가 세상에 존재하는 방식은 돌에 새겨져 있지 않다. 그보다는 모래에 적혀 있는 쪽에 가깝다. 어린 시절이 우리 운명을 결정짓는 게 아니라는 뜻이다. 타고난 기질이나 태어나서 자란 동네가 운명을 정하는 것도 아니다.

이 연구는 그걸 분명하게 보여준다. 여러분 인생에서 벌어진 어떤 일도 여러분이 다른 사람과 연결되고 번창하고 행복해지는 걸 막지 못한다. 사람들은 종종 어른이 되면 인생과 생활방식이 고정된다고 생각한다. 하지만 성인 발달에 관한 모든 연구를 살펴본 결과 그게 사실이 아니라는 걸 알아냈다.[15] 우리는 살면서 얼마든지 의미 있는 변화를 만들어낼 수 있다.

고립감은 관계의 양이 아니라 질이 결정한다

조금 전에 특정한 문구를 하나 사용했다. **자기가 원하는 것보다 더 고립된 사람들**에 대해 얘기한 것이다. 이런 표현을 쓴 건 다 이유가 있어서다. 외로움은 단순히 타인과의 물리적인 분리 때문에 생기는 게 아니다. 우리가 아는 사람 수가 유대감이나 외로움에 대한 경험을 결정하지 않는다. 생활방식이나 결혼 여부도 마찬가지다. 사람들이 많은 곳에서도 외로울 수 있고, 결혼생활을 하면서도 외로울 수 있다.[16] 사실 애정이 거의 없고 갈등만 심한 결혼생활은 이혼보다 건강에 더 나쁠 수 있다.

중요한 건 관계의 양이 아니라 질이다. 단순하게 말해서 따뜻한 관계 속에서 살아가야 심신을 보호할 수 있다. 보호라는 개념은 매우 중요한 개념이다. 인생은 힘들고 때로는 완전히 공격적인 모드로 우리에게 덤벼들기도 한다. 따스함으로 연결된 관계는 삶과 노화의 가혹한 충격에서 우리를 보호한다.

하버드 연구에 참가한 이들을 80대까지 추적한 우리는 참가자들이 중년기에 이르렀을 때를 돌아보면서 누가 행복한지, 누가 건강한 팔순을 맞고 누가 그렇지 않을지를 미리 예측할 수 있는지 알고 싶었다. 그래서 그들이 50세 때 우리가 알고 있던 사실을 모두 모아봤다. 그리고 그들이 앞으로 어떻게 늙어갈지 예측할 수 있는 지표는 중년기의 콜레스테롤 수치가 아니라 자신의 인간관계에 얼마나 만족하느냐라는 걸 알아냈다. **50세 때 자신의 관계에 가장 만족한 사람이 80세에 정신적으로나 육체적으로나 가장 건강했다.**[17]

이 연관성을 더 자세히 조사하자 증거가 계속 늘어났다. 동반자와 행복한 관계를 맺고 있는 남녀는 80대에 신체적 고통이 심한 날에도 기분은 평소와 똑같이 행복하다고 보고했다.[18] 그러나 불행한 관계에 처한 사람들은 신체적 고통을 느끼면 기분이 악화되었고 이 때문에 감정적인 고통까지 겪었다. 다른 연구들도 관계의 강력한 역할에 대해 비슷한 결론을 내린다. 앞서 얘기한 몇 가지 종단 연구에서도 기준이 되는 사례가 있다.[19]

3,720명의 흑인과 백인 성인(35~64세) 집단을 대상으로 진행한 다인종 거주 지역의 생애주기별 건강 고령화 연구에서는 사회적 지원을 많이 받았다고 보고한 참가자의 경우 우울증이 덜한 것으로 나타났다.

시카고 거주자들을 대상으로 한 대표적인 연구인 시카고 건강, 노화, 사회관계 연구에서는 만족스러운 관계를 맺고 있는 참가자들의 행복 수준이 더 높은 것으로 나타났다. 뉴질랜드 더니든에서 진행한 출생 코호트 연구의 경우, 청소년기의 사회적 연결이 학업 성취도보다 성인기의 행복을 잘 예측했다.

이런 증거들은 계속 이어진다. 물론 인간의 풍요로운 삶에 대해 말할 수 있는 지식 분야가 과학밖에 없는 건 아니다. 다른 분야와 요소들도 많이 있으며, 사실 과학은 이 분야의 신참이다.

우리보다 앞서나간 고대인들의 통찰과 지혜를 따라잡다

철학자들과 종교는 수천 년 전부터 건전한 관계가 사람들에게 이롭다는 생각에 주목해왔다. 어떤 면에서 볼 때 역사를 통틀어 인간의 삶을 이해하려고 노력한 사람들이 계속해서 매우 유사한 결론에 도달한다는 건 놀라운 일이다. 하지만 이건 당연할 수도 있다. 기술과 문화가 그 어느 때보다 빠르게 변하고 있지만 인간 경험의 근본적인 측면은 예전 그대로이기 때문이다.

아리스토텔레스는 에우다이모니아라는 개념을 발전시킬 때 세상에 대해 관찰한 내용뿐만 아니라 자신의 감정에도 의존했다. 오늘날 우리가 경험하는 것과 똑같은 감정 말이다. 24세기 전에 노자가 "남에게 많이 줄수록 자신의 풍요로움이 커진다."라고 했던 역설적인 메세지는 지금의 우리에게도 해당하는 이야기다. 그들은 다른 시대에 살았지만 그들의 세계는 우리가 사는 세계와 다르지 않다. 그들의 지혜는 우리의 유산이며 우리는 그걸 이용해야 한다.

우리는 과학을 더 넓은 맥락에 놓고 이런 질문과 연구 결과의 중요성을 강조하기 위해 고대 지혜와의 유사점에 주목한다. 몇 가지 예외적인 경우를 빼면 과학은 고대인들이나 그들의 지혜를 받아들이는 데 별로 관심이 없었다. 계몽주의 이후 독자적인 길을 걸어온 과학은 지식과 진실을 추구하는 젊은 영웅과 비슷하다. 수백 년이 걸리긴 했지만, 우리는 이제 인간의 웰빙이라는 영역에서 완전히 한 바퀴를 돌아 제자리로 돌아왔다. 과학적인 지식이 마침내 세월의 시험을 견디고 살아남은 고대의 지혜를 따라잡은 것이다.

우리는 험난한 발견의 길을 통해 진리에 다가간다

우리 두 사람은 매일 '무엇이 좋은 인생을 만드는가'라는 의문과 씨름하기 위해 출근한다. 세월이 흐르면서 얻은 몇몇 연구 결과에 우리는 놀랐다. 우리가 사실이라고 가정했던 것들이 사실은 그렇지 않았고, 우리가 거짓이라고 생각했던 것들이 사실로 입증되었기 때문이다. 다음 장에서는 이 모든 것을 여러분에게 알려줄 것이다.

다음에 이어질 다섯 개의 장에서는 관계의 기본적인 본질을 탐구하고 이 책이 제공하는 가장 강력한 교훈을 적용하는 방법을 구체적으로 알아본다. 자기가 인생의 어느 위치(인간의 수명에서 처한 지점)에 있는지 아는 것이 일상에서 의미와 행복을 찾는 데 어떤 식으로 도움이 되는지도 얘기한다. '사회적 적합성'이라는 매우 중요한 개념과 그것이 신체적 적성만큼 중요한 이유를 논의한다. 또 호기심과 관심이 어떻게 관계와 웰빙을 향상시킬 수 있는지 탐구하고, 관계가 우리 삶에서 가장 심각한 문제를 야기할 때 대처할 수 있는 전략도 몇 가지 소개한다.

책 뒷부분에서는 장기적인 친밀감에서 중요한 것, 유년기의 가족 경험이 웰빙에 미치는 영향과 그에 대처하는 방법, 직장에서 종종 간과되는 연결 기회, 모든 유형의 우정이 안겨주는 놀라운 이점 등 특정 유형의 관계에 대한 핵심을 파헤칠 것이다. 그리고 이런 통찰을 얻는 데 영향을 미친 과학적 사실도 공유하려 한다. 나아가 하버드 연구 참가자들에게 이 모든 것이 거의 한 세기에 걸쳐 그들의 실제 삶 속에서 어떻게 이루어졌는지 직접 들어볼 것이다.

좋은 인생이 항상 먼 곳에 있는 것은 아니다

연구 책임자와 부책임자인 우리는 하버드 연구와 그것이 행복에 대해 가르쳐주는 내용에 우리 인생을 모두 쏟았다. 그리고 인간의 조건에 매료되는 축복을 받았다(동시에 고통도 받았지만). 밥은 매일 몇 시간씩 내담자들의 가장 깊은 고민에 대해 얘기하는 정신과 의사이자 정신분석학자다. 그는 하버드 연구를 진두지휘하는 일 외에 젊은 정신과 의사들에게 심리 치료 방법도 가르친다. 밥은 결혼한 지 35년이 되었고 장성한 아들이 두 명 있으며, 쉬는 날에는 방석에 앉아 선종을 수행하고 지도하는 데 많은 시간을 쏟는다.

마크는 30년 동안 새로운 심리학자와 연구원들을 가르치고 훈련시켜온 임상 심리학자 겸 교수다. 그 역시 전문 심리 치료사이며 오랫동안 결혼생활을 유지하면서 두 아들을 키우고 있다. 열렬한 스포츠 팬인 마크는 여가 시간에 테니스 코트에서(젊은 시절에는 농구 코트에서) 다른 사람들과 교류하곤 한다.

우리 두 사람의 연구 협력과 우정은 거의 30년 전부터 시작되었다. 우리가 처음 만난 곳은 매사추세츠 정신건강센터였다. 그곳은 상징적인 지역사회 조직으로 사회적으로나 경제적으로나 매우 불우한 환경에 처해 있고 정신 질환까지 앓는 이들과 함께 일했다. 우리 둘 다 임상 실무와 시간을 관통한 인생 연구를 통해 우리와 매우 다른 배경에서 살아가는 이들의 경험을 이해해야 한다고 느꼈다.

30년이 지난 지금도 우리는 여전히 친구고 여전히 연구를 위해 협력하고 있다. 연구를 시작한 이후 두 번째 세기를 맞은 하버드 연구의 방대한 인생 이야기가 담긴 보물창고를 돌보기 위해 최선을 다하고 있다. 연구 참가자와 그들의 가족에 대해 알아가면서 귀중한 교훈을 얻었고 삶을 어떻게 살아가야 하는지 배웠으며 지금도 계속해서 배우는 중이다. 이 책은 그런 교훈과 하버드 연구 참가자들이 세상에 건네준 귀중한 선물을 공유하기 위한 시도다.

그들이 연구에 참여한 이유는 우리 같은 연구자들만을 위해서가 아니다. 그들은 모든 곳에 있는 모든 사람을 위해 그 일을 했다. 그들의 삶은 이 책의 심장부를 이룬다.

우리는 이런 통찰을 세상 사람들에게 제시했을 때 어떤 결과가 나타날지를 이미 확인했다. 이 연구를 진행하는 동안 앞으로 얘기할 연구 결과에 대해 수백 차례 강의했고, 우리가 알아낸 내용을 전부 수명연구재단Lifespan Research Foundation에 모아뒀다. 수명연구재단은 인간 발달 연구에서 얻은 지혜를 학술지 안에서 꺼내 사람들에게 전해주는 비영리 단체다. 그들이 건네받은 지혜를 사람들이 자기 삶을 개선하는 데 사용하는 도구로 만들도록 말이다. 강의와 워크숍이 끝나면 사람들이 다가와서 우리가 알게 된 내용을 듣고 안도감을 느꼈다고 말하는 경우가 많았다. 좋은 인생이 항상 손 닿지 않는 먼 곳에 있는 것은 아님을 연구 결과를 통해 매우 명확하게 밝혀주었기 때문이다.

좋은 인생은 직업적으로 성공한 뒤, 먼 미래에 만날 수 있는 게 아니다. 엄청난 돈을 번 다음에 시작되도록 설정되어 있지도 않다. 좋은 인생은 바로 눈앞에 있고 때로는 팔만 뻗으면 닿을 수 있다. 그리고 지금부터 시작된다.

제2장

관계가 행복과 풍요를 결정짓는 이유

최고의 아이디어는 어둡고 우묵한 곳에 숨겨져 있지 않다.
우리 바로 앞 잘 보이는 곳에 감춰져 있다.[20]

_ **리처드 파슨**Richard Farson, **랠프 키스**Ralph Keyes

하버드 연구, 2003년 '8일' 설문조사 6일 차

Q: 잘 늙는 비결은 무엇인가?

A: 행복과 배려. 먹는 것에 신경 써야 한다. 밖에 나가서 조금 걷거나 운동을 하자. 친구도 있어야 한다. 친구가 있으면 아주 좋다.

_ 해리엇 본, 연구 참가자, 80세

누군가를 사랑할 때 또는 사랑받고 있다는 걸 알았을 때의 기분을 생각해보자. 여러분 몸에서 느껴지는 감각, 따뜻하고 편안한 감각을 떠올려보자. 이제 가까운 친구가 여러분이 힘든 시간을 이겨내도록 도와줬을 때 느꼈던 유대감을 생각해보자. 아니면 존경하는 사람에게서 '네가 자랑스럽다'는 말을 들었을 때 느꼈던 지속적인 흥분, 감동으로 눈물을 흘릴 때의 기분이나 동료와 웃음을 나누면서 약간의 에너지를 얻었을 때의 기분도 괜찮다. 소중한 사람을 잃었을 때의 육체적인 고통을 생각해보자. 혹은 우체부에게 손을 흔들 때의 순간적인 즐거움도 있다.

사회적 존재로 살아남기 위해 필요한 것은?

이런 크고 작은 감정은 생물학적 과정과 연결되어 있다. 배 속에 음식이 있으면 뇌가 이에 반응해 쾌락 감각이라는 보상을 안겨주는 것처럼 뇌는 다른 사람들과의 긍정적인 접촉에도 반응한다. 뇌는 실제로 **'좋아. 이것 좀 더 줘, 제발'**이라고 말한다. 긍정적인 상호작용은 우리가 안전하다는 걸 몸에게 알려주므로 신체적인 자극은 줄어들고 행복감은 증가한다.

그에 반해 부정적인 경험과 상호작용은 우리가 위험에 처해 있다는 느낌을 줘서 아드레날린과 코르티솔 같은 스트레스 호르몬을 생성하도록 자극한다. 이 호르몬은 경계심을 높이고 매우 중요한 상황(투쟁-도피 반응)에 대응하도록 도와주는 신체 반응의 일부다. 그리고 우리가 스트레스를 느끼는 데 큰 역할을 한다.[21] 우리는 이런 스트레스 호르몬과 쾌락 감각의 신호에 의존해서 인생의 도전에 맞서고 기회를 헤쳐나간다. 이를 바탕으로 위험은 피하고 연결을 추구해야 한다.

협력 상황이나 위협적인 상황에서 나타나는 이런 반응은 오랜 진화의 역사를 갖고 있다. 호모 사피엔스는 우리 안에 내장된 생물학적 가이드와 함께 수십만 년 동안 지구를 돌아다녔다. 여러분이 바보 같은 표정을 지었을 때 아기가 웃는 모습을 보고 느끼는 작은 기쁨은 기원전 10만 년에 우리의 먼 조상이 아기를 웃게 하고 느낀 기쁨과 생물학적으로 관련이 있다.

선사시대 사람들은, 요즘 사람들은 거의 상상할 수 없는 방식으로 위협을 받았다. 그들은 우리와 비슷한 신체를 가졌지만 원시적인 기술로는 환경과 포식 동물에게서 최소한의 보호만 가능할 뿐이었다. 다른 건강 문제나 부상에 대한 치료법은 사실상 전무했다. 치통이 죽음으로 끝날 수도 있었다. 그들은 짧고 힘들고 아마 무시무시한 삶을 살았을 것이다. 그런데도 살아남았다. 어떻게 그럴 수 있었을까?

한 가지 중요한 이유는 초기 호모 사피엔스가 다른 수많은 성공적인 동물 종과 공유했던 특성 덕분이다. 그들의 몸과 뇌는 협력을 장려하는 방향으로 진화했다. 그들이 생존할 수 있었던 이유는 사회적인 존재이기 때문이다.

오늘날에는 생존이라는 프로젝트가 과거와는 사뭇 다른 의미와 복잡성을 띠게 됐다. 하지만 인간이라는 동물은 과거와 크게 달라지지 않았다. 수 세기 전에 비해 21세기의 삶은 그 어느 때보다 빠르게 변하고 있으며, 우리 삶을 위협하는 많은 것들은 실상 우리가 직접 만들어낸 것이다. 기후변화, 점점 증가하는 소득 불평등, 새로운 통신 기술의 거대한 복잡성과 더불어 우리는 내면의 정신 상태에 대한 새로운 위협에도 대처해야 한다.

긍정적인 관계는 인간 행복의 필수 요소다

지금은 그 어느 때보다 외로움이 만연하다. 그런데 집단의 안전을 추구하도록 설계된 우리의 고대 뇌는 그런 부정적인 감정이 생명을 위협한다고 간주해서 스트레스와 질병을 일으킨다. 해가 거듭될수록 현대 문명은 50년 전만 해도 상상조차 할 수 없었던 새로운 도전들을 제시한다. 그뿐 아니라 새로운 선택도 제시한다. 그만큼 삶의 길이 그 어느 때보다 다양해졌다는 뜻이다. 하지만 변화 속도나 우리 중 많은 사람이 갖고 있는 선택권과 관계없이 변하지 않는 사실이 하나 있다. 인간이라는 동물은 다른 인간과 연결되도록 진화해왔다는 점이다.

인간에게 따뜻한 관계가 필요하다는 건 괜한 말이 아니다. 그건 엄연한 사실이다. 과학적 연구들이 이 사실을 반복해서 알려준다. 인간에게는 영양이 필요하고, 운동이 필요하며, 목적이 필요하고, 서로가 필요하다고 말이다.

우리는 하버드 연구 결과를 요약해 달라는 요청을 자주 받는다. 사람들은 우리가 알게 된 사실 중 가장 중요한 게 뭔지 궁금해한다. 우리 둘 다 천성적으로 간단한 대답에 거부감이 있기 때문에 이런 대화는 짧고 단순하게 진행되지 않는 경우가 많다. 그러나 85년간의 연구와 수백 개의 연구 논문에서 나타나는 일관된 신호를 곰곰이 생각해보면, 다음과 같은 간단한 메시지로 압축할 수 있다.

긍정적인 관계는 인간의 행복에 필수적이다.

이 책을 읽는 독자들은 삶의 지혜를 찾고 있거나 적어도 좋은 삶에 기여하는 요소가 무엇인지 궁금해하리라 생각한다. 여러분은 의미와 목적과 기쁨이 있는 삶을 원하고 건강하기를 원한다. 여기서 좀 더 나아가면 여러분이 행복하고 건강해지기 위해 이미 최선을 다하고 있음을 추측할 수도 있다. 여러분은 자기가 어떤 사람인지 알고 있으며 자신의 호불호와 감정, 사회적 능력에 대해서도 어느 정도 알고 있다. 그리고 하루하루 최고의 삶을 살기 위해 노력한다. 하지만 여러분이 대부분의 사람과 비슷하다면 항상 성공하지는 못할 것이다.

우리는 이 책에서 사람들이 살면서 행복과 만족감을 느끼는 데 어려움을 겪는 공통된 이유 몇 가지를 다룰 것이다. 하지만 지금 당장 인정해야 할 일반적인 진실이 몇 가지 있다.

첫 번째는 좋은 인생은 대부분의 사람에게 중요한 관심사지만 현대 사회의 핵심적인 관심사는 아니라는 것이다. 오늘날의 삶은 서로 경쟁을 벌이는 사회적, 정치적, 문화적 우선순위로 뒤덮여 있다. 그리고 그중 일부는 사람들의 삶을 개선하는 것과 거의 관련이 없다. 현대 세계는 인간의 생생한 삶의 경험보다 우선시하는 게 많다.

두 번째 이유도 이와 관련이 있으며 훨씬 더 근본적인 문제다. 우주에서 가장 정교하고 신비로운 시스템으로 알려진 우리 뇌는 지속적인 즐거움과 만족을 추구하는 과정에서 우리를 오도하는 일이 종종 있다. 우리는 지성과 창의력을 발휘해서 놀라운 위업을 이룰 수 있다. 실제로 인간 게놈 지도를 작성하거나 달 표면을 걷기도 했다. 하지만 자기 삶에 대한 결정을 내릴 때는 본인에게 뭐가 좋은지 잘 모르는 경우가 많다. 합리적인 상식도 잘 통하지 않으며, 정말 중요한 게 뭔지 알아내기가 매우 어렵다.

이 두 가지, 즉 흐리멍덩한 문화와 우리를 행복하게 해주는 것을 예측하면서 저지르는 실수가 한데 엮여서 매일 우리 삶에 영향을 미친다. 또한 일생에 걸쳐 쌓이면서 상당한 영향력을 행사한다. 우리가 사는 세상은 알아차리지 못하는 사이에 우리를 특정한 방향으로 이끌기도 한다. 이럴 때 겉으로는 자기가 뭘 하는지 아는 척하지만 속으로는 살짝 혼란 상태에 빠진다.

우리를 좋은 삶에서 멀어지게 할 수 있는 문화적, 개인적인 방법에 대해서 더 얘기하기 전에 이미 인생의 시련을 모두 겪은 하버드 연구 참가자 두 명의 삶을 살펴보자. 그리고 그들의 인생 경험을 통해 중요한 것과 중요하지 않은 것에 대해 무엇을 배울 수 있는지 알아보자.

유리한 조건에서 인생을 시작한 두 남자의 전혀 다른 삶

1946년에 존 마스덴과 레오 드마르코는 둘 다 인생의 중대한 기로에 서 있었다. 두 사람은 최근에 하버드 대학교를 졸업했고 제2차 세계대전 기간에는 자원해서 군 복무를 했다. 존은 건강 문제 때문에 전시 근무를 할 수 없어서 미국 본토에서 복무했고 레오는 남태평양 해군에서 복무했다. 전쟁이 끝났고, 두 사람은 남은 인생을 향해 막 전진하려는 참이었다.

그들은 세상 사람들이 유리한 조건이라고 여기는 것들을 많이 가지고 있었다. 존의 가족은 부유했고 레오의 가족은 중상류층이었다. 둘 다 일류 대학을 졸업했으며 백인 남성에게 특권을 주는 사회에서 살아가는 백인 남성이었다. 전쟁이 끝난 뒤 연방정부에서 자금을 지원하는 제대 군인 원호법 등을 통해 참전용사들에게 많은 사회적, 경제적 지원이 이루어지고 있었던 건 말할 필요도 없다. 좋은 인생이 그들을 기다리고 있는 것 같았다.

하버드 연구에 처음 참여한 남성 가운데 3분의 2는 보스턴에서 가장 가난하고 혜택받지 못한 지역 출신인 반면, 나머지 3분의 1은 하버드 학부생이었다. 따라서 성공할 채비가 된 이 대학생들은 모두 '미국의 풍요로운 삶'을 보여주는 전형적인 존재가 되었어야 한다. 존과 레오처럼 몇몇은 부유한 가정 출신이었고 대부분 직업적인 경력을 추구하는 기혼자였다. 경제적으로나 직업적으로 성공한 이들도 많았다.

하지만 여기서 상식이 빗나가는 예를 확인할 수 있다. 우리는 대부분 삶의 물질적인 조건이 행복을 결정지을 거라고 생각한다. 물질적 조건이 불리한 사람은 덜 행복하고 유리한 사람은 더 행복하리라고 가정하는 것이다. 하지만 과학이 들려주는 이야기는 그보다 복잡하다. 수천 명의 삶을 연구해보면 대중들이 으레 그럴 거라고 생각했던 것과 일치하지 않는 패턴이 항상 나타난다. 존과 레오 같은 개인의 삶은 의외의 결과와 함께 정말 중요한 게 뭔지 보여준다.

존은 계속 클리블랜드에 살면서 아버지의 직물 프랜차이즈 사무실에서 일하다가 결국 그 사업을 물려받을 수도 있었다. 아니면 시카고 대학 로스쿨에서 합격 통지서를 받은 상태였으니 평생의 꿈을 좇아 로스쿨에 진학할 수도 있었다. 존은 그런 선택을 할 수 있는 운 좋은 사람이었다. 존이 살아온 인생의 겉모습만 본 사람들은 그가 행복해질 운명이라고 생각할 것이다.

그는 로스쿨에 진학하기로 결정했다. 존은 항상 부지런한 학생이었고 그런 모습을 계속 유지하며 살았다. 본인의 말에 따르면, 존이 성공할 수 있었던 것은 특별히 똑똑하기 때문이 아니라 열심히 노력한 덕분이라고 한다. 그는 하버드 연구진에게 실패에 대한 두려움이 자신의 주된 동기였고, 심지어 주의가 산만해지지 않으려고 데이트도 일부러 피했다고 말했다.

존은 시카고 법대를 졸업했을 때 자기 반에서 거의 최고에 가까운 성적을 거뒀고 매력적인 일자리를 제안받기 시작했다. 결국 그가 하고 싶어 했던 공공 서비스 업무를 장려하는 회사에 정착했다. 존은 연방정부를 위해 공공 서비스 행정에 대한 컨설팅을 시작했고 시카고 대학에서 강의를 하기도 했다. 존이 가업을 물려받지 않은 것에 실망했던 그의 아버지도 아들을 매우 자랑스러워했다. 존은 성공 가도를 달리고 있었다.

반면 레오는 작가 겸 저널리스트가 되고자 하는 꿈이 있었다. 그는 하버드 대학에서 역사를 공부했고, 전쟁 중에는 꼼꼼하게 일기를 쓰면서 언젠가 그걸 책으로 낼지도 모른다고 생각했다. 전쟁터에서 한 경험은 그에게 올바른 길을 가고 있다는 확신을 줬다. 레오는 역사가 평범한 사람들의 삶에 어떤 영향을 미치는지에 대한 글을 쓰고 싶었다. 그러나 레오가 해외에 있는 동안 아버지가 돌아가셨고, 그가 집에 돌아온 직후 어머니는 파킨슨병 진단을 받았다. 장남인 레오는 어머니를 가까이에서 돌보기 위해 버몬트주 벌링턴으로 돌아가기로 결심했고, 곧 고등학교 교사로 일하기 시작했다.

레오는 교사 일을 처음 시작한 직후에 그레이스를 만났고, 그녀와 깊은 사랑에 빠졌다. 그들은 즉시 결혼했으며 1년도 안 되어 첫 아이를 낳았다. 그때부터 레오가 어떤 삶을 살게 될지 윤곽이 정해졌다. 레오는 이후 40년 동안 계속 고등학교 교사로 일했고 더는 작가가 되겠다는 꿈을 추구하지 않았다.

29년을 건너뛰어 1975년 2월로 가보자. 두 사람은 이제 55세다. 존은 서른네 살에 결혼했고, 현재 연간 5만 2,000달러를 버는 성공적인 변호사가 되었다. 레오는 여전히 고등학교 교사로 일하면서 1년에 1만 8,000달러를 번다. 어느 날 그들은 우편으로 날아온 똑같은 설문지를 받았다.

존 마스덴은 고객들과의 약속 시간 사이에 잠시 짬을 내서 법률 회사 사무실 책상에 앉아 있다. 레오 드마르코는 어떨까? 벌링턴 고등학교 9학년 학생들이 역사 시험 때문에 곤혹스러워하는 동안 레오 드마르코가 자기 책상에 앉아 있는 모습을 상상해보자. 자신의 건강과 최근 가족력에 대한 질문에 답한 두 사람은 결국 180개의 '맞다/아니다' 질문을 마주하게 된다. 그중에는 다음과 같은 질문도 있다.

> 맞다/아니다:
>
> 인생에는 즐거운 일보다 고통스러운 일이 더 많다.

존(변호사)은 이렇게 썼다.

맞다.

그리고 레오(교사)는 이렇게 썼다.

아니다.

다음 질문에 대한 답을 보자.

맞다/아니다:

나는 종종 애정에 굶주려 있다고 느낀다.

이 질문에 존은 다음과 같이 대답했다.

맞다.

그리고 레오는 이렇게 대답했다.

아니다.

그들은 계속해서 자신의 음주 습관(둘 다 매일 한 잔씩 마신다), 수면 습관, 정치사상, 종교적 관행(둘 다 일요일마다 교회에 간다)에 대한 질문에 답하다가 다음과 같은 두 가지 질문에 도달했다.

다음 문장을 원하는 방식대로 완성하시오.

사람은 ______________ 때 기분이 좋다.

존:

… 자기 내면의 충동에 반응할 수 있을 때.

레오:

… 어떤 상황이 닥쳐도 가족이 자기를 사랑한다는 걸 느낄 때.

이제 다음 질문에 대한 답을 보자.

다른 사람들과 함께 있으면…

존:

… 즐겁다.

레오:

… 즐겁다(어느 정도까지는).

이 연구 참가자들 가운데 직업적으로 가장 성공한 사람에 속하는 존 마스덴은 가장 행복하지 않은 사람 가운데 한 명이기도 했다. 마지막 대답에서 알 수 있듯이 그도 레오 드마르코처럼 사람들과 친해지고 싶어 했고 가족을 사랑했다. 하지만 존은 평생 계속해서 단절감과 슬픔을 느낀다고 보고했다. 존은 첫 번째 결혼에서 어려움을 겪었고 아이들과 멀어졌다. 62세에 재혼한 뒤에도 그 새로운 관계가 '사랑 없는' 관계라고 얘기했으나 그 결혼은 죽을 때까지 이어졌다. 존이 절망에 빠지게 된 경로와 그에게 고통을 주었을 것으로 보이는 몇 가지 요인에 대해서는 나중에 자세히 얘기할 것이다.

우선 존의 삶에는 지금 당장 우려를 자아내는 한 가지 특별한 특징이 있다. 존은 행복해지려고 열심히 노력했지만 인생의 모든 단계에서 자기 자신과 그가 '내적 충동'이라고 부르는 것에 집착했다. 존은 다른 사람들의 삶을 개선하겠다는 희망을 안고 경력을 쌓기 시작했다. 하지만 시간이 갈수록 그의 성취는 사람들을 돕는 것보다 자신의 직업적인 성공과 더 연관되었다. 자신의 경력과 성취가 행복을 가져다줄 것이라고 확신했다. 하지만 그는 결코 기쁨에 이르는 길을 찾지 못했다.

반면에 주로 다른 사람들과의 관계에 비춰서 자신을 생각한 레오 드마르코는 일반적으로 이 연구 참가자 가운데 가장 행복한 사람 중 한 명으로 간주된다. 특히 하버드 연구에 제출한 그의 보고서에는 가족, 학교, 친구가 자주 등장한다. 하지만 중년의 레오를 인터뷰한 하버드 연구원 중 한 명은 이렇게 썼다. "우리 연구 대상이 좀… 평범하다는 인상을 받으면서 방문 인터뷰를 마쳤다."

그러나 사물에 대한 본인의 설명에 따르면, 레오는 풍요롭고 만족스러운 삶을 살았다. 그는 저녁 뉴스에 등장하지 않았고 지역사회 바깥으로 이름이 알려지지도 않았다. 하지만 그를 사랑하는 네 딸과 아내가 있었고 친구, 동료, 학생들 모두 애정 어린 마음으로 그를 기억했다. 그는 연구 설문지에서 항상 자신에 대해 '매우 행복하다' 또는 '지극히 행복하다'라고 평가했다. 레오는 다른 사람들이 그의 가르침에서 얻는 이익을 통해 기쁨을 느꼈기 때문에 존과 다르게 자기 직업이 매우 의미 있다고 생각했다.

이제 이들 두 사람의 삶을 돌아보자. 그들 각자의 생각, 결정, 삶의 전개 방식 사이에 어떤 연관성이 있는지 쉽게 확인할 수 있다. 그런데 지금 당장은 우리의 행복에 도움이 될 결정을 내리는 일이 왜 그렇게 어려운 걸까? 왜 우리는 바로 눈앞에 있는 행복의 원천을 간과하는 경우가 많은 걸까? 시카고 대학 연구진이 진행한 한 실험은 이 퍼즐의 중요한 조각 하나를 조명한다.

우리는 왜 열차 안의 낯선 사람들과 이야기하지 않을까?

기차를 타고 있다고 상상해보자. 주위에 낯선 사람들이 앉아 있다. 최대한 즐거운 기차 여행을 위해 낯선 사람과 이야기를 나누는 것과 혼자 조용히 있는 것 중 하나를 선택할 수 있다. 여러분은 어느 쪽을 선택하겠는가?

인간이 정서 예측에 미숙한 대표적 사례

우리는 대부분의 사람이 어떤 선택을 할지 안다. 혼자 조용히 있으려고 한다. 누군지도 모르는 사람을 굳이 상대하고 싶은 이가 어디 있겠는가. 상대가 너무 말이 많을지도 모른다. 혹은 끝내야 할 일이 있거나 음악이나 팟캐스트를 즐기고 싶을 수도 있다.

무엇이 우리를 행복하게 해주는가에 대한 이런 예측을 심리학계에서는 '정서 예측'이라고 한다. 우리는 살면서 생기는 크고 작은 모든 일이 우리에게 어떤 감정을 안겨줄지 끊임없이 예측한다.

시카고 대학 연구원들은 단거리 운행 열차를 이용해서 정서 예측 실험을 진행했다.[22] 열차로 통근하는 사람들에게 열차 안에서 낯선 사람과 이야기를 나누는 것과 자기 일에만 신경 쓰는 것 중 어느 쪽이 더 긍정적인 경험을 하게 만들지 예측해보도록 했다. 그리고 한 그룹은 근처에 있는 낯선 사람과 의도적으로 연결되도록 하고 다른 그룹은 계속 단절된 상태로 있도록 했다. 그리고 기차에서 내린 통근자들에게 탑승 경험이 어땠는지 물어봤다.

기차에 타기 전에는 모르는 사람과 얘기하는 게 나쁜 경험이 될 테고 혼자 있는 편이 훨씬 나을 거라고 예측하는 사람이 압도적으로 많았다. 그들은 무엇이 자기를 행복하게 하고 무엇이 우울한 기분을 느끼게 할지 예측한 것이다. 그러나 실제 경험은 그들의 예상과 정반대였다. 낯선 사람과 대화를 나누라는 지시를 받은 통근자들은 대부분 긍정적인 경험을 했고 통근 시간이 평소보다 즐거웠다고 평가했다. 평소 열차 안에서 일하던 사람들도 낯선 사람과 이야기를 나누는 것 역시 생산적인 경험이라고 보고했다.

인간관계의 혼란은 과대평가하고 이점은 과소평가하는 이유

인간이 정서 예측에 미숙하다는 걸 암시하는 연구는 이외에도 많다.[23] 이는 기차 연구 같은 단기적인 상황뿐만 아니라 장기적인 실험에서도 마찬가지다. 우리는 특히 인간관계의 이점을 예측하는 데 서투른 듯하다. 인간관계는 골치 아프고 예측할 수 없다는 명백한 사실 때문인 경우가 많다. 이런 혼란 때문에 많은 사람이 혼자 있는 걸 선호한다. 고독을 좋아해서가 아니라 다른 사람들과 연결되었을 때 빚어질 잠재적인 혼란을 피하고 싶기 때문이다.

그러나 우리는 그 혼란은 과대평가하고 인간관계의 유익한 효과는 과소평가하는 경향이 있다. 이건 일반적인 의사결정의 특징이기도 하다. 잠재적인 비용에는 많은 관심을 기울이면서 잠재적인 이익은 경시하거나 무시한다.[24]

사람들은 기분이 나빠질 거라 예상되는 일을 피하고 기분이 좋아질 만한 것을 추구한다. 본능이 항상 우리를 잘못된 방향으로 이끄는 건 아니지만, 실제로 안 좋은 쪽으로 이끄는 경우가 꽤 있다. 존 마스덴처럼 완벽하게 논리적으로 보이지만 잘못된 생각을 바탕으로 꽤 큰 결정(어떤 직업을 추구해야 하는지 등)을 하거나 사소한 결정(낯선 사람과 이야기하지 않는 것 등)을 반복해서 하는 사람이 많다. 안타깝게도 오류를 미리 확인할 수 있는 기회는 거의 없다.

외부의 힘이 결정에 영향을 미치지 않는 진공 상태에서 산다 하더라도 마찬가지다. 우리를 둘러싼 문화의 영향을 받기 때문이다. 특히 독특한 관점을 갖고 있거나 편견이 많은 문화권이라면 더욱 그렇다. 무엇이 우리를 행복하게 해줄지 예측하는 건 우리뿐만이 아니다. 우리가 살고 있는 문화권도 사람들을 위해서 이런 예측을 하며 영향을 미친다.

우리의 관점과 행복에 집요하게 관여하는 문화

2005년에 케년 대학에서 졸업식 연설을 하게 된 작가 데이비드 포스터 월리스David Foster Wallace는 다음과 같은 비유로 촌철살인의 진실을 지적했다.[25]

> 어린 물고기 두 마리가 헤엄을 치다가 우연히 반대 방향으로 헤엄치는 나이 든 물고기를 만났다. 나이 든 물고기는 고개를 끄덕여 인사하며 말했다. “안녕, 얘들아. 물은 괜찮니?” 어린 물고기들은 계속 헤엄을 치다가 그중 한 마리가 다른 물고기를 보고 물었다. “물이 대체 뭐야?”

한 국가 전체의 광범위한 문화부터 가족 내부의 문화에 이르기까지 모든 문화는 적어도 부분적으로는 참가자들의 눈에 보이지 않는다. 우리가 알아차리거나 동의하지 않은 상태에서 우리가 헤엄치는 물을 만들어내듯 중요한 가정, 가치 판단, 관행이 존재한다. 우리는 그냥 이 세상을 살아가면서 앞으로 나아갈 뿐이다. 문화의 이런 특징은 우리 삶의 거의 모든 부분에 영향을 미친다. 물론 대부분 긍정적인 영향이다. 그러고는 사람들을 서로 연결시키고 정체성과 의미를 만들어낸다. 하지만 다른 면도 있다. 때때로 문화적 메시지와 관행이 웰빙과 행복에서 멀어지는 방향으로 우리를 이끌기도 한다.

월리스가 졸업생들에게 권했던 것처럼 우리도 잠시 문화라는 물에 주목해보자.

정량화 가능한 승리에만 매달리는 삶

존과 레오, 그리고 하버드 연구의 다른 초기 참가자들이 성인으로 성장해가던 1940년대와 1950년대의 미국 문화는 좋은 삶이란 어떤 삶인가에 대한 가정으로 가득했다. 지금도 그렇고 앞으로도 그렇겠지만. 이런 가정은 연구 참가자들의 삶에 스며들었다. 더 중요한 건 그들의 인생 선택에까지 영향을 미쳤다는 점이다. 예를 들어 존은 법조계에서 일하며 존경받는 직업인 변호사가 되는 게 미래의 행복을 위한 기틀이 되리라 확신했다. 그가 성장한 문화는 이런 믿음이 자명한 것처럼 보이도록 환경을 조성했다.

각 문화권에서는 돈, 성취, 지위 같은 것들을 성취하도록 장려하는데, 이는 완전한 신기루가 아니기에 문제가 복잡해진다. 돈은 행복을 위해 필요한 중요한 것들을 얻을 수 있게 해준다. 성취는 만족감을 주고 그걸 목표로 삼으면 우리 삶에 목적이 생기며 새롭고 흥미로운 영역으로 나아갈 수 있다. 그리고 지위는 긍정적인 변화를 일으킬 수 있는 특정한 사회적 존경심을 안겨준다. 그러나 돈, 성취, 지위는 다른 우선순위를 앞지르는 경향이 있다. 이것도 사실 고대 뇌의 기능 때문이다. 우리는 눈에 가장 잘 띄고 가장 즉각적인 것에 초점을 맞춘다.

관계의 가치는 계량화하기 어렵지만 돈은 셀 수 있다. 성과는 이력서에 기재할 수 있고 소셜미디어 팔로워는 화면에 표시된다. 정량화가 가능한 승리는 우리가 좋아하는 감정의 작은 펄스, 즉 즐거운 감각을 제공하는데 이것은 고대 신호의 잔재다. 사는 동안 이런 것들이 축적되는 모습을 볼 수 있고, 자기가 왜 그 목표를 추구하는지 잘 모르는 채 계속 추구하기도 한다. 그러다 보면 어느새 이런 것을 추구하는 삶, 그 자체가 목적이 되는 영역으로 들어가게 된다. 이때부터는 추구하는 것이 추상화되고 실재가 아닌 상징이 된다. 더 나은 삶을 추구하려는 노력이 계속 똑같은 쳇바퀴를 도는 것처럼 보이기 시작한다.

이런 욕망의 대상과 그 심리적 토대에 대해서 할 말이 많다. 보다 쉽게 설명하기 위해 전 세계의 많은 문화권에서 지속적으로 공유하고 있는 문화적 가정, 상징적인 핵심을 하나 골라서 자세히 살펴보자. 이건 아주 오래되었을 뿐만 아니라 사라질 기미조차 보이지 않는 가정과 상징이다. 바로 돈이 좋은 인생의 토대라는 생각이다.

돈은 정말 좋은 인생의 토대일까?

물론 정색하고 이렇게 말하는 사람은 거의 없을 터다. 하지만 이 믿음이 강력하다는 징후는 우리 주변 곳곳에서 분명하게 드러난다. 보수가 좋은 직업을 '좋은' 직업으로 여기는 태도, 초부유층에 대한 동경, 점점 더 실용화되는 교육 시스템(대체로 '더 나은' 직업을 얻기 위해 학교에 다닌다), 소비자 제품의 화려한 약속, 기타 많은 삶의 방식에서 그런 생각을 볼 수 있다. 철학자, 작가, 예술가들이 수천 년 동안 부의 유혹에 대해 경고해왔음에도 이 믿음은 계속 살아남아서 우리 문화의 큰 부분을 차지하고 있다. 일례로 아리스토텔레스는 2,000년 전에 이미 이 문제를 개략적으로 거론했다. 그는 "돈벌이에만 골몰하는 삶은 강요에 의한 삶이다. 부는 우리가 추구하는 선이 아니다. 그건 유용하긴 하지만 다른 것을 위한 것이기 때문이다."라고 썼다.[26]

모든 시대마다 이와 유사한 수백 가지 감정이 명확하게 표현되어 있다. 벤저민 프랭클린은 "돈은 인간을 행복하게 해준 적이 없고 앞으로도 그럴 것이다."라고 말했다.[27] 마이아 앤절로Maya Angelou는 "돈을 목표로 삼지 말자. 그보다는 자기가 좋아하는 일을 추구하면서 사람들이 눈을 뗄 수 없을 정도로 그 일을 잘 해내자."라고 했다.[28] 이들의 이야기를 한마디로 요약하면 '돈으로 행복을 살 수는 없다'는 진부한 말이다.

이 생각은 전 세계 자본주의 문화의 일부분을 이룰 만큼 일반적인 것이다. 사람들은 항상 돈이 답이 아니라고 말하지만, 돈은 지금도 거의 모든 문화권에서 욕망의 중심적인 대상으로 남아 있다. 왜 그렇게 됐을까? 돈이 사람들의 일상생활에 영향을 미치는 모습을 매일 보다 보니, 돈으로 행복을 살 수 있다는 생각이 드는 것이다.

돈은 필요하지만 그게 전부는 아니다

미국에서는 수십 년 동안 계속해서 소득 불평등이 증가해왔고, 이는 의료 서비스 이용에서 나타나는 격차부터 부유한 사람은 통근 시간이 더 짧다는 사실에 이르기까지 모든 종류의 다른 불평등과 연결되어 있다. 돈의 전반적인 영향력은 매우 커서 고소득층은 저소득층보다 10~15년 정도 더 오래 살 것으로 예상된다. 이는 하버드 연구에 참가한 남성들의 경우에도 다르지 않았다. 평균적으로 볼 때 대학 졸업자들이 보스턴 도심 빈민가에 사는 남성들보다 소득이 훨씬 많았고 수명도 9.1년 더 길었다.

따라서 돈이 행복의 주요 요소가 될 수 있다는 생각은 어떤 면에서는 상식적이다. 하지만 그게 모든 진실을 반영하지는 않는다. 돈이 행복과 웰빙에 미치는 영향이 어느 정도인지 이해하려면 아리스토텔레스가 제안한 것처럼 좀 더 깊이 들여다보고 질문해야 한다.

돈은 무엇을 위해 필요한가?

우리가 돈에 대해 얘기할 때 흔하게 하는 말들

우리가 돈에 대해 얘기할 때 하는 얘기들[29]이 있다. 2010년에 프린스턴 대학의 앵거스 디턴Angus Deaton과 대니얼 카너먼Daniel Kahneman은 1년 동안 진행된 갤럽 설문조사를 이용해서 '돈과 행복의 관계'를 정량화하려고 시도했다.[30] 갤럽 조사는 전 국민을 대표하는 표본 1,000명을 통해 45만 개의 응답을 얻어서 방대한 데이터 세트를 구축했다.

연소득 7만 5,000달러를 넘어서면 돈은 행복과 큰 연관이 없다

디턴과 카너먼은 당시 미국에서 7만 5,000달러가 일종의 매직 넘버였다는 걸 보여줬다. 가계 소득이 당시 미국의 평균 가족 소득인 연 7만 5,000달러 이상이면, 사람들이 버는 액수가 정서적 행복의 지표로 사용되는 즐거움이나 웃음에 관한 일일 보고와 뚜렷한 관계를 나타내지 않았다.[31]

이 연구 결과는 돈으로 행복을 살 수 없다는 생각을 강화하는 것처럼 보이지만, 나머지 절반의 조사 결과도 똑같이 중요하다. 연간 7만 5,000달러 미만을 버는 사람들의 경우에는 더 많은 소득이 더 큰 행복과 상관관계가 있었다. 돈이 부족해서 기본적인 욕구를 확실하게 충족시킬 수 없을 때는 심한 스트레스를 받을 수 있기 때문에 이런 상황에서는 돈 한 푼이 소중하다. 기본적으로 어느 정도 돈이 있어야 그런 욕구를 충족시키고 삶을 통제할 수 있으며, 더 나은 의료 서비스와 생활환경에도 접근할 수 있다.[32]

디턴과 카너먼의 연구는 행복이 안정된 상태를 유지하는 금액을 추정해냈다는 점에서 기억에 남지만, 이 연구의 의미 자체는 새로운 게 아니다. 그들의 연구는 다양한 방법을 사용해서 부의 수준이 다른 여러 나라와 문화권에서 진행한 다른 연구 결과와 대체로 일치한다. 이런 연구들은 돈이 개인의 행복에 미치는 영향, 그리고 국가 전체의 부가 증가하면 국민들의 전반적인 행복에도 변화가 있는지 등에 주목했다.

연구 방법이나 지역에 상관없이 모든 연구가 유사한 결론에 도달했다. 돈이 가장 중요한 이들은 달러, 유로, 루피, 위안으로 기본적인 욕구를 충족시키고 안정감을 얻을 수 있는 저소득층이라는 것이다. 일단 그 문턱을 넘어서면 돈은 행복에 별로 큰 영향을 미치지 않는 듯하다. 디턴과 카너먼이 논문에 적은 것도 이와 같다. "돈이 더 많다고 해서 반드시 더 많은 행복을 살 수 있는 건 아니다. 하지만 돈이 부족하면 감정적인 고통을 느낄 수 있다."[33]

돈으로 더 많은 행복은 못 사지만 고통을 줄일 수는 있다

저소득층에게 돈은 생존, 안전, 통제감과 바로 연결된다. 그러나 소득 수준이 약간 더 높아지면(반드시 7만 5,000달러일 필요는 없다) 돈의 의미가 다소 추상적으로 느껴지기 시작하고 지위나 자존심 같은 다른 것들과 결부된다. 아마 이런 얘기가 크게 놀랍지는 않을 것이다. 여러분에게 돈은 물건이나 지위가 아니라 자유와 관련이 있을 테니 말이다. 돈은 세상에서 많은 힘을 발휘할 수 있고 돈이 많을수록 더 많은 선택권과 통제권을 갖게 된다고 생각할지도 모른다.

그렇게 생각하는 걸 이해할 수 있다. 돈은 현대 사회의 기반 깊숙이 얽혀 있기 때문이다. 돈은 성취, 지위, 자아 존중감, 자유와 자기 결정권, 가족을 돌보고 기쁨을 안겨주는 능력, 재미 등 모든 것과 연결되어 있다. 그러니 세상과 상호작용하고 삶의 많은 것들을 추구하기 위한 중심 매체로 여겨지는 건 당연하다.

심지어 가족이나 학생들과의 관계를 중심으로 삶을 구축한 교사 레오 드마르코도 돈을 매우 의식했다. 그는 노후를 위해 신중하게 저축을 하는 동시에 여러 해 동안 돈을 조금씩 모아서 낚싯배를 한 척 샀다. 그리고 그의 첫째 딸이 그 배에 '돌로레스'라는 이름을 붙였다. 그 배는 레오의 모든 자녀의 기억에 등장했다. 레오는 돈을 자기가 아끼는 사람들과 연결될 수 있는 수단, 만족스러운 개인적 목적을 달성하기 위한 수단으로 사용했다.

그러나 돈이 도구가 아닌 목적이 되면 주객이 전도된다. 돈 그 자체가 욕망의 대상이 되는 것이다. 아니면 리처드 세넷Richard Sennett과 조너선 코브Jonathan Cobb가 《계급의 숨겨진 상처》The Hidden Injuries of Class라는 책에서 규정한 것처럼 '능력의 배지'가 된다.[34] 다시 말해 공개적으로 인정받는 개인적인 장점이 된다는 얘기다.

우리의 행복 중 일부는 이웃을 볼 때 무엇을 중점으로 보느냐에 달려 있다. 자신을 다른 사람들과 비교하는 건 인간의 본성이다. 현실 세계, 엔터테인먼트, 소셜미디어 등에서 보는 다른 사람들의 삶과 자신의 삶에서 가능하다고 여기는 것 사이의 간극은 얼마나 클까?

연구에 따르면 다른 사람과 자신을 많이 비교할수록 행복도가 낮아진다고 한다. 심지어 그 비교가 자신에게 유리할 때도 말이다.[35] 그리고 눈에 보이는 격차가 클수록 불행은 더 커진다. 그래서 행복과 관련된 많은 것들이 그렇듯이 돈이 우리에게 미치는 영향은 간단하면서도 복잡하다. 하지만 **'돈으로 행복을 살 수 있을까?'**라는 질문에 대한 답을 찾지 못하는 이유는 잘못된 질문을 던지고 있기 때문인지도 모른다.

우리가 던져야 할 올바른 질문은 **'실제로 날 행복하게 하는 건 무엇인가?'**일 것이다.

찰스타운에서 온 앨런이 좋은 삶을 살게 된 이유

앨런 실바는 열네 살 때 영화와 사랑에 빠졌다. 1942년 여름, 그는 톰프슨 광장에서 구두 닦는 일자리를 구했고 그 돈으로 일주일에 두 번씩 찰스타운에 있는 극장에 가서 제임스 캐그니James Cagney나 수잔 헤이워드Susan Hayward와 함께 오후 시간을 보낼 수 있었다. 친구들과 함께 가기도 했고 같이 갈 만한 사람이 없을 때는 혼자 가기도 했다. 그는 모든 영화를 두 번씩 봤고 영화가 마음에 들지 않으면 두 번째 관람할 때 티켓을 받는 직원에게 불평했다.

앨런은 아이들에게 항해를 가르치는 지역 단체인 커뮤니티 세일링 클럽의 회원이었기 때문에 집으로 가는 길에 찰스타운 선착장에 들르곤 했다. 어쩌면 거기서 아는 사람을 만났을지도 모른다. 선착장에서 별로 흥미로운 일이 벌어지지 않으면, 첼시 스트리트에 가서 뒷문에 손잡이가 달린 적당한 형태의 배달 트럭이 지나가길 기다렸다. 그 트럭 뒤에 몰래 매달려서 집까지 무임승차를 했지만 남들에게는 이 사실을 비밀로 했다. 그의 어머니는 하버드 연구진에게 "우리 아들은 트럭 뒤에 매달리거나 하지 않아요. 그런 짓을 했다가는 다리를 잃을 수도 있다고 경고했거든요."라고 말했다.

연구에 참가한 대부분의 보스턴 아이들처럼 실바 가족도 가난하게 살았다. 포르투갈 이민자인 앨런의 아버지는 해군 공창에서 기계공으로 일하며 간신히 가족을 먹여 살릴 정도의 돈을 벌었다. 쉽게 흥분하는 성격에 분주한 아이였던 앨런은 자기 부모가 겪는 재정적 스트레스를 모른 채 행복하게 지냈다.

열네 살에 그를 인터뷰한 연구원은 앨런을 '매우 모험적'이라고 묘사했다. 앨런의 어머니는 "아들은 숨 가쁘게 돌아다니면서 쉴 새 없이 지껄여요."라고 했다. 그녀는 아들을 자유롭게 놔두는 경향이 있었는데 방 세 개짜리 아파트에서 함께 살던 그녀의 시어머니는 이 문제를 늘 불평했다. 앨런이 잘못된 무리에 들어가서 도둑질을 하고 결국 인생을 허비하게 될 거라고 생각했기 때문이다.

"전 아주 엄격하게 굴지는 않아요." 앨런 어머니의 말이다. "앨런이 다른 아이들처럼 행동하도록 그냥 내버려두죠. 그게 정상이잖아요. 우리 어머니가 너무 엄격하셔서 전 어릴 때 침울하게 지냈거든요. 요새는 아동 심리학 책도 읽고 있죠."

앨런은 모험심이 강할 뿐만 아니라 야망도 컸다. 영화를 보러 가거나 항해를 하거나 트럭 뒤에 매달리지 않을 때는 집에서 아버지가 크리스마스 선물로 사준 과학 상자 장난감을 만지작거렸다. 그는 물건을 만드는 것과 관련해 가능한 모든 걸 배우고 싶었다. 그는 자기 삶을 통제할 수 있다고 믿었고 이런 믿음 덕에 연구에 참여한 보스턴의 다른 아이들 대부분과는 다른 꿈을 품었다. 자기가 대학에 갈 수 있을 거라고 믿은 것이다.

하버드 연구에 참여한 두 그룹, 보스턴에 거주하는 남성과 하버드 학생은 많은 면에서 다르다. 이들은 빈곤이 미치는 영향, 그리고 노동자 계급과 전문직 계급의 삶이 결과적으로 어떻게 다른지 그 차이를 냉엄하게 보여준다.

그러나 특정한 관계적 이점은 이런 사회경제적 격차 속에서도 그 힘을 유지한다. 앨런 실바의 경우에는 그를 사랑하는 어머니가 있었다.

그녀는 아들 앨런을 옹호하고 믿으면서 그의 열망을 지지했다. 앨런 실바는 이런 어머니의 격려와 지원에 힘입어 대학에 진학한 소수의 보스턴 거주 남성 중 한 명이 되었다. 전기 공학 학위를 받은 앨런은 졸업하자마자 전화 회사에 취직해 오랫동안 일하다가 56세에 은퇴했다.

95세가 된 앨런은 새로운 영화는 좋아하지 않지만 TV에서 예전에 좋아하던 영화가 방영되면 보곤 한다. 2006년, 그에게 인생에서 가장 자랑스러운 게 뭔지 물어봤을 때 그는 자기 경력이나 대학 학위에 대해 말하지 않았다. 그는 이렇게 답했다.

"우리 부부는 올해로 결혼 48주년을 맞이합니다. 아이들은 다 착하고 손주들도 생겼죠. 난 우리 가족이 자랑스럽습니다."

앨런의 이야기는 관계의 힘에 대한 하버드 연구의 교훈을 되살려줄 뿐만 아니라 중요한 진실을 상기시킨다. 모든 사람에게는 자기가 통제할 수 있는 것과 통제 불가능한 것이 뒤섞여 있다. 그러니 다들 자기에게 주어진 일을 처리할 방법을 찾아야 한다.

우리가 통제할 수 있는 행복은 어느 정도인가?

> 행복과 자유를 얻으려면 한 가지 원칙을 명확하게 이해해야 한다. 그건 바로 세상에는 자기가 통제할 수 있는 것도 있고, 통제 불가능한 것도 있다는 사실이다.
>
> _ 에픽테토스Epictetus, 《담론》Discourses

또 한 명의 위대한 그리스 철학자인 에픽테토스는 노예로 태어났기 때문에 통제 문제는 그에게 개인적으로 의미 있는 문제였다. 에픽테토스는 '획득'을 의미하는 그리스어다. 사실 우리는 그의 어머니가 지어준 원래 이름이 뭔지도 모른다. 에픽테토스는 통제할 수 없는 것에 집착하면 비참해진다고 말했다. 뭘 통제할 수 있고 뭘 통제할 수 없는지 구분하는 게 우리 인생의 중요한 프로젝트라는 뜻이다.

신학자 라인홀트 니부어Reinhold Niebuhr의 '평온을 비는 기도'는 이 사상의 현대식 버전이며, 원래 버전과는 약간 다르지만 일반적으로 다음과 같이 인용된다.[36]

> 하느님, 제 힘으로 바꿀 수 없는 것들을 받아들이는 평정심과
> 바꿀 수 있는 것들을 바꾸는 용기,
> 그리고 그 차이를 아는 지혜를 주소서.

사람들은 종종 진정한 행복에 도달하는 건 불가능하다고 생각한다. 미리 정해져 있어 자기 힘으로는 바꿀 수 없는 것들이 너무 많기 때문이라는 게 그 이유다. 대체로 이런 식이다. 난 유전적으로 재능이 있는 것도 아니고 외향적이지도 않다. 과거에 트라우마를 겪었고 지금도 그것 때문에 씨름하고 있다. 이 불균형하고 불공평한 세상에서 다른 사람들이 이익을 얻는 것과 같은 방식으로 특권을 누리지도 못 한다.

인생의 복권에 당첨되려면 중요한 것들이 많다. 마음에 들지는 않지만, 우리가 태어나면서부터 가지고 있는 것 중에는 웰빙에 영향을 미치면서도 우리의 통제에서 벗어난 것들이 있다. 유전은 중요하다. 성별도

중요하다. 지능, 장애, 성적 지향, 인종 등도 우리의 문화적 편견과 관행 때문에 모두 중요하다.

예를 들어 흑인은 미국에서 가장 혜택을 받지 못하는 집단 중 하나다. 평균적으로 흑인은 다른 어떤 인종 집단보다 저축액이 적고 투옥률이 높으며 건강 상태가 좋지 않다. 그런데 이 모든 것이 벗어나기 힘든 지속적인 사회경제적 불이익에 기여한다. 그리고 디턴과 카너먼의 연구와 다른 많은 연구가 증명하는 것처럼 사회경제적 지위는 정서적 행복에 영향을 미칠 수 있다.

이걸 보면서 하버드 연구와 그 참가자들의 인종적 구성에 대한 중요한 질문을 되짚어보게 된다. 20세기 중반에 미국에서 자란 존, 레오, 헨리 같은 백인 남성들의 삶이 현대의 여성이나 유색인종, 완전히 다른 나라와 문화권에서 사는 사람들에 대해서 무얼 알려줄 수 있을까? 하버드 연구 결과는 참가자들과 동일한 인구 통계 집단에만 관련이 있지 않을까?

다른 사람과 더 많이 연결될수록 사망 위험이 낮아진다

이 질문을 받은 마크는 《사이언스》 지에 발표된 놀랍고도 영향력 있는 논문을 떠올렸다.[37] 이 논문은 사회적 관계와 사망 위험 사이에 연관성이 있는지 확인하기 위해 전 세계 다섯 개 지역에서 진행된 다섯 가지 연구에 참여한 여성과 남성 모두를 조사했다.

연구가 진행된 장소 중 하나는 미국 조지아주 에반스 카운티였고, 다른 하나는 핀란드 동부였다. 1960년대에 미국 남부에서 자란 흑인 여성의 삶과 핀란드의 얼어붙은 호숫가에 사는 백인 남성의 삶보다 더 큰 대조를 이루는 삶은 찾아보기 힘들다. 우리가 상상할 수 있는 거의 모든 수준의 경험을 토대로 아마 이 두 부류의 사람에게 몇 가지 중요한 차이가 있으리라 예상할 것이다.

이 다섯 가지 연구는 모두 전향적, 종단 연구였다. 하버드 연구처럼 시간이 지남에 따라 전개되는 삶을 살펴본 것이다.

많은 연구에서 그렇듯이 남녀 모두 지리적 위치와 인종이 중요했다. 에반스 카운티의 사람들은 평균적으로 가장 높은 사망률을 보였고 핀란드 동부 사람들의 사망률은 가장 낮았다. 에반스 카운티에 사는 흑인들은 삶의 어느 시점에서든 사망할 위험이 백인보다 더 높았지만, 핀란드와 에반스 카운티의 차이에 비하면 그 차이가 상대적으로 작았다.[38] 종합해보면 이런 차이는 엄연하고 의미가 있다.

하지만 이건 전체 이야기의 일부일 뿐이다. 몇 발짝 물러나서 보면 다섯 개 지역의 남성과 여성 데이터는 놀랍도록 유사한 패턴을 보여준다. 사회적으로 더 많이 연결된 사람은 나이에 관계없이 사망 위험이 낮았다. 조지아주 시골의 흑인 여성이든 핀란드에 거주하는 백인 남성이든 간에 다른 사람들과 더 많이 연결되어 있을수록 특정한 해에 사망할 위험이 낮아졌다.

이렇듯 다양한 장소와 인구 통계 그룹에서 일관되게 나오는 결과를 과학자들은 '재현'이라고 부르는데, 이건 쉽게 얻을 수 없는 연구의 성배聖杯다. 과학 연구를 통해 흥미로운 것을 발견했다고 해서 그 문제가 해결되는 건 아니다. 과학이 타당성을 얻으려면 연구 결과가 재현되어야 한다. 특히 연구 대상이 인간의 삶처럼 복잡한 것일 때는 많은 연구에서 비슷한 방향을 가리키는 일관된 신호를 찾는 게 중요하다. 그래야 우리가 보고 있는 것이 우연이나 요행이 아니라 의미 있고 믿을 만한 결과라고 확신할 수 있다.

대인관계와 건강 사이의 연결고리를 밝히다

이 다섯 가지 연구를 분석한 지 20년 이상 지난 뒤에 훨씬 대규모로 진행된 연구를 통해 인간관계와 사망 위험 사이의 연관성이 확고해졌다.[39] 줄리앤 홀트-룬스타드Julianne Holt-Lunstad와 연구진은 전 세계 국가(캐나다, 덴마크, 독일, 중국, 일본, 이스라엘 등)에서 총 30만 명 이상의 참가자를 대상으로 진행된 148개 연구를 조사했다. 이 분석 내용은 《사이언스》 지 기사에서 강조한 연구 결과와 동일했다. 모든 연령대와 성별, 민족에게 있어 강한 사회적 연결은 더 오래 살 가능성의 증가와 관련이 있었다.

홀트-룬스타드와 연구진은 그 연관성을 수치화했다. 그런데 놀랍게도 **어느 해든 상관없이 사회적 연결이 생존 가능성을 50퍼센트 이상 증가시켰다.** 이 모든 연구에서 타인과의 유대가 가장 적은 사람은 가장 많은 사람에 비해 사망률이 2.3(남성)~2.8(여성)배나 높았다. 이건 흡연과 암 발병의 관계와 비교할 수 있을 정도로 매우 큰 연관성이다. 그리고 미국에서 흡연은 예방 가능한 사망의 주요 원인으로 간주된다.[40]

홀트-룬스타드의 연구는 2010년에 진행되었다. 시간이 지나면서 우리 연구를 비롯해 수많은 연구 결과가 지역, 나이, 민족, 배경에 상관없이 좋은 대인관계와 건강 사이에 연결고리가 존재한다는 증거를 계속 보강하고 있다.[41, 42] 대공황 기간에 보스턴 남부에서 자란 가난한 이탈리아 아이의 삶과 1940년에 하버드를 졸업하고 훗날 상원의원이 된 사람의 삶은 상당히 다르다. 심지어 현대 유색인종 여성의 삶과는 더 많이 다르다. 하지만 우리는 모두 공통된 인간성을 공유한다.

홀트-룬스타드가 논평한 것처럼 수백 개의 연구를 분석해보면 인간 관계의 기본적인 이점은 동네와 도시, 국가, 인종마다 크게 다르지 않다는 걸 알 수 있다. 대부분의 사회가 불평등하다는 데는 논쟁의 여지가 없다. 상당히 큰 불평등과 정서적 고통을 야기하는 문화적 관행과 제도적인 요인들이 있다. 그러나 우리의 웰빙과 건강에 영향을 미치는 관계의 효능은 보편적이다.

이야기를 진행하는 동안 우리는 여러분이 사는 사회나 피부색과 관계없이 할 수 있는 일이 뭔지 식별하는 데 집중할 것이다. 다양한 상황에서 개인의 삶의 질에 영향을 미치는 것으로 증명된 가변적인 요소를 강조할 것이다. 그건 여러분의 삶에 영향을 미치는 동시에 여러분이 통제할 수 있는 요소들이다. 그게 어떤 영향을 미칠까? 우리가 바꿀 수 있는 것과 없는 것은 무엇이며 그게 얼마나 중요할까?

우리는 이 질문을 다양한 형태로 많이 받는다. 우리 중 한 명이 강연이나 일상적인 상황에서 연구에 대해 얘기하면 갑자기 누군가가 걱정스러운 표정을 짓는다. 그러면 우리는 그가 입을 열기도 전에 어떤 질문을 할지 알아차린다.

"내가 가장 걱정하는 건 돈과 건강 관리인데 그게 나와 관련이 있습니까?"

"수줍음을 많이 타고 친구를 사귀는 데 어려움이 있다면, 좋은 인생을 누리지 못하게 될까요?"

또 최근에 한 여성은 밥에게 이렇게 물었다. "좋지 못한 어린 시절을 보냈다면 내 인생은 완전히 망한 건가요?"

뭔가가 중요하다는 말과 그것이 사람들의 운명을 결정짓는다는 말은 완전히 다른 것이다. 과학 분야의 연구진은 참가 그룹들 사이의 차이점을 찾는 데 초점을 맞춘다. 그리고 그런 차이가 신뢰할 수 있는 것처럼 보이면 '통계적으로 유의미하다'라는 표현을 사용한다. 하지만 아주 작은 차이는 통계적으로는 중요할지 몰라도 너무 작아서 실질적으로는 의미가 없다. 그래서 이런 요소가 중요하다고 말할 때는 그게 얼마나 중요한지도 생각해봐야 한다.

사람마다 각기 다른 행복 설정점, 어떻게 채워지는가?

연구원이자 심리학자인 소냐 류보머스키Sonja Lyubomirsky는 설득력 있는 증거를 가지고 '무엇이 우리를 행복하게 만드는가?'라는 질문에 대한 진짜 답이 있다고 주장했다. 그녀는 에픽테토스가 자랑스럽게 여길 만한 분석을 통해 우리의 행복 수준이 변화할 수 있는 정도를 조사했다.

류보머스키는 서로 다른 가정에서 자란 쌍둥이의 행복부터 생활 사건과 웰빙의 연관성에 이르기까지 수많은 연구 결과를 바탕으로 행복의 변이성을 찾고자 했다. 기존의 연구에 따르면 인간에게는 유전자와 성격 특성에 많은 영향을 받는 '행복 설정점', 즉 행복의 기준을 결정하는 수준이 있다고 한다.

어떤 기간에 아무리 불행하고 어떤 기간에 아무리 기분이 좋았든 상관없이, 우리는 그 설정점을 향해 끌려간다. 이건 수십 년 동안 심리학

문헌에서 논의되어온 강력한 발견이다. 일반적으로 우리를 더 행복하거나 더 슬프게 만드는 일이 발생한 후에는 그런 상승이나 하락이 사라지기 시작하면서 우리가 항상 느끼던 일반적인 행복 수준으로 돌아온다. 예를 들어 운 좋은 복권 당첨자들도 복권에 당첨된 지 1년이 지나면 행복의 측면에서 우리와 다를 게 없는 상태다.

행복 설정점이라는 말은 행복이 고정되어 있다는 뜻이 아니라 행복을 느끼는 각자의 기준이다. 류보머스키와 동료들은 연구 데이터를 이용해서 의도적인 활동이 행복에 많은 영향을 미친다고 추정했다. 우리 행동과 우리가 하는 선택이 행복의 약 40퍼센트를 차지한다.[43] 이건 행복과 관련해 우리가 통제할 수 있는 부분이 상당히 많다는 얘기다.

이런 결과는 인간에 대한 가장 본질적이고 희망적인 진실 중 하나를 보여준다. 인간이 적응 가능한 생물이라는 점이다. 우리는 회복력이 있고 근면하며 창의적인 생물이라서 엄청난 고난 속에서도 살아남고 힘든 시간도 웃으면서 헤쳐나가고 결국 더 강해질 수 있다. 하지만 행복 설정점이라는 개념과 복권 당첨자에 대한 연구를 통해서도 알 수 있듯이 여기에는 또 다른 측면이 존재한다. 우리는 더 좋은 환경에 익숙해진다는 점 말이다.

정서적 행복은 무한대로 향상될 수 없다. 결국 적응해서 어느 시점에는 모든 걸 당연하게 여기게 된다. 이것이 돈에 대한 논의의 핵심이다. 억대 연봉을 받거나 새로운 직장을 구하거나 오래된 자동차를 새 차로 업그레이드하면 행복해질 거라고 생각할지도 모른다. 하지만 그 상황에 금세 익숙해진 뇌는 다음 도전, 다음 욕망을 추구하려 든다. 따라서 복권 당첨자라 해도 영원히 행복할 수는 없다.

이건 인간의 성격적 결함을 가리키는 게 아니라 생물학적 사실을 지적하는 것이다. 긍정적이든 부정적이든 우리가 하는 모든 경험은 뇌의 동일한 심리학적 · 신경학적 경기장에서 만난다. 여기서 과학은 스토아주의와 불교, 그리고 다른 여러 가지 영적 전통의 핵심 교리와 일치하는 결론을 내린다. 우리가 살면서 느끼는 감정 중 일부만이 주변에서 일어나는 일 때문에 생긴다. 대개는 자기 내면에서 일어나는 일 때문에 감정이 생긴다는 것이다.

데이비드 포스터 월리스는 앞서 언급한 케년 대학교 졸업식 연설에서 현대 서구 문화(다른 문화권에도 해당되는 얘기지만)가 우리의 정신적인 경기장에 어떤 영향을 미쳤는지 얘기했다.[44]

> 엄청난 부와 안락함, 모든 창조의 중심에서 홀로 두개골 크기의 작은 왕국의 영주가 될 수 있는 자유. 이런 종류의 자유에는 추천할 것이 많다. 하지만 다른 종류의 자유도 많다. 여러분이 가장 소중히 여기는 자유는 승리하고 성취하고 과시하는 위대한 외부 세계에서 많이 언급되지 않을 것이다. 정말 중요한 자유에는 관심과 자각, 규율, 노력, 그리고 다른 사람들을 진심으로 배려하면서 그들을 위해 사소하고 흥미롭지 않은 방식으로 거듭 희생할 수 있는 능력이 포함된다.

관계는 좋은 인생을 추동하는 엔진이다

고등학교 교사인 레오 드마르코에게는 자녀가 네 명 있었다. 그중 세

명은 현재까지 연구에 계속 참여하고 있다. 2016년에 그의 딸 캐서린이 우리 사무실을 방문해서 신체 건강과 정서적 문제를 해결하는 방법에 대한 인터뷰를 하고 여러 가지 평가를 받았다.

일반적으로 반나절 정도 걸리는 이런 방문 인터뷰 때 우리는 참가자들에게 살면서 힘들거나 우울했던 순간에 대한 기억을 얘기해 달라고 요청한다. 그리고 이런 경험을 인간적인 관점과 과학적인 관점에서 두루 조명한다. 그렇게 우울한 순간이 인간 발달에 중요한 역할을 할 뿐만 아니라 사람들이 어려움에 대처하는 방법도 알려주기 때문이다. 캐서린에게 힘들었던 순간을 공유해 달라고 하자 그녀는 다음과 같은 경험을 썼다.

> 남편과 내가 처음으로 아기를 낳으려고 시도했을 때, 나는 비교적 짧은 기간에 네 번의 유산을 겪었다. 살면서 내가 통제할 수 없는 상황에 처했다고 느낀 건 그때가 처음이었다. 성공에서 배우는 것보다 실패에서 배우는 게 더 많다는 말이 있다. 이때를 돌이켜보면 정말 그 말이 맞다. 그 일은 나와 남편을 시험했다. 그리고 가족을 꾸리고자 하는 열망 때문에 우리 삶이 모조리 소모되지 않게 하려면 부부가 같은 입장이어야 한다는 걸 깨달았다. 그 시기는 나와 남편에게 많은 슬픔을 안겨주었지만, 한편으로는 힘겨운 상황에서 우리가 진정으로 한 팀이 되는 법을 배운 시기이기도 하다. 우리는 아기를 낳으려고 애쓰는 과정이 우리 삶을 장악하지 않는 방향을 의식적으로 택했다. 우리 부부는 서로를 파트너로 선택했고 아이가 있든 없든 서로를 돌봐야 했다.

관계는 단순히 다른 것들을 위한 디딤돌로서 필요한 게 아니고, 건강과 행복으로 이어지는 기능적인 길도 아니다. 관계 그 자체가 목적이 되어야 한다. 캐서린은 아이를 간절히 원했지만 그들 부부가 부모가 되고자 하는 목표를 이루든 못 이루든 간에 결혼생활을 지키는 게 필수이며 그 자체로 중요하다는 걸 알았다.

과학자들이 관계가 우리에게 미치는 영향을 정량화하려고 노력하는 동안에도 관계는 끊임없이 변화한다. 덕분에 관계는 반복되는 물질적 삶에 대한 생생한 해독제 구실을 한다. 타인은 항상 파악하기 어렵고 신비로운 존재다. 하지만 그렇기에 관계는 당장 얼마나 유용하냐를 떠나 흥미롭고 세심한 관심을 기울일 가치가 있다. 철학자 한나 아렌트 Hannah Arendt는 "사랑은 본질적으로 세속적이지 않다."라고 썼다.[45]

관계는 우리 일상 경험의 중심이기 때문에 인생이라는 퍼즐에서 강력하고 실용적인 부분을 구성한다. 현대인들은 그 실용적인 가치를 과소평가하고 있다. 관계는 우리 삶의 토대이며 우리가 하는 모든 일과 우리의 모든 것에 내재되어 있다. 언뜻 보기에 관계와 무관해 보이는 소득이나 성취 같은 것도 실제로는 관계와 분리하기 어려울 수 있다. 주변에 감사할 사람이 없다면 성취가 무슨 의미가 있을까? 소득을 공유할 사람이 없다면, 거기에 의미를 부여해줄 사회적 환경이 없다면 돈을 번다 한들 무슨 의미가 있을까?

좋은 인생의 엔진은 존 마스덴이 믿었던 자기 자신이 아니라 레오 드마르코의 삶이 증명하는 것처럼 다른 사람들과의 관계다. 이 엔진을 움직이는 건 가장 크고 깊은 비탄을 포함해 미묘한 동료애, 상실의 슬픔, 낭만적인 사랑이 주는 흥분 등 우리 조상들에게 물려받은 내면의 감정이다. 그리고 존 카밧진Jon Kabat-Zinn이 《그리스인 조르바》의 한 구절을 빌려와서 '완전한 재앙'이라고 부른 것 등이다. 관계를 통해 얻은 순간적인 경험이 동력이 되어 좋은 삶이 진행된다.

여러분은 지금쯤 이런 생각을 할지도 모른다. '좋은 얘기네. 하지만 어떻게 해야 하는 거지? 어떻게 해야 관계를 개선할 수 있을까? 그냥 손가락만 튕긴다고 되는 일이 아니잖아. 변화는 어떤 모습을 하고 있지? 어디서부터 시작해야 하지?'

삶, 특히 일상적인 생활 습관을 바꾸는 건 어렵다. 다들 자기 삶을 개선하겠다는 의욕을 안고 시작하지만, 낡은 정신적 습관과 우리가 사는 문화권의 타성에 압도당해버린다. 복잡한 삶의 현실에 직면하면 "노력은 해봤지만 도저히 이해할 수가 없네. 그냥 흐름에 맡겨야겠어." 라고 말하고 싶은 유혹에 빠진다.

우리는 임상 실습을 할 때 이런 모습을 자주 본다. 한 사람이 살면서 대부분의 시간을 한 방향으로만 움직였는데 그 길에서 별로 만족감을 느끼지 못했다. 그럴 경우, 그는 다른 생산적인 길이 존재한다는 가능성을 받아들이기 어려워한다.

캐서린의 상황은 쉽게 악화될 수 있었다. 그녀는 자기가 통제할 수 없는 것(아기를 무사히 출산하는 일)과 통제할 수 있는 것(남편과의 관계를 굳건히 하는 방법)이 뭔지 알고 있었다. 그래서 두 사람은 이런 시련을 겪는 동안에도 친밀하고 너그러운 관계를 유지할 수 있었다.

다행히 캐서린은 다시 임신해서 아들을 낳았고, 그 아들을 '기적의 아기'라고 불렀다. 하지만 그런 최종 결과가 나오기 전에도 캐서린은 중요한 전투에서 승리했다. 그녀는 힘든 도전에 정면으로 맞섰고, 그것에 대응하는 방법을 잘 선택했으며, 자신에게 가장 많은 영향을 주고 시련을 이겨내는 데 도움이 되는 관계를 육성하는 쪽으로 관심을 돌렸다.

하버드 연구와 다른 많은 연구에서 드러나듯이 삶은 어떤 인생이든 우여곡절이 있고 우리가 하는 선택이 중요하다는 걸 말해준다. 이런 삶은 우리 인생의 모든 단계와 모든 상황에 정서적 행복을 개선할 수 있는 풍부한 가능성이 있다는 증거다.

다음 장에도 많은 연구 결과와 개인적인 이야기가 나온다. 이 이야기 속에서 여러분 자신과 여러분이 아끼는 이들의 모습을 발견하길 바란다. 또 실수와 구원, 단절과 사랑의 이야기를 읽으면서 여러분 삶에 있었던 비슷한 경험을 돌아보고 잘하고 있는 부분과 개선이 필요한 부분을 고민해보길 바란다.

우리는 행복으로 향하는 방향을 알려주는 경험의 창고를 가지고 있다. 먼저 광각 렌즈부터 들여다볼 텐데, 이건 인간의 수명에 대한 일종의 위성 지도라고 보면 된다. 이 지도에서 자기 위치를 찾으면 시작하는 데 도움이 될 것이다. 목적지에 도달하기 전에 먼저 지금 있는 위치부터 알아야 하기 때문이다.

제3장

인생이라는 지도 위에서
만나는 사람들

운명을 피하기 위해서 택한 바로 그 길에서
운명과 맞닥뜨리게 되는 경우가 많다.[46]

_ **장 드 라 퐁텐**Jean de La Fontaine

하버드 연구 설문지, 1975년

50세 이후에 직면한 삶의 문제 가운데 젊은 시절에는 별로 중요하게 여기지 않았던 문제는 무엇인가? 그 문제를 극복하기 위해 어떤 노력을 기울였는가?

웨스 트래버스는 60대에 가까워지면서 갈수록 과거를 되돌아보는 일이 잦아졌다. 자기 삶을 되돌아보면서 과거의 경험을 지금의 자신과 일치시키려고 노력했다. 그는 어떻게 지금의 위치에 이르렀을까? 어떤 사건이 핵심적인 역할을 했을까? 웨스의 아버지는 그가 일곱 살 때 작은 가방을 들고 보스턴 웨스트엔드에 있는 3층짜리 다세대 주택을 나가 다시는 돌아오지 않았다. 웨스와 그의 어머니 그리고 세 명의 형제자매는 아버지 없이는 생계를 꾸릴 방법이 없었지만 그런 한편으로 안도감을 느끼기도 했다.

자녀들이 어렸을 때 그는 온화하고 다정한 아버지였다. 하지만 아이들이 자라는 동안 성격이 변했다. 폭력적이고 성질이 급해졌으며 자기 자녀들을 피가 날 때까지 잔인하게 때리는 일도 종종 있었다. 한밤중에 술에 취해 집에 돌아왔고 밖에서 바람도 피웠다. 그가 떠난 후 가정에는 평화가 찾아왔다. 하지만 그와 동시에 새로운 어려움과 재정적인 문제도 생겼다. 이런 이유로 이 집 아이들은 너무 일찍부터 어른들이나 해야 할 걱정을 했다. 아버지의 부재는 웨스의 인격 형성기와 관련된 모든 것에 영향을 미쳤다.

웨스는 나중에 연구진에게 "아버지가 곁에 있었다면 내 삶이 어떻게 됐을지 궁금합니다."라고 말했다. "더 좋아졌을지 아니면 더 나빠졌을지 모르겠지만 그런 생각을 종종 하죠."

하버드 연구진이 열네 살의 웨스를 만났을 때 그의 삶은 이미 기나긴 도전의 연속이었다. 그는 자세가 약간 구부정했고 사시증 때문에 한쪽 눈동자가 고정되지 못한 채 자꾸 움직였다. 수줍음이 많고 자기 생각을 말로 표현하는 게 힘들었던 웨스는 하버드 연구진에게 자신의 삶이 어떤 상황인지 정확하게 전달하는 데 어려움을 겪었다. 그래도 가까스로 기본적인 그림을 제공할 수 있었다.

그는 학교생활이 힘들었다. 집중하지 못한 채 늘 공상에 잠겨 있었고 거의 모든 과목에서 낮은 점수를 받았다. "당신 인생의 야망이 무엇인가?"라는 질문을 받았을 때 웨스는 "요리사가 되는 것."이라고 답했다.

그 나이대의 아이들이 대부분 그렇듯이 웨스는 현재의 경험을 넘어 미래를 내다보지 못했다. 현재 겪는 어려움이 너무 컸던 탓에 거기 짓눌려 있던 그는 계획도 없고 미래에 대한 희망도 거의 없었다. 하지만 그가 갈 길은 아직 정해지지 않았다. 만약 우리가 과거로 돌아가서 10대 시절의 그에게 앞으로 일어날 일을 알려준다면, 그는 달라진 자신의 삶에 매우 놀랄 것이다. 차차 보게 되겠지만 그의 예상과는 전혀 다른 인생이 펼쳐졌다.

인생이라는 지도와 영토에서 나의 좌표 찾기

평생에 걸친 종단 연구의 장점 중 하나는 한 사람이 평생 걸은 모든 길을 지도로 그릴 수 있다는 점이다. 이를 통해 모든 사건과 도전을 그 전후에 발생한 모든 일의 흐름 속에서 볼 수 있다. 왼쪽과 오른쪽, 막다른 골목, 언덕과 계곡을 따라갈 수 있고 더 긴 여정의 결과도 알 수 있다. 단순히 무슨 일이 일어났는지뿐만 아니라 한 가지 일이 어떻게 다른 일로 이어졌는지, 또 왜 그렇게 됐는지도 파악이 가능하다.

이런 유의 기록에는 이야기 같은 특성이 있다. 그걸 읽고 나서 참가자들에게 어떤 감정을 품지 않기란 어렵다. 그건 당연한 일이다. 무엇보다 이건 인간으로 살아가는 과정에서 겪은 개인적인 모험의 기록이다. 그러나 이런 모험을 수백 개의 다른 모험과 결합시켜서 신중하게 숫자로 변환하면 인간의 삶뿐만 아니라 그 삶의 패턴까지 드러내 보이는 과학의 원료가 된다.

만약 여러분이 자기 인생의 타임라인을 이 책을 읽는 다른 사람들의 타임라인과 나란히 배치해서 본다면 어떨까? 아마 하버드 연구 참가자들과 유사한 패턴이 나타날 것이다.

여러분의 삶도 다른 사람들의 삶처럼 특정한 부분에서는 독특하겠지만 성별, 문화, 민족성, 성적 지향, 사회경제적 배경 등에서 뚜렷한 유사성이 드러날 것이다. 웨스에게는 학대하는 아버지가 있었다. 여러분은 어떤가? 부모님의 결혼생활에서 발생한 긴장 때문에 깊은 불안감을 느꼈을 수도 있고, 학습 장애 때문에 괴롭힘을 당했거나 학교생활이 두려웠을 수도 있다.

이렇게 공통된 인간 경험과 반복되는 삶의 패턴은 무엇을 말해줄까? 지금 이 순간 우리가 겪는 고난과 투쟁이 얼마나 외롭게 느껴지든 상관없이 과거에도 비슷한 일을 겪은 사람이 있었고 지금도 그런 일을 겪는 사람이 있다는 걸 알려준다. 이렇게 표면상 감정이 없어 보이는 과학적 소재가 매우 감동적인 효과를 자아낼 수 있다. 우리가 혼자가 아니라는 사실을 상기시켜주는 것이다.

그리고 우리 삶과 우리 자신이 끊임없이 변화한다는 속성도 다들 공유하고 있다. 이런 변화는 대개 너무나도 점진적으로 이루어지기 때문에 본인은 느끼지 못한다. 우리는 주변 세상이 흘러가는 동안에도 자신은 시냇물 속에 자리 잡은 변치 않는 바위처럼 똑같은 모습을 유지한다고 여긴다. 하지만 그것은 잘못된 인식이다. 우리는 현재의 상태에서 미래의 상태로 끊임없이 변화한다.

이번 장에서는 이런 패턴과 구불구불한 변화의 길을 조감하는 방법을 알려줄 것이다. 한발 물러서서 큰 그림을 바라보면 자신의 경험과 다른 사람들의 경험을 알 수 있다. 어떻게 변하고 있으며 앞으로 무엇을 예상할 수 있는지를 말이다. 스무 살 때의 인생은 쉰 살이나 여든 살 때와는 다르게 보인다. "당신이 바라보는 풍경은 서 있는 위치에 따라 달라진다."는 오래된 격언을 되새겨보자. 우리가 세상을 보는 방식은 자신의 관점에 따라 달라진다.

이것은 우리가 심리 치료사 겸 인터뷰 진행자로서 누군가를 알아갈 때 사용하는 첫 번째 기본 단계다. 우리가 서른다섯 살인 사람과 함께 앉아 있다면, 그가 지금까지 어떤 우여곡절을 겪어왔고 앞으로는 어떤 일을 겪게 될지 어느 정도 예측할 수 있다. 물론 그 모델에 완벽하게 들어맞는 사람은 없다. 그러기엔 인생이 너무 다양하기 때문이다. 그렇다 해도 한 개인의 인생 단계를 고려하면 그들의 경험을 이해하는 과정에 도움이 된다. 이 방법은 여러분이 살면서 만난 모든 사람, 심지어 자기 자신에게도 유용하다. 자기 혼자만 그런 문제를 겪는 게 아니며, 많은 사람이 직면하는 예측 가능한 문제가 있다는 사실을 알면 사는 게 조금은 쉬워진다.

연구 참가자들에게 80년간 진행된 이 연구에 참여하면서 가장 가치 있었던 게 뭐냐고 물었다. 이 질문에 정기적으로 자기 삶을 살펴볼 기회를 얻은 것이라고 답한 참가자들이 많았다. 웨스도 그렇게 답했다. 그는 잠시 시간을 내어 자기가 과거에 어떻게 느꼈고 자기 삶이 어땠는지 돌아봤다. 그 덕분에 지금 가지고 있는 것에 감사할 뿐 아니라 원하는 게 뭔지 깨달을 수 있었다고 여러 번 말했다.

좋은 소식은 연구에 참가하지 않은 사람들도 이걸 할 수 있다는 것이다. 약간의 노력과 약간의 자기성찰만 있으면 된다. 이번 장을 통해 그 방법을 터득하길 바란다.

집에서 직접 해보는 나만의 미니 하버드 연구

어머니나 아버지의 젊을 때 사진을 본 적이 있다면 다들 한 번쯤 놀라움을 느꼈을 것이다. 사진 속의 젊은 남녀는 우리를 낳은 부모라기보다는 살면서 어디선가 만났던 사람들처럼 보이기 때문이다. 우리가 아는 부모보다 부담감도 적고 근심 걱정도 없고 하여튼 뭔가 달라 보인다. 그리고 어릴 때의 자기 사진을 보면 그보다 더 놀랄 수 있다. 어린 시절의 사진을 통해 신체적인 변화, 버려진 꿈, 한때 소중히 여겼던 믿음과 마주하면서 달콤한 향수를 느낄 수도 있고 회한에 잠길 수도 있다. 또 웨스 같은 사람이라면 어릴 때를 돌아보며 다시 떠올리기 싫은 슬픔과 힘든 일들이 생각나기도 한다.

이런 기분은 중요한 삶의 영역을 가리킨다. 수명연구재단(www.lifespanresearch.org)을 위해 개발한 간단하면서도 강력한 실습 방법을 활용하면 이 기분을 유용한 방향으로 바꿀 수 있다. 개인적인 연구도 조금 필요하지만 게임을 좋아한다면 한번 시도해보자.

여러분이 지금의 절반 정도 나이였을 때 찍은 사진을 한 장 찾는다. 35세 미만이라면 성인기에 갓 접어들었을 무렵으로 돌아가자. 지금보다 훨씬 젊었을 때의 사진이라면 어떤 것이든 상관없다. 그때를 머릿속으로 상상만 하는 게 아니라 실제 사진을 찾아야 한다. 사진에 담긴 생생한 현실, 세부적인 장소와 시간, 얼굴 표정, 이 모든 것을 직접 보는 게 중요하다. 이는 가치 있는 실습을 위해 필요한 감정을 생생하게 불러일으킨다.

이제 사진 속의 자신을 자세히 살펴보자. 그때는 왜 그렇게 갈색 옷에 집착했던 건지 궁금해하거나 당시의 몸무게나 풍성했던 머릿결에 감탄할 수도 있다. 그런 다음 사진을 찍었던 그 순간으로 돌아가 보자. **아주 자세히 들여다봐야 한다. 몇 분간 사진을 보면서 그 시절을 떠올려보자.**

그때 무슨 생각을 했는가? 어떤 걱정거리가 있었는가? 무엇을 꿈꾸고 희망했는가? 어떤 계획을 세워뒀는가? 누구와 시간을 보냈는가? 본인에게 가장 중요한 건 무엇이었는가? 그리고 아마 가장 직면하기 어려운 질문일 텐데 이 질문도 해보자. 그때의 자신을 생각할 때 후회되는 건 무엇인가?

이 질문에 대한 답을 말이나 글로 표현하는 것은 도움이 된다. 답을 종이에 적을 때 자기가 원하는 만큼 자세히 적어도 좋다. 주변에 있는 사람이 여러분이 읽고 있는 이 책에 대해 궁금해하면, 그들에게도 자기 사진을 찾아서 함께 실습해보자고 청하자. 종단 연구자인 우리는 인화된 사진이 있다면 그걸 책갈피로 사용하다가 이 책을 다 읽은 뒤 지금 적은 메모와 함께 책에 꽂아두는 방법을 제안한다. 여러분이 아는 사람이 나중에 직접 이 실습을 해보다가 여러분이 남긴 사진과 메모를 보고 뭔가를 얻을 수도 있다. 우리가 사랑하는 이들의 과거 인생과 생각을 담은 이런 기록은 드물고 소중하다.

삶의 어느 위치에 있든 우리는 변화한다는 불변의 진리

하버드 연구가 평생에 걸친 인간의 경험에서 유용한 데이터를 추출하려는 첫 번째 시도는 결코 아니다. 사람들은 수천 년 동안 인간 삶의 패턴을 살펴보면서 인생의 비밀을 밝히려 노력했고, 이런 패턴을 여러 단계로 분류한 뒤 각종 방법으로 분석했다.

그리스인들은 생애주기를 다양한 방식으로 설명했다. 아리스토텔레스는 세 가지, 히포크라테스는 일곱 가지 버전으로 설명했다. 셰익스피어가 《뜻대로 하세요》라는 희곡에 나오는 '세상은 연극무대'라는 유명한 독백에서 "인생은 7막으로 나뉜다."라고 썼다. 그의 연극을 보는 관객들은 삶이 단계적으로 진행된다는 생각에 익숙했을지도 모른다. 셰익스피어도 아마 중등학교에서 그렇게 배웠을 것이다.[47]

이슬람교 교리에서는 존재의 일곱 단계를 언급한다.[48] 불교 교리에서는 소몰이의 은유를 사용해서 깨달음의 길을 걸어가는 열 가지 단계를 설명한다.[49] 힌두교는 인생을 네 단계, 즉 아쉬라마Ashrama로 구분하는데 이건 현대의 여러 가지 심리학적 인생 단계 이론을 반영한다.[50] 네 단계는 세상에 대해 배우는 '학생', 소명을 발전시키고 가족을 돌보는 '가장', 가정생활에서 물러나는 '은퇴자', 더 큰 영성을 추구하기 위해 노력하는 '수행자'로 이루어진다.

과학은 인간의 생물학적, 심리적 발달에 대한 고유한 관점을 갖고 있다. 하지만 아주 오랫동안 과학은 유아기 발달에만 초점을 맞췄다. 최근까지 심리학 교과서에 실린 성인 발달 관련 내용은 길이가 아주 짧다. 대부분 성인이 되면 그 사람은 완전하게 형성된 상태라고 생각했다. 유일하게 중요한 변화는 신체적, 정신적 쇠퇴였다.

그러다가 1960년대와 1970년대부터 이런 관점이 바뀌기 시작했다. 1972년부터 2004년까지 하버드 연구 책임자로 일한 조지 베일런트는 성인기를 중요한 변화와 기회의 시기로 여기기 시작한 많은 과학자 중 한 명이다. 하버드 연구의 종단 데이터를 보면 다른 결론을 내리기 어렵다. 인간 뇌의 '가소성'에 대한 새로운 발견은 나이가 들면서 성인들이 경험하는 변화가 뇌 부피 감소와 뇌 기능 저하뿐만이 아니라는 걸 보여준다. 또 긍정적인 변화도 일생에 걸쳐 이어진다.

요컨대 가장 최근의 과학 발전은 우리가 삶의 어느 위치에 있든 계속 변하고 있다는 걸 보여준다. 그리고 그 변화는 나쁜 쪽으로만 진행되지 않는다. 긍정적인 변화도 일어난다.

인간의 성장과 변화를 이해하는 생애주기

생애주기를 이해하는 두 가지 대표적 관점

우리는 생애주기를 이해하는 데 특히 도움이 되는 두 가지 관점을 발견했다. 에릭 에릭슨Erik Erikson과 조앤 에릭슨Joan Erikson이 소개한 첫 번째 관점은 성인 발달을 나이가 들면서 모두가 직면하는 일련의 핵심 과제로 규정한 것이다.[51] 버니스 뉴거튼Bernice Neugarten이 제시한 이론인 두 번째 관점은 살면서 여러 가지 사건이 일어나는 시기에 대한 사회적, 문화적 기대에 관한 것이다.[52]

에릭슨 부부는 인지적, 생물학적, 사회적, 심리적 문제를 기반으로 삶의 단계를 분류한 뒤 이걸 위기로 규정했다. 우리는 특정한 문제를 성공적으로 해결하거나 해결하지 못한다. 그리고 삶의 모든 시기마다 이런 문제를 하나 이상 마주한다. 예를 들어 청년기에는 친밀감을 형성하거나 고립되는 문제에 직면한다. 이 기간에는 '사랑할 사람을 찾을 것인가 아니면 계속 혼자 지낼 것인가?'라는 고민을 한다. 중년이 되면 생성성을 확립하거나 침체감을 느끼는 문제에 처한다. 즉 '창의력을 발휘해서 다음 세대의 발전에 기여할 것인가, 아니면 자기중심적인 틀에 갇혀 있을 것인가'를 고민하는 것이다.

지난 수십 년 동안 심리학자와 임상치료사는 인생의 장애물을 유용한 맥락에 집어넣기 위해 이런 '에릭슨' 발달 단계를 사용해왔다.

성인이 어떻게 변화하는지 연구한 또 다른 선구자인 버니스 뉴거튼은 이들과 다른 견해를 갖고 있다. 뉴거튼은 '발달 시계'를 통해 인생이 완전히 정의되는 게 아니라 사회와 문화가 발달에 중요한 영향을 미친다고 주장한다. 우리가 양육된 방식과 주변의 영향(친구, 뉴스, 소셜미디어, 영화 등)이 비공식적인 '사회적 시계'가 된다. 즉 이것들이 인생의 특정한 시기에 발생해야 하는 사건의 일정을 정한다.

사회적 시계는 문화마다 다르고 세대마다 다르다. 어릴 때 살던 집을 떠나거나 헌신적이고 장기적인 관계를 맺거나 자녀를 갖는 등의 중요한 사건을 보자. 이런 사건은 저마다 고유한 문화적 가치와 타임라인상에서 그 사건만의 위치가 있다. 자기가 사회적 기대에 부응하고 있다고 생각하는지 아닌지에 따라 사회적 시계는 다르게 인식된다. 중요한 사건이 '정시'에 일어났다고 여기기도 하고 '시기에 맞지 않게' 일어났다고 보기도 한다.

자신을 LGBTQ+라고 여기는 많은 이들은 인생을 '시기에 맞지 않게' 경험한다. 왜냐하면 지표로 사용되는 사건 중 일부가 전통적인 이성애자의 생활방식을 반영하기 때문이다.[53]

뉴거튼은 자기도 중요한 부분에서 '시기에 어긋난' 삶을 살았다고 말했다. 그녀는 결혼은 일찍 하고 직장생활은 늦게 시작했다. 뉴거튼의 이론에 따르면 '정시'에 벌어진 사건은 우리 삶이 제대로 진행되고 있다는 느낌을 준다. 반면 '시기에 맞지 않는' 사건은 우리에게 궤도에서 벗어났다는 걱정을 안겨준다. 우리가 걱정하는 이유는 무엇일까? 시기에 맞지 않게 벌어진 사건이 본질적으로 스트레스를 주기 때문이 아니라 다른 사람들과 우리 자신의 기대에 부합하지 않기 때문이다.

이 두 가지 개념(삶은 도전의 연속이다, 사건의 문화적 중요성과 시기의 변동)은 우리가 자신에 대해 느끼는 감정과 삶의 여러 지점에서 세상과 관계를 맺는 방식을 설명하는 데 큰 도움이 된다.

그러나 인생의 꼬불꼬불한 길을 바라보는 데는 하나의 방법만 있는 게 아니다. 관계의 렌즈를 통해서 바라보는 방법도 있다. 인간의 삶은 원래 사회적이기 때문에 중대한 변화가 일어날 때 가장 영향을 받는 게 인간관계다.

10대가 집을 떠날 때 강렬한 감정을 일으키는 주요 요인은 무엇인가? 새로운 장소에서 살거나, 새로운 우정을 쌓거나, 부모와 떨어져 지내는 것? 두 사람이 결혼할 때 그들의 삶을 바꾸는 건 결혼식인가, 행사인가, 아니면 유대감인가? 우리가 시간의 흐름에 따라 발전하고 변화할 때 우리가 실제로 어떤 사람이며 인생의 길을 얼마나 잘 걸어왔는지를 가장 잘 보여주는 것도 관계다.

나이가 든다고 성장과 변화가 저절로 찾아오지는 않는다

좋은 삶을 살려면 성장과 변화가 필요하다. 이러한 변화는 나이가 든다고 해서 자연스레 찾아오지 않는다. 우리가 경험하고 견디고 행하는 모든 것이 성장 궤적에 영향을 미친다. 관계는 이러한 성장 과정에서 중심적인 역할을 한다. 타인은 우리에게 문제를 제기하기도 하고 우리 삶을 풍요롭게 만들기도 한다. 새로운 관계와 함께 새로운 기대, 새로운 문제, 올라가야 하는 새로운 언덕이 생기는데 이런 것에 '대비'가 되어 있지 않은 경우가 종종 있다.

예를 들어 부모가 될 준비를 완벽하게 갖춘 사람은 거의 없다. 하지만 부모가 되어 작은 인간을 책임져야 할 때가 오면 어느새 대부분 준비를 갖추게 된다. 그런 책임감이 우리를 밀어붙인다. 어떻게든 우리가 해야 할 일과 관계에 맞춰 단계적으로 행동하게 된다. 그리고 그 과정에서 우리는 변하고 성장한다.

다음에 이런 인생 단계를 간단한 로드맵으로 정리해뒀는데, 각 단계를 현재와 같은 상태로 만든 관계를 통해 바라볼 수 있다. 물론 인간의 생애주기에 관한 방대한 문헌에 비교하면 이건 냅킨에 그린 약도 수준이다.[54] 원한다면 이 책 뒷부분의 주석에 정리된 참고 자료를 살펴보면서 더 깊이 파고들 수도 있다.

다음 내용을 읽어보면 자신과 자신이 겪은 어려움과 비슷한 내용도 있겠지만 전혀 해당되지 않는 내용도 있을 것이다. 그건 모든 사람이 마찬가지다. 모든 단계에서 자신과 비슷한 모습을 찾지 못할 수도 있다. 그렇다 해도 자신이 아는 사람이나 사랑하는 사람과 비슷한 모습을 발견할 수 있다.

생애주기를 중심으로 한 관계의 의미와 변화

〈청소년기(12~19세): 줄타기〉

악명 높은 인생 단계인 10대 시절부터 시작해보자. 이때는 급속한 성장이 이루어지는 동시에 모순과 혼란을 겪는 시기다. 청소년의 삶은 성인기에 접어들면서 강렬하게 타오른다. 곁에 10대 청소년이 있다면 잘 알 것이다. 그들이 유년기에서 성인기로 향하는 길은 그들에게도 우리에게도 위태로워 보일 수 있다. 리처드 브롬필드Richard Bromfield는 "10대는 자기 부모와 주변 사람들을 상대로 '줄타기'를 한다."고 말했다. 이는 혼란을 겪는 10대와 그를 사랑하는 이들의 감정을 매우 잘 포착한 문장이다.[55] 10대들은 우리가 다음과 같이 해주기를 바란다.

감싸주되 갓난아이 취급은 하지 마세요.
감탄하되 쑥스럽게 만들지 마세요.
인도만 해주고 통제하려 들지는 마세요.
풀어주되 버리지는 마세요.

'나는 누구인가'를 묻는 시기

이 시기는 주변 사람들에게도 매우 불안정하게 느껴지지만 10대들 본인에게는 훨씬 위태롭게 느껴지는 시기다. 그들은 성인이 되어가면서 몇 가지 중요한 일을 완수해야 하는데 그중에서도 가장 중요한 것은 자신의 정체성을 파악하는 일이다. 그러려면 새로운 유형의 관계를 실험하거나 기존의 관계를 극적으로 변화시켜야 한다. 10대들은 다른 사람과의 만남을 통해 자기 자신, 세상, 타인에 대한 새로운 관점을 갖게 된다.

안에서 보면, 청소년기는 신나기도 하고 무섭기도 하다. 가능성이 무궁무진한 시기지만 10대들이 다음과 같은 심오한 질문에 직면하게 되므로 불안감도 커진다.

- 나는 어떤 사람이 되어가고 있을까? 내가 닮고 싶은 사람은 누구고 닮고 싶지 않은 사람은 누구인가?
- 내 인생을 어떻게 살아가야 할까?
- 지금의 내 모습과 변화하는 내 모습(어떤 사람이 되어가고 있는 모습)이 자랑스러운가? 내가 존경하는 사람처럼 되려면 얼마나 노력해야 할까?
- 세상에서 나만의 길을 개척할 수 있을까? 아니면 항상 다른 사람들의 지원에 의존해야 할까?
- 친구들이 나를 정말 좋아하는지 어떻게 알 수 있을까? 그들이 내 뒤를 받쳐줄 거라고 믿어도 될까?
- 강렬한 성적·낭만적 감정에 휩쓸려서 잔뜩 들뜬 상태다. 이런 새로운 강도의 친밀감과 매력을 어떻게 관리해야 할까?

지루한 부모, 외계인 자녀

10대의 어느 시점이 되면 어릴 때 우상처럼 여겼던 부모가 평범한 어른으로 보이기 시작한다. 이런 이유로 역할 모델 부서에 일시적인 공백이 생긴다. 음식, 차량, 돈 같은 지원을 위해서는 부모 같은 인물이 여전히 필요하지만 실제로 하는 행동은 대부분 친구들과 관련이 있다. 우정은 때론 변덕스럽지만 흥미롭고, 새로운 관계를 연결해주고 친밀감을 안겨준다.

이때는 '나는 누구인가?'라는 질문이 중심이 된다. 10대들은 종종 친구와 함께 있을 때 자신이 누구인지 발견한다. 또한 옷 스타일부터 정치적 신념, 성 정체성에 이르기까지 모든 것이 포함된 새로운 존재 방식을 시도한다. 대부분의 사람에게 10대 시절만큼 친한 친구가 인생의 중심인 시기도 없을 것이다.

밖에서 보면, 청소년기는 모순덩어리처럼 보인다. 중년의 부모에게는 청소년기의 자녀가 '외계의 침입자'Invasion of the Body Snatchers 같은 느낌일지도 모른다. 한때 사랑스럽고 귀여웠던 아이가 이제는 기분 변화가 심한 10대가 되었다. 어떤 순간에는 어린애처럼 굴면서 들러붙는가 싶더니 또 다른 순간에는 뭐든 다 아는 척하면서 부모를 무시한다.

앤서니 울프Anthony Wolf가 쓴 인기 있는 육아서 《내 인생에서 빠져줘요, 쇼핑몰에 데려다준 다음에》Get Out of My Life, but First Could You Drive Me and Cheryl to the Mall?가 있다. 재치 있는 이 책의 제목은 청소년기의 자녀가 부모를 어떻게 생각하는지 한마디로 요약한다.[56]

자기 자녀의 이런 변화를 지켜본 경험이 있는 조부모들은 다른 관점을 가질 수도 있다. 그들에게 이런 10대들은 세상의 즐거운 미래를 대변할 수도 있고, 손주의 변화하는 자아의식이 신선한 실험처럼 느껴지기도 한다.

이런 모든 관점이 의미가 있다. 장거리 자동차 여행길에 풍경이 바뀌는 것처럼 세상을 내다볼 때 무엇이 보이느냐는 본인이 인생 주기의 어느 지점에 있느냐에 따라 다르다. 우리는 다른 사람의 인생관을 고려하고 그걸 마음에 새기는 기술을 익힐 수 있다. 물론 불만스러운 상황일 때는 약간의 상상력과 노력이 필요하다. 하지만 그런 기술을 익혀두면 불평하거나 비판하거나 남이 달라지기를 바라는 데 쓰는 시간이 줄어든다. 이렇게 불필요한 일에 낭비되는 시간을 아껴 관계를 맺고 그 관계를 키우는 데 더 많은 시간을 할애할 수 있다.

청소년과 그들의 역할 모델이 맺는 관계

만일 여러분이 부모, 조부모, 멘토, 교사, 코치라면 청소년의 역할 모델이 된다. 그러니 여러분은 이런 질문을 던질 것이다. 독립적으로 행동하고 싶어 하는 아이들을 가장 잘 지원할 수 있는 방법은 무엇일까? 아이들이 이 시기에 더 강해지고 성인 생활에 대비할 수 있도록 도와주려면 어떤 일을 해야 할까? 그리고 어떻게 해야 그들의 청소년기를 내가 버텨낼 수 있을까?

첫째, 10대들의 허세와 자급자족할 수 있다는 주장에 속아선 안 된다. 10대들에게는 부모인 여러분이 필요하다. 어떤 10대들은 부모에게 꼭 달라붙어서 그 사실을 증명한다. 하지만 그들 중 자기는 아무도 필요 없다고 주장하는 10대들도 있다. 물론 그럴 것이다. 사실 10대와 성인의 관계는 인생의 어느 시기보다 더 중요할 수 있다. 연구에 따르면 부모와의 관계를 유지하면서 자율성을 높이는 것이 청소년에게 이롭다고 한다.[57]

학생회 연구는 북동부 지역의 세 개 대학 졸업생을 대상으로 실시한 연구이며, 하버드 연구와 연계된 종단 연구다. 이 연구의 한 참가자는 성인이 된 뒤 자신의 10대 시절을 회고한 결과 그때의 감정적 퍼즐을 보다 명확하게 들여다볼 수 있게 되었다.[58] 그녀는 네 아이의 엄마가 된 뒤 자기 어머니에 대한 관점이 어떻게 변했는지를 되돌아보면서 연구진에게 이렇게 말했다.

> 마크 트웨인이 자주 하던 농담 중에, 소년들은 열다섯 살에서 스무 살이 되는 시기에 자기 아버지가 얼마나 현명한 사람인지 깨닫게 된다는 얘기가 있다.[59] 나와 어머니도 그랬다. 물론 변한 건 어머니가 아니라 나였다. 오랫동안 나는 애착 문제를 겪었고 어머니가 곁에 있으면 매우 불안했다. 어머니가 날 있는 그대로 내버려두지 않고 내 인생을 대신 살아주려고 할까 봐 두려웠기 때문이다. 하지만 이제 어머니가 얼마나 놀라운 분인지 깨달았다.

부모가 곁에 있어주는 건 중요하다. 청소년과 상호작용하는 성인은 삶이 무엇이고 어떻게 살아갈 수 있는지를 보여주는 모델이 된다. 부모뿐 아니라 다양한 미디어 환경에서 접하는 문화적 인물들 역시 마찬가지다. 그중에서도 청소년이 직접 대면하면서 실시간 소통이 가능한 역할 모델의 존재는 매우 중요하다.

우리 삶이 온라인상에서 이루어지고 있지만(제5장에서 자세히 설명하겠다) 물리적인 존재의 중요성은 여전히 더 강력하다. 청소년이 상상하는 인생의 본보기는 또래, 교사, 코치, 부모, 친구의 부모(과소평가되고 있는 역할 모델 그룹)다. 그리고 웨스 트래버스의 경우처럼 형제자매의 영향도 상당히 많이 받는다.

웨스 트래버스의 청소년기 인생 변화

웨스 트래버스는 아버지가 집을 나가고 7년 뒤인 열네 살 때부터 하버드 연구에 참여했다.

아버지가 더 이상 함께 살지 않는 것이 아이들의 삶에 어떤 영향을 미쳤는지 웨스의 어머니에게 물었다. 그녀는 아이들의 아버지는 그들 중 누구에게도 관심이 없었고 아이들도 아버지에게 관심이 없긴 마찬가지였다고 말했다. 그의 부재는 물질적인 부분에서 가정에 부담을 줬지만 그 때문에 가족은 오히려 더 가까워졌다.

아이들은 아버지 대신 서로를 돌봤고 각자 일해서 가계 수입에 보탰으며(일인당 주당 평균 13.68달러) 때로는 형제자매에게 필요한 신발이나 외투, 책가방 등을 사주기 위해 가외로 돈을 벌기도 했다. 막내인 데다 성격이 온순했던 웨스는 다른 사람들의 보살핌을 받았고 일을 하지 않아도 되도록 보호를 받았다. 그들은 웨스가 일하는 대신 학교에 가길 원했다.

그들은 인생의 여러 단계에서 당시 자신들이 어땠는지 기억했고, 너무 어린 나이부터 일하러 다녀야만 했던 기분도 기억했다. 그들은 웨스가 유년기를 더 오래 누릴 수 있도록 기회를 주려고 노력했다.

누나인 바이올렛은 보모로 일하면서 웨스가 원하는 대로 쓸 수 있는 용돈을 줬다. 웨스는 매년 형과 누나가 돈을 모아서 보내주는 여름 캠프를 학수고대했다. 덕분에 웨스는 곤경에 처하지 않을 수 있었다고 연구진에게 말했다. 그가 아는 소년들의 경우 여름 내내 보스턴에서 지내다 보면 문제에 휘말리곤 했기 때문이다. 웨스는 열심히 일하는 형을 존경했는데 '집안에서 욕을 하지 않는' 형은 그에게 좋은 본보기가 되었다. 1945년에 연구를 위해 이 가족과 처음으로 대화를 나눈 인터뷰 진행자의 자필 메모에는 웨스가 트래버스 가족 내에서 차지했던 특별한 위치가 포착되어 있다.

"바이올렛 누나는 어느 날 갑자기 캠프에서 돌아온 웨스를 보고 눈에 눈물이 고였다고 했다. 너무 기뻤기 때문이다."

하지만 웨스의 형제들이 그를 영원히 보호할 수는 없었다. 하버드 연구진이 그를 처음 방문하고 불과 1년 후인 열다섯 살 때, 웨스는 가족을 부양하기 위해 고등학교를 중퇴해야 했다. 이후 4년 동안 그는 여러 식당에서 설거지와 빈 그릇 치우는 일을 했고, 꾸준히 사귀는 또래 친구도 없었으며, 여가 시간은 대부분 집에서 보냈다. 대단한 인물이 되고자 했던 그의 노력은 시작하기도 전에 방향이 바뀌었다. 나중에 웨스는 연구진에게 "정말 힘든 시절이었습니다. 내가 아무것도 아닌 존재가 된 듯했죠."라고 말했다.

어느 정도 보호받으며 살던 웨스는 갑자기 어른처럼 책임을 져야 하는 상황으로 곤두박질쳤다. 여가 활동도 거의 못 했고 오랜 시간 일만 했다. 이건 웨스가 발달에 중요한 청소년기의 경험을 대부분 박탈당했다는 뜻이다. 그는 보잘것없는 일을 하면서 하루하루를 버텨야 했다. 어려운 환경에 처한 대부분의 아이가 그렇듯 가까운 친구 사귀기, 자신의 정체성 파악하기, 다른 사람들과 더 친밀한 관계 맺는 법 배우기 등 발달에 필요한 일은 나중으로 미뤄야 했다. 웨스는 자존감이 낮았고 인생은 그에게 자기가 누구인지 탐구할 기회를 거의 주지 않았다.

그러던 중 웨스가 열아홉 살 되던 해에 미국이 한국 전쟁에 참전하는 일이 벌어졌다. 자기 인생이 어떻게 될지 확신할 수 없을뿐더러 보스턴에서 미래를 찾지 못한 웨스는 많은 하버드 연구 참가자들과 같은 행동을 했다. 군에 입대한 것이다. 이건 그가 청소년기를 벗어나는 방법이자 자기와 출신이 다른 또래 젊은이들과 우정을 쌓는 방법이었다. 입대 후 그는 새로운 역할을 탐색하고 인생에서 원하는 게 뭔지 숙고할 기회를 많이 얻었다. 끝없는 노력의 시기를 보낸 끝에 웨스는 새로운 발전의 시기인 청년기에 접어들었다.

〈청년기(20~40세): 자기만의 안전망 만들기〉

페기 킨, 2세대 연구 참가자, 53세

> 나는 스물여섯 살 때 지구상에서 가장 착한 남자와 약혼했다. 그에게 열렬한 숭배와 사랑을 받는 기분이었다. 하지만 결혼 날짜가 가까워질수록 전전긍긍했고, 결혼하면 안 된다는 걸 직감적으로 알았다. 사실 난 내가 동성애자라는 사실을 알고 있었다. 하지만 이미 세워둔 계획과 내가 동성애자라는 것에 대한 두려움 때문에 사실대로 말할 수가 없었다.
>
> 결혼식이 끝나자마자 재빨리 마음의 문을 닫기 시작했다. 모든 걸 남편 탓으로 돌릴 이유와 이 결혼이 제대로 기능하지 않을 이유를 찾았다. 몇 달 안에 이혼 서류를 제출했다. 모든 게 최악이었다. 내가 동성애자라는 사실을 받아들여서가 아니라 이 멋진 남자에게 엄청난 고통을 안겨주었기 때문이다. 가족에게도 큰 슬픔을 주었다. 정말 당황스러웠다. 다시 한번 말하지만, 이런 감정을 느낀 이유는 내가 동성애자라서가 아니다. 나 자신이 어떤 사람인지 더 빨리 알아차리지 못한 탓에 우리 관

계를 지지해주고 결혼을 축하하기 위해 멀리까지 와준 양가 가족과 많은 친구를 슬픔에 빠뜨렸기 때문이다.

이건 페기가 청년기 초반에 겪은 외로운 경험이다. 제1장에서 만난 그녀의 부모 헨리와 로자는 독실한 가톨릭 신자였기 때문에 이 사건은 페기와 부모의 관계를 극도로 긴장시켰다. 그녀는 길을 잃은 채 고립감을 느꼈다.

'나는 누구인가'에 대한 답을 찾는 시기

청소년기가 **'나는 누구인가?'**라는 질문을 처음 던지기 시작하는 때라면, 청년기는 그 질문에 대한 잠재적인 답이 실제 시험대에 오르는 시기다. 이 시기에는 일반적으로 가족에게서 독립하고 그 공백을 채우기 위해 새로운 유대관계를 형성한다. 일과 경제적 독립이 중심 사안이 되고, 일과 삶의 균형을 맞추기 위해 습득한 습관이 평생 이어질 수도 있다. 이 모든 걸 하나로 엮는 것이 친밀한 애착 관계에 대한 욕구와 필요성이다. 이는 단순한 연애 관계만을 뜻하는 게 아니다. 우리가 기댈 수 있는 사람과 함께 삶과 책임을 공유하는 그런 관계를 일컫는다.

밖에서 보면, 이 나이대 젊은이들은 일에 집중하면서 연애 상대나 자기가 직접 꾸린 가족과 정서적인 친밀감을 형성하기 위해 원가족과의 관계에서 분리되는 것처럼 보인다. 부모는 자녀들이 이 시기에 새로운 대상에 집중하는 것을 배려심 부족이나 이기적인 행동으로 오해할 수도 있다.

노년기에 접어든 사람은 이런 청년들을 부러움의 시선으로 바라보기도 한다. 때로는 젊은이들이 과도한 스트레스를 받는 탓에 본인이 가진 시간과 선택의 아름다움이나 가능성을 보지 못하는 걸 안쓰럽게 여기기도 한다. 속담에도 있듯이 젊음을 젊은이들에게 주는 건 낭비다.

안에서 보면, 청년기에는 스스로를 책임지면서 불안감이 생기고 동시에 인생 경로도 불확실한 시기다. 청년들은 또 강한 외로움을 느낄 수 있다. 청년들은 의미 있는 일을 찾고, 친구나 더 큰 공동체와의 연결고리를 찾고, 사랑을 찾기 위해 고군분투한다. 그런 젊은이들의 경우 이런 노력에서 성공한 다른 사람의 모습을 보면 고통스러울 수 있다.

청년들은 종종 자신에게 다음과 같은 질문을 던진다.

- 나는 누구인가?
- 살면서 원하는 일을 할 수 있을까?
- 내가 지금 옳은 길을 가고 있는가?
- 나는 어떤 대의를 옹호하는가?
- 사랑할 사람을 찾을 수 있을까? 누군가 나를 사랑해줄까?

부모, 형제자매와의 분리가 미치는 영향

청년들이 가장 몰두하는 두 가지 일, 즉 '자급자족하는 것과 세상에서 앞서 나가는 것'은 함정이 될 수도 있다. 물론 개인적인 목표를 달성하거나 경력상 중요한 단계에 도달하면 활력이 생기고 자신감도 높아진다. 하지만 지나치게 목표 달성에만 몰두하다 보면 똑같이 활력을 주는 개인적인 관계가 무너질 수도 있다.

자급자족에 대한 욕구가 사회적 고립으로 이어지기도 한다. 가까운 친구는 청년기에 정말 중요한 존재다. 우리가 겪은 일을 이해해주고 비밀을 털어놓을 수 있으며 노여움을 터뜨리도록 도와주는 좋은 친구가 한 명만 있어도 우리 삶에는 큰 변화가 생긴다. 가족은 여전히 중요하지만 청년들이 자신의 원가족과 관계를 맺는 방식은 나라마다 다르다.

아시아와 라틴아메리카의 많은 나라에서는 청년들이 결혼하기 전까지 심지어 결혼한 뒤에도 부모님과 함께 산다. 이와 대조적으로 미국의 청년들은 성인이 되면 어릴 때 살던 집에서 수백, 수천 킬로미터 떨어진 곳에서 사는 경우가 많다. 이런 신체적 분리가 반드시 나쁜 건 아니지만, 부모와 형제자매가 정서적 고리 안에 계속 존재하면 청년기의 시련이 완화되고 위험을 감수할 수 있는 자신감이 생긴다.

연애 관계와 헌신적인 친밀감은 정말이지 중요하다. 이는 새로운 가정 같은 느낌을 주고 신뢰가 넘치는 중요한 피난처를 제공하기 때문이다.

웨스는 어떤 부분에서는 앞서고 어떤 부분에서는 뒤처졌다

하버드 연구의 인터뷰 진행자가 20대 중반이 된 웨스에게 연락을 시도했지만, 어디에서도 그를 찾을 수가 없었다. 연구진이 예전과 같은 보스턴 다세대 주택에 살고 있는 그의 어머니에게 연락했다. 그녀는 웨스가 한국 전쟁에 참전한 뒤 어떤 정부 기관에 채용되어 해외에 거주하고 있다고 말했다. 인터뷰 진행자는 처음에는 그 말을 의심했다.

그는 현장 노트에 "웨스의 어머니는 웨스가 해외에서 정부 기관을 위해 일하고 있다고 주장한다."라고 적었다. "이것이 웨스가 자신의 부재를 은폐하기 위해 지어낸 말인지, 아니면 그가 정말 정부를 위해 일하고 있는지 분간하기 어렵다. 나는 전자일 것이라고 추측한다."

웨스는 실제로 전쟁이 끝난 뒤 외국 군대의 훈련을 돕기 위해 미국 정부에 고용되어 서유럽에서 라틴아메리카에 이르기까지 전 세계에서 일했다. 그리고 스물아홉 살 때 임무를 마치고 돌아온 그는 인생과 문화, 세계에 대한 관점이 완전히 달라져 있었다. 그의 누나 말에 따르면 웨스는 해외에서 일하는 동안 돈을 최대한 아꼈고, 군대에서 제공하는 수당도 받았다. 그 돈이 있었기 때문에 미국으로 돌아온 뒤에는 금전적인 압박을 거의 느끼지 않았다고 한다. 웨스는 어머니를 위해 집을 사 드렸고, 어머니는 그가 태어난 이후 평생 살았던 다세대 주택에서 벗어날 수 있게 되었다.

웨스는 손재주가 좋은 데다 집을 수리할 줄 알았기 때문에 친구와 이웃들이 맡기는 여러 가지 일을 도우면서 돈을 약간씩 벌기 시작했다. 웨스는 당시 독신이고 사귀는 사람도 없었으며 하버드 연구 인터뷰 진행자에게 자기는 결혼할 생각이 없다고 말했다. 결혼은 많은 청년에게 변곡점으로 작용한다. **다른 사람에게 헌신하고 싶은가? 그럴 준비가 되었는가?**

우리는 이후 기록을 통해 웨스가 밀접한 관계에 긴장감을 느낀다는 걸 알고 있다. 그는 자기 부모의 힘든 결혼생활을 기억했고 형제자매들의 결혼생활이 심각한 문제에 직면하는 모습도 지켜봤다. 그래서 낭만적인 애착 관계를 피하겠다는 의식적인 결정을 내렸다. 그는 어머니를 위해 산 집을 수리하면서 대부분의 시간을 보냈다.

웨스는 힘든 청소년기를 보냈지만 비교적 세상에서 자리를 잘 잡았다. 어린 나이부터 성인의 책임을 져야 했고, 그런 상황에서 벗어나기 위해 군대에 입대했으며, 20대 내내 다른 나라에서 살았다. 이제 돌아온 그는 아직까지 제대로 직면한 적 없는 청소년기와 청년기의 과제를 헤쳐나가고 있다. 그는 자기가 관심을 가질 만한 일을 찾기 위해 여러 가지 일을 시도해봤다. 어떤 건 괜찮았고 어떤 건 별로였다. 소프트볼 팀과 목공 클럽에 가입했고 새로운 친구도 만났다. 관찰자가 보기에 그는 확실히 '시기에 뒤처져' 있었고 자기 인생 행로를 확신하지 못하는 듯했다. 하지만 그는 자기 나름대로 중요한 발달 과제와 도전을 수행하고 있었다. 그는 자기 페이스대로 삶을 살았다.

웨스의 사례가 보여주듯 청소년기의 도전은 반드시 특정한 나이에 끝나는 게 아니다. 열여덟, 스물다섯, 심지어 서른 살이 되었다고 해서 그게 꼭 10대 시절과 관련된 발달 과제를 끝내고 성인으로의 전환이 완료되었다는 뜻은 아니다. 세상에서 자신만의 길을 만들기 위한 노력은 계속된다. 다른 것들이 우선순위를 차지하면 몇몇 중요한 감정적 발달이나 경력 발전은 연기되기도 한다. 이 타이밍은 사람마다 조금씩 다르다. 그리고 사회가 변화함에 따라 청년기에 거치는 길이 점점 더 다양해지면서 온갖 가능성과 온갖 위험이 다 존재한다.

이륙 실패, 나이 들었다고 어른이 되었다는 뜻은 아니다

비교적 부유한 현대 사회에서는 청소년기가 연장되어 20대까지 계속되는 경우도 많다. 제프리 아넷Jeffrey Arnett은 이 시기를 '성인 모색기'라고 일컬었다. 이 시기의 젊은이들은 여전히 부모에게 많이 의존하면서 세상에서 자신의 위치를 찾아 헤매고 있다.[60] 일부 젊은이는 부모의 보호권에서 멀리 벗어나려고 하지 않기 때문에 이 시기에 성장이 정체되는 것처럼 보인다. 책임감 있는 성인이 되는 길은 매우 복잡해졌고 그 길을 탐색하는 것도 쉽지 않다.

스페인에는 부모 집에 거주하는 니니NiNi(ni estudia, ni trabaj, 공부도 안 하고 일도 안 하는) 세대라는 젊은 성인 집단이 있다. 영국과 다른 국가에서는 니트족NEET(교육, 고용, 훈련을 받지 않는 상태)이라는 인구 집단을 위해 실제 공공 정책을 마련하기도 했다.

일본에는 히키코모리라는 매우 우려스러운 현상이 있다. 이 말은 '안으로 끌어당기는' 또는 '갇혀 있는' 정도로 번역될 수 있다. 대개 젊은 여성보다는 남성에게 자주 발생한다. 히키코모리는 니니와 니트의 비활동성과 심리적·사회적 발달 지체, 강렬한 사회 혐오, 게임과 소셜미디어 플랫폼을 통한 인터넷 중독 등이 결합되어 나타나는 현상이다.

미국에서는 이런 현상이 널리 퍼지지 않아서 대중적인 명칭이 없다. 하지만 성인이 된 뒤에도 계속 부모와 함께 사는 청년이 상당히 많으며 그들 중 상당수는 앞으로 나아갈 인생 행로를 찾기 위해 고군분투하고 있다. 2015년 현재 18~34세 사이의 미국 성인 중 3분의 1이 부모와 함께 살고 있으며, 그중 약 4분의 1인 220만 명은 학교에 다니지도 않고 일을 하지도 않는다.[61]

이런 젊은 남녀는 독립적으로 살지 않으며 이것 때문에 자신을 유능한 성인으로 여기지 못할 수도 있다. 부모에 대한 의존도가 높아지면서 자신감이 제대로 발달하지 못하면 친밀한 관계에서 오는 극적이고 복합적인 영향이 뒤따른다. 하지만 그게 항상 청년들의 잘못은 아니다. 오늘날의 경제 상황이 그만큼 힘들기 때문이다. 심지어 대학에 가서 특정 직업을 위해 훈련받은 청년들도 별다르지 않다. 학자금 대출 때문에 빚은 많고 자산은 없는 상태로 고용 상황이 좋지 않은 경제계에 발을 들이게 된다. 이럴 때 부모들이 안전망을 제공하는 경우가 많다.

이건 주로 선진국과 부유한 집단에서 나타나는 현상이다. 이와 달리 개발도상국이나 선진국에 산다 해도 빈곤 계층의 경우에는 웨스 트래버스가 그랬던 것처럼 열다섯 살도 안 된 나이부터 일을 시작해 자기 가족을 부양해야 할 수도 있다.

역량과 친밀감의 불균형, 집은 지을 수 있지만 가정 꾸리는 법은 모른다

웨스는 청소년기의 발달 과제 중 일부를 나중으로 미뤘지만, 역량을 키우는 문제에 있어서는 또래들보다 훨씬 앞섰다. 그는 열아홉 살에 군에 입대해서 힘든 훈련을 받고, 진급을 하고, 낙하산을 타고 적진으로 들어갔다. 과거 수줍음을 많이 타던 이 아이는 청년기에 자신감을 높여주는 기술을 발전시켰다. 웨스는 평소에 겸손하고 자기비하적인 태도를 보였다. 하지만 서른네 살 때 연구진과 인터뷰를 하며 "나는 세상 어디, 어떤 환경에 던져놔도 살아남아서 성공할 수 있는 사람이다."라며 평소답지 않게 자랑한 적이 있다.

미국으로 돌아온 그는 실제로 어떤 일이든 시도하는 걸 전혀 두려워하지 않았다. 그는 목수 일을 독학해서 직접 집을 지었다. 어머니와 누나를 위해 자기가 번 돈으로 구입한 집은 그에게 목적의식과 자부심을 안겨줬다. 그는 자기가 아는 방법을 통해 그들에게 받은 보살핌에 어느 정도 보답했다.

일반적으로 청년들은 일과 가족이라는 인생의 두 가지 중요한 영역 안에서 자신을 확립하는 방법을 알아내려고 노력한다. 어떤 사람은 일과 가정 양쪽 모두에서 동시에 역량을 개발하고, 어떤 사람은 한쪽 분야에서 더 번창한다.

이런 균형을 찾는 것도 발달상의 과제이며 가능한 해결책은 성별에 따라 다양하다. 웨스의 가족이 좋은 예다. 웨스는 제대 후 누나와 어머니의 애정과 지지를 받으면서 성인기에 접어들었고, 이런 기반과 적절한 환경 덕분에 그의 효능감이 꽃을 피웠다. 그러나 그의 누나는 1950년대와 1960년대에 이와 같은 지지와 격려를 받지 못했다. 21세기에도 성별에 기반한 규범이 일터와 가정 양쪽 모두에서 청년들의 발달에 계속 영향을 미치고 있다. 예전보다 많이 나아지긴 했지만 많은 문화권의 여성들은 여전히 육아와 집안일에 대한 부담을 상당 부분 떠안아야 한다. 이런 불균형한 노동 분업은 젊은 여성들의 발전과 목표 실현을 늦추거나 심지어 방해할 수 있다. 반면 남성들은 경력 발전을 추구할 수 있는 더 큰 자유를 얻는다.

웨스는 누나와 어머니의 지지를 받았지만 청년기에는 남들과 친밀한 관계를 맺지 못했다. 그래도 자신의 역량과 통제력에 대한 감각이 크게 발달했고 가벼운 우정과 활발한 사회생활도 늘었다. 그러나 연구진이 보유한 기록은 웨스가 연애생활과 관련해 약간의 주저함과 불확실성, 외로움을 느꼈다는 걸 보여준다.

그에겐 속마음을 털어놓을 사람이 없고 일상을 함께 나눌 사람도 없었다. 다른 사람들은 자기 삶에서 연애의 필요성을 느끼지 못했을지도 모른다. 하지만 웨스는 연애의 부재를 매우 공허하게 느꼈는데 이를 어떻게 해결해야 할지 몰랐다. 그는 집을 지을 수는 있지만 가정을 꾸리는 방법은 몰랐던 것이다.

〈중년기(41~65세): 자아를 뛰어넘다〉

1964년, 43세의 존 마스덴을 위한 하버드 연구 설문지

Q: 귀하에게 가장 중요한 사항에 대해서만 질문했으니, 다른 질문에 대한 답은 마지막 페이지에 적기 바랍니다.

A:

1. 나는 나이가 들어가고 있다. 처음으로 죽음의 현실을 깨달았다.
2. 내가 원하던 걸 이루지 못할 수도 있다고 느낀다.
3. 아이들을 어떻게 키워야 할지 잘 모르겠다. 안다고 생각했는데.
4. 직장에서 느끼는 긴장감이 심하다.

우정보다 중요한 책임감

인생의 어느 시점이 되면 자기가 더 이상 젊지 않다는 걸 깨닫는다. 우리 앞 세대는 늙어가고 있으며, 우리 몸에서도 그들과 똑같은 노화의 과정이 시작되는 걸 보거나 느끼기 시작한다. 자녀가 있는 경우라면, 아이들이 자기 정체성을 찾아가면서 그들의 삶에서 우리가 하는 역할이 바뀐다. 또한 자녀들의 미래가 어떻게 될지 걱정한다. 청소년기와 청년기에 매우 중요했던 우정이 이제는 책임감에 자리를 내주고 뒤로 밀린다.

자신의 성취를 자랑스러워하고 어떤 부분에서는 현재의 위치에 만족하지만, 어떤 부분에서는 일을 다르게 했더라면 좋았을 거라고 생각할

수도 있다. 한때 갖고 있던 삶의 가능성이 점점 사라지는 것처럼 보인다. 그와 동시에 이제 많은 걸 배웠으니 과거로 돌아가고 싶어 하지 않는 이들도 많을 것이다.

밖에서 보면, 중년기는 안정적이고 예측 가능해 보인다. 젊은 세대에게는 지루하게 보이기도 한다. 하지만 과거를 돌아보는 노인들에게는 중년기가 지혜와 활력이 최상의 조합을 이루는 삶의 전성기처럼 보일 수도 있다. 이건 동일한 인식의 이면이다. 안정적인 일과 일상, 파트너, 가족이 있는 중년을 보면 **'이 사람은 정말 모든 걸 다 가지고 있으며 잘 통제하고 있구나'**라는 생각을 종종 한다. 중년기의 성인은 자기 또래들을 그런 식으로 바라본다. 하지만 중년기의 고투가 다른 사람 눈에 항상 보이는 건 아니다.

안에서 보는 중년기는 겉보기와는 다른 느낌일 수 있다. 안정적인 일과 가정생활을 하고 그런 것에 자부심을 느낄 수도 있지만, 한편으로는 책임감과 걱정에 압도되어 그 어느 때보다 스트레스를 많이 받는다. 자녀를 키우고, 노부모를 돌보고, 가정과 직장 일을 다 하려다 보면 자기 고민을 다른 사람과 나눌 기회도 에너지도 없는 경우가 많다.

중년기에 발견하는 안정과 일상은 어떤 사람에게는 안전과 안정감처럼 느껴진다. **'나 자신을 확립하고 삶을 일궈냈다'**는 느낌 말이다. 반면 어떤 사람에게는 침체된 것처럼 느껴질 수도 있다. 자기가 지금까지 걸어온 길을 돌아보면서 과연 올바른 길을 택한 건지 의심이 든다. **'만약…했다면 어떻게 됐을까?'** 하고 말이다. 그리고 앞의 설문지에 적힌 존 마스덴의 대답에서 분명하게 드러나는 것처럼 어느 시점이 되면 우리 삶이 짧다는 걸 본능적으로 이해한다. 사실 아마 절반 이상 끝났을 것이다. 그래도 이건 자극이 되는 깨달음이다.

우리 삶의 중반부쯤에 이르면 일반적으로 자신에게 다음과 같은 질문을 던지게 된다.

- 난 남들에 비해 잘하고 있는 건가?
- 너무 틀에 박힌 삶을 사는 건 아닐까?
- 난 좋은 파트너이자 부모인가? 아이들과 좋은 관계를 유지하고 있는가?
- 내 인생은 몇 년쯤 남았을까?
- 내가 살아가는 삶이 남에게도 의미가 있을까?
- 내가 정말 관심 있는 사람과 목적은 무엇일까? 그리고 거기에 어떻게 투자할 수 있을까?
- 달리 하고 싶은 일이 있다면 그건 무엇인가?

관심의 초점이 내면에서 외부 세계로 확장되다

이미 많은 시간을 살아왔다는 걸 깨달으면 우리 삶을 돌아보게 된다. 그리고 자기 능력의 한계를 고민하면서 지금 걷는 길의 가능성을 가늠한다. 그 결론이 어떨지 예상하면서 **'결국 이게 전부인가?'**라고 생각할 수 있다.

간단하게 대답하자면 그렇지 않다. 더 많은 게 있다. 중년기는 청년기와 노년기 사이의 변곡점이다. 그뿐만 아니라 많은 이들이 청년기에 발달시킨 자기중심적이고 내면적인 삶의 방식이 보다 관대하고 외향적인 삶의 방식으로 바뀌는 변곡점이기도 하다. 이건 중년기에 주어진 가장 중요하고 활기찬 과제다. 관심의 초점을 자신을 넘어 세계로 확장하는 것이다.

심리학에서는 자신의 삶 너머로 관심과 노력을 확대하는 걸 '생성성'이라고 하는데 이는 중년기의 활력과 흥분을 열어주는 열쇠다. 하버드 연구 참가자 가운데 가장 행복해하고 만족감을 느끼는 이들은 "나 자신을 위해 무엇을 할 수 있을까?"라는 질문을 "나 이외의 세상을 위해 무엇을 할 수 있을까?"로 바꾼 사람들이다.

하버드 연구에 참여한 존 F. 케네디도 중년기에 이 사실을 잘 이해하게 되었다. 대통령이 된 그가 했던 유명한 말을 떠올려보자. "조국이 당신을 위해 무엇을 해줄 수 있는지 묻지 말고, 당신이 조국을 위해 무엇을 할 수 있는지 물어보라."라는 그의 말은 정치적인 지침뿐만 아니라 감정적이고 발전적인 지침까지 제공했다.

노년기에 접어든 우리 연구 참가자들에게 "살면서 덜 했더라면 하는 건 무엇인가? 더 많이 했으면 싶은 것은 무엇인가?"라는 질문을 했다. 남녀를 불문하고 다들 자신의 중년기를 자주 언급했다. 그러곤 걱정하는 데 너무 많은 시간을 쓰고, 살아 있음을 느끼게 해주는 행동을 하는 데 너무 적은 시간을 할애한 걸 후회했다.

"그렇게 시간을 낭비하지 않았더라면 좋았을 텐데."
"그렇게 미루지 않았으면 좋았을 텐데."
"그렇게 걱정하지 않았더라면 좋았을 텐데."
"가족과 더 많은 시간을 보냈으면 좋았을 텐데."

한 참가자는 "글쎄, 난 별로 많이 한 일이 없기 때문에 그것보다 더 적으면 아무것도 안 한 게 될 텐데요!"라며 농담을 했다. 이런 대답은 70대와 80대에 접어든 참가자들이 자기 삶을 돌아보면서 한 대답들이다. 하지만 시간을 가장 잘 보낼 수 있는 방법을 자문하기 위해 그때까지 기다릴 필요는 없다.

인간관계는 우리 삶을 향상시키고 우리보다 오래 지속될 수 있는 것을 만들기 위한 수단이다. 이 일을 의미 있는 방법으로 해낼 수 있다면 생을 돌아보며 **'이게 전부인가?'**라고 묻지 않을 것이다. 그런 질문은 냉장고에 남은 마지막 아이스크림 통을 꺼냈는데 너무 가볍게 느껴질 때나 하게 될 것이다.

중년기에 접어든 웨스, 결혼생활이 가져다준 평온

웨스 트래버스는 마흔 살에도 아직 결혼하지 않았다. 이는 1960년대 후반 보스턴에서는 이례적인 일이었으며 버니스 뉴거튼이라면 '시기에 어긋났다'고 했을 것이다. 웨스는 서른여섯 살 때부터 에이미라는 여성과 사귀기 시작했는데 에이미는 세 살짜리 아들을 둔 이혼녀였다. 그는 에이미가 아이를 키우는 걸 도왔지만 결혼은 하지 않았다. 그들은 사우스 엔드에 있는 아파트에서 같이 살았다.

웨스는 보스턴 경찰국에 지원했고 자리가 나기까지 몇 년간 기다린 끝에 마침내 합격했다. 이건 웨스에게 매우 긍정적인 경험이 되었다. 그는 동료들과 잘 어울렸고 특히 그 환경에 적합한 인물이었다. 웨스는 이제 보스턴 전역의 사람들을 알게 되었다. 웨스는 군에 있을 때도 특히 침착한 축에 속했기 때문에 어떤 긴장된 상황에서도 평화 유지군으로서의 역할을 생각하며 모두를 진정시켰다고 했다.

웨스는 마흔네 살 때 에이미에게 청혼했다. 몇 년 뒤, 인터뷰를 위해 웨스를 방문한 하버드 연구진은 그에게 에이미에 대해 물어봤고 그가 한 대답을 노트에 기록했다. 이 구절은 길게 인용할 가치가 있다.

> 트래버스 씨의 아내인 에이미는 서른일곱 살이고 그들은 1971년에 결혼했다. 그녀는 침례교도이며 대학을 졸업했다. 트래버스 씨는 자기 아내를 '훌륭하고 멋진 사람'이라고 설명하면서 진짜 그렇게 생각한다고 강조했다. 과장해서 한 말이 아니라는 뜻이다.
>
> 아내의 특징 중 가장 마음에 드는 점은 '온화하고 동정심 많은 사람'이라는 점이라고 했다. 그는 아내의 모든 것을 좋아하지만 특히 그런 성격적인 부분이 마음에 들었고 그 생각은 변함이 없다고 말했다. 아내는 자기보다 덜 가진 이들에게 매우 동정적인 사람이고, 작년 그의 생일에 특별히 이 고양이를 선물한 이유도 따로 있다고 했다. 개에게 공격받아서 생긴 흉터가 머리에 있고 귀도 반쯤 없어졌기 때문이라는 것이다. 건강해 보이는 고양이를 선택할 수 있는 상황인데도 굳이 이렇게 흉터 있는 고양이를 고르는 게 그녀답다고 했다. 웨스는 자기도 어느 정도 비슷한 사람이라서 아마 같은 행동을 했을 거라고 말했다.
>
> 그는 아내에 대해 마음에 안 드는 점이 하나도 없다고 했다. 가끔 말다툼을 할 때도 있지만(그 이유는 전혀 기억하지 못했다) 한두 시간이면 기분이 풀리고, 둘 사이에 어떤 식으로든 심한 의견 충돌이 일어난 적이 없다. 별거나 이혼은 생각해본 적도 없다. 웨스는 "결혼생활이 갈수록 좋아집니다."라고 말했다.

마지막으로, 결혼하기까지 왜 그렇게 오래 기다린 거냐고 물어봤다. 웨스는 "내가 정해둔 방식에 집착하는 사람일까 봐 두려웠고, 그녀에게 무슨 짓을 하게 될까 봐 두려웠습니다."라고 말했다. 또 결혼의 친밀함을 두려워했다는 것도 인정했다. 하지만 지금의 그는 결혼과 더불어 성장한 것처럼 보였다. 그리고 더 이상 그런 감정이나 두려움을 느끼지 않았다.

웨스는 어린 시절 자기 부모의 결혼생활에서 겪은 경험 때문에 성인이 된 후에도 장기적인 파트너 관계를 계속 피해왔다. 이건 특이한 일이 아니다. 우리는 자신과 세상에 대해 사실과는 다른 생각을 품을 수 있다. 많은 시간이 걸리긴 했지만 사랑하는 파트너의 도움으로 웨스는 이 두려움을 극복했고 놀랍게도 다시는 과거를 뒤돌아보지 않았다.

〈노년기(66세 이상): 중요한 사람에게 신경 쓰자〉

2003년에 실시한 한 연구에서 두 그룹의 참가자들(한쪽은 나이가 많고 한쪽은 젊은)에게 새로운 카메라에 관한 광고 두 개를 보여줬다.[62] 두 광고 모두 똑같이 사랑스러운 새 사진이 담겨 있었지만 슬로건이 달랐다.

한쪽 슬로건: **특별한 순간을 포착하세요.**
다른 슬로건: **미지의 세계를 포착하세요.**

참가자들은 마음에 드는 광고를 선택해 달라는 요청을 받았다. 나이가 많은 그룹은 '특별한 순간'이 들어간 슬로건을 선택했고, 젊은 그룹은 '미지의 세계'가 들어간 슬로건을 선택했다. 하지만 연구진이 다른 노인 그룹을 대상으로 "자신의 예상보다 20년 더 오래 살 것이고 계속 건강할 거라고 상상해보라."고 말하자 그 노인 그룹은 '미지의 세계'가 들어간 광고를 선택했다.

죽음까지 우리에게 남은 시간은 적은가, 충분한가

이 연구는 노화에 대한 매우 기본적인 진실을 보여준다. 우리가 더 살 수 있다고 생각하는 시간에 따라 우선순위가 달라진다는 것이다. 남은 시간이 많다고 생각하면 미래에 대해 더 많이 생각하게 된다. 남은 시간이 적다고 생각하면 현재에 감사하려고 노력한다.[63]

노년기에는 시간이 갑자기 매우 소중해진다. 자신의 '죽음'이라는 현실에 직면한 우리는 스스로에게 이런 질문을 던지기 시작한다.

- 시간이 얼마나 남았을까?
- 얼마나 오래 건강을 유지할 수 있을까?
- 내 정신 기능이 약화되고 있을까?
- 이 한정된 시간을 누구와 함께 보내고 싶은가?
- 충분히 좋은 삶을 살았는가? 의미 있는 일은 무엇인가? 후회하는 일은 무엇인가?

밖에서 보면 노년기는 주로 신체적, 정신적 능력이 쇠퇴하는 시기처럼 보인다. 젊은이에게 노년은 멀고 추상적인 상태처럼 보일 수도 있다. 그들이 경험하는 현실과 너무 동떨어진 상태여서 자기가 늙어가는 건 상상도 할 수 없다. 중년기인 사람에게는 노인의 쇠퇴가 남일 같지 않아서 자신의 노화 과정을 떠올릴 수 있다. 이런 쇠퇴의 개념과는 대조적으로, 특정 문화권에서는 노인들의 지혜를 깊이 존경하면서 경의를 표한다.

안에서 바라보는 노년은 그렇게 간단한 일이 아니다. 죽음이 다가올수록 시간을 더 신경 쓰게 될지도 모르지만 노인들은 그 시간을 더 감사하게 될 수도 있다. 인생에서 기대할 수 있는 순간이 적을수록 더 가치 있는 순간이 된다. 과거의 불만과 집착은 사라지고 남은 건 지금 우리 앞에 있는 것뿐이다. 눈 오는 날의 아름다움, 자녀들이나 자신이 이룬 일에 대한 자부심, 소중히 여기는 관계 등.

노년기는 가장 행복한 시기, 좋은 관계가 있다면 말이다

노인들은 심술궂고 성미가 까다롭다는 인식이 있지만, 연구에 따르면 노년기야말로 인간이 가장 행복한 시기라고 한다.[64] 우리는 최고점을 극대화하고 최저점을 최소화하는 데 더 능숙해진다. 사소한 일이 잘못되더라도 이러쿵저러쿵 따지지 않는다. 어떤 일이 중요한 때와 그렇지 않은 때를 잘 알게 된다. 긍정적인 경험의 가치가 부정적인 경험에서 오는 손실을 훨씬 능가하며, 자기에게 기쁨을 가져다주는 것들을 우선시한다. 쉽게 말해서 노년이 되면 감정적으로 더 현명해지고, 그 지혜는 우리의 번성에 도움이 된다.

하지만 아직 배워야 할 것이 있고 앞으로 발전해야 할 부분도 남아 있다. 우리의 관계는 노년기의 기쁨을 극대화하는 열쇠다. 어떤 사람은 어떻게 남을 도와야 할지에 대해 배우는 걸 어려워한다. 또 어떤 사람은 나이가 들면서 도움받는 걸 어려워한다. 그러나 이런 교환은 노년기의 핵심적인 발달 과제 중 하나다.

나이가 들면 지나치게 남들의 도움에 의지하게 된다는 것과 정말 필요할 때 사람들이 우리 곁에 있지 않을 거라는 걱정을 한다. 그건 타당한 걱정이다. 실제로 사회적 고립은 위험하다. 일과 육아와 다른 시간 투자가 줄어들면 일반적으로 그런 활동과 연결되어 있던 관계가 소원해지는 경향이 있다. 따라서 좋은 친구와 가족 관계를 갈수록 더 중요하게 여기면서 음미해야 한다. 남은 시간이 얼마 없다고 생각하면 모든 관계가 더 소중해진다. 죽음에 대한 인식과 계속 삶을 이끄는 것 사이에서 균형을 맞추는 방법을 배워야 한다.

웨스 부부, 좋은 동반자와 함께라면 먼 길도 가깝다

웨스 트래버스가 일흔아홉 살이 됐을 때, 우리 인터뷰 진행자 한 명이 웨스와 에이미를 찾아갔다. 그녀는 오후 중반에 피닉스에 도착해서 웨스에게 전화를 걸었다. 웨스는 그녀에게 공항에서 노인 주택 지구까지 오는 법, 그리고 입구에서 자기들이 사는 복층 아파트까지 오는 방법을 매우 구체적으로 알려줬다.

웨스가 알려준 방향은 매우 명확했고 지나칠 정도로 상세했다. 차를 몰고 그 집에 가까이 다가가자 부부가 손님 맞을 준비를 하고 있었다. 그걸 보고 인터뷰 진행자는 그들이 공항에서 여기까지 오는 정확한 이동 시간까지 알고 있었다는 걸 깨달았다. 두 사람이 문간에 서서 손을 흔들고 있는 모습이 보였다.

웨스는 아침 산책을 마치고 막 돌아온 참이었다. 에이미는 인터뷰 진행자에게 커피와 물, 갓 구운 블루베리 빵을 대접했다. DNA 채취를 위한 채혈과 몇 가지 조사 업무를 시작하기 전에 인터뷰 진행자는 그들의 아들 라이언에 대해 물었다.

에이미는 잠시 말을 멈췄다가 가족들이 최근에 끔찍한 비극을 겪었다고 말했다. 라이언의 아내가 작년에 뇌종양 진단을 받고 12월에 사망했다는 것이다. 그녀는 겨우 마흔세 살이었다. 에이미와 웨스는 도움이 될 만한 일은 뭐든 하고 있었지만, 라이언과 아이들 모두 힘든 상태였다.

"어릴 때 우리 가족이 처한 상황이 떠올랐어요." 웨스는 이렇게 말했다. "내가 일곱 살 때 아버지가 집을 나갔죠. 그것 때문에 모든 게 달라졌어요. 물론 그는 며느리 레아와 완전히 다른 사람입니다. 우리 아버지는 끔찍한 사람이었죠. 하지만 그가 우리를 떠나는 바람에 모든 게 바뀌었어요. 아이들이 이 일에 어떻게 대처할지 걱정됩니다. 한 부모 가정에서 아이들을 키우는 건 어려운 일이에요. 아버지가 떠난 게 나한테는 좋은 일이었을지도 몰라요. 하지만 이 아이들은… 저와 다르잖아요. 정말 힘들 거예요."

인생의 전환점, 예상치 못한 일에서 얻게 되는 것들

예상치 못한 일이 뭔지 이해하기 위해 여기에서 잠깐 멈추자. 수명발달

이론은 수명 단계의 예측 가능성과 논리를 강조한다. 하지만 웨스의 삶은 하버드 연구를 비롯한 많은 연구 참가자들의 삶에서 우리가 반복적으로 마주치는 진실을 보여준다. 예상치 못한 상황이 벌어지는 게 더없이 평범한 일이라는 것을 말이다.

우리 삶에서는 우연한 만남과 뜻밖의 사건이 늘 일어난다. 인생 단계를 분류하는 그 어떤 '시스템'으로도 개인의 삶을 완전히 이해할 수 없는 큰 이유다. 개인의 삶은 상황과 우연이 궤적을 결정하는 즉흥적인 삶이다. 인생에는 공통된 패턴이 있지만, 태어나서 죽을 때까지 계획에 없던 사건 때문에 새로운 방향으로 움직이는 일 없이 사는 건 불가능하다. 심지어 어떤 연구에서는 인간 삶의 상당 부분을 규정하고 성장 시기로 이끄는 것은 어떤 계획이 아니라 이런 예상치 못한 전환이라고 말한다.[65] 기계를 향해 내던진 렌치 하나가 계획대로 작동하는 모든 기어를 합친 것보다 더 중요할 수 있다.

이런 충격은 대부분 우리가 맺은 관계에서 직접적으로 발생한다. 우리는 사랑하는 이들과 함께 다닌다. 그들은 우리의 일부라서 그들을 잃거나 관계가 틀어지면 더없이 강렬한 감정을 느끼게 된다. 그리고 마치 그 사람이 존재했던 자리에 실제로 구멍이 뚫린 것 같은 기분까지 든다. 그러나 이런 극심한 변화는 심지어 충격적인 변화라도 긍정적인 성장의 기회를 제공한다.

우리 연구의 2세대 참가자 중 한 명인 에블린은 중년기에 사람들이 흔히 겪는 경험을 했다.

에블린, 49세

> 남편과 나는 대학 시절부터 30대가 끝날 무렵까지 함께하다가 그 후 점점 멀어지기 시작했다. 어느 날 저녁 그가 할 말이 있다고 했다. 출장에서 만난 여자를 사랑하게 됐다는 것이다. … 나는 말 그대로 바닥이 무너지는 듯한 기분이 들었다. … 그 뒤 1년 동안은 심한 감정적 고통을 느꼈다. 매일 일어나고 출근하는 데도 엄청난 에너지가 필요했다. … 결국 우리는 이혼했고 그는 그녀와 결혼했다. 그리고 나는 그가 처음 그 얘기를 꺼내고 6년이 지난 후에 재혼했다. 나는 이 경험의 결과가 긍정적일 것이라고는 생각하지 못했다. 하지만 실제로는 긍정적이었다. 이혼 후 내 경력이 꽃피었고 훨씬 충만하고 만족스러운 삶을 함께할 수 있는 남자를 만났다. 나는 이제 혼자서도 잘해낼 수 있다는 걸 안다. 그리고 상실과 거부를 경험한 사람들에게 훨씬 큰 연민과 공감을 느끼게 되었다. 이런 경험을 원한 건 아니었지만, 하게 되어서 기쁘다.

문화적 변화나 세계적인 변화도 시스템에 갑작스러운 충격을 준다는 점에서는 비슷하다. 2020년에 시작된 코로나19 팬데믹은 많은 사람의 삶을 뒤집어놓았다. 경제적 붕괴와 전쟁도 마찬가지다. 하버드 연구에 참여한 모든 대학생은 1940년대 초반에 대학을 졸업한 뒤 뭘 할지 심사숙고하면서 계획을 세웠다. 그러다가 진주만 침공이 발생하자 모든 학생의 계획이 물거품이 되었다. 대학생의 89퍼센트가 전쟁에 참전했고, 그들의 삶은 전쟁의 영향을 깊이 받았다. 그러나 거의 모든 대학생이 복무한 것에 자부심을 느꼈다고 보고했다. 게다가 대부분은 그 시기가 힘들었음에도 불구하고 자기 인생에서 가장 훌륭하고 의미 있는 시간 중 하나로 기억했다.

더니든 연구는 1972~1973년에 뉴질랜드에서 태어난 1,037명의 아기들을 대상으로 시작해 오늘날까지 계속되고 있는 종단 연구 프로젝트다. 여기에서도 똑같은 결과가 나왔다.[66] 더니든 연구 참가자들 중 많은 이가 청소년기에 어려움을 겪었는데, 그들은 군복무를 자기 삶에서 중요하고 긍정적인 전환점으로 여겼다.

어떤 세대에게는 전쟁이, 다른 세대에게는 1960년대의 대격변이, 또 2008년의 경제 붕괴 혹은 코로나19 팬데믹 등이 닥쳤다. 이처럼 세대마다 감당해야 할 시련과 위기가 있었다. 개인의 입장에서 보면 비극적인 사고, 정신 건강 문제, 갑작스러운 질병, 사랑하는 사람의 죽음 등 저마다 위기와 시련이 있다. 웨스 역시 마찬가지다. 그는 아버지에게 버림받았고, 학교를 중퇴하고 일자리를 구해야만 하는 상황에 처하는 등 많은 일이 있었다.

우리가 예상할 수 있는 유일한 것은 예상치 못한 일과 그에 대응하는 방식이 우리 삶의 방향을 바꿀 것이라는 사실이다. 이디시어 속담에 **"Der mentsh trakht, un Got lakht."**라는 게 있다. "사람은 계획하고 신은 웃는다."라는 뜻의 말이다.

하지만 예상치 못한 사건이 항상 힘든 것만은 아니다. 때로는 운명이 긍정적인 방향으로 전환되기도 하는데 거기에는 대부분 인간관계가 포함된다. 살면서 만나는 사람들은 우리 삶이 움직이는 방식에 엄청난 영향을 미친다. 인생은 혼란스럽지만, 좋은 관계를 키워두면 그 혼란의 긍정성이 증가하고 유익한 만남의 기회가 늘어난다(제10장에서 더 자세히 설명하겠다).

여러분의 예전 사진을 한번 찾아서 들여다보라. 그 사진이 우연하고 긍정적인 만남의 증거물일 수도 있다. 우리 삶의 거의 모든 순간은 **'만약 내가 그 수업을 듣지 않았다면 …를 절대 만나지 못했을 거야', '그날 버스를 놓치지 않았다면 …와 우연히 만나지 못했을 거야'**의 연속이다.

운명을 완전히 통제할 수 없는 것은 사실이다. 운이 좀 좋았다고 해서 그걸 자기 힘으로 얻은 건 아니며, 운이 나쁘다고 해서 그런 꼴을 당해도 싼 건 아니다. 우리는 삶의 혼돈을 뛰어넘을 수 없다. 하지만 긍정적인 관계를 많이 키워둘수록 이 험난한 여정에서 살아남아 번창할 가능성이 높아진다.

인생을 돌아보니, 웨스는 아내와 함께 있는 게 가장 좋았다

우리 연구원이 자택을 방문하고 2년 뒤인 2012년, 여든한 살이 된 웨스는 2년에 한 번씩 발송하는 설문지에 답하기 위해 커피를 한 잔 준비해서 주방 식탁에 앉았다(지금도 설문지 종이에 희미한 커피 얼룩이 남아 있다). 다음은 그의 답변 중 일부다.

Q#8: 도움이 필요할 때 진정으로 믿고 의지할 수 있는 사람은 누구인가? 아는 사람들 중 설명된 방식으로 믿을 수 있는 사람을 전부 열거하라.

A. 일일이 열거하기에는 너무 많다.

Q#9: 자녀들과의 관계는 어떤가? 1점(부정적-적대적 또는 거리감)부터 7점(긍정적-애정 관계 또는 가까움)까지 점수를 매긴다면?

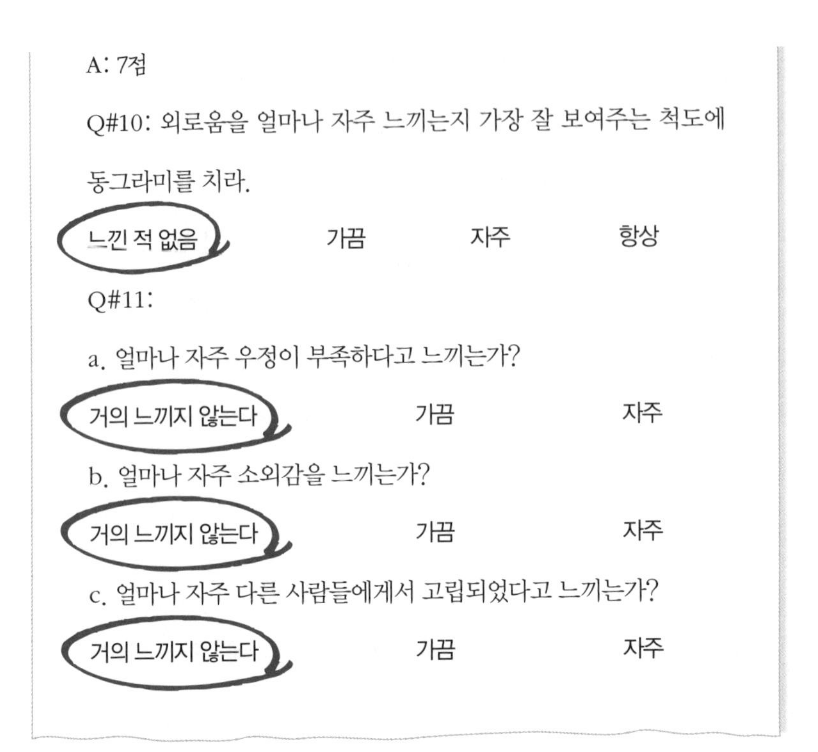
A: 7점

Q#10: 외로움을 얼마나 자주 느끼는지 가장 잘 보여주는 척도에 동그라미를 치라.

느낀 적 없음 가끔 자주 항상

Q#11:

a. 얼마나 자주 우정이 부족하다고 느끼는가?

거의 느끼지 않는다 가끔 자주

b. 얼마나 자주 소외감을 느끼는가?

거의 느끼지 않는다 가끔 자주

c. 얼마나 자주 다른 사람들에게서 고립되었다고 느끼는가?

거의 느끼지 않는다 가끔 자주

이 설문지에서 **"당신과 아내가 함께 하는 가장 즐거운 활동은 무엇인가?"**라고 물었다. 그러자 조국을 위해 전쟁터에서 용감하게 싸우고, 전 세계를 돌아다니고, 정식 교육도 받지 않은 상태에서 자기 손으로 집을 짓고, 의붓아들을 행복하고 건강하게 키우고, 지역사회에서 매일 자원봉사를 한 웨스 트래버스는 그와 아내가 가장 좋아하는 건 "그냥 함께 있는 것."이라고 적었다.

삶에 대한 우리의 관점은 처한 위치에 따라 달라진다

우리 자신을 이렇게 큰 그림에 비추어 생각하는 이유는 무엇일까? 인생의 전체적인 과정에 대해 생각하는 게 정말 하루하루를 살아가는 데 도움이 될까?

당연히 도움이 된다. 바로 눈앞에 있는 것만 생각하다 보면 주변 사람들을 이해하거나 관계를 맺기가 어려워진다. 때때로 뒤로 물러서서 더 넓은 시야를 갖고 우리 자신과 우리가 아끼는 사람들을 더 긴 삶의 맥락에 비춰보는 것은 중요하다. 그것은 관계에 공감과 이해를 불어넣는 훌륭한 방법이다. 삶에 대한 우리의 관점은 인생 주기에서 현재 처한 위치에 따라 달라진다는 걸 기억하자. 그러면 서로에게 느끼는 좌절감을 어느 정도는 피할 수 있고 더 깊은 관계를 맺을 수도 있다.

결국 우리가 걸어온 길과 앞으로 나아갈 길에 대한 관점을 얻는 게 중요하다. 그래야 앞으로 닥칠 험난한 커브를 미리 예측하고 대비하도록 서로 도울 수 있다. 튀르키예의 옛 속담에도 있듯이 **"좋은 동반자와 함께하면 먼 길도 가깝다"**.

제4장

사회적 적합성,
좋은 관계 유지하기

슬픈 영혼은 당신을 세균보다 빨리,
훨씬 빨리 죽일 수 있다.[67]

_ 존 스타인벡 John Steinbeck, 《찰리와 함께한 여행》

하버드 연구 2세대 인터뷰, 2016년

Q: 당신 아버지는 하버드 연구에 참여했다. 그의 삶을 돌아봤을 때 그에게서 배운 게 있는가?

A: 아빠는 매우 열심히 일했고 훌륭한 엔지니어였다. 하지만 자기감정을 잘 표현하지 못했고 심지어 당신이 어떤 기분을 느끼는지조차 잘 몰랐다. 그래서 어떻게 해야 할지 몰라 일만 열심히 했다. 테니스도 치고 친구들도 있었지만 결혼생활은 파탄이 났다. 예순여섯 살에 다른 여자와 재혼했지만 역시 잘 되지 않았다. 아빠는 여든 살에 돌아가셨는데 그때 혼자였다. 아빠가 안쓰럽다. 아빠 세대의 다른

사람들도 그런 경우가 많았을 거라고 생각한다.

_ 베라 에딩스, 2세대 참가자, 55세

심리학은 종종 감정적인 상처가 미치는 영향을 연구한다. 하지만 우리는 상처를 입히는 것부터 시작한 특별한 연구에 대해 얘기하고 싶다. '신체적인 상처' 말이다.

그건 생각만큼 나쁘지는 않았다. 연구 참가자들은 펀치 생검이라는 시술을 통해 팔꿈치 바로 위쪽에서 연필 지우개 크기의 피부 조각을 제거했다. 이건 작은 피부 조각을 떼어내 검사할 때 사용하는 일반적인 의료 절차지만 이 연구에서 관심을 둔 것은 제거된 부분이 아니라 남은 부분, 즉 상처였다.

수석 연구원인 재니스 글레이저Janice Kiecolt-Glaser는 심리적 스트레스를 연구했다.[68] 스트레스가 면역체계에 영향을 미친다는 사실은 과거의 연구를 통해 이미 알고 있었다. 그녀가 알고 싶었던 건 그 스트레스가 신체적 상처가 치유되는 방식처럼 다른 신체적 과정에도 영향을 미치는지 여부였다.

재니스는 두 그룹의 여성을 표본으로 삼았다. 첫 번째는 치매에 걸린 가족, 즉 사랑하는 사람을 직접 돌보는 주 간병인 그룹이었다. 두 번째는 나이는 거의 비슷하지만(60대 초반) 간병을 하지 않는 그룹이었다. 연구 자체는 매우 간단했다. 모든 참가자를 대상으로 펀치 생검을 실시한 뒤 상처가 아물어가는 과정을 지켜봤다.

결과는 놀라웠다. 간병을 하지 않는 사람들은 상처가 완치되기까지 40일 정도가 걸린 반면 간병인들의 상처는 치유되는 데 9일이 더 걸렸다. 사랑하는 사람을 간병하면서 자기 삶 속의 중요한 관계가 서서히 지워지는 모습을 지켜보며 받는 심리적 스트레스가 몸의 치유까지 가로막고 있었다.

몇 년 뒤, 재니스의 남편이자 가장 가까운 연구 협력자인 로널드 글레이저Ronald Glaser가 진행 속도가 빠른 알츠하이머병에 걸렸다. 재니스도 피험자들과 같은 상황에 처한 것이다. 정기 검진을 받을 때 내과 의사가 그녀에게 기분이 어떤지 물었다. 재니스는 스트레스를 많이 받고 있다면서 남편 로널드 얘기를 했다. 내과 의사는 재니스에게 자기 건강을 돌보라면서 간병인이 받는 스트레스와 건강에 대한 연구가 있다고 말해줬다. 바로 재니스 본인이 개척한 연구였다. 과학 연구 결과가 의학계로 진출했다가 다시 그 근원으로 돌아간 것이다.

마음은 몸이고 몸은 마음이다?

마음과 몸이 서로 뒤얽혀 있다는 건 더 이상 의심의 여지가 없는 사실이다. 새로운 감정적 또는 육체적 자극에 직면하면 심신 체계 전체가 영향을 받는다. 때로는 미미한 방식으로 때로는 거대한 방식으로. 이런 변화는 순환 효과가 있어서 마음이 몸에 영향을 미치고 그게 다시 마음에 영향을 미칠 수 있다. 현대 사회는 의학적인 면에서는 과거 어느 때보다 발전했지만 몸과 마음에 좋지 않은 습관과 루틴을 조장한다. 그 대표적인 예가 바로 운동 부족이다.

5만 년 전에 자기 부족과 함께 강가에 살던 호모 사피엔스는 단순히 살아남기 위한 노력을 하는 것만으로도 필요한 신체적 운동을 다 했을 것이다. 이제는 몸을 거의 또는 전혀 움직이지 않고도 음식과 주거지, 안전을 보장받을 수 있는 사람들이 엄청나게 많다. 지금까지 이렇게 많은 인간의 삶이 앉은 자세로 진행된 적이 없었다.

우리가 하는 많은 육체노동은 반복적이고 잠재적으로 해를 끼칠 수 있다. 우리 몸은 이런 환경에서 스스로를 돌보지 않기 때문에 유지관리가 필요하다. 앉아서 일하거나 반복적인 일을 하는 사람이 신체 건강을 유지하려면 몸을 움직이고 바른 자세를 취하기 위해 의식적인 노력을 기울여야 한다. 걷거나 정원을 가꾸거나 요가를 하거나 달리거나 헬스클럽에 갈 시간을 따로 마련해야 하는 것이다. 그리고 현대 생활의 흐름을 극복해야 한다.

'사회적 적합성'도 마찬가지다. 오늘날에는 인간관계를 돌보기가 쉽지 않다. 사실 우리는 일단 우정을 쌓거나 친밀한 관계를 맺으면 그 관계가 저절로 유지될 것이라고 생각하는 경향이 있다. 하지만 근육과 마찬가지로 인간관계도 방치하면 위축된다. 사회생활은 살아 있는 시스템이다. 따라서 운동이 필요하다.

인간관계가 신체에 영향을 미친다는 걸 깨닫기 위해 과학 연구 결과를 검토할 필요는 없다. 이는 일상에서도 충분히 알 수 있기 때문이다. 그러니 우리가 할 일은 즐거운 대화를 나누다가 상대방이 정말 나를 이해했다고 생각될 때 느껴지는 활력이나 말다툼 후의 긴장과 괴로움, 애인과 갈등이 생겼을 때 잠을 잘 이루지 못하는 증상 등을 알아차리는 것이다.

물론 사회적 건강을 향상시키는 방법을 알아내는 건 쉽지 않다. 체중계에 올라서거나 거울을 잠깐 들여다보거나 혈압과 콜레스테롤 수치를 측정하는 것과는 다르기 때문이다. 사회적 건강을 평가하려면 좀 더 지속적인 자기성찰이 필요하다. 거울 속의 자기 모습을 훨씬 찬찬히 들여다봐야 한다. 복잡한 현대 생활에서 한발 물러나 우리가 맺고 있는 관계를 살펴보자. 자기가 어디에 시간을 쏟는지, 우리가 번영하는 데 도움이 되는 관계에 관심을 기울이고 있는지 솔직하게 되짚어봐야 한다. 성찰을 위한 시간을 내기 어려울 수도 있고 때로는 불편할 수도 있다. 하지만 반드시 이런 시간을 가져야만 한다. 이러한 성찰은 엄청난 이익을 안겨줄 것이다.

하버드 연구 참가자들 가운데 상당수는 2년마다 한 번씩 설문지를 작성하고 정기적으로 인터뷰를 한다. 그 덕분에 자신의 삶과 인간관계에 대해 반가운 관점을 갖게 되었다고 말한다. 우리는 그들에게 자기 자신과 사랑하는 이들에 대해 곰곰이 생각해보라고 한다. 그렇게 생각하는 과정이 도움이 되기 때문이다. 그러나 앞서도 얘기했듯 이런 이점은 부수적인 것이다. 그들은 연구에 자원했고 우리의 주된 목적은 그들의 삶에 대해 알아내는 것이다.

이번 장을 진행하는 동안 여러분만의 미니 하버드 연구를 개발할 수 있도록 도와주고자 한다. 연구 참가자들에게 했던 여러 가지 유용한 질문을 요약해서 여러분의 사회적 적합성을 파악할 수 있는 도구로 만들었다. 실제 하버드 연구와 달리 이건 연구를 위한 정보 수집에 목적을 두고 고안한 게 아니다. 우리 연구 참여자들이 평생 누려온 자기성찰의 혜택을 여러분에게도 나눠주는 게 목적이다. 그 과정을 제3장부터 시작했는데 여기서는 조금 더 나아가려 한다.

거울을 보면서 자기 삶이 어디쯤 와 있는지 솔직하게 생각해보자. 그게 좋은 삶을 살기 위한 첫걸음이다. 자신의 현재 위치를 알면 가고 싶은 곳을 안심하고 찾을 수 있다. 이런 식의 자기반성에 의구심이 들 수도 있다. 그것도 충분히 이해된다. 우리 연구 참가자들도 항상 설문지 작성을 좋아하거나 자기 삶을 더 폭넓은 시각으로 바라보는 데 열심이었던 건 아니다. 가장 두려운 게 뭐냐는 질문에 헨리가 대답하기를 꺼렸던 것도 그중 하나다.

어떤 사람들은 어려운 질문을 건너뛰거나, 설문지 전체를 공백으로 놔두거나, 특정 설문지를 제출하지 않기도 했다. 어떤 이들은 설문지 여백에 우리 요청에 대한 의견을 적기도 했다. "이게 대체 무슨 질문입니까!?" 이건 자기 삶의 어려움에 대해 생각하고 싶어 하지 않는 참가자들에게 종종 받는 응답이다.

그러나 특정 질문이나 설문 전체를 건너뛰려는 사람들의 경험도 자기 경험을 열심히 공유하려는 이들의 경험만큼이나 성인 발달을 이해하는 데 중요하다. 수많은 유용한 자료와 보석 같은 경험이 그들 삶의 그늘진 구석에 묻혀 있었기 때문이다. 우리는 그걸 모두 찾아내기 위해 약간의 추가적인 노력을 기울여야 했다.

스털링 에인슬리도 그런 사람들 중 한 명이었다.

가족을 그리워하면서도 만나지 않으려는 남자, 스털링

스털링 에인슬리는 희망적인 사람이었다. 재료과학자인 그는 예순세 살에 은퇴했고 자신의 미래가 밝다고 생각했다. 직장을 떠나자마자 개인적인 관심사를 추구하기 시작해서 부동산 강좌를 수강하고 테이프로 이탈리아어를 공부했다. 사업을 할 생각도 있어서 자기 관심사에 맞는 아이디어를 얻으려고 기업가들을 위한 잡지를 읽기 시작했다. 힘든 시기를 이겨내는 자기만의 철학을 설명해 달라는 질문에 "삶이 나를 괴롭히지 못하도록 해야 합니다. 승리를 기억하면서 긍정적인 태도를 취합니다."라고 답했다.

1986년 우리 전임자인 조지 베일런트는 차를 몰아 로키산맥 지역을 관통하면서 콜로라도, 유타, 아이다호, 몬태나에 거주하는 연구 참가자들을 방문하는 긴 인터뷰 여행을 하고 있었다. 스털링은 가장 최근에 보낸 설문지를 제출하지 않았기 때문에 인터뷰를 통해 최근 근황을 파악해야 했다.

스털링은 베일런트를 몬태나주 뷰트의 한 호텔에서 만났다. 스털링은 자기 집에서 인터뷰를 하고 싶어 하지 않았기에 예정된 인터뷰를 위해 그가 지정한 식당까지 같이 차를 타고 갔다. 베일런트가 스털링의 차 조수석에 앉아 안전벨트를 착용하자 가슴에 먼지 줄무늬가 남았다. 베일런트는 "그가 안전벨트를 마지막으로 사용한 게 언제인지 궁금했다."라고 적었다.

스털링은 1944년에 하버드 대학을 졸업했다. 그는 대학을 졸업한 후 제2차 세계대전 때 해군에서 복무했고 결혼해서 몬태나로 이주한 뒤 자녀 세 명을 낳았다. 이후 40년 동안 그는 미국 서부 지역 곳곳의 다양한 회사를 위해 금속 제조 분야에서 일했다. 이제 예순네 살이 된 그는 뷰트 인근의 15미터×30미터 크기 잔디밭에서 트럭 뒤에 매달 수 있는 트레일러를 주거지로 삼아 살고 있었다.

잔디를 깎는 게 그의 주된 운동 형태였기 때문에 잔디 기르는 걸 좋아했다. 또 거대한 딸기밭과 '지금까지 본 중 가장 큰 완두콩'을 키우며 정원을 돌봤다. 그가 트레일러에 사는 이유는 한 달에 비용이 35달러밖에 들지 않기 때문이었다. 스털링은 그 이야기를 하면서 자기는 장소에 그다지 연연하지 않는다고 말했다.

스털링은 엄밀히 말해서 아직 결혼한 상태지만, 그의 아내는 145킬로미터 떨어진 보즈만에 살았고 두 사람은 15년 동안 같은 방에서 잠을 잔 적이 없다. 그들은 몇 달에 한 번씩만 대화를 나눴다.

왜 이혼하지 않았느냐고 묻자 그는 "아이들에게 그런 일을 겪게 하고 싶지 않아서요."라고 대답했다. 그의 아들과 두 딸은 이미 장성해서 애까지 있는데도 말이다. 스털링은 자기 아이들을 자랑스러워했고 그들 얘기를 할 때면 활짝 웃었다. 그의 큰딸은 액자 가게를 운영했고, 아들은 목수였으며, 막내딸은 이탈리아 나폴리에 있는 오케스트라의 첼리스트였다.

그는 자기 인생에서 가장 중요한 건 아이들이라고 말했지만, 자녀들을 직접 만나는 일은 드물었다. 주로 상상 속에서 자녀들과의 관계를 원만하게 유지하는 걸 선호하는 듯했다. 베일런트는 스털링이 두려움을 떨쳐내고 삶의 도전을 피하기 위해 낙관주의를 이용하는 것 같다고 기록했다. 모든 문제를 긍정적으로 생각한 뒤 진심은 마음속에서 밀어내기 때문에 아무 문제가 없다고 생각한다는 것이다. 자기는 괜찮고 행복하고 아이들도 그를 필요로 하지 않는다고 생각했다.

작년에 막내딸이 자기를 만나러 오라면서 스털링을 이탈리아로 초대했다. 하지만 그는 가지 않기로 했다. '부담을 주고 싶지 않다'는 게 이유였다. 바로 그런 방문을 위해 이탈리아어를 배우고 있으면서도 말이다. 그의 아들은 불과 몇 시간 떨어진 곳에 살았지만 두 사람은 1년 넘게 만나지 않았다. "거기까지 가지는 않습니다. 그냥 전화만 하죠." 손주들에 대해서 묻자 "그 애들 일에는 별로 관여하지 않습니다."라고 말했다. 손주들은 그 없이도 잘 지내고 있었다.

그의 가장 오랜 친구는 누구일까?

"친구들 중에 이미 세상을 뜬 사람이 너무 많습니다. 정말 많이 죽었어요. 나는 애착을 느끼고 싶지 않아요. 너무 괴롭거든요." 동부에 살 때부터 알고 지내던 옛 친구가 있지만 몇 년 동안 연락하지 않았다고 했다.

직장 친구는 있는가?

"직장에서 만난 친구들은 다 은퇴했죠. 사이가 좋았지만 다들 멀리 이사를 갔습니다." 그는 VFWThe Veterans of Foreign Wars(해외 전쟁 복원병 협회) 일에 관여하면서 한때 지역 사령관으로 승진했지만 1968년에 물러났다고 얘기했다. "신경 써야 할 일이 너무 많아서요."

누나와 마지막으로 얘기를 나눈 건 언제고, 요즘 그녀는 어떻게 지내는가?

스털링은 이 질문에 조금 당황한 듯했다. "누나요? 로잘리 말인가요?" 그는 젊은 시절에 연구진에게 누나 얘기를 많이 했었다. 스털링은 한참 고민하다가 누나와 마지막으로 대화를 나눈 게 20년은 됐을 거라고 말했다. 그는 겁먹은 듯한 표정을 지었다. "누나가 아직 살아 있을까요?"

스털링은 자신의 인간관계에 대해 생각하지 않으려 애썼고 그와 관련된 얘기도 되도록 하지 않으려고 했다. 사실 이런 경우는 많다. 우리는 자기가 어떤 일을 하거나 하지 않는 이유를 늘 알고 있는 건 아니다. 무엇 때문에 자기 인생에서 중요한 사람들과 멀어지는지 이해하지 못할 수도 있다. 이럴 때 거울 보는 시간을 갖는 게 도움이 될 수 있다. 때때로 우리 내면에는 목소리를 내거나 밖으로 나갈 방법을 찾으려는 욕구가 존재하니까 말이다. 그건 우리가 알아차리지 못했거나 자기 자신에게 분명하게 표현하지 못한 것들일 수도 있다.

스털링도 이런 경우인 듯했다. 저녁 시간을 어떻게 보내느냐고 묻자, 그는 근처 트레일러에 사는 여든일곱 살 된 여성과 함께 TV를 본다고 했다. 그는 매일 밤 그 트레일러까지 걸어가서 그녀와 함께 TV를 보고 얘기도 나눴다. 그러다가 그녀가 잠이 들면 침대에 들도록 도와주고 설거지를 하고 차양까지 내려준 다음에 자기 트레일러로 돌아왔다. 그녀가 스털링의 가장 친한 친구였다.

"그녀가 죽으면 어떻게 해야 할지 모르겠습니다."

외로움은 병이 된다

외로우면 몸도 아프다.[69] 이건 은유적인 표현이 아니다. 실제로 우리 몸에 영향을 미친다. 외로움은 고통에 더 민감해지고 면역체계가 억제되며 뇌 기능이 저하되고 수면 효율이 떨어지는 것과 관련이 있기 때문이다. 외로운 사람은 남들보다 훨씬 피곤하고 짜증이 난다.[70] 최근 연구에서는 노인의 고독은 비만보다 건강에 두 배나 해롭고, 만성적인 고독은 사망 확률을 26퍼센트나 높이는 것으로 드러났다.[71, 72]

외로움은 사람마다 각기 다른 이유로 찾아온다

영국에서 진행한 환경 위험 관련 쌍둥이 종단 연구Environmental Risk Longitudinal Twin Study는 최근 젊은이들이 느끼는 외로움과 열악한 건강 및 자기 관리 사이의 연관성에 대해 보고했다.[73] 지금도 진행 중인 이 연구에는 1994년과 1995년에 잉글랜드와 웨일즈에서 태어난 사람 중 2,200명 이상이 참여하고 있다. 연구 참여자들이 열여덟 살 때 얼마나 외로운지 물어봤다. 이때 더 외롭다고 보고한 사람은 정신 건강 문제를 겪거나 신체 건강에 위험한 행동을 하거나 스트레스에 대처하기 위해 더 부정적인 전략을 사용할 가능성이 높았다. 여기에 고독의 물결이 범람하고 있다. 이런 문제들이 중첩된 지금, 우리는 심각한 문제를 안고 있는 셈이다. 최근 통계에도 주목해야 한다.

전 세계 5만 5,000명의 응답자를 표본으로 한 온라인 조사에서는 연령대를 막론하고 세 명 중 한 명은 종종 외로움을 느낀다고 보고했다.[74] 이들 중 가장 외로운 그룹은 16~24세다. 그리고 이들 중 40퍼센트가 '자주 또는 매우 자주' 외로움을 느낀다고 했다. 이 현상에 대해서는 잠시 뒤 자세히 살펴보자.

영국에서는 이런 고독 때문에 드는 경제적 비용이 1년에 25억 파운드(34억 달러) 이상이라고 추산한다. 외로운 사람들은 생산성이 떨어지고 이직을 자주 하는 경향이 있기 때문이다. 이런 이유로 영국에서는 마침내 고독부까지 설립하기에 이르렀다.[75]

일본에서 2020년 이전에 실시한 조사에서 성인의 32퍼센트가 내년에도 대부분 외로움을 느낄 것이라고 답변했다.[76]

2018년 미국에서 진행한 연구에서는 성인 네 명 중 세 명이 중간 수준에서 높은 수준의 외로움을 느끼는 것으로 나타났다.[77] 이 글을 쓰는 현재, 사람들을 대규모로 분리시키고 많은 이들에게 그 어느 때보다 심한 고립감을 안겨줬던 코로나19 팬데믹의 장기적인 영향을 계속 연구하는 중이다. 2020년에는 사회적 고립으로 발생한 사망자가 16만 2,000명에 이르는 것으로 추산된다.[78]

어떤 사람에게 외로움을 느끼게 하는 요인이 다른 사람에게는 아무런 영향도 미치지 않을 수 있다. 이런 이유 때문에 외로움이 확산되는 걸 막기 어렵다. 외로움은 주관적인 경험이라서 혼자 사는지 여부처럼 쉽게 관찰 가능한 지표에 전적으로 의존할 수밖에 없다. 어떤 사람은 반려자가 있고 친구가 셀 수 없이 많은데도 외로움을 느낀다. 반면 어떤 사람은 혼자 살고 친한 사람도 몇 명 없지만 자기가 남들과 가깝게 연결되어 있다고 느낀다.

한 사람의 인생과 관련된 객관적인 사실만 봐서는 누군가가 외로운 이유를 제대로 설명할 수 없다. 인종, 계급, 성별에 상관없이 자기가 원하는 사회적 접촉과 실제 사회적 접촉의 차이 때문에 그런 기분을 느끼는 것이다. 하지만 외로움이 주관적인 경험이라면 어떻게 신체에 그리 해로울 수 있는 걸까?

외로움은 몸 안에서 울리는 일종의 생존 경보

문제의 생물학적인 근원을 이해하면 이 질문에 답하기가 조금 더 쉽다. 제2장에서 얘기한 것처럼 인간은 사회적 인간으로 진화해왔다. 사회적인 행동을 장려하는 생물학적 과정은 우리를 보호하기 위한 것이지 해를 끼치기 위한 게 아니다. 고립감을 느낄 때 우리 몸과 뇌는 그런 고립된 상태에서 살아남도록 설계된 방식으로 반응한다.[79]

5만 년 전에는 혼자 있는 게 위험했다. 앞서 얘기한 호모 사피엔스가 자기 부족의 강가 거주지에 혼자 남겨졌다면 그녀의 몸과 뇌는 일시적으로 생존 모드에 돌입할 것이다. 혼자 힘으로 위협을 알아차려야 하기 때문에 스트레스 호르몬이 증가해서 경계 태세가 더 강해질 것이다. 그녀의 가족이나 부족이 밤새 집을 비워서 혼자 자야 하는 상황이라면 얕게 선잠을 잘 수밖에 없다. 포식자가 다가오면 그 사실을 알아차려야 하므로 쉽게 잠을 깼을 테고 밤새 깨어 있는 시간이 더 길어졌을 터다.

어떤 이유 때문에 하룻밤이 아닌 한 달 동안 혼자 지내야 한다면 이런 신체적 과정이 계속 이어지면서 끊임없이 불안감을 느끼는 상태가 될 수밖에 없다. 결국 이러한 불안감은 그녀의 정신적·신체적 건강에 해를 미치기 시작할 것이다. 그렇게 스트레스가 쌓이고 외로움을 느끼게 된다.

외로움의 이런 영향은 오늘날에도 계속되고 있다. 외로움의 감정은 몸 안에서 울리는 일종의 경보다. 처음에는 이 신호가 도움이 될 수도 있다. 문제가 생겼다는 걸 알려주기 때문이다. 하지만 하루 종일 화재 경보기가 울리는 집에서 산다고 상상해보자. 그러면 만성적인 외로움이 배후에서 우리 몸과 마음에 어떤 영향을 미치는지 짐작이 될 것이다.

외로움은 몸과 마음의 관계 방정식의 일부분일 뿐이다. 사회라는 빙산 중 그저 눈에 보이는 일각에 불과하다. 훨씬 많은 것이 수면 아래에 잠겨 있다. 현재 건강과 사회적 관계 사이의 연관성을 밝히기 위한 방대한 연구가 진행되는 중이다. 이 연관성은 모든 게 지금보다 훨씬 단순했던 인류의 기원으로 거슬러 올라간다. 우리의 기본적인 관계 욕구는 복잡하지 않다. 우리에게는 사랑과 연결, 소속감이 필요하다. 하지만 복잡한 사회 환경에서 살고 있는 지금, 핵심은 어떻게 그런 요구를 충족시킬 것이냐다.

숫자로 보는 삶, 새로운 관점을 주다

여러분이 소중히 여기지만 자주 보지 못하는 사람과의 관계에 대해 잠시 생각해보자. 현재 가장 중요한 관계일 필요는 없다. 함께 있을 때 활력을 느끼고 더 자주 보고 싶은 사람이면 된다. 가능한 후보들을 살펴보고 그 사람을 염두에 두자. 여러 명일 수도 있고 단 한 명일 수도 있다. 이제 마지막으로 함께했던 때를 떠올리면서 그때 어떤 기분을 느꼈는지 상상 속에서 재현해보자.

아무도 날 막을 수 없다고 느낄 정도로 낙관적이었는가? 그 사람에게 이해받는 기분이었는가? 금세 웃음이 터져 나오고 자기 삶과 세상의 불행에 기가 꺾이는 일도 줄었을 것이다.

이제 그 사람을 얼마나 자주 만나는지 생각해보자. 매일? 한 달에 한 번? 1년에 한 번? 그 사람과 1년에 몇 시간을 함께 보내는지 계산해보고 그 숫자를 잘 적어놓자.

밥과 마크는 매주 전화나 영상통화를 하지만, 직접 만나서 보내는 시간은 1년에 2일(48시간) 정도다. 앞으로 몇 년간 이걸 합산하면 얼마나 될까?[80] 이 책이 출간될 때쯤 밥은 일흔한 살이 되고 마크는 예순 살이 된다. 넉넉 잡아서 우리 둘 다 밥의 백 살 생일을 축하할 때까지 살 수 있다고 가정해보자. 1년에 2일씩 29년이면, 우리가 평생 함께 보낼 수 있는 시간이 58일 남은 셈이다. 1만 585일 중 58일. 물론 이건 많은 행운이 따르는 상황을 가정한 것이므로 실제 숫자는 틀림없이 더 낮을 것이다.

자신이 소중히 여기는 사람을 염두에 두고 이 계산을 해보거나 다음과 같은 대략적인 숫자를 고려해보자. 여러분이 지금 마흔 살이고 그 사람과 일주일에 한 번씩 만나 커피를 마신다면, 여든 살이 될 때까지 약 87일 정도를 함께하게 된다. 한 달에 한 번 만나는 경우에는 20일, 1년에 한 번이면 2일 정도다.

어쩌면 이 수치가 충분해 보일 수도 있다. 하지만 2018년 기준 평균적인 미국인이 텔레비전, 라디오, 스마트폰 같은 미디어와 상호작용하는 데 들인 시간은 자그마치 하루에 11시간이나 된다는 사실과 비교해보라.[81] 그 시간을 마흔 살부터 여든 살까지 다 더하면 깨어 있는 시간 중 '18년'이나 된다. 지금 열여덟 살인 사람의 경우 여든 살이 될 때까지 28년을 미디어에 쏟는 셈이다.

이런 계산을 하는 목적은 여러분을 놀라게 하기 위해서가 아니다. 거의 알려지지 않은 사실, 즉 우리가 좋아하고 사랑하는 이들과 함께 보내는 시간이 얼마나 되는가를 명확히 밝히기 위해서다. 좋은 친구들과 항상 함께 있을 필요는 없다. 사실 우리에게 활력을 주고 우리 삶을 향상시키는 이들은 평소 자주 보지 못하기 때문에 그런 효과를 발휘하는 것일 수도 있다. 그러니 삶의 다른 부분과 마찬가지로 균형을 맞춰야 한다. 사실 어떤 사람과는 특정한 부분에서만 궁합이 맞기도 하므로 그 정도면 충분하다.

하지만 우리 대부분은 자신에게 활력을 주지만 평소 자주 보지 못하는 친구와 친척이 있다. 여러분은 가장 아끼는 이들과 시간을 보내고 있는가? 함께 더 많은 시간을 보낼 수 있다면 두 사람 모두에게 도움이 되는 관계가 있는가?

이런 미개발 자원이 이미 우리 삶에 존재하면서 알아봐주기를 기다리고 있는 경우가 종종 있다. 가장 소중한 관계를 살짝만 조정해도 우리 감정이나 인생에 대한 기분에 실질적인 영향을 미칠 수 있다. 우리는 지금까지 미처 깨닫지 못했던 활력의 금광 위에 앉아 있는 걸 수도 있다. 그런데도 이런 활력의 원천을 빠르게 깨닫지 못하는 이유는 무엇일까? 평소 스마트폰과 TV의 반짝이는 매력에 가려지거나 업무 때문에 옆으로 밀려나있기 때문이다.

행복을 예측하는 두 가지 주요 변수

2008년에 하버드 연구에 참여한 모든 80대 부부의 아내와 남편에게 8일간 매일 밤 전화를 건 적이 있다.[82] 우리는 아내와 남편 각자와 따로 이야기를 나누면서 그들의 하루에 대해 물었다. 제1장에서도 이 조사에 대해 얘기했듯 유용한 데이터를 정말 많이 얻었다. 우리는 그들이 그날 몸 상태가 어땠는지, 어떤 활동을 했는지, 정서적 지원이 필요했거나 정서적 지원을 적절히 받았는지, 배우자 혹은 다른 사람들과 얼마나 많은 시간을 보냈는지 알고 싶었다.

단순히 다른 사람과 함께 보낸 시간을 측정하는 것도 매우 중요한 것으로 판명되었다. 매일 이런 시간을 보내는 것은 분명히 행복과 관련이 있기 때문이다. 이들은 다른 사람과 더 많은 시간을 보낸 날에는 더 큰 행복을 느꼈다. 특히 배우자와 보낸 시간이 길수록 더 행복하다고 보고했다. 이건 모든 부부에게 해당되지만 특히 만족스러운 관계를 유지하는 부부들은 더 그랬다.

대부분의 노인처럼 이들도 신체적 고통이나 건강 문제가 날마다 달라졌다. 당연한 얘기지만 신체적 고통이 심한 날에는 기분이 더 안 좋았다. 그러나 우리는 만족스러운 관계를 맺고 있는 이들은 이런 감정 기복이 다소 덜하다는 걸 알아냈다. 그들은 신체적 고통이 심한 날에도 행복이 크게 감소하지 않았다. 몸 상태가 안 좋을 때도 만족스럽지 못한 관계를 맺고 있는 사람만큼 기분이 저하되지 않았다. 그들의 행복한 결혼생활이 더 고통스러운 날에도 기분을 보호해준 것이다.

상당히 직관적인 얘기처럼 들리겠지만, 이런 결과에는 매우 강력하면서도 단순한 메시지가 담겨 있다. **다른 사람과의 접촉 빈도와 그 질이 행복을 예측하는 두 가지 주요 변수라는 것 말이다.**

'나'라는 우주를 둘러싼 작은 별, 내가 만난 사람들

스털링 에인슬리는 인간관계에 대해 생각하는 걸 피하려 하면서도 자신의 사회적 적합성이 꽤 괜찮은 편이라고 생각했다. 그는 자기가 자녀들에게 하는 행동 방식이 건전하다고 생각했다. 또한 평소 잘 만나지도 않는 아내와의 이혼을 거부하는 걸 영웅적인 태도라고 생각했다. 심지어 직장생활을 하면서 개발한 자신의 대화 능력에 자부심까지 느꼈다.

우리는 그에게 거울을 더 자세히 들여다보면서 자기가 맺고 있는 관계를 생각해보라고 했다. 그러자 사실 내면 깊숙한 곳에서는 상당한 외로움을 느끼고 있었고 자기가 얼마나 고립되어 있는지 잘 몰랐음이 분명해졌다. 그렇다면 어디서부터 시작해야 할까? 어떻게 해야 자신의 사회적 세계의 현실을 보다 가까이에서 볼 수 있을까?

간단하게 시작하는 것이 좋다. 먼저 **'내 인생에는 어떤 사람들이 존재하는가?'**부터 물어보자. 이건 놀랍게도 대부분의 사람이 스스로에게 절대 던지지 않는 질문이다. 자신의 사회적 세계의 중심부를 채우고 있는 10명의 명단을 작성하는 것도 아주 좋은 방법이다. 아래 빈칸에 적어보자. 생각나는 사람과 그렇지 않은 사람이 누구인지 깨달으면 놀랄 수도 있다.

가장 가까운 친구와 친척은 누구인가?

____________________	____________________
____________________	____________________
____________________	____________________
____________________	____________________
____________________	____________________

가족, 애인, 친한 친구 등 몇몇 중요한 인물들은 아마 빨리 떠오를 것이다. 하지만 가장 중요한 관계나 성공적인 관계만 생각해서는 안 된다. 좋은 쪽으로든 나쁜 쪽으로든 여러분에게 매일, 매년 영향을 미치는 사람들을 전부 나열하자. 예를 들어 상사나 특정한 동료, 별로 대수롭지 않아 보이는 관계도 이 목록에 포함될 수 있다.

이 문제에 대해서는 나중에 더 자세히 얘기하겠지만 뜨개질, 축구, 북클럽 모임 같은 활동을 통해서 알게 된 지인이나 여기에서 형성된 가벼운 관계가 생각보다 더 중요할 수도 있다. 이 목록에는 여러분이 정말 좋아하지만 거의 만나지 못하는 사람들도 포함시킬 수 있다. 종종 생각은 하지만 연락이 끊어진 옛 친구처럼 말이다. 또 출근할 때 타는 버스의 운전기사처럼 가볍고 유쾌한 대화만 나누는 사람들을 포함시켜도 된다. 이런 사람은 만나는 게 기다려지고 우리의 하루에 좋은 에너지를 보태주기도 한다.

괜찮은 사람들의 명단을 확보했다면 이제 다음과 같은 질문을 할 차례다. **'이 관계의 특징은 무엇인가?'**

우리는 이 거대한 질문에 답하고 사회적 세계의 특성을 반영하는 '그림'(실제로는 데이터 세트)을 만들기 위해 수년간 하버드 연구 참가자들에게 매우 다양한 질문을 했다. 하지만 자신의 사회적 세계에 대한 관점을 얻으려고 노력할 때는 이 연구처럼 복잡하게 할 필요가 없다. 그냥 각각의 사람들과 접촉하는 빈도와 만남의 질에 대해서 생각하면 된다. 이때 '그 관계에 대해 어떻게 느끼는가', 그리고 '얼마나 자주 접촉하는가'라는 두 가지 광범위한 차원을 이용하면 자신의 사회적 세계를 포착할 수 있다.

아래에 자신의 사회적 세계를 2차원 스펙트럼으로 형상화할 수 있는 차트가 있다. 어떤 사람과의 관계가 얼마나 활력을 북돋아주는지 혹은 소모적인지, 그 사람과 얼마나 자주 상호작용하는지에 따라 차트상에서의 위치가 결정된다. 차트는 다음과 같은 모습이다.

사회적 세계의 예

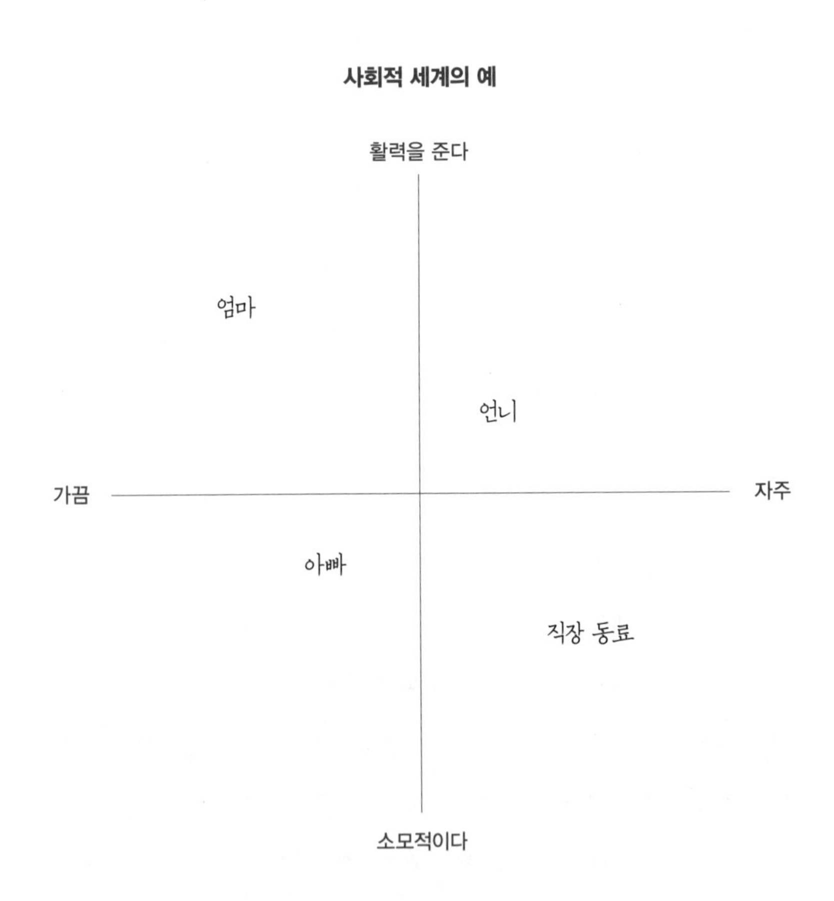

처음에는 단순해 보일 수 있다. 어떤 면에서는 실제로도 그렇다. 이는 극히 개인적이고 복잡한 문제를 가져와서 평평하게 만든 다음 이 사회적 세계에 고정된 위치를 제공하기 때문이다. 그 과정에서 복잡성이 사라진 것이다. 하지만 괜찮다. 이건 여러분의 삶을 현재 상태로 만든 관계의 성격을 포착하기 위한 첫 번째 단계다.

'기운을 북돋거나 소모적'이라는 건 무슨 뜻일까?

이건 주관적인 용어고 의식적인 상태를 나타내는 것이다. 여러분이 그 사람과 함께 있을 때 느끼는 감정을 인지해야 한다. 찬찬히 생각해 보기 전까지는 그 관계에 대한 자신의 감정이 어떤지 제대로 깨닫지 못하는 경우가 있다.

일반적으로 '기운을 북돋는 관계'는 우리에게 생기와 활력을 불어넣기 때문에 그 사람과 헤어진 뒤에도 계속 연결감과 소속감을 느낀다. 그래서 혼자 있을 때보다 기분이 좋아진다. 반면 '소모적인 관계'는 긴장, 좌절감, 불안을 유발하고 걱정에 빠뜨리거나 심지어 사기까지 떨어뜨린다. 어떤 면에서는 혼자일 때보다 못하며, 시시하고 단절된 기분을 느끼게 한다.

그렇다고 해서 기운을 북돋는 관계는 항상 우리 기분을 좋게만 해주고 소모적인 관계는 항상 우울한 기분에 빠뜨리기만 하는 건 아니다. 우리의 가장 소중한 관계에도 나름의 어려움이 있고, 대부분의 관계는 당연히 복합적이다. 이 명단에 있는 사람들에 대해서 평소 직관적으로 느끼는 감정을 포착해야 한다. 이 사람들 각각과 시간을 보낼 때는 기분이 어떤가?

차트를 보면서 명단에 있는 사람들이 각기 어디에 해당하는지 생각해보자. 그들은 여러분의 기운을 북돋는가 아니면 고갈시키는가? 그들을 자주 만나는가 어쩌다 한 번씩만 만나는가?

자주 만나지 못하는 소중한 사람이 출발점이 될 수 있다. 사회적 세계의 별처럼 그들 각각에 대해 찬찬히 생각한 후 지도에 작은 점으로 표시하자.

나의 사회적 세계

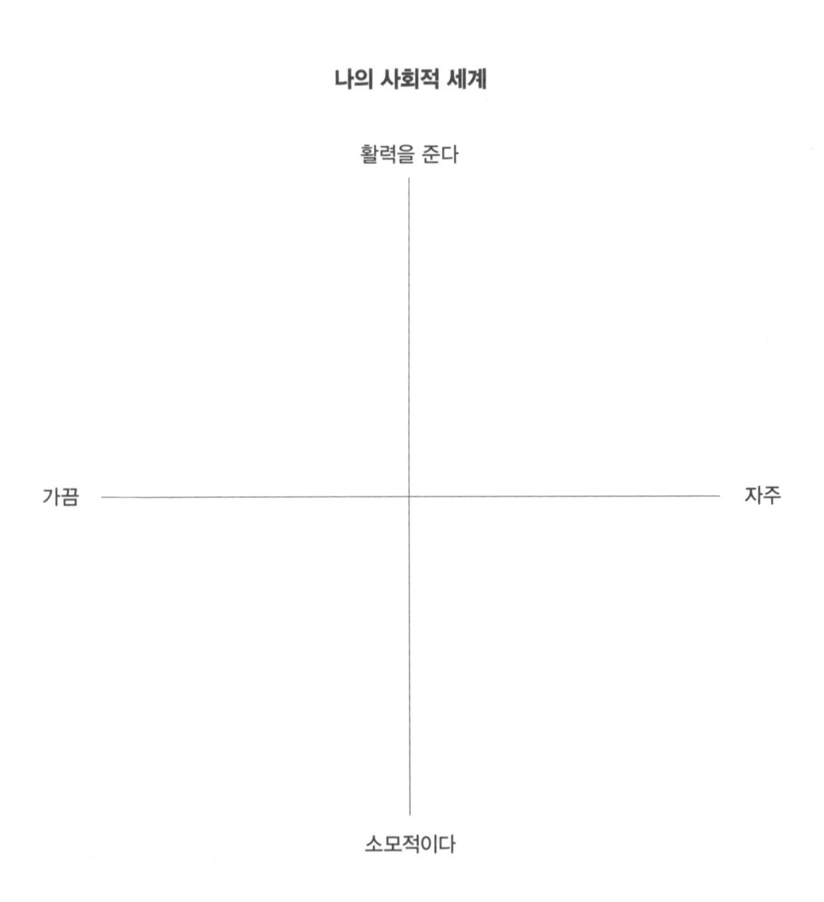

여러분이 맺고 있는 관계를 각각의 위치에 배치하면서 그들에 대해 생각해보자. 왜 이 사람은 이 장소에 있는 걸까? 관계의 어떤 부분 때문에 그들을 거기 배치하게 되었는가? 그 관계는 여러분이 원하는 위

치에 있는가? 만약 어떤 관계가 유난히 힘들고 소모적인 느낌을 준다면 그 이유가 뭔지 알겠는가?

이런 식으로 각각의 관계를 확인해보면 우리 삶을 풍요롭게 해주는 이들에게 감사할 수 있고, 어떤 관계를 개선하고 싶은지도 알 수 있다. 어떤 사람은 더 자주 만나고 싶고 어떤 사람은 지금의 위치가 딱 알맞다고 여길지도 모른다. 또 어떤 관계는 소모적이지만 중요하기 때문에 특별한 관심이 필요할 수도 있다. 관계를 어떤 방향으로 움직이고 싶은지 안다면, 지금 그 관계가 위치한 지점에서 원하는 지점까지 화살표를 그리자.

엄마

어떤 관계가 소모적이라고 해서 그 사람을 반드시 여러분 인생에서 제거해야 하는 건 아님을 분명히 밝히고 싶다. 물론 곰곰이 생각한 뒤에 어떤 사람은 자주 보지 말아야겠다고 결정할 수 있다. 하지만 소모적인 관계라고 해서 모두 제거해야 하는 건 아니다. 그건 여러분이 관심을 기울여야 하는 중요한 뭔가가 있다는 신호일 수도 있다. 그리고 그건 그 관계에 기회가 포함되어 있음을 의미한다.

사실 거의 모든 관계에 기회가 있다. 그걸 식별하기만 하면 된다. 예를 들면 과거의 중요한 관계, 우리가 소홀히 해온 긍정적인 관계, 더 나은 연결의 씨앗이 담겨 있을지도 모르는 어려운 관계 등이 거기에 해당한다. 그러나 이런 기회가 영원히 지속되지는 않으니 할 수 있을 때 그걸 이용해야 한다. 너무 오래 기다렸다가는 스털링 에인슬리처럼 너무 늦었다는 걸 깨닫게 될 수도 있다.

그는 왜 자기 삶에서 가장 중요한 두 사람과 멀어졌나

스털링 에인슬리는 연구에 참여한 하버드 대학생 중 한 명이었지만 특권층 가정 출신은 아니다. 사실 그는 태어나자마자 자기 누나 품에 안겼다. 그는 1923년에 펜실베이니아주 피츠버그 부근에서 태어났으며 당시 그의 누나 로잘리는 열두 살이었다. 그때 로잘리는 어머니와 단둘이 집에 있었는데, 부엌 식탁에서 로잘리에게 프랑스어를 가르치던 어머니가 갑자기 진통을 시작했다.

집에는 전화가 없었고 이웃 사람이나 의사를 데려올 시간도 없었다. 비명을 지를 정도로 극심한 진통이 몰려오는 가운데 어머니는 간신히 로잘리에게 분만의 각 단계마다 어떻게 해야 하는지 알려주었다. 그 덕분에 로잘리는 스털링을 안전하게 분만하도록 도울 수 있었다. 심지어 탯줄을 묶고 자르는 일까지 해냈다. "전 스털링과 매우 가까웠어요." 로잘리는 연구진에게 이렇게 말했다. "난 그 애를 돌볼 책임이 있다고 생각했죠. 그래서 마치 내 자식처럼 대했습니다."

철강 노동자였던 스털링의 아버지는 가족 일곱 명을 간신히 부양할 만큼의 돈밖에 못 벌면서 강박적인 도박꾼이기도 했다. 그는 매주 받는 임금을 도박에 다 쏟아붓고 일부만 집에 가져왔기 때문에 큰아이들은 어쩔 수 없이 일을 해야 했다. 스털링이 태어나고 3주 후, 그의 아버지는 어머니를 요양원에 보냈다.

로잘리는 넉 달 동안 분유를 먹이면서 스털링을 돌봤다. "그 애를 안고 마루를 왔다 갔다 하면서 노래를 불렀던 게 기억나요." 로잘리의 말이다. "집에 돌아온 어머니는 전과 다른 사람이 되어 있었어요. 아버지는 문맹이었지만 어머니는 3개 국어를 구사하는 매우 똑똑한 여성이라 우리에게 영어와 프랑스어를 읽고 쓰는 법을 가르쳐주었습니다. 하지만 그 일 이후로 어머니는 결코 예전 같지 않았어요. 스털링을 돌보지도 못 했죠. 이미 아이를 네 명이나 키웠으면서도 뭘 어떻게 해야 할지 전혀 몰랐어요. 그래서 제가 몇 년 동안 스털링을 돌봤습니다."

스털링이 아홉 살 되던 해에 아버지가 다시 어머니를 요양원에 보냈는데 이번에는 영구적이었다. 그러고는 갑자기 어린 자녀들이 자기들 힘으로 생활을 꾸려가도록 내버려둔 채 아버지는 집을 나가버렸다. 그 무렵 스물한 살이었던 로잘리는 결혼해서 자기 아이를 낳은 상태였다. 그런데도 그녀와 남편은 로잘리의 동생 세 명을 집으로 데려왔다. 로잘리는 스털링도 데려오고 싶었지만 가족의 친구이자 최근에 비극적인 사고로 아들을 잃은 해리엇 에인슬리가 스털링을 데려가서 자기 아들로 키우겠다고 제안했다. 이미 재정적으로 어려움을 겪고 있던 로잘리와 그녀의 남편은 그 제안을 받아들였다.

에인슬리 가족은 펜실베이니아 시골의 농장에 살았다. 스털링에게는 그런 생활방식이 충격적이었지만, 그의 양부모는 친절하고 차분하며 힘이 되어주는 사람들이었다. 양아버지는 엄격했지만 공정했고 스털링에게 농장을 운영하는 방법에 대해 자기가 알고 있는 모든 걸 가르쳐주었다. 스털링은 열아홉 살 때 양어머니인 해리엇에 대해 이렇게 말했다. "그녀는 내게 세상의 모든 것입니다. 정말 훌륭한 어머니죠. 내가 향상심에 불타게 된 건 다 어머니 덕분이라고 생각합니다. 또 덕분에 영문학에 많은 관심을 갖게 됐고요."

스털링은 양어머니와 누나 로잘리의 격려 덕분에 고등학교에서 좋은 성적을 거두었다. 낙선했지만 학교 회장 선거에도 출마했으며 장학금을 받고 하버드에 입학했다. 스털링이 열아홉 살 때 우리 연구에 참여했는데, 당시 로잘리에게 그를 어떻게 생각하느냐고 물었다. "그를 제대로 묘사하는 건 어려워요. 내 생각에 그는 자기가 접촉하는 사람들에게서 최선의 것을 끌어내는 경향이 있어요. 이상이 높은 아이예요. 스털링과 함께 있으면 꼭 상급학교에 다닌 것 같은 기분이 들어요."

이 용감하고 회복력 강한 두 여성 로잘리와 해리엇은 스털링의 삶에 중추적인 역할을 했다. 스털링의 생모는 그의 삶의 일부가 되지는 못했다. 그럼에도 딸 로잘리에게 친절과 배려심, 결단력을 심어줌으로써 어린 로잘리가 스털링을 혼자 힘으로 키우는 데 중요한 역할을 했다. 하지만 아버지가 스털링을 학대할 때 로잘리는 그걸 막아주지 못했다. 결국 가족이 해체된 것이 스털링에게는 극히 힘든 일이었다. 스털링을 사랑하는 두 여성이 없었다면 그가 대학에 진학하거나 서부에서 혼자 삶을 꾸려갈 가능성은 매우 낮았을 것이다.

20세기 초반에 살던 노동계급 여성인 그들에게는 개인적인 우선순위를 추구하지 못하도록 방해하는 요소가 많았다. 하지만 그들은 스털링을 돕기 위해 최선을 다했다. 스털링은 인터뷰 중에 두 사람의 지지와 사랑에 얼마나 감사한지 모른다고 여러 번 말했다.

하지만 그는 두 사람 모두와 연락이 끊겼다.

관계의 핵심을 꿰뚫는 질문에 답하며 자기를 성찰하기

우리는 인간이 사회적 피조물이라는 말을 자주 한다. 본질적으로 이건 개개인이 자신에게 필요한 모든 걸 제공할 수 없다는 걸 의미한다. 우리는 자신에게 비밀을 털어놓거나 자신과 연애를 하거나 자신의 멘토가 될 수 없고 혼자 소파를 옮길 수도 없다. 우리에게는 우리와 상호작용하고 도와줄 다른 사람들이 필요하다. 그리고 다른 사람에게 이와 똑같은 연결과 지원을 제공할 때 비로소 번성할 수 있다. 서로 주고받는 이런 과정이 의미 있는 삶의 토대가 된다.

자신의 사회적 세계에 대한 감정은 우리가 다른 사람들과 주고받는 것과 직접적인 관련이 있다. 스털링이 말년에 그랬던 것처럼 연구 참여자들 중 일부는 자신의 사회생활에 대한 좌절감이나 불만을 표현했다. 이들이 그랬던 건 대체로 특정한 종류의 지원을 받지 못했기 때문인 경우가 많았다.

다음은 본 연구가 수년간 참가자들에게 물어본 다양한 유형의 지원에 대한 질문이다.

안전과 보안

한밤중에 겁에 질려 잠에서 깨면 누구에게 전화할 것인가?

위기의 순간에 누구에게 의지할 것인가?

안전과 안정감은 관계를 맺고 사는 삶의 기본적인 구성 요소다. 위와 같은 질문을 받고 구체적인 사람들을 열거할 수 있다면 여러분은 매우 운이 좋은 사람이다. 그런 관계는 정말 중요하기 때문에 잘 발전시키고 그 관계에 고마워해야 한다. 그 관계는 스트레스가 심한 시기를 이겨내도록 도와주고 새로운 경험을 탐구할 용기를 준다. 중요한 건 일이 잘못되더라도 우리를 위해 이런 관계가 존재할 것이라는 확신을 갖는 것이다.

학습과 성장

새로운 것을 시도하고, 기회를 잡고, 인생 목표를 추구하라고 격려해주는 사람은 누구인가?

미지의 영역을 탐구하며 모험을 감행할 만큼 안전하다고 느끼는 것도 중요하다. 그러나 우리가 신뢰하는 누군가에게 한번 해보라는 격려를 받거나 영감을 얻는 건 소중한 선물이다.

정서적 친밀감과 신뢰

당신에 대한 거의 모든 것을 아는 사람은 누구인가?
기분이 우울할 때 누구를 찾아가서 솔직하게 기분을 털어놓고 얘기하는가?
누구에게 조언을 구하는가? 그리고 그 사람의 조언을 신뢰할 수 있는가?

정체성 확인 및 경험 공유

여러분과 많은 경험을 공유하고, 여러분이 누구이며 어디에서 왔는지에 대한 감각을 강화하도록 도와주는 사람이 있는가?

우리에겐 어린 시절의 친구, 형제자매, 중요한 인생 경험을 공유한 사람들이 있다. 이런 관계는 너무 오랫동안 함께해왔기 때문에 종종 무시되지만, 다른 무엇으로 대체할 수 없기에 특히 소중하다. 노래 가사에도 있지만 **옛 친구를 사귈 수는 없다.**[83]

낭만적인 친밀감(사랑과 섹스)

살면서 느끼는 낭만적인 친밀감의 정도에 만족하는가?
성적인 관계에 만족하는가?

로맨스는 성적 만족감뿐만 아니라 다른 사람의 손길이 주는 친밀함, 일상적인 기쁨과 슬픔의 공유, 서로의 경험을 목격하면서 느끼는 의미 등을 위해 우리 대부분이 바라는 것이다. 어떤 사람에게는 낭만적인 사랑이 삶의 필수적인 요소처럼 느껴지지만 어떤 사람에게는 그다지 중요하지 않다. 물론 결혼이 반드시 낭만적인 친밀감의 기준이 되는 건 아니다. 지난 반세기 동안 25~50세의 사람들 중 결혼을 하지 않는 이들의 비율이 세계 여러 나라에서 극적으로 증가했다.[84]

미국에서는 1970년에 9퍼센트였던 이 비율이 2018년에는 35퍼센트로 증가했다. 이 수치는 낭만적인 친밀감을 경험하는 비율은 알려주지 않지만, 미국에서 성인기를 미혼으로 보내는 사람이 이전보다 훨씬 많아졌다는 사실은 명확히 보여준다. 게다가 어떤 이들은 결혼생활을 '개방적'으로 유지하면서 부부 이외의 사람들을 관계에 끌어들여 성적, 정서적 친밀감을 느끼기도 한다.

정보 및 실용적인 도움

전문 지식이 필요하거나 실질적인 문제를 해결하는 데 도움이 필요한 경우 누구에게 의지하는가? 예를 들어 나무를 심거나, 와이파이 연결을 고치거나, 건강 보험을 신청해야 하는 경우 등에 말이다.

재미와 휴식

여러분을 웃게 하는 사람은 누구인가?
영화를 보거나 여행을 가고 싶을 때 누구에게 연락하는가?
느긋하고, 연결된 느낌을 주며, 편안한 기분을 느끼게 해주는 사람은 누구인가?

이런 지원의 핵심 요소를 중심으로 정리된 표가 옆에 있다. 첫 번째 열은 자신에게 가장 큰 영향을 미친다고 생각하는 관계에 대한 것이다.

내 삶에 지원을 제공하는 원천

나와의 관계	안전과 보안 점수	학습과 성장	정서적 친밀감과 신뢰	정체성 확인 및 경험 공유	낭만적인 친밀감	정보 및 실용적인 도움	재미와 휴식

그 관계가 여러분 인생에 해당 유형의 지원을 제공한다면 플러스(+) 기호, 그런 지원이 부족한 관계라면 마이너스(−) 기호를 표시한다. 모든 관계가 이런 지원을 전부 제공하지 않아도 괜찮다.

이 활동을 엑스레이라고 생각하자. 다시 말해 여러분의 사회적 세계의 표면 아래를 볼 수 있게 도와주는 도구다. 이런 지원이 모두 중요하다고 여기지는 않겠지만, 그중 중요하다고 느껴지는 걸 살펴보고 해당 분야에서 충분한 지원을 받고 있는지 스스로에게 물어보자.

자기 삶에 어떤 불만을 느끼고 있다면 표의 공백을 채우면서 점검해 보자. 어쩌면 함께 재미있는 시간을 보낼 수 있는 사람은 많지만 속마음을 털어놓고 싶을 때 의지할 사람이 아무도 없다는 걸 깨달을지도 모른다. 또는 그 반대일 수도 있다.

이 표를 채우고 확장해나가면서 몇몇 공백과 놀라운 점을 발견할 수 있다. 도움을 청할 사람이 한 명밖에 없다는 것, 옆에 있는 게 당연하다고 여겼던 사람이 실은 여러분을 안전하게 해주고 안심시킨다는 것, 중요한 방식으로 여러분의 정체성을 강화시키는 사람이 있다는 것 등을 여태 깨닫지 못했을 수도 있다. 심리학과 정신의학 분야의 전문가들도 집중적인 성찰 없이는 자기 삶을 이런 식으로 바라보지 못한다는 걸 우린 알고 있다.

현재의 위치와 도달하려는 위치, 그 차이를 인식하기

때로는 이런 성찰을 통해 자기가 가고 싶은 방향을 알아낼 수 있다. 하지만 바꾸고 싶은 게 뭔지 알게 된 뒤에도 여전히 첫걸음을 내딛는 데 어려움을 겪을 수 있다.

인간의 동기만 집중적으로 연구하는 분야가 있다.[85] 왜 우리가 이런 결정을 하는지, 왜 어떤 사람은 변화를 위해 노력하는데 다른 사람은 그러지 않는지 등을 연구하는 것이다. 이 연구는 광고주들 사이에서 인기가 있는데, 그들은 이걸 이용해서 소비자들이 물건을 사도록 독려한다. 하지만 우리는 이 연구를 이용해서 관계 발전을 위한 단계를 밟도록 하는 등 자기가 원하는 일을 하도록 독려할 수 있다.

사실 우리는 이미 이번 장에 그 연구 내용 일부를 적용했다. 이 연구에서 얻은 결과 중 하나는 우리의 현재 위치와 도달하고자 하는 위치의 차이를 인식하는 것이 '변화를 독려하는 열쇠'라는 것이다.

이 두 가지 상태를 정의하면 힘든 첫 번째 단계를 밟는 데 도움이 되는 잠재적 에너지가 생긴다. 바로 이것이 이런 관계형 도구를 이용해서 하는 작업이다. 지금까지 자신의 사회적 세계와 관계의 질을 살펴봤고 바꾸고 싶은 부분을 고찰했다. 이제부터 시작되는 실제 진행 과정은 골치 아플 수도 있다. 특히 까다로운 관계의 경우에는 더 그렇다. 하지만 그만큼 잠재적인 보상이 크다.

이 과정에 대해서는 다음 장에서 더욱 자세히 설명하겠지만, 즉시 실행 가능한 몇 가지 작업과 염두에 두어야 할 유용한 원칙이 몇 가지 있다는 점을 먼저 밝힌다.

관계를 활성화하고 활력을 불어넣는 몇 가지 원칙과 제안

먼저 잘 작동되고 있는 것들에 집중하자. 여기서 시작하는 게 가장 쉽다. 자신의 사회적 세계 가운데 기운을 북돋아주는 쪽에 있는 관계들을 살펴보고, 그것의 좋은 점을 강화하거나 장려할 방법을 고민해보자. 그 사람들에게 얼마나 고마운지, 그 이유가 뭔지 말하고 직접 보여주자. 삶에 에너지와 활력을 불어넣는 요소를 더 확장하고 두 배로 늘리는 것은 결코 해로운 일이 아니다. 이런 관계는 대부분 이미 잘 굴러가고 있지만, 일반적으로 그중 한두 개 정도는 속도가 좀 느려져 있기도 하다. 그러니 다시 전속력으로 움직이려면 노력이 필요하다. 좋은 관계도 똑같은 루틴을 반복하는 경향이 있으므로 이제 그들과 함께 새로운 걸 시도해볼 때가 됐는지도 모른다.

그다음에는 활력 선을 간신히 넘어서는 수준이거나 균형이 좀 무너지고 있는 관계를 살펴보자. 이런 관계를 자극해서 더 활기차게 만들 방법이 있는가? 이런 관계를 살짝 변화시키면 누적된 작은 부담을 덜어줄 수도 있다.

소모적이라고 여기는 관계는 더 많은 걸 고려하고 성찰해야 한다. 위험을 감수하고 평소 잘 연락하지 않는 사람에게 연락하거나 메시지를 보내거나 모임을 계획하거나 이벤트에 초대해야 할 수도 있다. 그러려면 최근에 있었던 논쟁이나 비난조의 의견 등 그간 모른 척해왔던 감정적인 앙금을 먼저 해결해야 한다. 이를 위해서는 약간의 추가적인 준비가 필요하다. 이런 의견 불일치와 감정적인 문제에 대처하는 방법은 다음 장에서 이야기할 것이다.

이런 노력에는 몇 가지 기본적인 사항이 있다. 실제로 전화를 걸고, 달력을 꺼내서 약속한 날 저녁 일정을 비우고, 계획을 세워야 한다. 가능하면 반복적인 계획을 세우는 게 좋다.

하지만 아무리 긍정적인 관계라 해도 늘 좋을 수만은 없다. 그 관계의 활력을 감소시키는 오래된 습관과 무의식적인 존재 및 상호작용 방식이 다시 나타날 수 있다. 우리는 연구와 상담을 통해 인간관계를 활성화하고 활력을 불어넣는 데 효과를 발휘하는 몇 가지 광범위한 원칙을 알아냈다. 이 원칙들을 함께 살펴보자.

관계 활성화를 위한 원칙 1: 관대함의 힘

개인주의를 강조하는 서구 세계에서는 '자수성가한' 남녀의 신화가 많은 조명을 받는다. 자신의 정체성을 스스로 만들어냈고 지금과 같은 위치에 올라선 것도 다 본인 덕분이라고 여기는 이들이 많다. 하지만 사실 우리의 현재 모습은 세상이나 다른 사람들과 관련된 위치 때문에 생겨난 것이다. 바퀴살은 바퀴에 부착되어 있지 않으면 그냥 금속 조각일 뿐이다. 심지어 동굴에 사는 은둔자도 다른 사람들과의 관계나 거리를 통해 그 존재가 정의된다.

관계는 필연적으로 상호적인 시스템이기 때문에 지원은 양방향으로 이루어진다. 우리가 받는 지원이 제공한 지원과 정확하게 일치하지는 않겠지만 "주는 만큼 받는다."라는 오래된 격언은 관계에 있어서는 아주 일반적인 규칙이다.

내가 보답으로 받고 싶은 걸 준다는 생각은, 우리가 가끔 자신의 인간관계를 생각할 때 무력감과 절망감을 느끼는 한 가지 이유다. 우리는

내가 지지하는 사람들

나와의 관계	안전과 보안 점수	학습과 성장	정서적 친밀감과 신뢰	정체성 확인 및 경험 공유	낭만적인 친밀감	정보 및 실용적인 도움	재미와 휴식

다른 사람이 우리에게 관여하는 방식을 직접적으로 통제할 수 없다. 하지만 우리가 그들에게 관여하는 방식은 통제할 수 있다. 우리가 어떤 지원을 받고 있지 않을 수도 있지만 그렇다고 해서 우리가 그걸 줄 수 없는 것은 아니란 뜻이다.

달라이 라마는 남에게 한 대로 되받는 법이라는 걸 상기시킨다. 그는 "인간은 자기중심적이고 이기적이지만 어리석은 이기심이 아닌 현명한 이기심을 발휘해야 한다."라고 말했다. "남을 소홀히 여기면 우리도 손해를 본다. … 자신의 이익을 실현하는 가장 좋은 방법은 다른 사람의 복지에 관심을 갖는 것임을 이해하도록 교육할 수 있다. 하지만 그러려면 시간이 걸린다."[86]

많은 연구가 그의 말이 옳다는 걸 확실하게 보여준다. 다른 사람을 도우면 도움을 받는 사람뿐 아니라 돕는 사람에게도 이익이 된다. 관대함과 행복 사이에는 신경적 연결고리와 실제적 연결고리가 있다. 관대한 태도를 취하면 뇌가 좋은 감정을 느낄 준비를 하고, 그런 좋은 감정 때문에 미래에 다른 사람을 도울 가능성이 더 높아진다.[87] 관대함은 긍정의 선순환을 불러일으킨다.

앞서 언급한 지원에 관한 질문을 다시 살펴보자. 그리고 이번에는 자신에 대해 솔직하게 생각하면서 반대 방향으로 답해보자. 다른 사람에게 이런 지원을 제공하고 있는가? 그렇다면 누구에게 제공하는가? 주변에 더 지원하고 싶은 사람들이 있는가?

앞서 얘기한 간병인의 스트레스와 상처 치유에 관한 재니스-글레이저의 연구를 떠올려보자. 주변에 다른 사람을 간병하거나 심한 스트레스를 받는 사람들이 있는가? 그렇다면 그들 곁에 있어주면서 그들이 필요한 지원을 받고 있는지 확인할 방법이 있는가? 만일 여러분이 누군가를 간병하고 있다면 여러분은 현재 필요한 지원을 받고 있는가? 자신의 사회적 세계에서 주는 것과 받는 것의 균형이 어떤 것 같은가?

관계 활성화를 위한 원칙 2: 새로운 댄스 스텝 배우기

우리는 연습한 것들을 잘하게 되므로, 자기도 모르는 새에 자기 관심사가 아닌 일에 매우 능숙해질 수 있다. 예를 들어 스털링 에인슬리는 친밀감과 관계를 피하는 데 점점 능숙해졌다. 그의 어린 시절에는 로잘리 누나가 그를 아껴주고 곁에 있어줬지만 아버지의 학대를 막아주지는 못했다. 그리고 아버지가 어머니를 요양원에 보내면서 원가족이 뿔뿔이 흩어졌다.

농장으로 이사한 스털링은 더 이상 누나 로잘리를 자주 만날 수 없었고 그것 때문에 고통스러웠다. 그는 어른이 되고 한참 지난 뒤에도 친밀한 관계에 두려움을 느꼈다. 양어머니를 제외하고는 다른 사람과의 관계에서 안전감과 안정감을 얻지 못했다. 여러 사람은 고사하고 단 한 명과도. 스털링은 가까운 사람들이 없는 편이 더 행복하거나 적어도 더 안전할 거라고 여기며 살았다. 그는 다른 사람들과 가까이 지내는 건 위험하다고 믿었다.

어떤 면에서는 그의 생각이 옳다. 우리가 느끼는 가장 강렬한 감정은 다른 사람들과의 관계에서 나온다. 사회적 세계는 즐거움과 의미로 가득 차 있지만 한편으로는 실망과 고통도 포함되어 있다. 우리는 사랑하는 이들에게 상처를 받는다. 그들이 우리를 실망시키거나 떠나면 마음이 아프고, 죽으면 공허함을 느낀다.

관계에서 생기는 이런 부정적인 경험을 피하고 싶은 충동도 이해된다. 하지만 다른 사람들과의 관계를 통해 이익을 얻으려면 위험도 어느 정도 감수해야 한다. 또 자신의 우려와 두려움 너머를 기꺼이 볼 수 있어야 한다. 항상 좋기만 한 것은 없다.

이런 사실은 우리에게 중요한 질문을 던진다. 스털링처럼 충격적인 과거를 가진 사람이 어떻게 그 상처가 자기 삶을 지배하지 못하도록 할 수 있는지에 대해 묻는 것이다. 우리는 스털링이 나이 들어가면서 지배적인 패러다임을 바꿀 바람직한 친밀감을 경험하기를 바란다. 그런 일은 충분히 가능하며 항상 일어난다.

예를 들어 배우자와 긍정적이고 신뢰할 수 있는 관계를 맺으면 안정감이 부족한 사람도 이전보다 더 안정적인 기분을 느낀다.[88] 하지만 스털링 같은 과거를 가진 사람들은 대부분 하나의 자기실현적 예언에서 다른 예언으로 옮겨가기만 할 뿐 결코 다른 종류의 친밀감을 경험하지 못한다.

문제는 어떻게 하면 과거의 트라우마에서 벗어나 새로운 경험에 마음을 열 수 있는가다.

관계 활성화를 위한 원칙 3: 근본적인 호기심

> 내가 만난 모든 사람은 배울 게 있다는 점에서 다들 나의 스승이다.[89]
>
> _ 랠프 월도 에머슨 Ralph Waldo Emerson

우리가 관계에서 어려움을 겪는 이유는 삶의 다른 부분에서 어려움을 겪는 이유와 똑같다. 너무 자기중심적이기 때문이다. 우리는 자기가 일을 제대로 하고 있는지, 뭔가를 잘하는지, 원하는 걸 얻고 있는지 걱정한다. 스털링이나 불행한 변호사 존 마스덴처럼 너무 자기중심적으로 굴면 다른 사람의 경험이나 의견을 무시하게 된다.

이건 흔한 함정이지만 피할 수 없는 건 아니다. 책이나 영화를 보면 문득 새로운 걸 경험하고 싶어지는 호기심이 생기곤 한다. 이처럼 다른 사람에 대해 궁금해지고 호기심이 생기면 관계에 대한 새로운 접근이 시작된다. 다른 사람의 경험에 빠져드는 것도 즐거울 수 있다. 익숙하지 않으면 처음에는 이상하게 느껴질 수 있고 노력이 약간 필요할 수도 있다. **호기심, 특히 다른 사람의 경험에 대한 깊은 호기심은 중요한 관계에 지대한 영향을 미친다.** 그건 우리가 전혀 알지 못했던 대화와 지식의 길을 열어준다. 그리고 상대방은 이해받는다는 기분을 느낀다. 이건 가벼운 관계에서도 상호 배려의 선례를 만들고 연약한 유대감의 강도를 높일 수 있기 때문에 중요하다.

여러분 주변에도 다른 이들과 대화를 나누면서 항상 상대방의 이야기와 의견을 속속들이 파악하는 사람이 있을지 모른다. 이런 사람들이 매우 즐겁고 생기 있어 보이는 데는 이유가 있다.제2장에서 얘기한 '열차 안의 낯선 사람' 실험이 증명하듯 타인과 교류하면 생각보다 기분이 좋아지고 행복해진다.

밥은 어디서나 낯선 사람들과 얘기를 나누던 자기 아버지를 떠올렸다. 아버지는 모든 사람에 대해 이상할 정도로 호기심이 많았다. 밥의 고모와 삼촌은 워싱턴 D.C.에서 밥의 아버지와 함께 택시를 탔던 이야기를 자주 했다. 밥의 아버지는 항상 그랬듯이 택시 기사와 이야기를 나누려고 앞자리에 앉았다. 그는 기사의 모든 인생 이야기를 끌어내면서 옛날 자동차의 특징인 삼각 유리창을 만지작거리기 시작했다. 그리고 대화에 너무 열중한 나머지 자기가 유리창을 떼어낸 것도 알아차리지 못했다.

뒷자리에서 큰 웃음소리가 났지만 그는 대화에 푹 빠져서 눈치채지 못했다. 그는 작은 유리창을 옆 좌석에 놔두고 이번에는 창문을 여닫는 손잡이를 만지작거리기 시작했는데 그것까지 떨어졌다. 그는 그것도 옆에 놔두고 기사에게 계속 질문을 던졌다. 그 차 입장에서는 다행스럽게도 멀리까지 가는 여정은 아니었다.

이런 행동은 그에게 매우 자연스러운 일이다. 밥의 아버지는 사람들에게 친절하게 굴기 위해서 그러는 게 아니라 자기 기분이 좋아지기 때문에 그러는 것이다. 그런 대화는 그에게 활력을 준다. 하지만 모두 그런 건 아니다. 어떤 사람들은 연습도 부족할뿐더러 어떻게 해야 이런 호기심을 느낄 수 있는지 잊어버린 상태다. 그렇기에 더 신중해야 한다. 사람에 대한 관심, 그 미묘한 씨앗을 배양하려면 급진적인 접근 방식을 취해야 하며 일상적인 대화 습관을 넘어서는 대담한 걸음을 내디뎌야 한다.

그러기 전에 먼저 자신에게 물어봐야 할 것이 있다. 이 사람은 실제로 어떤 사람이고, 뭐가 어떻게 되어가고 있는가? 그런 다음에는 질문을 던지고 답변을 듣고 그 대화가 어디로 이어지는지 지켜보기만 하면 된다.

중요한 건 호기심을 품으면 다른 사람과 연결되는 데 도움이 되고, 이런 연결을 통해 삶에 더 몰입할 수 있다는 사실이다. 진정한 호기심은 사람들이 자기 얘기를 더 많이 털어놓도록 유도하고, 이를 통해 우리는 상대방을 더 잘 이해할 수 있다. 이 과정은 관련된 모든 사람을 생동감 있게 만든다. '열차 안의 낯선 사람' 실험은 이런 연속적인 이점을 가리킨다. 이것에 대해서는 제10장에서 자세히 논의할 예정이다. 다른 사람에 대한 작은 관심과 짧은 말 한마디가 새로운 흥분과 새로운 연결 방법, 삶이 흐르는 새로운 길을 만들어낼 수 있다.

관대함과 마찬가지로 호기심도 선순환을 불러일으킨다.

호기심에서 이해로, 관계의 마법이 일어나다

사람들은 밥과 마크가 심리 치료사라는 말을 들으면, "어떻게 항상 다른 사람들의 문제에 귀를 기울일 수 있나요? 틀림없이 매우 진 빠지고 우울한 일일 텐데요." 같은 반응을 자주 보인다. 물론 남의 얘기를 듣는 게 항상 쉬운 일은 아니다. 하지만 우리 두 사람이 일반적으로 더 강렬하게 느끼는 것은 상담을 받으러 오는 사람들에 대한 감사의 마음이다. 우리는 그들의 경험에서 배우고, 이를 통해 그들과의 관계가 깊어진다.

우리의 가장 큰 기쁨 중 하나는 다른 사람의 경험을 이해하고, 우리가 이해했다는 걸 상대방에게 제대로 전달했다고 느끼는 순간에 찾아온다. 이런 기쁨은 치료에만 국한되는 게 아니다. 갑자기 다른 사람의 경험과 일치된 자신을 발견하면 긍정적인 기분이 든다.

이건 호기심을 통해 다른 사람들과 연결되는 중요한 단계다. 여러분이 상대를 통해 새로운 것을 이해하고, 그것을 그들에게 다시 전달하는 것이다. 사람들 사이의 연결이 견고해지고 그것이 두드러지고 거기에 의미가 생기면 거기서 많은 마법이 발생한다. 다른 사람이 우리 경험을 정확하게 이해한 후 말로 표현하는 걸 들으면 짜릿한 기분이 든다. 특히 사회에서 소외감을 느낄 때는 더욱 그렇다. 갑자기 누군가가 우리를 있는 모습 그대로 봐주는 경험은 우리와 세상 사이에 존재하는 장벽을 한순간에 무너뜨린다. 남들이 우리 본모습을 있는 그대로 봐준다는 건 정말 놀라운 일이다.

반대로 다른 사람의 본모습을 보고 그 새로운 광경을 전달하는 것도 놀라운 경험이다. 자기 본모습을 보여준 사람과 그 모습을 본 사람 모두 이런 연결에서 전율을 느낀다. 다시 말하지만, 연결과 활력감은 양방향으로 움직인다.

연결과 활력감이 양방향으로 움직인다는 건 새롭거나 파격적인 아이디어가 아니다. 데일 카네기가 1936년 출간해 세상에 큰 영향을 미친 고전 《인간관계론》도 이 점을 강조했다. 이 책은 여섯 가지 원칙을 바탕으로 하는데, 그중 첫 번째 원칙이 "다른 사람들에게 진정한 관심을 가져라."다. 어떤 기술이나 마찬가지지만 이런 호기심도 연습할수록 더 쉽게 얻을 수 있다. 그리고 연습을 위한 재료는 언제나 이용 가능하다. 오늘 당장, 심지어 앞으로 몇 분 안에도 자신을 올바른 방향으로 이끄는 선택을 할 수 있다.

정기적으로 관계를 돌아보고 점검하기

사회적 적합성을 유지하기 위해 꾸준한 연습이 필요한 것처럼 자신의 모든 관계를 돌아볼 때도 정기적인 확인이 도움이 된다. 앞으로도 주저하지 말고 계속하자. 자신의 사회적 적합성이 원하는 곳에 있지 않으면, 이런 사색적인 확인을 훨씬 자주 하고 싶어질지도 모른다. 특히 기분이 우울할 때는 잠시 시간을 내서 사람들과의 관계에 대해 생각해보는 게 좋다. 그들과의 관계가 어떻게 유지되고 있는지, 그 관계가 어떻게 달라지기를 바라는지 말이다.

일정을 미리 정해두는 타입이라면 그걸 규칙적인 일과로 만들 수도 있다. 새해 첫날이나 자기 생일날 아침에 현재의 사회적 세계를 떠올리는 것이다. 자기가 무얼 받고 또 무얼 주는지, 1년 뒤에는 어떤 위치에 있고 싶은지 등을 생각해보자. 여러분이 작성한 표나 관계 평가서는 비밀에 부칠 수도 있고 이 책에 보관할 수도 있다. 그러면 다음에 상황이 어떻게 변했는지 확인하기 위해 어디를 찾아봐야 하는지 알 수 있다. 1년 사이에도 많은 일이 일어날 수 있는 게 인생이다.

적어도 이 작업을 하는 동안에는 자신에게 가장 중요한 것이 무엇인지 떠올릴 텐데 항상 좋은 게 생각날 것이다. 하버드 연구 참가자들은 70대와 80대에 이르자 자신에게 가장 소중한 건 친구나 가족과의 관계라고 몇 번이나 반복해서 말했다. 스털링 에인슬리도 그렇게 주장했다. 그는 자기 양어머니와 누나를 매우 사랑했지만 그들과 연락이 끊겼다. 그의 가장 소중한 추억 중 일부는 연락한 적 없는 친구들에 대한 것이다. 그가 가장 신경 쓰는 대상은 자기 아이들이지만 평소 거의 만나지 않는다.

겉으로 보기에는 그가 남들에게 신경 쓰지 않는 것처럼 보이지만 그건 사실이 아니었다. 스털링은 가장 소중한 이들과의 관계를 얘기할 때 꽤 감정적이었으며 연구진의 특정한 질문에 대답하는 걸 꺼렸다. 그가 그러는 이유는 오랫동안 일정한 거리를 유지하는 과정에서 생긴 고통과 분명 관련이 있었다. 스털링은 관계를 이어가는 방법이나 가장 사랑하는 이들을 적절히 돌보기 위해 무얼 할 건지에 대해 진지하게 고민해본 적이 없다.

인간관계가 건강과 행복을 유지하기 위한 가장 귀중한 도구 중 하나라는 오랜 지혜, 그리고 최근 밝혀진 과학적 증거를 받아들이는가? 만일 그렇다면 거기에 시간과 에너지를 투자하기로 결심하는 일이 매우 중요해진다. 그리고 사회적 적합성을 위한 투자는 현재의 우리 삶에 대한 투자로 끝나지 않는다. 그건 미래에 살아갈 방식과 관련된 모든 것에도 영향을 미치는 투자다.

제5장

현재에 집중하며
주위 사람에게
관심을 기울여라

당신의 일부만이 유일한 선물이 될 수 있다.[90]

_ 랄프 월도 에머슨

하버드 연구 2세대 설문지, 2015년[91]

내가 지금 뭘 하는지 별로 의식하지 않고 '무의식적으로 움직이는' 것 같다.

절대 아니다 가끔 그렇다 때때로 그렇다 자주 그렇다 항상 그렇다

활동 하나하나에 그다지 주의를 기울이지 않고 서둘러서 해치운다.

절대 아니다 가끔 그렇다 때때로 그렇다 자주 그렇다 항상 그렇다

머리카락에 스치는 바람이나 얼굴에 비치는 햇빛 같은 신체적 경험

에 주의를 기울인다.

절대 아니다 가끔 그렇다 때때로 그렇다 자주 그렇다 항상 그렇다

앞으로 가지게 될 모든 돈을 처음부터 가진 상태에서 인생을 시작했다고 상상해보자. 태어난 순간 계좌를 하나 받았고, 뭔가를 위해 돈을 지불해야 할 때마다 그 계좌에서 돈이 나간다. 일할 필요는 없지만 뭔가를 할 때마다 돈이 든다. 음식, 물, 주택, 소비재도 여전히 비싸지만 이제는 심지어 이메일을 보낼 때도 소중한 자금 중 일부를 써야 한다. 아무 일도 하지 않고 가만히 의자에 앉아 있는 데도 돈이 든다. 잠을 자도 돈이 든다. 살면서 맞닥뜨리는 모든 것에 돈을 써야 한다.

하지만 문제는 계좌에 돈이 얼마나 있는지 모르는 상황에서 그 돈이 고갈되면 인생이 끝난다는 점이다. 이런 상황에 처한다면 계속해서 지금과 같은 방식으로 살 것인가? 아니면 지금과는 다른 방식으로 살 생각인가?

시간과 관심은 행복의 필수 재료다

물론 이건 공상이다. 하지만 핵심 요소를 한 가지만 바꾸면 우리가 처한 실제 상황과 크게 다르지 않다. 돈 대신 시간으로 바꿔보자. 우리 계좌에는 돈 대신 한정된 '시간'이 들어 있는데, 얼마나 들어 있는지 잘 모르는 상황이다.

'시간을 어떻게 써야 할까?'라는 건 우리가 일상적으로 하는 질문이

지만 인생은 짧고 불확실하기 때문에 이는 심오한 질문이기도 하다. 그리고 이 질문은 우리의 건강과 행복에 지대한 영향을 미친다. 불교에서 승려들이 명상할 때 사용하도록 가르치는 만트라가 있다. 만트라는 이런 질문을 던진다. "세상에서 확실한 건 죽음뿐인데 언제 죽게 될지 불확실하다면 어떻게 해야 하는가?" 우리는 언젠가는 죽는다. 인생의 종말은 결코 피할 수 없는 일이라는 사실과 직면하면 세상을 새로운 시선으로 바라보게 되고, 이전에는 생각지 못했던 다른 것들이 중요해진다.

하버드 연구에 참여한 80대 부부를 상대로 8일간 조사를 진행했다. 매일 인터뷰를 마칠 때마다 그들이 지금까지 살아온 삶의 관점과는 다른 측면에 대해 질문했다. 그들의 대답에서 가장 중요한 건 시간의 가치인 경우가 많았다.

7일째: 자기 삶을 돌아봤을 때 좀 적게 했더라면 좋았겠다 싶은 일은 무엇인가? 더 많이 했더라면 하는 일은 무엇인가?

이디스, 80세: 어리석은 일에 화내는 걸 줄였어야 했다. 멀리서 바라보면 전부 중요하지 않은 일들이다. 그런 것들에 대한 걱정을 줄이고 아이들, 남편, 어머니, 아버지와 더 많은 시간을 보냈어야 했다.

닐, 83세: 아내와 함께 더 많은 시간을 보냈으면 좋았을 텐데. 내가 일을 조금씩 줄이기 시작했을 때 아내가 죽었다.

여기 소개한 건 수많은 비슷한 응답 가운데 두 가지일 뿐이다. 거의 모든 참가자가 자신이 시간을 어떻게 썼는지 걱정했고, 관심 대상에 대해 충분히 생각하지 않았고 느꼈다. 이건 매우 흔한 감정이다. 일상의 흐름에 휩쓸리다 보면 삶이 자기 의사와 상관없이 그냥 진행되는 것처럼 느껴진다. 우리가 삶을 적극적으로 만들어가는 게 아니라 삶에 종속되어 흘러간다고 느끼는 것이다. 많은 사람처럼 우리 연구 참가자 중 일부도 자기 삶의 마지막 단계에 도달했고, 과거를 돌아보며 이런 생각을 했다. **'친구들을 많이 만나지 못했는데… 아이들에게도 충분히 신경을 써주지 못했고… 나한테 중요하지도 않은 일을 하느라 많은 시간을 허비했어.'**

시간을 '허비하다'나 신경을 '쓰다'처럼 우리가 책임을 피할 수 없는 동사들에 주목하자. 현대 언어, 특히 영어에는 경제 전문 용어가 너무 많아서 이런 단어가 자연스러워 보이고 의미가 통하는 것처럼 느껴진다. 하지만 우리의 시간과 관심은 이 단어들이 시사하는 것보다 훨씬 소중하다. 시간과 관심은 다시 채울 수 있는 게 아니다. 그건 우리의 삶 그 자체다. 우리가 시간과 관심을 제공할 때는 단순히 그걸 허비하거나 쓰는 게 아니다. 자신의 삶을 바치는 것이다.

철학자 시몬 베유Simone Weil는 "관심은 가장 희귀하고 순수한 형태의 관대함이다."라고 썼다.[92] 관심, 즉 시간은 우리가 가진 가장 소중한 것이기 때문이다. 시몬 베유가 이런 말을 하고 수십 년 뒤, 선종 지도자인 존 타란트John Tarrant는 《어둠 속의 불빛》The Light Inside the Dark이라는 책에서 이와 관련해 새로운 차원의 통찰을 제시했다. "관심은 사랑의 가장 기본적인 형태다."라고 쓴 것이다.[93]

이건 말로 표현하기 어려운 진리다. 관심도 사랑처럼 양방향으로 흐르는 선물이다. 관심을 기울인다는 건 곧 자기 삶을 나눠준다는 의미다. 우리는 그 과정에서 살아 있음을 더 생생하게 느끼기도 한다.

시간과 관심은 행복의 필수 재료다. 그건 우리 삶이 흘러나오는 저수지다. 이는 어떤 금전적 은유보다 정확하다. 물이 특정 지역으로 향해서 흐른 뒤 모여서 저수지가 되면 그곳을 풍요롭게 할 수 있는 것처럼 관심의 흐름은 우리 삶의 특정 부분을 활기차고 풍요롭게 할 수 있다. 그러니 우리의 관심이 어디로 흐르는지 살펴보라. 그게 우리 자신과 우리가 사랑하는 이들 모두에게 이익이 되는 쪽으로 가고 있는지도 물어보라. 보통 이 두 가지는 함께 움직이며, 이런 질문을 하는 건 언제나 바람직한 일이다.

우리는 번창하고 있는가? 우리에게 살아 있다는 느낌을 가장 강하게 안겨주는 활동과 일이 그에 합당한 관심을 받고 있는가? 우리에게 가장 중요한 사람은 누구이고, 그 관계나 도전이 마땅히 받아야 할 만큼의 관심을 받고 있는가?

오늘은 시간이 없지만 내일은 시간이 많다는 착각

우리는 '관심'이라는 말을 두 가지 의미로 사용하고 있다.

이 말의 첫 번째 의미는 우선순위와 거기에 들이는 시간을 뜻한다. 이건 제4장에서 얘기한 사회적 세계 차트의 빈도와 관련이 있다. 우리는 시간을 배분할 때 가장 중요한 일을 우선시하면서 그걸 목록의 맨 앞으로 옮긴다.

'말은 쉽지'라고 생각하며 이런 의문을 품을지도 모른다. **'하지만 당신은 내 삶이 어떤지 모르잖아. 마법처럼 더 많은 시간이 생성되는 게 아니니까 하루에 더 많은 시간을 쓸 수는 없다고. 난 사랑하는 사람들이 끼니를 챙기고 아이들이 학교에 입고 갈 옷을 사기 위해 일하는 데 시간을 쏟고 있어. 이미 한계에 다다랐는데, 있지도 않은 시간을 어떻게 다른 일에 바칠 수 있겠어?'**

좋은 질문이다. 그럼 잠깐 시간에 대해서 얘기를 나눠보자. 우리는 자기가 이용할 수 있는 시간에 대해 두 가지 상반된 감정을 품고 있는 경우가 많다. 한편으로는 시간 기근을 느끼면서 자기가 하고 싶은 일은 고사하고 해야 할 일을 다 하기에도 시간이 부족하다고 여긴다. 반면, 불특정한 미래에는 시간 여유가 생길 거라고 생각하는 경향도 있다. 마치 지금 우리 삶에서 시간을 앗아가고 있는 일들이 더 이상 우리를 괴롭히지 않는 순간이 오기라도 할 것처럼 말이다. 뒤늦게 부모님을 찾아가거나 옛친구에게 연락하는 등 나중에 할 거라고 상상하는 모든 일에 대해 종종 그렇게 생각한다. '나중에는 그런 일을 할 시간이 충분할 것'이라고 막연하게 생각하는 것이다.

책임과 의무에 짓눌린 채 너무 바쁘게 살아가는 사람들이 많은 건 사실이다. 21세기가 진행될수록 우리가 사용할 수 있는 시간은 점점 줄어들고 있다. 시간이 부족하다고 느끼는 사람들은 스트레스가 심해지면서 건강까지 상한다.[94] 어느 사회에서나 시간이 가장 부족한 사람들은 갈수록 많은 시간을 일하는 데 쓰는 사람들 아닐까?

이 질문에 대답하자면 꼭 그렇지는 않다. 전 세계적으로 평균 근로

시간은 지난 세기 중반 이후 크게 감소했다.[95] 미국인들은 평균적으로 1950년보다 10퍼센트 적게 일하며, 네덜란드와 독일 같은 일부 국가에서는 근로시간이 40퍼센트나 줄었다.

이건 평균치일 뿐이다. 그 외에 누가 더 일하고 누가 덜 일하는지를 세분화해 알려주는 통계도 있다.[96] 예를 들어 워킹맘은 여가 시간이 가장 적다. 교육을 많이 받은 사람의 경우 일은 더 많이 하고 여가 시간은 더 적다. 교육을 덜 받은 사람은 여가 시간이 가장 긴 경향이 있다. 그래서 이 그림은 단순하게 바라볼 수가 없다. 하지만 데이터는 명확하다. 위와 같은 차이를 고려하더라도 요즘 사람들은 바로 직전 세대보다 덜 바쁘다. 그런데도 우리는 여전히 시간을 한계치까지 쓰고 있다고 느낀다.[97] 왜 그럴까?

이 질문에 대한 답은 '관심'이라는 말의 두 번째 의미에 담겨 있다. 그건 우리가 시간을 보내는 방법, 구체적으로 말해 어떤 순간에 **우리 마음이 무엇을 하고 있는지**에 관한 것이다.

정작 중요한 일에는 시간을 쓰지 못하는 아이러니

이 책의 저자인 우리는(밥과 마크)는 20년 넘게 수백 킬로미터 떨어진 곳에 살고 있어서 함께 프로젝트를 진행하려면 전화를 걸거나 화상 통화로 만나야 한다. 우리는 오랜 친구지만 이 약속을 엄수하지 않으면 절대 일을 진행시키지 못할 것이다. 그리고 적어도 일주일에 한 번씩 있는 약속 시간이 되면, 우리 둘 다 바쁜 주중에 한숨 돌릴 수 있는 시간으로 여긴다. 그래서 긴장이 조금 풀리고 경계도 느슨해진다. 하루 종일 또는 일주일 내내 집중하다가 마침내 서로 얘기를 나누면 긴장이 풀리면서 생각이 이리저리 방황한다.

여러분도 어떤 느낌인지 알 것이다. 우리 삶은 미친 듯이 돌아가고 언제나 해야 할 일이 산더미처럼 쌓여 있다. 긴장감 속에 지내다가 친구나 아이들과 함께 잠시 한숨 돌릴 시간이 생기면 긴장이 풀어진다. 그 관계에서 느끼는 편안함과 자신감은 그 순간에 완전히 집중할 필요가 없다는 걸 의미한다. 그들은 여러분이 아는 사람이다. 일상적인 일을 함께 하고 상호작용 방식에 익숙하며 별달리 새로운 일도 생기지 않을 것이기 때문에 마음이 둥둥 떠다니는 것이다.

그리고 우리 삶이 걱정거리와 해야 할 일로 넘쳐나지 않을 때도 인터넷은 끊임없이 우리를 유혹한다. 거기에 존재하는 방대한 정보와 온갖 것들은 우리가 쉴 때조차 우리를 놓아주지 않는다. 그래서 하루 중 잠시 쉬는 시간이 생기면 바로 휴대폰이 등장한다. 심지어 문자 그대로 주의를 기울이는 행동에 대해 얘기하는 이번 장을 작업하는 동안에도, 마크는 전화기 건너편에서 익숙한 침묵을 감지하기 시작했다. 밥이 멍하게 정신을 놓고 있는 것이다.

"밥." 마크가 말했다.

"네?"

"어디 간 줄 알았어요."

이건 누구에게나 있는 일이다. 스마트폰은 현대인의 정신을 산만하게 하는 주범 중 하나다. 2010년 매튜 킬링스워스Matthew Killingsworth와 대니얼 길버트Daniel Gilbert는 스마트폰을 사용해서 우리가 신체적으로

나 정신적으로 깨어 있는 시간을 어떻게 보내는지 알아보기 위한 대규모 연구를 수행했다.[98]

그들은 먼저 하루 중 임의의 시간에 참가자들의 스마트폰으로 연락하는 앱을 설계했다. 그 앱으로 그들이 그 순간 무엇을 하고, 생각하고, 느끼는지 물어본 뒤 그 대답을 기록했다. 이 데이터베이스는 83개 나라에서 86개 직업군에 종사하는 모든 연령대의 사람들 5,000여 명을 통해 수백만 개의 샘플을 수집했다. 연구 결과는 우리가 깨어 있는 순간의 거의 절반은 지금 하고 있는 일이 아닌 다른 걸 생각하면서 보낸다는 것을 보여주었다. 거의 절반을 말이다.

이 연구 진행자들이 지적한 것처럼 이건 단순한 정신적 변덕으로 생기는 문제가 아니다. 인간이 진화하면서 환경 변화에 적응해온 결과다.

더 자세히 알아보자. 우리는 과거를 회상하고 미래에 대해 걱정하면서 계획을 세우거나 이런저런 예상을 한다. 다양한 생각과 경험을 창의적으로 연결시킬 수도 있다. 그러나 온갖 자극으로 가득한 현대의 환경은 우리 정신을 산만하게 만든다. 하나에 몰입해 성과를 얻기도 전에 다른 데 신경을 쓰는 것이다. 우리 정신은 마치 잡초 속을 헤매는 듯한 상태가 되어 미래를 예상하거나 창의적인 연결고리를 만들지 못한다. 이뿐 아니다. 킬링스워스와 길버트의 연구는 우리가 어렴풋이 알고 있는 사실, 즉 방황하는 정신이 불행과 연결되어 있다는 걸 분명히 보여준다.

그들은 "일어나지 않은 일에 대해 생각하는 능력은 감정적인 대가를 치러야 하는 인지적 성취다."라고 썼다.

날개를 파닥이는 벌새 vs. 고독하게 집중하는 부엉이

과거를 기억하고 미래를 예측하는 이런 인지 능력은 우리가 매우 바쁘다고 느끼는 이유 중 하나다. 하루에 끝내야 하는 일이 많아서가 아니라 우리 관심을 끌려고 경쟁하는 것들이 너무 많기 때문이다. 일반적으로 '주의산만'이라고 하는 것도 대부분 과도한 주변의 자극 때문에 생기는 현상이다.

신경과학계의 최근 연구 결과는 우리의 의식이 한 번에 한 가지 이상의 일을 할 수 없음을 보여주었다. 한 번에 두 가지 혹은 그 이상의 일을 동시에 처리하거나 생각하는 게 가능한 것처럼 느껴질 수도 있다. 하지만 실제로는 여러 가지를 동시에 처리하는 게 아니라 마음이 그 사이를 오락가락하고 있는 것뿐이다.

신경학적으로 보면 이건 비용이 많이 드는 과정이다. 한 작업에서 다른 작업으로 전환하려면 상당한 에너지와 시간이 소요된다.[99] 그리고 다시 돌아갈 때도 정신을 원래의 관심 대상에 집중시킬 시간이 또 필요하다. 그리고 이때 시간 비용만 문제가 되는 게 아니라 관심의 질도 문제가 된다.

계속해서 여러 가지 일 사이를 왔다 갔다 하다 보면 제대로 집중할 수 없고 집중했을 때의 즐거움과 효과도 경험할 수 없다. 대신 끊임없는 재조정 상태에 처한다. 작가 린다 스톤Linda Stone은 이 상태를 '지속적인 부분적 주의력'이라고 예리하게 표현했다.[100]

인간의 인식은 우리가 생각하는 것만큼 빠르거나 민첩하지 않다. 우리 뇌는 벌새보다는 부엉이에 가깝게 진화했기 때문에 무언가를 알아차리면 거기로 관심을 돌려서 집중한다. 이렇게 강렬하고 고독하게 집중할 때 우리는 가장 독특하고 인간적이고 강력한 정신적 능력을 소유하게 된다. 우리는 한 가지 일에 집중할 때 가장 사려 깊고 창의적이고 생산적이다.

그러나 사방에 스크린이 존재하는 21세기 환경에서는 크고 다루기 힘든 우리 마음속 부엉이들이 벌새처럼 취급받는다. 그래서 바쁘게 날개를 파닥이며 이 일에서 저 일로 비효율적으로 옮겨 다니게 만든다. 매일 이런 식으로 지내다 보면 불안감을 유발하는 상태에 순응하게 되고, 우리 마음은 자양분을 찾기 위해 고군분투한다.

눈 쌓인 곳에서 나는 생쥐 소리에 집중하는 부엉이와 천 송이의 꽃을 오가며 꿀을 따러 돌아다니는 부엉이 중 어느 쪽이 더 바쁠까? 그리고 결국 어느 부엉이가 더 좋은 영양분을 섭취하게 될까?

관심이 넘치는 레오의 가족은 사랑도 넘쳤다

관심이 소중하다는 걸 아는 것은 중요하다. 그렇다면 평생 이어지는 관계에서의 관심은 어떤 모습으로 나타날까?

현실적인 맥락을 위해 제2장에서 얘기한 고등학교 교사 레오 드마르코의 사례를 살펴보자. 하버드 연구 참여자 가운데 가장 행복한 인물로 손꼽혔던 그는 시간과 관심을 어떻게 관리했을까?

레오는 고등학교 교사로 일하면서 엄청나게 바빴고 시간을 최대한 활용하려고 애썼다. 그는 학생들 일에 깊게 관여했다. 레오를 아는 사람들 말에 따르면 대부분의 교사보다 더 많이 관여했다고 한다. 그는 항상 자기가 해야 할 일이 더 많다고 느꼈다. 힘든 학생을 돕거나 걱정하는 부모를 만나는 걸 주저하지 않았다. 또 과외 활동에도 참여했기 때문에 방과 후나 주말에도 자녀들과 늘 함께할 수 있었던 건 아니다.

레오의 가족들은 그와 함께 보내는 시간을 좋아했다. 그는 남의 말을 잘 들어주고 시의적절한 농담을 위트 있게 던져서 다른 사람들뿐 아니라 가족들도 그를 무척 좋아했기 때문이다. 그래서 그가 곁에 없으면 빈자리가 느껴졌고 가끔은 레오가 가족보다 일을 더 중요하게 여기는 건 아닌지 궁금해했다.

그가 일을 중요하게 여긴 건 사실이다. 일은 그의 삶에 의미를 부여했다. 일을 통해 자기가 지역사회의 소중한 구성원이 된 듯한 느낌을 받는다는 말을 여러 번 했다. 그가 함께 일하는 사람들, 특히 학생들에게 의미 있는 존재였던 것처럼 말이다. 이런 목적의식은 우리의 행복과 웰빙에 중요하다. 이에 관해서는 제9장에서 더 자세히 설명할 것이다. 하지만 가족과 함께 보내는 시간처럼 다른 우선순위와 충돌을 빚는 경우가 종종 있다. 우리의 관심을 놓고 벌어지는 이 경쟁은 많은 이들이 고민하는 까다로운 문제다. 하지만 극복할 수 없는 건 아니다.

레오의 가족들은 이 문제에 대한 감정을 터놓고 얘기하는 걸 두려워하지 않았다. 그의 아내 그레이스가 레오에게 이 일에 대해 의논했고 두 딸과 아들도 얘기했다.

1986년 인터뷰에서 큰딸 캐서린에게 레오에 대한 가장 강렬한 기억이 뭐냐고 묻자, 그녀는 낚시 여행의 추억을 기분 좋게 얘기했다. 매년 여름, 학생들을 가르치지 않는 시기가 되면 레오는 한 번에 한 아이씩 데리고 일주일 동안 다양한 캠핑장이나 낚시터를 돌아다니곤 했다. 캐서린은 이 여행을 하면서 아버지 레오가 낚시뿐 아니라 그녀에게도 세심하게 주의를 기울이면서 딸의 생활과 생각에 대해 물었던 걸 기억했다.

교사답게 레오는 낚싯대에 바늘과 찌를 묶는 방법, 물고기가 숨어 있는 곳을 찾는 법, 불을 지피는 법, 밤하늘의 별자리를 식별하는 방법 등을 알려줬다. 아이들이 혼자서 야영과 낚시를 할 수 있도록 가르쳤기 때문에 그의 자녀들은 야생에서 스스로를 돌볼 수 있었다. 덕분에 그들은 나중에 자기 자식을 낳은 뒤에도 그 전통을 이어갔다.

레오는 아이들에게 집중적인 관심을 기울였고 아내 그레이스에게도 똑같이 했다. 80대 초반이 된 레오에게 부부가 함께 어떤 활동을 하느냐고 물어보자 그는 이렇게 얘기했다.

> 함께 정원을 가꾸거나 같이 산책하면서 풍경에 대해 얘기한다. 어제도 5~6킬로미터 정도 하이킹을 하고 왔다. 옷을 잘 껴입고 숲속 깊은 곳까지 들어갔고, 중간중간 발길을 멈추고 우리가 건너온 개울에서 오리들이 날아오르는 모습도 지켜봤다. 난 살면서 그런 일을 많이 했다. 이게 우리가 공유하는 것들이다. 아내가 어떤 것에 관심이 있는지 알고 있다. 그래서 책을 읽다가 아내의 관심사가 나오면 '이것 좀 보라'고 제안할 수도 있다. 아내도 나를 위해 똑같이 한다.

이건 레오와 그레이스의 삶에서 사소하지만 중요한 일이다. 작은 순간이지만 평생의 시간을 다 합치면 이런 작은 순간들이 모여 큰 힘을 발휘한다. “관심은 사랑의 가장 기본적인 형태다.” 레오가 우리 연구 참가자들 가운데 상당히 세심하고 현재를 중시하는 사람인 동시에 가장 행복한 사람인 것은 결코 우연이 아니다.

시대마다 관심과 시간을 빼앗는 도둑은 있다

1940년대, 1950년대, 1960년대에 자녀를 키운 레오와 다른 1세대 하버드 연구 참가자들에게는 우리가 21세기에 누리는 온라인 생활이 공상과학 소설처럼 들렸을 것이다. 당시 그들은 스마트폰의 보편화, 소셜미디어의 만연한 특성, 압도적인 정보와 자극의 과잉에 맞서 싸울 필요가 없었다. 그러나 그들이 느꼈던 관계의 어려움은 지금과 그리 다르지 않다. 어쩌면 우리가 생각하는 것보다 오늘날의 어려움과 공통점이 많을지도 모른다.

1946년에 젊은 스탠리 큐브릭Stanley Kubrick은 〈룩〉Look이라는 잡지에 오늘날 우리에게 매우 친숙한 모습이 담긴 사진을 실었다. 뉴욕시 통근자들로 가득 찬 지하철 객차에서 거의 모든 사람이 고개를 숙인 채 신문에 열중한 사진이었다.

그뿐 아니다. 초기 하버드 연구에 참여한 가족들도 오늘날 많은 사람이 느끼는 것과 똑같은 감정을 얘기했다. 그들은 가족이 마땅히 받아야 할 관심을 주려고 애썼다. 하지만 일은 너무 많고 세상은 미쳐 돌아가고 있었으며 자녀들의 미래가 걱정됐다. 여기서 기억해야 할 점이 있다. 이 연구에 참여한 대학생의 89퍼센트가 제2차 세계대전(당시 결과가 어떻게 될지 불확실했던 재앙적인 분쟁)에 참전했다. 그런 다음에는 냉전과 핵 재앙에 대한 두려움이 만연한 상황에서 아이들을 키웠다.

부모들은 집 안에서 인터넷 대신 텔레비전이 아이들과 사회 전반에 어떤 영향을 끼칠지 걱정했다. 그들이 겪은 문제와 오늘날의 문제는 성격과 규모 면에서 다를 수 있고, 문화적 변화의 속도도 우리가 경험하는 것보다 덜 극단적일 수 있다. 하지만 관계를 발전시키기 위한 효과적인 '해결책'은 오늘날과 그리 다르지 않았다. 지금 눈앞에 놓인 일과 순간에 시간과 관심을 쏟는 것 말이다. 관심은 삶의 실제적인 요소이고 어느 시대에 사는 사람에게든 똑같이 가치 있다.[101]

온라인에서 형성되는 관계 맺기

스마트폰이나 소셜미디어 같은 기술은 이제 우리 삶의 가장 친밀한 부분을 형성하는 데 중요한 역할을 한다. 우리가 다른 사람과 연결될 때 두 사람 사이에 장치와 소프트웨어가 존재하는 경우가 꽤 많다.

이건 우리의 관계에 있어 취약한 상황이다. 엄청난 양의 감정과 삶이 매체를 통해 흘러간다. 연애 시작, 이별, 출생과 죽음에 대한 소식, 우정과 관련된 행동, 기타 모든 종류의 친밀한 교류가 미디어와 소프트웨어를 통해 필터링된다. 이것은 우리 관계에 어떤 영향을 미칠까? 우리 행복에는? 이런 새로운 형태의 의사소통은 서로 의미 있는 방식으로 연결되는 우리의 능력을 심화시킬까, 아니면 방해할까?

이 질문에 대한 확실한 답을 얻기는 쉽지 않다. 모든 개인이 기술을 활용하는 방식은 저마다 다르기 때문이다. 또 사회적 변혁이 발생한 어느 시기나 마찬가지지만 어느 정도 시간이 지나 되돌아볼 만한 것들이 생기기 전까지는 변화의 진정한 본질을 파악하기 어렵다. 하지만 우리가 아는 한 가지는 소셜미디어와 온라인 생활이 복잡하다는 것이다. 그래서 희망을 가질 이유도 있고 걱정할 이유도 있다.

온라인의 상호작용 vs. 오프라인의 상호작용

먼저 긍정적인 측면을 보자. 친구나 가족과의 관계를 유지하기 위해 소셜미디어를 사용하면 연결감과 소속감을 높일 수 있다.[102] 오래 전에 연락이 끊긴 옛 친구나 동료를 이제 몇 번의 클릭으로 찾을 수 있다. 매일 관심사와 도전을 중심으로 한 새로운 공동체가 등장한다. 낭포성 섬유증 같은 희귀질환을 앓는 사람은 온라인에서 지지를 얻고 위안을 찾을 수 있다. 성적 지향, 성 정체성, 외모 때문에 소외감을 느끼던 사람은 물리적 위치를 넘어선 공동체를 찾을 수 있다. 고립되거나 특이한 상황에 처한 사람에게 인터넷은 진정한 축복이다.

하지만 물어봐야 할 중요한 질문들이 있고 그 대답은 우리의 개인적인 행복과 사회에 영향을 미칠 수 있다. 가장 시급한 질문은 이런 온라인 공간이 어린이와 청소년의 발달 방식에 어떤 영향을 미치는가다. 우리가 진행하는 하버드 연구뿐만 아니라 다른 많은 연구 데이터가 보여주듯, 유년기의 사회적 경험은 매우 중요하다. 어떤 사람이 나중에 다른 사람들과 관계를 맺는 방식은 어린 시절의 성장 방식과 관련이 있다.[103] 그 시기를 '형성기'라고 부르는 건 다 그만한 이유가 있어서다. 이와 관련된 자세한 내용은 제8장에 나온다.

온라인에서의 상호작용 증가는 실생활에서 사회적 신호를 읽고 감정을 인식하는 젊은이들의 능력에 어떤 영향을 미칠까? 의미 있는 대화 단서와 감정적인 신호를 제공하는 능력에는 또 어떤 영향을 미칠까? 대면 의사소통은 대부분 언어와 관련이 없다. 비언어적인 요소들이 생각보다 많이 작용하기 때문이다. 그렇다면 가상 환경에서는 어떨까? 이런 비언어적인 능력이 위축되면 개인 간 상호작용에 어떤 영향을 미칠까?

이는 한창 발전 중인 다채로운 연구 분야이며 우리도 직접 연구에 참여하고 있다. 지금까지의 결과만으로는 확실하지 않으므로 훨씬 많은 연구가 이루어져야 한다. 하지만 이 시점에서 분명한 건 온라인 공간이 물리적 공간과 같다고 가정할 수 없다는 것이다. 특히 아이들이 다른 사람들과 직접 만나면서 발달하는 사회적 기술을 온라인상에서도 발달시킬 수 있을 거라고 가정하기는 어렵다.[104]

코로나 팬데믹이 만들어낸 격리와 연결의 방정식

2020년에는 코로나19 팬데믹으로 전 세계가 요동쳤다. 미세한 바이러스가 빠르게 확산되면서 우리를 친구, 이웃, 가족과 분리시키고 개인의 심리적 강인함을 극도로 압박하는 등 전 세계인의 생활방식을 크게 변화시켰다. 격리 조치는 사람들을 집 안으로 몰아넣었고, 사회적 거리두기 규정은 대부분의 만남과 사교 활동을 가로막았다. 식당들이 문을 닫았다. 일터도 문을 닫았다. 거의 하룻밤 새에 인터넷 화상 통화와 소셜미디어가 외부 세계와의 유일한 연결고리가 된 사람들이 많았다. 마치 사회적 고립과 온라인 생활의 본질을 파헤치기 위한 거대한 글로벌 실험 같았다.

몇 주로 예정됐던 봉쇄 기간이 몇 달로 늘어나자, 실제 상호작용 부족으로 생긴 공백을 온라인 도구가 채우기 시작했다. 원격 회의 덕분에 많은 기업이 업무를 이어나갔고 학교와 대학들도 (가상의) 문을 계속 열어놓을 수 있었다. 종교 예배가 온라인으로 진행되었다. 심지어 결혼식과 장례식도 온라인상에서 치러졌다.

그러나 인터넷에 접속할 수 없는 사람들에게는 상황이 더 끔찍했다. 완전한 고립과 감염 위험 중 하나를 선택해야 할 상황에 내몰린 사람들은 감염 위험을 감수하기로 했다. 소셜미디어와 영상통화가 드문 요양원에서는 바이러스보다 사회적 고립이 더 치명적이었다. 결국 요양원 입주자들의 건강에 큰 해를 입혀서 공식적인 사망 원인이 될 정도였다.[105] 소셜미디어와 영상통화가 없었다면 봉쇄가 건강에 미치는 영향은 훨씬 더 심각했을 것이다.

그러나 곧 이런 가상 도구로는 부족하다는 사실이 명확해졌다. 온라인 회의는 느낌, 감각적인 경험, 정서적인 내용 면에서 뭔가 부족했다. 의사소통은 단순한 정보 교환이 아니기 때문이다. 인간의 접촉과 신체적 근접성은 감정과 심리는 물론이고 심지어 생물학적인 부분에까지 영향을 미친다. 소프트웨어 기능에 둘러싸인 온라인에서의 사회적 상호작용 경험은 실제 상호작용과 다르고 여러 가지 제약도 더 심하다.

정상적인 상황에서는 정기적인 대면 만남을 통해 온라인 연결의 한계를 상쇄시킬 수 있다. 하지만 팬데믹 기간에는 이런 한계가 거의 해소되지 못했다. 가상공간에서의 연결에도 불구하고 팬데믹 첫해에 절망, 우울증, 불안 같은 질환이 증가했고 일부 공동체에서는 고독감이 심해졌다.[106]

온라인 연결이 가장 활성화된 사람들의 경우에도 문제가 있었다. 실제 인간과의 접촉 기회를 빼앗기면서 '스킨십 결핍' 증상을 겪는 이들이 많아졌다. 극심한 고립에 직면한 상황에서 소셜미디어는 최소한의 뭔가를 제공해줬지만 그것만으로는 충분하지 않았다.

고립과 관련된 이 대규모 글로벌 실험을 통해 한 가지 사실이 매우 명확해졌다. 다른 사람의 물리적 존재는 기계로 복제할 수 없다는 것이다. 함께하는 것을 대신할 수 있는 건 없다.

온라인과 소셜미디어를 현명하게 활용하는 네 가지 방법

소셜미디어와 가상 상호작용은 우리 생활의 일부가 되었으며 앞으로 예측할 수 없는 방식으로 진화할 가능성이 있다. 전 세계가 이런 기술적 변화에 대처하고 있다. 이것을 지켜보면서 좋은 점은 확대하고 나쁜 점은 완화하기 위해 우리가 할 수 있는 일이 있을까?

다행히 이와 관련된 데이터가 약간 있다. 우선 개인이 이런 플랫폼을 사용하는 방식이 중요한데, 지금 바로 실행할 수 있는 기본적인 권장 사항 몇 가지는 다음과 같다.[107]

첫째, **다른 사람들과 교류하자.**

영향력 있는 한 연구에 따르면 페이스북의 글을 읽거나 스크롤만 하는 등 수동적으로 사용하는 사람은 다른 이들에게 연락하거나 게시물에 댓글을 다는 등 적극적으로 참여하는 사람보다 기분이 좋지 않다고 한다.[108] 지구상에서 가장 행복한 나라 중 하나인 노르웨이의 연구에서도 비슷한 결론이 나왔다.[109]

노르웨이 사람들은 페이스북 이용률이 높고 특히 아이들이 많이 사용한다. 주로 의사소통을 위해 페이스북을 사용한 아이들이 더 긍정적인 감정을 느끼는 것으로 나타났다. 반면 페이스북을 통해 남들을 관찰하기만 한 아이들은 부정적인 감정을 많이 느꼈다. 이건 별로 놀라운 결과가 아니다. 자신을 남들과 자주 비교하는 사람은 행복도가 낮다는 사실을 이제 다들 알고 있다.[110]

앞서도 말했듯이 우리는 항상 자신의 내면을 다른 사람의 외양과 비교한다. 자신의 감정 기복, 좋은 날과 나쁜 날, 자신감과 불안감을 다른 사람들이 선별해서 보여주는 외적인 삶과 비교하는 것이다. 이건 소셜미디어에서 가장 뚜렷하게 나타난다. 우리는 레스토랑이나 해변에서 즐거운 시간을 보낼 때 찍은 사진은 재빨리 게시한다. 반면 저녁 식사 자리에서 벌어진 말다툼이나 기분 나쁜 숙취 같은 현실까지 균형감 있게 보여주는 경우는 거의 없다. 이런 불균형이 문제를 일으킨다. 자신의 삶을 다른 사람들이 소셜미디어에 올린 잘 포장된 사진과 비교하면 남들만 좋은 삶을 누린다고 느끼기 쉽다.

둘째, **소셜미디어를 사용할 때는 자기 기분을 확인하자.**

소셜미디어와 관련해서는 모든 사람에게 적합한 방법 같은 건 없다.

다른 사람들에게 좋은 것이 나에게는 좋지 않을 수도 있다. 그래서 자신의 온라인 이용 습관을 생각할 때는 어떻게 느끼는지가 정말로 중요하다. 페이스북에서 30분을 보내고 나면 활력이 넘치는가? 끝없이 마우스를 클릭하면서 오랜 시간 인터넷을 돌아다니고 나면 기운이 다 빠진 느낌인가?

페이스북이나 트위터에서 일정 시간을 보낸 뒤 기분과 관점이 어떻게 달라지는지 관찰하면 올바른 방향으로 나아갈 수 있다. 다시 말해 자신에게 맞는 방식으로 활용할 수 있다는 뜻이다. 다음에 또 자기가 스크린을 뚫어지게 들여다보고 있는 걸 깨달으면, 기분이 어떤지 잠시 확인해보자.

셋째, **여러분에게 중요한 사람들이 여러분의 소셜미디어 사용을 어떻게 생각하는지 확인하자.** 파트너에게 여러분의 휴대폰 이용에 대해 어떻게 생각하는지 물어보자. 여러분의 온라인 습관이 그들에게 영향을 미치고 있는가?[111] 그들이 여러분의 완전한 관심과 집중을 원하는 특정한 시간대나 특정한 활동이 있는가? 아침 식사나 저녁 식사 후, 혹은 차 안에서 등. 자녀들은 어떤가? 나이 든 사람들은 어린아이만 화면에 집착한다고 생각하는 경향이 있지만 실상은 다르다. 아이들이 자기 부모의 스마트폰 집착을 불평하는 건 드문 일이 아니다. 자신의 습관이나 중독 상황을 스스로 인식하지 못할 때도 있으므로 남들에게 물어봐야 할 수도 있다.

마지막으로, **기술을 멀리하는 시간을 갖자.** 삶의 형태에 따라 각자 다르겠지만, 한동안 주변에 있는 전자 기기를 다 치워버리자. 그러면 그게 본인에게 어떤 영향을 미치는지 알 수 있다.

과학계에서는 실험의 효과를 명확하게 확인하기 위해 치료군과 같은 조건의 대조군을 활용한다. 여러분의 삶에도 통제 기간이 필요하다. 네 시간 동안 소셜미디어 보는 걸 자제하면 어떤 기분이 드는가? 휴대폰을 사용할 수 없는 상황에서는 사랑하는 이들에게 더 신경을 쓰는가? 하루 종일 소셜미디어를 멀리하고 나면 부담감이나 산만함을 덜 느끼는가?

스마트폰을 집어 들거나 인터넷에 접속할 때마다 우리는 자꾸 스마트폰 사용에 집착하게 되고 취약한 상태에 놓인다. 우리가 할 수 있는 최선의 방법은 이 방정식의 양면이 우리 삶에 어떻게 영향을 미치는지 이해하고, 좋은 점은 극대화하고 나쁜 점은 완화하려 노력하는 것이다. 이와 관련해 우리에게는 모든 거대 기술 기업을 이길 수 있는 한 가지 결정적인 이점이 있다. 우리의 관심을 끌기 위한 전쟁이 홈 경기장, 말 그대로 우리 마음속에서 벌어진다는 점이다. 여기에서라면 우리가 이길 수 있다.

지금 여기, 현재의 순간에 충실하자

> 현재는 우리가 지배할 수 있는 유일한 시간이다.[112]
>
> _ 틱낫한

관심과 관련된 이런 딜레마가 현대에만 존재하는 고유한 문제처럼 보일 수도 있지만 사실 이는 매우 오래된 문제다. 이런 딜레마는 인터넷보다 수천 년 전에 생겨났으며 매우 오래된 해결책도 있다.

1979년에 존 카밧진은 말기 환자와 만성 통증 환자의 스트레스를 줄이기 위해 고안된 8개 세션 과정에 고대 불교의 명상법을 적용했다. 그는 이 과정을 '마음챙김 기반의 스트레스 감소'Mindfulness-Based Stress Reduction, MBSR 요법이라고 불렀다. 이 치료 방법이 성공한 덕에 '마음챙김'이라는 용어는 오늘날 거의 어디서나 접할 수 있을 만큼 널리 퍼져 일반화되었다. 현재 많은 연구가 그 효과를 뒷받침하고 있으며 수많은 의과대학에서 마음챙김 교육을 실시하고 있다.[113]

마음챙김 수련의 핵심은 경계와 주의력에 관한 것이다. 카밧진은 마음챙김을 '사물을 판단하지 않고 있는 그대로 받아들이면서 현재의 순간에 의도적으로 주의를 기울였을 때 나타나는 인식'이라고 정의한다.[114] 자기 몸의 감각과 주변에서 일어나는 일에 주의를 기울이려고 의식적으로 노력하고, 그걸 추상화하거나 재단하지 않으면 우리의 생각과 경험이 지금 있는 곳과 조화를 이루게 된다. 인간의 마음은 도망치려는 경향이 있다. 마음챙김의 목표는 그런 마음을 집으로, 현재의 순간으로 계속 가져오는 것이다.

세월이 지나면서 마음챙김의 요소들이 더 많은 문화권에 스며들었고, 그걸 상업화하려는 노력 때문에 어떤 이들은 마음챙김을 불신하게 되었다. 그러나 마음챙김의 핵심 개념은 수 세기 전부터 존재해왔고 많은 문화적 전통의 일부다. 이것의 목표는 일상적으로 관심을 기울이는 것이다. 미군에서도 마음챙김에 투자하면서 인간의 집중력을 유지하는 방법을 배우고 있다.[115] 군인들에게 매 순간 방심하지 않고 경계 태세를 유지하는 것은 삶과 죽음을 가르는 문제이기 때문이다.

우리들도 마찬가지다. 정신이 초롱초롱해야 실제 살아 있는 느낌이 든다. 아무 생각 없이 지나가는 통근 시간이나 인터넷 서핑 시간, 깨어나고 잠드는 자동적인 루틴 등은 모두 자동 조종 모드에서 일어나는 행위다. 자동 조종 모드로 움직이는 순간이 누적되면 삶이 질주하고 있는데 우리가 그걸 놓치고 있다는 느낌이 든다.

우리 앞에서 일어나는 일에 주의를 기울이는 방법을 배우면 단순한 삶의 감각보다 더 많은 걸 얻을 수 있고 행동하는 능력도 커진다. 이미 일어난 일, 앞으로 일어날 수도 있는 일, 나중에 해야 할 일을 생각하라는 게 아니다. 어떤 행동을 취해야 하는 지금 이 순간에 주의를 기울여야 한다는 뜻이다. 다른 사람들과 연결되는 게 목표라면 현재에 집중해야만 목표를 달성할 수 있다.

마음챙김의 순간이 힘든 명상일 필요는 없다. 그냥 멈춘 뒤 주의를 기울이고 사물을 있는 그대로 알아차리기만 하면 된다. 우리 삶의 모든 순간에 놀라운 양의 정보를 이용할 수 있다. 지금 있는 곳에서 잠깐 시간을 내도 된다. 지금 손에 들고 있는 이 책의 무게, 책장을 넘길 때의 느낌, 또는 그걸 읽거나 듣기 위해 사용하는 장치, 피부를 스치는 공기의 움직임, 방바닥에서 흔들리는 빛의 유희를 알아차릴 수 있다. 또는 **'여기서 전에 한 번도 알아차리지 못한 게 무엇일까?'**라는 질문, 언제 어디서나 유용하고 멋진 질문을 자신에게 던질 수도 있다.

'마음챙김'이라는 단어는 어떤 면에서는 불행하다. 어떤 사람들에게는 그 의미가 분명하지 않을 수도 있기 때문이다. 이 말은 수행이란 올바른 것을 생각하는 일이고, 마음챙김 상태는 우리 마음이 올바른 생각으로 '가득하다'는 의미인 것처럼 해석된다. 하지만 마음챙김은 그것보다 더 간단하다.

길버트와 킬링스워스의 연구에서 알 수 있듯이 사람들 대부분의 마음은 자기 자신, 미래, 과거에 대한 생각으로 이미 가득 차 있다. 이런 생각은 우리 마음을 직접적인 경험과 단절된 생각과 걱정으로 이루어진 좁은 터널로 끌어들인다. 그곳은 어두운 데다 밀실 공포증을 유발할 수도 있다.

현재의 순간은 우리가 허락만 한다면 크고 넓다. 슬프거나 무서운 경험도 포함되지만, 이 순간은 우리 마음속의 내용물보다 훨씬 많은 것을 포함한다. 자기 눈앞에서 일어나는 일에만 주의를 기울여야 진정으로 살아 있다는 느낌이 찾아온다. 우리 몸, 우리가 보고 듣는 것, 우리와 함께 있는 사람들의 존재가 주는 느낌 같은 감각을 붙잡아야 한다. 그 감각을 사용해서 다른 사물과 장소에 대한 생각에서 완전히 벗어나야 한다. 나아가 우리 마음의 터널에서 빠져나와 어떤 것 혹은 어떤 사람이 진정으로 존재하는 유일한 장소인 현재의 광활함 속으로 들어가야 한다.

영적 교사인 람 다스Ram Dass가 간단하게 표현한 것처럼 '지금 여기에 있는 것'이 곧 마음챙김이다.

공감의 정확도보다 중요한 건 공감하려는 노력

'여기서 전에 한 번도 알아차리지 못한 게 뭘까?'라는 질문을 사람들에게 적용해도 매우 강력한 힘을 발휘할 수 있다. '내가 전에 알아차리지 못했던 이 사람은 어떤 사람일까?' 아니면 '이 사람이 느끼는 감정 중에서 내가 알아차리지 못한 게 뭘까?' 이건 제4장에서 얘기한 근본적인 호기심의 일부다.

다른 사람들과 함께 있을 때는 그들의 경험과 관련해 많은 걸 놓치게 된다. 어떤 상호작용을 하든 어떤 관계에서든 그렇다. 심지어 가장 가까운 사람이라 해도 우리는 상대방과 관련해 많은 걸 놓친다. 엄청난 양의 감정과 정보가 머릿속을 스쳐 지나간다. 하지만 결국 더 중요한 건 우리가 다른 사람의 경험에 대해 얼마나 제대로 알고 있는가다. 혹은 애초에 그들의 경험을 얼마나 알고 싶어 하는가다.

우리는 2012년에 이 문제를 해결하는 데 도움이 되는 연구를 고안했다. 애인이나 배우자와 힘든 대화를 나눠본 적이 있다면, 그게 얼마나 두려운 일이며 계속해서 얼마나 많은 오해가 쌓일 수 있는 일인지 이미 알 것이다.

그래서 우리는 다양한 배경을 가진 커플 156쌍을 모집했다. 그런 다음 각 파트너에게 지난 한 달 동안 두 사람 사이에서 벌어진 일 가운데 그들을 좌절시키거나 화나게 하거나 실망시킨 일을 한두 문장으로 요약해서 녹음해 달라고 요청했다. 예를 들어 파트너가 약속을 지키지 않았거나, 중요한 사건에 대한 정보를 공유하지 않았거나, 해야 할 집안일을 하지 않은 것 등 말이다.[116] 그런 다음 각자가 녹음한 내용을 틀어주고 커플에게 토론을 시켰다. 그리고 무슨 일이 있었던 건지 상대를 잘 이해시키도록 노력하라고 지시했다.

참가자들은 몰랐지만 우리는 공감의 중요성을 추적하고 있었다. 우리가 알고 싶었던 건 파트너의 감정을 '정확하게' 이해하는 게 더 중요한지, 아니면 '이해하려고 노력'하고 있다는 걸 파트너가 아는 게 더 중요한지였다.

그들이 대화를 나눈 뒤, 우리는 대화 중에 자기 자신과 파트너의 기분이 어땠는지 물었다. 또 파트너가 자기를 이해하려고 노력한다고 느낀 정도를 비롯해 파트너의 의도와 동기에 대한 여러 가지 질문을 던졌다.

우리는 '공감의 정확도' 즉 파트너가 느끼는 감정에 대한 올바른 답을 얻는 것이 높은 관계 만족도와 관련이 있을 거라고 예상했다. 이런 상관관계도 분명히 존재했다. 파트너의 기분을 이해하는 건 좋은 일이다. 하지만 특히 여성들에게 있어 그보다 더 중요한 건 '공감하려는 노력'이었다. 파트너가 나를 이해하기 위해 선의의 노력을 기울이고 있다는 느낌 말이다. 파트너가 얼마나 정확하게 이해했는지와 관계없이 자신들의 상호작용과 관계에 대해 더 긍정적으로 느꼈다.

정리하면 이렇다. 다른 사람을 이해하는 것도 좋지만, 이해하려고 노력하는 것만으로도 관계를 구축하는 데 큰 도움이 된다. 어떤 사람은 이걸 무의식적으로 하지만 어떤 사람은 의도적이고 계획적으로 상대를 이해하려는 노력을 해야 한다. 처음에는 자연스럽게 하기 힘들겠지만 노력하면 할수록 쉬워질 것이다. 다음번에 기회가 생기면 스스로에게 물어보자.

이 사람 기분은 어떨까?
이 사람은 무슨 생각을 하고 있을까?
내가 뭘 놓친 걸까?

내가 이 사람 입장이라면 어떤 기분이 들까?

가능하다면 여러분이 궁금해하고 이해하려고 노력하고 있다는 걸 상대방에게 알리자. 이런 작은 노력이 엄청난 영향을 미칠 수 있다.

레오, 노력 면에서 B+를 받다

레오는 연구 참여자 가운데 가족과 가장 많은 시간을 보낸 사람은 아니었다. 하지만 오랫동안 그 부분을 개선하기 위해 의식적으로 노력했고, 가족과 함께 보내는 시간을 매우 중요하게 여겼다. 그렇다고 해서 가족에게 멋진 모험을 선사하거나 해외여행에 데려갔다거나 가족과 함께하는 모든 순간에 최대한의 흥분을 불어넣었다는 뜻은 아니다. 그는 그렇게 하지 않았다. 레오는 자녀들과 아내에게 관심을 기울였고 비교적 일관되게 그렇게 했다. 함께 있는 동안에는 가족에게 온전히 집중했다. 그들의 말에 귀 기울이고, 질문을 던지고, 할 수 있을 때마다 도움을 주었다.

레오에게 고등학생 시절 아내를 처음 만났을 때 어떤 점이 매력적이었는지 물어보았다. 그는 그녀의 지성, 편안한 태도, 딱 꼬집어 말할 수 없는 신비로운 분위기 등 여러 가지를 나열했다. "그냥 마음에 드는 점이 많았습니다. 난 처음부터 그녀를 좋아했어요." 우리는 다른 질문을 했다. 아내가 그의 어떤 점을 좋아할 것 같냐고 물었다. 그러자 그는 그 질문에 다소 놀라는 기색이었다.

"글쎄요, 솔직히 말해서 그 문제에 대해서는 생각해본 적이 없네요."

그는 그레이스에게 너무 관심이 많았던 까닭에 자기가 그녀에게 어떻게 보이는지에 대해서는 생각해본 적이 없었다.

이렇듯 자신의 외부 세계에 집중하는 것이 레오가 살아온 인생의 주된 핵심이다. 가족이 모두 모이면 그는 사람들을 관찰하고 그걸 즐겼다고 한다. 그들이 서로 맺고 있는 관계, 자연스러운 모습, 그들끼리 있을 때의 모습이 자기랑 있을 때와 어떻게 다른지 등을 지켜보는 게 재미있었다. 그들의 관계는 가정에 활력을 불어넣었다. "그게 인생을 멋지게 만든다."고 레오는 말했다.

레오는 운이 좋았다. 호기심, 타인에 대한 관심, 자의식 부족은 그에게 자연스러운 것이었다. 하지만 누구나 이런 성향을 타고나지는 못한다. 어떤 사람은 좀 더 신중하게 노력해서 이런 식으로 주의를 기울이는 법을 배워야 한다. 아내에게는 평생 관심을 쏟은 레오지만, 자녀들과의 관계에 있어서는 적극적인 접근 방식을 유지하지 못했다. 자녀들이 집을 떠난 뒤로는 대화를 나누는 일이 점점 줄었고 전반적으로 관심도 덜 쏟았다. 레오의 막내딸인 레이첼은 30대 중반에 작성한 2세대 설문지에 다음과 같은 메모를 남겼다.

> 부모님을 사랑한다. 올해 들어서 두 분과 함께할 시간을 내야 한다는 걸 깨달았다. 특히 아버지와 대화를 나눠야 했다. 아버지는 평소에 늘 어머니를 통해서 필요한 의사소통을 했다. 하지만 우리는 근사한 심야 대화를 나누기 시작했고, 덕분에 아버지와 훨씬 가까워진 기분이 든다.

이 메모는 매우 흥미로운 사실을 드러낸다. 드마르코 가족은 서로 가까웠다. 이건 사실이다. 하지만 가끔은 그것만으로는 충분하지 않다. 레이첼은 성인이 된 뒤 별로 기분 좋지 않은 방식으로 부모님과의 친밀감을 잃었다. 그녀는 부모와 함께할 시간을 내고 아버지와의 관계를 발전시키기 위해 더 적극적으로 노력해야 했다. 그들은 가족이었기에 친밀해질 수 있는 능력이 이미 있었지만, 그래도 노력과 계획이 필요했다. 친밀감은 저절로 생기는 것이 아니다. 우리 인생은 너무 바쁘다. 너무 많은 것들이 우리를 방해하고, 수동적이 되기 쉬우며, 그냥 흐름에 따라가게 되고 그러다 많은 것을 놓친다.

레이첼은 인생의 흐름을 거슬러서 다시 관계를 재건하기로 결정했다. 레이첼이 난데없이 이런 선택을 한 것은 아니다. 레오 본인은 깨닫지 못했을지도 모르지만 그는 젊은 아버지였을 때 좋은 관계의 씨앗을 뿌려두었다. 시간이 흘러 나중이 됐을 때 그와 그의 아이들에게 자양분을 공급해줄 관계의 씨앗 말이다. 레이첼과 레오의 다른 자녀들은 아버지와의 이런 관계가 기분 좋았다. 그리고 그 관계가 다른 누구에게서도 쉽게 얻을 수 없는 특별한 느낌을 준다는 걸 알았다. 그들이 이걸 알게 된 것은 초기에 레오가 열심히 노력한 덕분이다.

레이첼은 설문지 맨 끝에 연구진에게 보내는 메모를 남겼다.

> 추신: 설문지 발송이 늦어서 미안해요. 지금 수도도 전기도 안 들어오는 깊은 숲속에 살거든요. 그래서 세상과 좀 단절되어 있어요!

아무래도 그들은 캠핑 여행에서 한 가지 이상의 교훈을 얻은 듯하다.

드마르코 가족을 면밀히 살펴보면 집중적인 관심의 자연스러운 결과물, 즉 서로에 대한 사랑과 배려, 소속감, 인간관계 전반에 대한 긍정적인 감정 등이 드러난다. 그리고 이것은 보다 긍정적인 관계와 건강으로 이어진다. 레오와 드마르코 가족의 경우 서로에 대한 깊은 관심이 그들의 삶 전체에 상당한 영향을 미친 것으로 보인다.

관심과 시간의 구조조정과 재배치가 필요하다

앞서 여러분 인생에서 시간을 더 들여야 하는 관계가 뭔지 생각해보라고 했다. 이제 보다 심층적인 질문을 할 것이다. 이미 여러분이 시간을 투자하고 있는 사람들 가운데 여러분의 완전한 관심을 받고 있는 사람은 누구인가?

이 질문은 생각보다 대답하기 어려울 수 있다. 자기가 모든 관심을 기울이고 있다고 생각하지만, 무의식적인 행동과 반응 때문에 확실히 알기 어렵다. 가장 중요한 이들에게 최대한의 관심을 쏟고 있는지 확인하려면 자기 모습을 잘 관찰하면서 고민해봐야 한다. 이걸 하는 방법은 각자의 상황에 따라 다르겠지만, 간단하게 시작할 수 있는 방법이 몇 가지 있다.

첫째, 여러분의 삶을 풍요롭게 하는 관계를 한두 개 골라서 거기에 특별한 관심을 기울이도록 해보자. 제4장에서 사회적 세계 차트를 작성했다면 이걸 보면서 스스로에게 물어볼 수도 있다. **'나의 관심과 감사를 받을 자격이 있는 사람에게 그 마음을 전하기 위해 오늘 취할 수**

있는 행동은 무엇일까?'

둘째, 하루의 일상을 조금 바꿔보자. 특히 가장 소중한 사람들과 함께 있을 때 전자 기기에 방해받지 않는 시간을 마련하거나 그런 활동을 할 수 있는가? 예를 들어 저녁 식사를 할 때 휴대폰을 모두 치울 수 있는가? 매주 또는 매달 특정한 사람에게 쏟을 수 있는 시간을 따로 정할 수 있는가? 하루 일정을 바꿔서 사랑하는 사람 또는 새로운 친구와 커피를 마시거나 산책할 시간을 정기적으로 마련할 수 있는가? 가구 배치를 바꿔서 화면을 들여다보는 시간은 줄이고 대화 시간은 늘릴 수 있는가?

마지막으로, 제4장에서 시작한 연습을 계속하면서 주변 사람들, 특히 여러분이 잘 알고 있으며 어쩌면 당연하게 여기는 사람들과 함께하는 순간마다 약간의 호기심을 품을 수도 있다. 이렇게 하는 데는 연습이 필요하지만 이걸 더 잘하는 건 어렵지 않다. "오늘 하루 어땠어?", "좋았어."가 대화의 끝일 필요는 없다. 여러분이 진정으로 관심을 보이면 사람들도 반응하려는 의욕이 생길 것이다. "오늘 있었던 일 중에서 가장 재미있었던 건 뭐야?"처럼 약간 장난스러운 질문을 던질 수도 있다. 아니면 "오늘 뭐 놀라운 일이라도 있었어?"라고 물어보는 것도 괜찮다. 그리고 상대방이 가볍게 대답하면 더 깊이 파고들 수도 있다. "좀 자세히 물어봐도 돼? 궁금하기도 하고 내가 제대로 이해했는지 확신이 가지 않아서 말이야."

상대방 입장이 되어 그가 어떤 경험을 했을지 상상해보자. 매력적인 대화는 종종 이렇게 상대방의 관점을 이해하려는 노력에서 시작되며 호기심은 전염될 수 있다. 여러분이 다른 사람에게 관심을 가질수록 그들도 여러분에게 관심을 보이게 된다. 무엇보다 이 과정이 얼마나 재미있는지 알면 놀랄 것이다.

인생은 자기도 모르는 새에 슬쩍 지나가 버릴 위험이 있다. 며칠, 몇 달, 몇 년이 너무 빨리 지나가는 것처럼 느껴지지 않는가? 그렇다면 집중적인 관심이 하나의 해결책이 될 수 있다. 뭔가에 오롯이 집중하는 것은 그 대상에 생명을 불어넣는다. 또한 자동 조종 모드로 시간을 흘려보내지 않는 확실한 방법이다.

누군가에게 주목한다는 것은 그를 존중하고 그 순간 그 사람에게 경의를 표하는 행동이다. 자신에게 주목하면서 자기가 어떻게 세상을 살아가고 있으며 지금 어디에 있고 어디로 가고 싶은지 확인하라. 그러면 가장 관심을 기울여야 할 사람과 추구해야 할 일을 식별하는 데 도움이 된다.

관심은 우리의 가장 소중한 자산이다. 이러한 관심을 어떻게 투자할지 그 방법을 결정하는 건 우리가 할 수 있는 가장 중요한 결정 중 하나다. 좋은 소식은 지금 이 순간, 그리고 인생의 매 순간마다 그런 결정을 내릴 수 있다는 것이다.

제6장

관계의 파도에
휩쓸리지 않고 올라타는 법

모든 것에는 갈라진 틈이 있게 마련이다.[117]
그 틈새를 통해 빛이 들어온다.

_ **레너드 코헨** Leonard Cohen

하버드 연구 설문지, 1985년, 섹션 VI

Q#8: 어려움을 극복하기 위한 당신의 철학은 무엇인가?

스물여섯 살의 페기 킨은 그녀를 아는 모든 사람이 볼 때 좋은 삶으로 향하는 길을 잘 걷고 있는 것처럼 보였다. 그녀에게는 전도유망한 직업과 애정 넘치는 가족이 있었다. 제3장에서 그녀가 '지구상에서 가장 착한 남자'라고 묘사한 남자와 결혼했던 얘기도 들었다. 그러나 그녀의 인생을 담은 이 그림은 현실과 일치하지 않았다. 결혼한 지 불과 몇 달 만에 자기 자신과 남편, 가족에게 본인이 동성애자라는 사실을 밝히면서 삶이 혼란에 빠졌기 때문이다.

페기는 몇 년간 자신에 대한 진실을 숨겨왔다. 그러다 마침내 그 사실을 직시하자 온 세상이 무너지는 것 같았다. 그녀는 외롭고 에너지가 고갈되었으며 지원이 부족하다고 느꼈다. 그때는 페기의 인생에서 가장 힘든 시기였다. 그 혼란과 절망의 시기를 보낸 후 다시 공기를 쐬러 나왔을 때 그녀는 자기 삶을 둘러보면서 생각했다. **'이제 어떻게 해야 하지? 누구에게 의지해야 할까?'**

우리를 가장 행복하게 하는 것이 우리를 가장 힘들게도 한다

이 책에서 우리는 인간관계가 크고 작은 어려움을 헤쳐나갈 수 있는 열쇠일 뿐만 아니라, 그런 어려움 속에서 번창하기 위한 열쇠라는 걸 강조해왔다. 조지 베일런트는 이 사실을 다음과 같이 잘 요약했다. "'하버드 연구'를 통해 밝혀진 행복의 기둥이 두 개 있다.[118] … 하나는 사랑이고, 다른 하나는 사랑을 밀어내지 않고 삶에 대처할 방법을 찾는 것이다."

우리는 인간관계, 특히 가까운 관계 안에서 좋은 삶의 요소를 찾는다. 하지만 거기에 도달하기까지의 과정은 간단하지 않다. 85년간의 하버드 연구를 살펴보면, 가장 행복하고 건강한 참가자는 최고의 관계를 맺고 있는 사람들임을 알 수 있다. 하지만 참가자들의 삶에서 가장 힘든 순간을 조사해보면 그중 많은 부분에 역시 관계가 포함되어 있다. 이혼, 사랑하는 이들의 죽음, 마약과 알코올 문제 때문에 벼랑 끝으로 내몰린 중요한 관계 등… 연구 참여자들의 인생에서 가장 힘들었던 많은 시간이 다른 사람에 대한 사랑과 친밀감의 결과였다.

우리에게 살아 있다는 기분을 가장 잘 느끼게 해주고 우리를 가장 잘 아는 사람들이 또한 가장 큰 상처를 줄 수 있다는 건 인생의 중대한 아이러니 중 하나다. 그래서 이런 것들이 수백만 개의 노래와 영화, 위대한 문학 작품의 주제로도 쓰이는 것일 터.

이건 우리에게 상처를 준 사람들이 악의적이라거나, 우리가 다른 사람들에게 상처를 줄 때 악의적으로 행동한다는 얘기가 아니다. 때로는 누구에게도 잘못이 없는 경우도 있다. 각자 자신의 길을 걷다 보면 의도치 않게 서로에게 상처를 주고 상처를 받는 일이 생긴다. 이건 우리가 인간으로서 겪는 난제이며 이 문제에 대처하는 방법이 종종 우리 삶의 방향을 규정한다. 상황을 직시할 것인가? 아니면 모래 속에 머리를 파묻을 것인가?

페기는 어떻게 했을까? 페기의 인생을 그녀의 50번째 생일 직후인 2016년 3월로 빨리 돌려서 그녀에게 실제로 어떤 일이 일어났는지 살펴보자.

페기는 1990년대에는 내내 자기 일에 집중했다. 석사 학위를 따고 학생들을 가르치기 시작했다. 한 번의 짧은 연애와 긴 독신 기간을 거친 페기는 2001년에 사랑에 빠졌고 그 이후로 같은 여성과 계속 친밀한 관계를 유지하고 있다.

그녀는 자신의 관계를 "매우 행복하고 따뜻하고 편안하다."라고 설명한다. 하지만 2016년에 직장에서 약간의 문제를 겪었고 그 스트레스가 그녀의 삶에 영향을 미치고 있다.

Q1: 지난 한 달 동안 예상치 못한 일 때문에 화가 난 적이 많은가?

전혀 없음　　드물게　　가끔　　**자주**　　항상

Q2: 긴장하거나 스트레스를 받는 경우가 많은가?

전혀 없음　　드물게　　가끔　　**자주**　　항상

하지만 페기는 이런 압박감을 느끼면서도 별로 걱정하지 않았다.

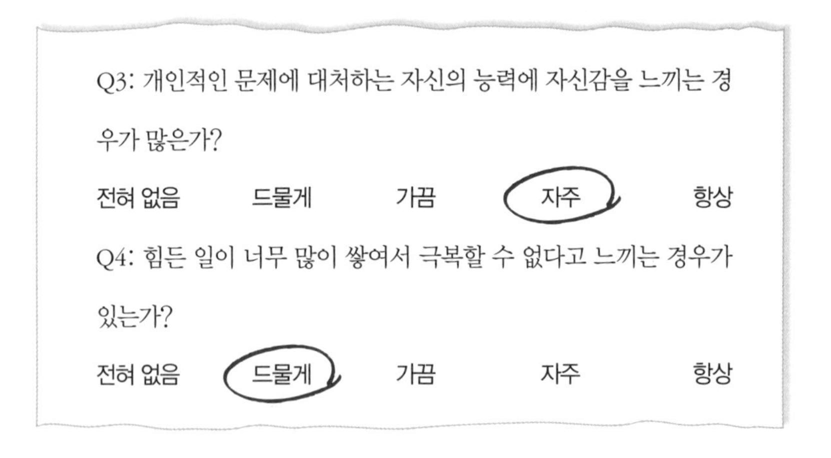

Q3: 개인적인 문제에 대처하는 자신의 능력에 자신감을 느끼는 경우가 많은가?

전혀 없음　　드물게　　가끔　　**자주**　　항상

Q4: 힘든 일이 너무 많이 쌓여서 극복할 수 없다고 느끼는 경우가 있는가?

전혀 없음　　**드물게**　　가끔　　자주　　항상

페기가 문제 해결에 자신감을 갖게 된 이유는 무엇일까? 그녀의 친구와 가족이 큰 역할을 했기 때문이다.

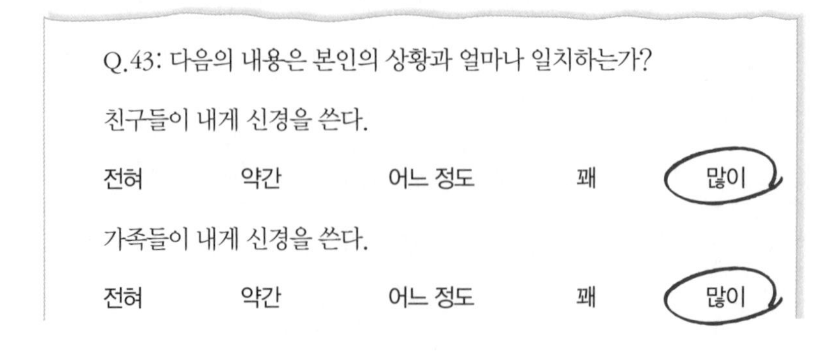

Q.43: 다음의 내용은 본인의 상황과 얼마나 일치하는가?

친구들이 내게 신경을 쓴다.

전혀　　약간　　어느 정도　　꽤　　**많이**

가족들이 내게 신경을 쓴다.

전혀　　약간　　어느 정도　　꽤　　**많이**

심각한 문제가 생기면 친구들이 도와준다.

전혀 약간 어느 정도 꽤 (많이)

심각한 문제가 생기면 가족들이 도와준다.

전혀 약간 어느 정도 꽤 (많이)

파도를 멈출 수는 없지만 파도 타는 법을 배울 수는 있다

페기는 쓰라린 경험을 한 뒤 이를 이겨냈다. 이때 주변 사람들과의 관계가 힘겨움 극복에 도움이 됐다. 그녀는 가까운 사람들과 충실한 관계를 맺고 있기에 선불 신도들이 흔히 말하는 '만 가지 기쁨과 만 가지 슬픔'을 겪으면서도 그것을 이겨냈다.

우리가 각자의 길을 따라 걸으면서 절대적으로 확신할 수 있는 몇 안 되는 일 중 하나가 있다. 바로 삶과 관계에서 우리가 감당할 준비가 되어 있지 않은 문제에 처하게 되리라는 점이다. 하버드 연구 참가자 2세대의 삶은 이 진실을 크고 분명하게 알려준다. 우리가 얼마나 현명하고 얼마나 경험이 많고 얼마나 능력이 있는지는 중요하지 않다. 때때로 상황에 압도당하는 기분을 느끼게 될 것이다. 그러나 이런 도전에 기꺼이 맞설 수 있다면 할 수 있는 일이 엄청나게 많다. 존 카밧진은 "파도를 멈출 수는 없지만 파도 타는 법을 배울 수는 있다."라고 썼다.

제5장에서는 현재의 순간에 주의를 기울이는 것의 중요성, 그 관심을 주위 사람들에게 돌리는 것의 놀라운 가치에 대해 얘기했다. 이제 또 다른 질문을 던질 차례다. '현재에 집중하면서 사람들과 관계를 맺

었는데 거기서 심각한 문제가 발생하면 어떻게 해야 하는가?' 이것이 이번 질문이다. 인생은 그 순간에만 일어난다. 우리가 상황을 직시하고 결과에 책임을 지려면 한 번에 하나씩, 즉 하나의 순간, 하나의 상호작용, 하나의 감정에 차례대로 대처해야 한다.

이번 장에서는 이런 순간순간의 선택과 상호작용, 그리고 우리 관계와 삶에서 발생하는 문제를 받아들이고 적응하는 것에 대해서 다룬다. 파도가 우리 앞에 밀려올 때 그것에 굴복하지 말자. 우리가 활용할 수 있는 모든 자원을 동원해 맞선 뒤 파도에 올라타야 한다.

감정에 대한 대처 유형: 반사형 vs. 성찰형

인간관계의 많은 어려움은 오래된 습관에서 비롯된다. 우리는 살면서 자동적이고 반사적인 행동을 많이 하는데, 이런 행동은 본인이 느끼지 못할 정도로 일상에 밀접하게 엮여 있다. 어떤 경우에는 특정한 감정을 피하고 외면하는 데 익숙해지고, 또 어떤 경우에는 감정에 너무 압도된 나머지 자기가 깨닫기도 전에 감정에 휩쓸려 행동하기도 한다.

마치 '무릎 반사 반응'처럼 말이다. 의사가 우리 무릎의 정확한 지점을 두드리면 신경이 반응해서 발이 위로 올라간다. 어떤 생각이나 의식적인 노력도 필요하지 않다. 종종 감정도 똑같은 방식으로 우리에게 영향을 미치는 듯하다. 많은 연구를 통해 일단 감정이 유발되면 거의 자동으로 반응이 일어난다는 사실이 밝혀졌다. 감정적인 반응은 복잡하지만 연구자들이 '행동 경향'이라고 부르는 것, 즉 특정한 방식으로 행동하려는 충동이 포함되어 있다.

예를 들어 두려움에는 탈출하고 싶은 충동이 포함되어 있다. 감정은 특히 우리가 위협을 느낄 때 신속하게 대응할 수 있도록 진화해왔다. 그래서 인간이 주로 야생에서 살았을 때는 행동 경향이 생존에 큰 이점이었다. 하지만 이제는 상황이 그때처럼 간단하지 않다.

밥은 의대생일 때 스트레스에 대처하는 더 적응적인 방법과 덜 적응적인 방법의 결정적인 차이를 보여주는 두 가지 사례를 접했다. 둘 다 40대 후반 여성들이었는데 이들의 유방에서 혹이 발견되었고, 그들의 대처 방식은 전혀 달랐다. 이들을 애비게일과 루시아라고 부르자.

혹이 발견됐을 때 애비게일이 처음 보인 반응은 그 중요성을 최소화하고 아무에게도 말하지 않는 것이었다. '아마 아무것도 아닐 거야'라고 생각했다. 혹은 작았고 그게 무엇이든 중요하지 않았다. 그녀는 남편과 집을 떠나 대학에 다니느라 바쁜 두 아들을 성가시게 하고 싶지 않았다. 어쨌든 몸 상태도 괜찮았고 다른 걱정할 일들도 있었다.

루시아는 처음에 불안해했다. 당장 남편에게 말했고 두 사람은 짧은 대화를 나눈 뒤 의사에게 전화를 걸어 바로 예약했다. 그리고 딸에게 전화를 걸어 무슨 일이 생겼는지 알렸다. 그녀는 생체 검사 결과가 나오기를 기다리는 동안 그 생각을 마음속에서 떨쳐버리고 평소처럼 지내려고 최선을 다했다. 그녀에게는 직업도 있고 처리해야 할 다른 일도 있었다. 하지만 생체 검사 결과가 나오기까지 딸은 매일 전화했고 남편도 옆에 찰싹 달라붙어 걱정하는 바람에 좀 떨어져 있으라고 말할 정도였다.

애비게일과 루시아는 둘 다 자신에게 자연스러운 방식으로 스트레스 요인에 대응했다. 우리도 다들 이렇게 한다. 스트레스가 심한 사건이 발생했을 때 나타나는 우리의 습관적인 반응, 즉 생각하고 행동하는 패턴을 심리학자들은 '대처 유형'이라고 부른다.

대처 유형은 사소한 의견 충돌부터 중대한 재난에 이르기까지 우리에게 발생한 모든 문제에 대처하는 방식에 영향을 미친다. 그리고 모든 대처 유형의 핵심은 자신의 관계를 활용하는 방식이다. 도움을 청할까? 도움을 받아들일까? 내면으로 돌아서서 침묵 속에서 문제에 직면할까? 이때 어떤 대처 유형을 이용하든 간에 주변 사람들에게 영향을 미치게 된다.

밥이 의대생일 때 만난 두 여성의 대처 방식은 서로 완전히 달랐다. 애비게일은 자기가 알게 된 사실의 중요성을 부정하면서 두려움을 극복했고, 그런 식으로 곤경을 외면했다. 그녀는 사랑하는 사람들을 끌어들이지 않았으며 어떤 조치도 취하지 않았다. 그녀는 자신의 상황이 다른 사람들에게 잠재적으로 부담을 줄 거라고 생각했다.

루시아도 두려운 건 마찬가지였지만 그녀는 이 두려움을 발판 삼아 곤경을 직시하고 자기 건강을 지키기 위해 필요한 조치를 취했다. 그녀는 자기가 처한 상황을 본인보다 더 큰 문제, 즉 가족이 함께 직면해야 할 문제로 여겼다. 루시아는 상황을 받아들이고 직접적으로 대처하는 동시에 융통성을 발휘해 삶의 다른 문제들을 처리했다.

두 여성 모두 암에 걸렸다는 게 밝혀졌다. 애비게일은 혹이 생겼다는 사실을 가족이나 주치의에게 말하지 않았고 아프기 시작할 때까지 혹을 무시했다. 그때는 이미 너무 늦어서 암이 그녀의 목숨을 앗아갔다. 루시아는 암을 조기에 발견했고 오랜 치료 과정을 거쳐 살아남았다.

두 사람의 이야기는 다소 극단적인 사례지만, 이 대조적인 결과와 그에 따른 명확한 메시지는 밥의 뇌리에 오래도록 남았다. 문제를 직시하지 않거나 지원 네트워크를 동원할 능력이 없거나 그걸 거부하면 엄청난 결과를 초래할 수 있다.

문제 해결 유형: 상황 직시하기 vs. 회피하기

애비게일 같은 경우는 결코 드문 일이 아니다. 마크는 유방암에 걸린 여성들이 두려움에 직접적으로 대처하고 자기에게 중요한 이들의 지원에 접근하도록 돕기 위해 고안된 두 가지 연구를 도왔다. 이 여성들 사이에서는 애비게일의 초기 반응인 '회피'가 흔한 일이었다.

회피형은 노년의 삶에 대한 만족도가 낮은 편이다

우리를 곤란하게 하는 일에 직면하는 것보다 외면하는 편이 더 쉽다. 그러나 그렇게 하다 보면 의도치 않은 결과가 생길 수 있으며, 회피의 영향은 특히 그것이 가장 많이 발생하는 부분인 개인적인 관계에서 두드러지게 나타날 수 있다. 많은 연구를 통해 관계에서 발생한 문제를 회피하면 문제가 사라지지 않을 뿐만 아니라 더 악화될 수 있음이 증명되었다.[119] 원래의 문제가 계속해서 관계 속으로 파고들어 다른 여러 가지 문제로 이어질 수 있다.

심리학자들은 예전부터 이 사실을 분명히 알고 있었다. 하지만 이런 회피가 삶의 과정에서 우리에게 어떤 영향을 미칠 수 있는지는 잘 몰랐다. 문제에 대처하는 걸 피하는 경향은 단기적으로만 우리에게 영향을 미치는가, 아니면 장기적인 결과가 생기는가?

이 의문에 대한 생애적 관점을 얻기 위해 하버드 연구 데이터를 사용해서 물어봤다. 상황을 직시하는 경향이 있는(대면) 연구 참가자와 모래에 머리를 파묻는 경향이 있는(회피) 연구 참가자에게는 평생에 걸쳐 어떤 일이 일어났을까?

우리는 중년기에 힘든 일을 생각하거나 얘기하는 걸 기피하는 경향이 있는 사람은 30여 년 뒤에 부정적인 삶을 살게 된다는 사실을 발견했다. 일반적으로 어려움을 피하거나 무시하는 반응을 보인 사람들은 어려움에 맞서는 경향이 있는 사람들보다 기억력이 떨어졌으며, 노년의 삶에 대한 만족도가 낮았다.[120]

물론 인생은 항상 우리에게 새롭고 다양한 도전을 안겨준다. 어제 우리에게 도움이 되었던 방법이 오늘은 효과가 없을 수도 있고, 다른 유형의 관계에 대처하려면 다른 기술이 필요할 수도 있다. 10대 자녀와의 말다툼을 가볍게 넘기기 위해 던지는 친근한 농담은 개를 좀 묶어두라고 부탁하는 이웃에게는 통하지 않을 것이다. 집에서 파트너와 격렬한 논쟁을 벌이는 동안에는 상대방의 손을 잡을 수도 있지만, 직장 상사는 그런 제스처를 싫어할 수 있다. 그러므로 평소 다양한 도구를 비치해뒀다가 각각의 문제에 맞는 적절한 도구를 사용해야 한다.

유연함이야말로 진정 강력한 힘을 발휘한다

우리 연구에서 얻은 한 가지 교훈은 융통성 있는 태도가 도움이 된다는 것이다.[121] 하버드 연구에 참여한 사람들 중에는 믿을 수 없을 정도로 의지가 강한 이들이 있다. 그들은 문제에 대응하는 방법을 정해놓고 그걸 고수한다. 어떤 경우에는 그 방법으로 상황을 통제할 수 있을지 몰라도 다른 경우에는 갈팡질팡할 수도 있다.

예를 들어 1960년대에는 우리 1세대 연구 참가자들이 베이비붐 세대인 자녀들과 공통점을 찾는 데 어려움을 겪는 일이 드물지 않았다. 그들은 적응하기 힘든 상황 때문에 스트레스를 받았다. 스털링 에인슬리는 1967년, 연구진에게 "난 히피 운동을 좋아하지 않습니다. 왠지 기분이 불안해져요."라고 말했다. 그는 세상을 바라보는 아이들의 관점에 호기심을 느끼지 못했고, 결국 그 이유 때문에 자신의 아이들과 사이가 멀어졌다.

우리는 살면서 자기만의 대처 전략을 발전시키는데 그 전략이 절대 변하지 않을 수도 있다. 이런 종류의 '힘'은 우리를 더 연약하게 만들기도 한다. 지진이 발생했을 때 살아남는 건 가장 견고하고 단단한 구조물이 아니다. 사실 그런 건물이 가장 먼저 무너질 수도 있다. 구조 과학을 통해 이런 사실을 알아냈기에, 오늘날에는 높은 건물일수록 유연성을 요구한다. 그래야 땅이 흔들려도 말 그대로 흔들리는 지반 위에서 함께 파도를 타며 버틸 수 있기 때문이다.

인간도 마찬가지다. 변화하는 상황에 유연하게 대처하는 건 매우 강력한 기술이다. 다행히도 이건 학습이 가능하다. 얼마나 유연하게 대처하느냐에 따라 아주 다른 결과가 생긴다. 작은 손상만 입고 버틸 수도 있고, 완전히 무너져내릴 수도 있다.

자신의 자동 대응 방식을 바꾸는 건 쉬운 일이 아니다. 하버드 연구 참여자 중에는 똑똑한 사람들이 많지만(로켓 과학자도 있다) 이들은 자신의 대처 전략을 통제하기는커녕 제대로 인식조차 못했다. 그리고 그것 때문에 삶이 더 불행해졌다. 그런가 하면 페기 킨과 그녀의 부모인 헨리와 로자 같은 참가자들은 삶의 시련을 최대한 정면으로 직시했으며, 친구와 가족의 지원을 받아 성장할 수 있었다.

감정에 휘둘리지 않고 대처하기

그렇다면 문제가 발생했을 때 자신의 초기 반응을 넘어서려면 어떻게 해야 할까? 감정적인 사건을 한창 겪는 동안에는 그게 긍정적인 일이든 부정적인 일이든, 사소한 일이든 중요한 일이든 상관없이 반응이 너무 빨리 전개된다. 그래서 마치 자신과 상관없는 일인 듯한 기분을 느끼며 그 감정에 휘둘린다. 하지만 사실 감정은 우리가 알고 있는 것보다 훨씬 더 생각의 영향을 많이 받는다. 감정은 늘 생각을 거쳐 형성된다.

우리가 사건을 인식하는 방식과 그것에 대해 느끼는 감정 사이의 연관성을 증명한 연구는 많다.[122] 인간은 과학이 객관적인 증거를 제시하기 훨씬 전부터 이런 사실을 이해하고 있었다.

성경에는 "마음의 즐거움은 좋은 약이지만 영혼의 근심은 뼈를 마르게 하느니라."(잠언 17:22)라는 구절이 나온다. 스토아 철학자 에픽테토스는 "인간은 사건 때문에 동요하는 게 아니라 그 사건에 대한 자신의 시각 때문에 동요한다."라고 말했다.[123] 부처는 "부분뿐만 아니라 전체를 바라보는 승려들은 우리 또한 서로 연결된 상호의존, 감정, 인식, 생각, 의식의 체계라는 걸 알고 있다."라고 했다.[124]

감정이 우리의 주인이 될 필요는 없다. 중요한 것은 우리가 생각하는 것에 따라 살면서 일어나는 각각의 사건에 우리가 어떤 방식으로 접근하느냐다.

스트레스와 그 반응에 대한 미스터리를 밝히다

어떤 감정적인 시퀀스(반응과 그 여파를 유발하는 감정을 불러일으키는 스트레스 요인)를 하나 선택하자. 그걸 확대한 뒤 속도를 줄여보면 숨겨져 있던 새로운 것들이 드러난다. 의학 연구자들이 신체의 가장 작은 과정을 보고 질병 치료법을 찾아내듯이, 우리도 감정적인 경험을 좀 더 미시적인 수준에서 조사해보는 것이다. 그러면 놀라운 가능성을 몇 가지 발견할 수 있다.

스트레스 요인에서 반응으로 이어지는 이 과정은 단계적으로 발생한다. 각 단계는 우리가 더 긍정적이거나 부정적인 방향으로 나아갈 수 있는 선택 범위를 제시한다. 우리의 생각이나 행동에 따라 각 단계가 바뀔 수도 있다.

과학자들은 이런 단계를 지도화하고, 이 지도를 이용해서 아이들이 공격성을 억제하고 어른들이 우울증을 줄이고 운동선수가 최고의 효율을 발휘하도록 돕는다. 이 지도는 감정적 상황에 처한 모든 사람에게 유용하다. 우리가 이런 단계를 어떻게 통과하는지 이해하고 그 속도를 늦추면, 우리가 어떤 감정을 느끼거나 어떤 일을 하는 이유 뒤에 숨은 미스터리를 밝혀낼 수 있다.

다음 모델은 반응 속도를 늦추고 그걸 면밀하게 관찰할 수 있는 방법을 제공한다. 우리는 이 방법들을 뒷주머니에 넣어뒀다가 언제, 어떤 감정적 상황이 발생해도 쉽게 꺼내서 사용할 수 있도록 형태를 바꿔 제공한다. 이 책의 핵심 주제는 인간관계이므로, 이 모델을 활용해서 다른 사람들과의 힘든 경험에 대응하는 방법을 알려줄 것이다. 이 모델은 타이어 펑크처럼 예상치 못한 사소하고 짜증나는 일, 당뇨병이나 관절염처럼 만성적인 건강 스트레스 요인 등 모든 종류의 문제에 적용할 수 있다. 한 번에 하나씩 대처하자.

인간관계와 감정적인 상황에 대응하는 W.I.S.E.R 모델

W.I.S.E.R 모델[125]은 우리의 전형적인 대응 수준을 한두 단계 낮추고 그 상황의 다양한 세부 사항, 다른 사람들의 경험, 우리가 놓쳤을지 모르는 자신의 반응을 더 자세히 살펴볼 수 있는 기회를 제공한다.

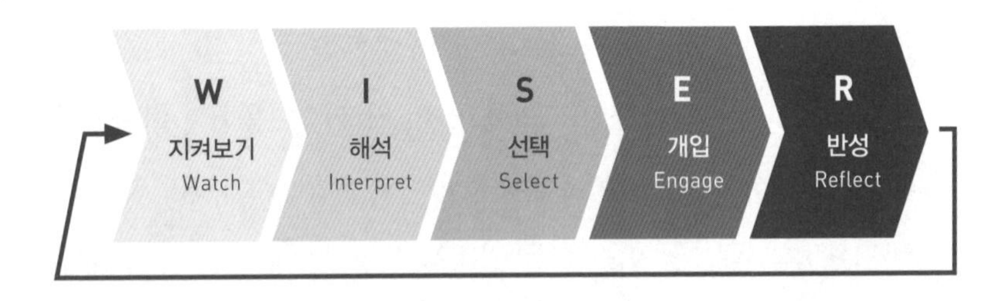

우리는 일상생활에서 이 모델을 어떻게 사용할 수 있는지 보여주려 한다. 그러기 위해 임상 실습과 하버드 연구 참가자들 사이에서 많이 볼 수 있는 시나리오를 사용할 것이다. 바로 달갑지 않은 조언을 하는 가족 구성원과의 관계다.

한 어머니를 떠올려보자. 그녀의 이름은 클라라고 10대 딸 안젤라와의 관계 때문에 어려움을 겪고 있다. 안젤라는 열다섯 살이고, 대부분의 열다섯 살짜리와 마찬가지로 안젤라도 더 독립적으로 행동하려 노력 중이다. 안젤라는 엄마 아빠랑 있으면 숨이 막힌다면서 친구들하고만 시간을 보내고 싶어 한다. 안젤라는 지금까지 늘 모범생이었지만 작년부터 성적이 떨어지고 있다. 술을 마시다가 여러 번 들켰고, 수업을 빼먹었으며, 이 모든 것 때문에 집에서 분란을 일으켰다.

안젤라의 조부모는 이런 상황을 잘 이해했다. 클라라도 그 나이 때는 반항적이었기 때문이다. 아이를 이해하고 힘을 실어주려 애썼지만 그래도 훈육은 클라라에게 맡겼다. 하지만 똑같이 10대 자녀를 키우는 클라라의 언니 프랜시스는 안젤라의 부모가 아이를 망친다고 생각했다. 안젤라가 어떤 길을 가게 될지 걱정이 된 프랜시스 이모는 이 사태에 개입하는 게 자신의 의무라고 생각했다.

가족 바비큐 모임에서 프랜시스는 피크닉 테이블 끝에 앉아 가족끼리의 대화에는 끼지 않고 친구들과 문자만 주고받는 안젤라를 봤다. "스마트폰은 뇌를 죽인단다." 프랜시스는 농담조로 말했다. "진짜 실험실에서 증명됐대." 그러고는 동생 클라라에게 말을 걸었다. 프랜시스는 유머러스한 어조를 유지하려고 애썼지만 그 안에는 진지함이 담겨 있었다. "안젤라 성적이 왜 떨어졌는지 궁금하면 애를 제대로 훈육하고 휴대폰도 빼앗아야지. 나도 우리 아이들에게 그렇게 해. 그러면 아마 학교 공부할 시간이 생길걸."

자, 그렇다면 이때 클라라는 W.I.S.E.R. 모델을 어떻게 이용해서 언니에게 대응할 수 있을까?

1단계 지켜보기 _호기심이 고양이를 치료한다

정신의학계에는 "뭔가 하려고 들지 말고 그냥 거기 앉아 있어라."라는 오래된 격언이 있다. 어떤 상황에 대한 첫 번째 인상은 강력하지만 완전하지는 않다. 우리는 익숙한 것에 초점을 맞추는 경향이 있으며 이런 좁은 시야는 잠재적으로 중요한 정보를 빠뜨릴 위험이 있다. 처음에 얼마나 많은 걸 관찰했건 간에 거의 항상 나중에 더 많은 걸 보게 된다.

스트레스 요인을 접하고 감정이 고조되는 걸 느낄 때마다 의도적인 호기심을 품는 게 도움이 된다. 사려 깊은 관찰은 초기에 받은 인상을 보충하고 상황에 대한 관점을 확대한다. 또한 잠재적으로 해로운 반사 반응을 막기 위해 '일시 정지' 버튼을 누를 수 있다.

클라라의 경우에는 인내심을 갖고 상황을 지켜보는 게 쉽지 않을 것이다. 그녀는 자기 언니와 오래전부터 좋지 못한 상호작용을 해왔기 때문이다. 클라라가 가장 먼저 느낀 감정은 모욕감이었다. 클라라는 딸인 안젤라의 관심권에 들어가지 못하고 제대로 관계를 맺지 못하는 것에 대해 수치심을 느끼고 있던 터라 프랜시스의 말에 상처를 입었다.

그러니 반사적으로 "훌륭한 조언 고마운데, 언니 일이나 신경 쓰는 게 어때!"라며 빈정거리는 말투로 쏘아붙일 수도 있었다. 그랬다면 거기서 말다툼이 일어났을지도 모른다. 또 다른 대응 방법은 지금은 아무 말도 하지 않고 일단 자기감정을 속에 담아두는 것이다. 그러곤 프랜시스가 한 말을 몇 번씩 되뇌며 분노와 수치심을 키웠다가 다음 가족 모임 때 불같이 화를 쏟아낼 수도 있다.

'지켜보기'는 전체적인 상황, 즉 주변 환경과 여러분이 상호작용하는 사람, 여러분 모두를 대상으로 한다. 이 상황이 특이한가, 아니면 일반적인가? 다음에는 일반적으로 어떤 일이 일어날까? 지금 전개되고 있는 일의 중요한 부분 가운데 내가 미처 생각하지 못한 건 무엇인가?

클라라의 경우라면, 언니가 가족 기능을 어떻게 느끼는지 생각해보는 것일 수 있다. 아마 클라라는 늘 '멋진 이모'였기 때문에 프랜시스는 클라라가 옆에 있으면 마음이 편하지 않은지도 모른다. 아니면 프랜시스가 어머니의 건강에 대한 걱정 등 지금 일어나고 있는 일과 아무 상관도 없는 다른 스트레스를 겪고 있을 가능성도 있다.

'지켜보기' 단계는 다소 시간이 걸릴 수 있으며 때로는 한 시간 정도씩 이어질 때도 있다. 클라라는 프랜시스의 말을 그냥 흘려버린 뒤 무슨 일이 있었는지 어머니에게 따로 물어볼 수 있다. 그렇게 한다면 프랜시스가 남편과 불화를 겪고 있다거나 직장에서 압박을 받고 있다는 등의 몰랐던 사실을 알게 될 것이다.

이런 걸 고려하는 이유는 상대방의 행동을 용서하기 위해서가 아니다. 지금 일어나고 있는 일의 상황적 맥락을 자세히 파악하기 위해서다. 맥락을 파악하는 건 놀랍도록 가치 있는 일이다. 바로 알아차릴 수 있는 것 이상으로 최대한 많은 정보를 받아들이는 건 결코 해롭지 않다.

'지켜보기' 단계에서 발휘하는 호기심에는 본인의 새로운 반응, 즉 자기가 느끼는 감정과 그 이유에 대한 호기심도 포함된다. 자기 몸에서 일어나는 반응, 즉 심장이 더 빨리 뛴다든가 입술을 오므리고 있다든가, 아니면 이를 악물고 있다는 걸 알아차릴지도 모른다. 부끄러움 때문에 자신을 맹렬히 비난하거나 숨고 싶은 충동을 느낄 수도 있다. 자기가 어떻게 반응하고 있으며 지금부터 뭘 하려는 건지 의식하면, 감정의 파도에 휩쓸리지 않고 그 파도에 올라타는 데 도움이 된다.

이건 스트레스 대응에 있어 중요한 전환점인 두 번째 단계로 이어진다. 바로 그 상황이 자신에게 어떤 의미인지 해석하는 단계다.

2단계 해석 _두더지 언덕을 태산으로 오해하지 말자

이 단계에서 종종 일이 꼬이곤 한다. 해석은 우리가 의식하든 안 하든 항상 하는 일이다. 우리는 세상과 지금 우리에게 벌어지는 일을 살펴보면서 그런 일이 일어나는 이유와 그것이 우리에게 의미하는 바를 해석하고 평가한다.

물론 이때의 평가는 현실을 기반으로 하지만 현실이 항상 그렇게 명확한 건 아니다. 우리는 각자 자기만의 방식대로 상황을 인식하고 해석하므로 우리가 '현실'이라고 여기는 것이 다른 사람들이 보는 현실과 다를 수도 있다. 중요한 함정 하나는 모든 상황이 자기와 관련되어 있다고 생각하는 것인데, 사실 그런 경우는 거의 없다.

어떤 상황을 최대한 명확하게 이해하고 싶다면 먼저 자신에게 중요한 게 뭔지부터 알아야 한다. 감정은 대부분 우리에게 중요한 일이 일어나고 있다는 신호다.[126] 만약 그런 일이 없다면 아무 감정도 느끼지 못할 것이다. 감정은 우리 삶의 중요한 목표, 특정한 불안감, 소중히 여기는 관계 등과 관련될 수 있다. **'왜 자꾸 감정적이 되는가'**라는 질문을 던지는 건 자신에게 중요한 게 뭔지 알아내는 좋은 방법이다. 이해관계를 명확하게 파악하면 상황을 더 능숙하게 해석할 수 있다.

밥은 이 단계를 '빈칸 채우기'라고 부른다. 어떤 상황에 대한 관찰이 완벽한 경우는 드물다. 그래서 우리는 종종 자기가 모르는 것에 대해 성급하게 결론을 내린다. 대부분의 상황은 모호하고 불분명하며, 우리는 이런 모호함의 캔버스 위에 온갖 아이디어를 투영할 수 있다. 만약 '지켜보기' 단계에서 간단한 관찰만 했다면 실제 벌어지는 일에 대해 자세한 정보를 얻을 수 없다. 따라서 성급한 결론을 내리게 된다.

클라라는 이렇게 생각할지도 모른다. **'왜 언니 말에 그렇게 화가 났을까? 언니 때문일까, 안젤라와의 힘든 관계 때문일까? 아니면 그냥 안젤라 때문일까? 이 감정은 너무도 격렬해. 그런데 이게 왜 나한테 그렇게 중요한 걸까?'**

언니를 떠올리면 이런 생각이 들 수도 있다. **'프랜시스는 내게 상처를 주려고 일부러 그러는 걸까, 아니면 정말 안젤라를 도와주려는 걸까? 안젤라의 삶에 더 관여하도록 내가 독려하지 않아서 화가 난 걸까? 아니면 가족들이, 유용한 조언을 해주는 언니로 제대로 대접해주지 않아서 화가 난 걸까?'**

이 빈칸을 채우려다 보면 간혹 사소한 문제가 커질 때가 있다. 종종 스트레스 요인의 부정적인 측면에 너무 몰두해서 작고 다루기 쉬운 문제를 거대하고 압도적인 것으로 착각하기도 한다. 사소한 일을 크게 여기는 것이다. 그냥 **'내가 뭘 추측하고 있는 걸까?'**라고 자문해보면 산처럼 거대해 보이던 것이 실제로는 두더지 언덕 같은 원래의 크기로 줄어들 수 있다. 추측은 엄청난 오해의 근원이다. 옛말에도 이르기를 **"멋대로 추측하지 마라. 멋대로 추측하는 건 너와 나를 멍청이로 만드는 일이다."**라고 했다.

그러나 유방에서 혹을 발견하고도 아무에게도 말하지 않았던 애비게

일처럼 반대 방향으로 실수를 저지르기도 한다. 그렇게 되면 진짜 산을 두더지 언덕으로 오해한다. 중요한 문제를 축소하거나 회피하려다 보면 그 문제를 완전히 무시할 수도 있다.

'해석' 단계에서 중요한 건 초기의 자동 인식을 넘어 이해를 확장하는 것이다. 불편한 관점일지라도 더 많은 관점을 고려해야 한다. **'내가 여기서 간과하고 있는 건 뭘까?'**를 스스로에게 물어보자.

다시 한번 말하지만 본인의 감정에 관심을 기울이는 게 도움이 될 수 있다. 강한 두려움이나 분노, 가슴이 쿵 내려앉는 기분이 들 때가 있다. 그럴 때는 그 상황에 대해 건전한 호기심을 품고 스트레스 요인뿐만 아니라 자신의 감정적 현실까지 숙고하라는 신호로 받아들이자. **왜 이런 기분이 들까? 이 감정은 어디서 오는 걸까? 정말 중요한 게 뭐지? 이 상황에서 나한테 정말로 힘든 일이 뭘까?**

3단계 선택 _각각의 선택 옵션과 그 결과

여러분은 상황을 지켜보고 해석 그리고 재해석까지 한 뒤 시야를 넓혔다. 이제 **뭘 해야 하는지를 자신에게 물어봐야 한다.**

스트레스가 심할 때는 자신의 선택지를 고려하기도 전에 혹은 자기에게 어떤 선택지가 있을 거라는 사실을 생각하기도 전에 일단 반응부터 한다. 반응 속도를 줄이면 가능성을 고려하고 그 가능성의 성공 확률도 생각할 수 있다. **지금 중요한 것과 이용 가능한 자원을 고려할 때, 이 상황에서 내가 할 수 있는 일은 무엇일까? 여기서 어떤 결과가 나와야 좋을까? 내가 그런 식으로 반응하지 않을 경우와 그런 식으로 반응할 경우, 각각 일이 잘 풀릴 가능성은 얼마나 될까?**

'선택' 단계에서는 우리 목표가 무엇이고 활용 가능한 자원이 무엇인지 명확히 해야 한다. **나는 뭘 이루고 싶은가? 어떻게 해야 그 목표를 잘 달성할 수 있는가? 내게 도움이 되는 장점(유머와 격한 대화를 누그러뜨리는 능력)이 있는가? 아니면 내게 상처를 입힐 수 있는 약점(비난을 받으면 벌컥 화를 내는 경향)이 있는가?**

클라라가 어머니와 대화를 나누면서 몰랐던 상황을 알게 될 수도 있다. 클라라는 프랜시스가 안젤라를 정말 걱정하고 있다는 걸 깨달았다. 하지만 안젤라는 프랜시스의 아이들과 상황이 달랐으며, 문제는 프랜시스가 그걸 이해하지 못했다는 점이다. 클라라는 이 일에는 한 가지 이상의 목표가 있다는 걸 깨달았다. 언니와 긍정적인 관계를 유지하고, 딸을 비난으로부터 보호하고, 엄마로서의 본인 능력에 자신감을 가져야 했다.

그래서 이제 클라라는 자기가 해야 할 일을 고민하면서 각각의 선택지와 그것이 긍정적인 결과로 이어질 가능성을 생각했다. 만약 자기가 아무것도 하지 않는다면 프랜시스가 계속해서 안젤라를 비난하고 좋은 부모가 되지 못한 자신도 비난할 거라는 걱정이 들었다. 그래서 자기 의견을 말하기로 결심했다.

하지만 어떻게 말해야 할까? 그리고 언제 말해야 할까? 그들은 종종 서로를 짓궂게 놀리는 관계지만, 클라라는 감정이 상했을 때는 농담을 하지 않는 편이었다. 그리고 어떤 농담을 하든 수동-공격적으로 들려서 상황을 더 악화시키리라는 걸 알고 있었다. 그래서 프랜시스와 단둘이 있을 때까지 기다렸다가 얘기해야겠다고 결심했다.

이 대화에 대해 생각하는 동안 클라라는 어쩌면 프랜시스가 반응 테스트의 대상이 될 수도 있겠다는 걸 깨달았다. 프랜시스와 대화하는 과정에서 그녀가 보이는 반응이 어쩌면 안젤라와 겪는 몇몇 문제를 해결하는 데에 도움이 될지도 모른다는 깨달음 말이다. 하지만 프랜시스가 조언해주는 건 절대 원하지 않았다.

클라라는 이 단계에서 몇 가지 선택지 중 하나를 골라야 한다. 한 번의 대응으로 이 일이 끝나지 않을 수도 있다. 아마 그럴 것이다. 어떤 한 가지 접근 방식만 갖고는 복잡한 상황이나 장기적인 관계에서 발생하는 모든 문제를 효과적으로 해결할 수 없다. 클라라는 앞으로 몇 달 동안 언니를 상대로 여러 가지 전략을 시도할 수 있다. 그리고 상황이 변해서 언니에게 매우 눈에 잘 띄고 힘겨운 육아 문제가 생길 수도 있다. 그러면 클라라가 언니에게 대응하는 방식이 바뀔 것이다.

전략의 선택은 매우 개인적인 문제다. 여기에서는 문화적 규범과 개인의 가치관이 중요한 역할을 한다. 일부 문화권에서는 누군가와 직접 맞서는 걸 나쁜 매너로 간주하는 반면, 다른 문화권에서는 성숙하고 진정성 있는 태도로 여긴다. 종종 그것은 경험을 통해 연마된 직관으로 귀결된다. 따라서 지금 이 순간, 이 상황에 대응하는 가장 좋은 방법이라고 느껴지는 걸 선택해야 할 수도 있다.

W.I.S.E.R. 모델을 스트레스 요인에 대응하기 위한 지침으로 활용하는 게 어려울 수도 있다. 스트레스 요인이 빠르게 발생하면 반응 속도를 늦출 여유가 없을지도 모른다. 또 시간이 지나면서 스트레스의 원인이 재발하거나 진화하기도 하므로, 상황 변화에 따라 이 단계를 다시 거쳐야 할 수도 있다. 핵심은 최대한 속도를 늦추고 상황을 자세히 살피면서 완전히 자동화된 대응에서 벗어나는 것이다. 그렇게 해서 자신

의 본질이나 이루고자 하는 목표와 일치하는 보다 신중하고 의도된 대응 방식으로 옮겨가는 게 중요하다.

4단계 개입 _주의를 기울여 실행하다

이제 최대한 능숙하게 대응하면서 자기가 선택한 전략에 '개입'할 때가 됐다. 시간을 들여 상황을 관찰하고 해석하면서 여러 가지 가능성과 성공 확률을 계산했다면 대응에 성공할 가능성이 높다. 하지만 길고 짧은 건 재봐야 안다. 아무리 논리적인 대응 방식이라 해도 전략을 제대로 구현하지 못하면 실패로 끝나고 만다.

머릿속으로 하든 아니면 신뢰할 수 있는 친구와 함께 하든 연습이 도움이 될 수 있다. 자기가 뭘 잘하고 뭘 못하는지 먼저 알아두면 성공 가능성도 높아진다. 어떤 사람은 자기가 재미있고 사람들이 자기 유머 감각에 잘 반응한다는 걸 안다. 어떤 사람은 말투가 부드러워서 사적인 환경에서 조용히 대화하는 게 더 편하다는 걸 안다.

클라라는 프랜시스와 함께 설거지를 하면서 부엌에 둘만 남았을 때 용기를 내어 한마디 했다. 그녀는 침착한 태도로 딱 부러지게 말했다. 감정도 적당히 실렸지만 최대한 자제한 상태다. 처음에는 얘기가 잘 진행됐다. 프랜시스는 부탁하지도 않은 조언을 한 것을 사과했다. 그녀도 그때 자기가 했던 말을 되짚어보았고, 그런 식으로 말한 걸 유감스럽게 생각했다. 두 사람은 안젤라에게 가장 좋은 방법을 찾기를 바란다는 데 의견이 일치했다.

클라라는 최근에 있었던 문제 몇 가지를 얘기했고 프랜시스는 이해했다. 그러다가 클라라가 안젤라는 자기 딸이고 프랜시스의 아이들과는 다르다는 말을 꺼냈다. 그때부터 상황이 빠르게 악화됐다. 속으로 생각할 때는 아주 괜찮은 말처럼 느껴졌지만 실제로는 그렇지 않았다. 프랜시스는 직장에서 스트레스를 많이 받고 남편과도 평소보다 말다툼이 잦았기 때문에 클라라의 말이 신경에 거슬렸다. 그들은 다시 싸우기 시작했고 결국 어머니가 끼어들어 둘을 말렸다.

"난 너희들이 싸울 때가 좋더라." 어머니가 말했다.

"좋다고요? 왜요?"

"너희들이 어렸을 때 어땠는지 생각나니까. 내가 다시 서른다섯 살이 된 듯한 기분이 들거든."

그들은 다 같이 웃었다. 그러나 유쾌한 기분은 곧 사라졌다. 두 자매는 격한 감정과 아직 완전히 해결되지 않은 문제를 안은 채 바비큐 모임을 떠났다.

5단계 반성 _뒷북치기

그래서 어떻게 된 거야? 내가 상황을 개선한 걸까, 악화시킨 걸까? 내가 직면한 문제와 최선의 대응 방법에 대해 새로운 걸 배웠을까?

문제에 대한 대응 방식을 '반성'하면 미래를 위해 도움이 된다. 경험을 통해 배워야 진정 현명하게 성장할 수 있다. 방금 일어난 일뿐만 아니라 과거에 일어난 크고 작은 사건과 기억에 남아 있는 사건을 이용해서도 반성하고 거기서 배움을 얻을 수 있다.

다음 워크시트를 살펴보고 이걸 이용해서 **고민 중인 사건이나 상황을 되돌아보자.**

지켜보기

그 문제에 직면했는가, 아니면 피하려고 했는가?

상황을 정확하게 파악하기 위해 시간을 들였는가?

관련된 사람들과 얘기를 나눴는가?

다른 사람들과 상의하면서 그 일을 어떻게 생각하는지에 대한 얘기를 들었는가?

해석

이 상황에 대한 느낌과 내게 무엇이 중요한지 제대로 인식했는가?

그 상황에서 내가 한 역할을 기꺼이 인정했는가?

내 머릿속에서 벌어지는 일에 너무 몰두한 나머지 주변에서 일어나는 일에는 제대로 집중하지 않았는가?

이 상황에서 벌어지고 있는 일을 이해할 다른 방법이 있는가?

선택

내가 어떤 결과를 원하는지 명확하게 알고 있는가?

가능한 대응 방식을 모두 고려해봤는가?

내게 도움이 될 자원을 잘 찾아냈는가?

목표 달성을 위해 다양한 전략의 장단점을 따져보았는가?

현재 당면한 과제를 해결하는 데 가장 적합한 도구를 선택했는가?

그 상황에서 어떤 조치를 취해야 하는지, 만약 취한다면 시기는 언제가 좋은지 숙고해봤는가?
문제를 해결하거나 도전에 맞서기 위해 다른 사람을 개입시킬 수 있는지 생각해봤는가?
개입
성공 가능성을 높이기 위해 혼자서 또는 믿을 수 있는 친구를 상대로 대응 방식을 연습해봤는가?
나한테 현실적인 조치를 취했는가?
진행 상황을 평가하고 필요한 경우 조정할 의향이 있는가?
서둘러 넘어가거나 엉망으로 만들거나 건너뛴 단계가 있는가? 내가 잘한 일은 무엇인가?
반성
방금 되돌아본 모든 상황을 고려할 때 다음에는 어떤 식으로 다르게 할 수 있을까?
어떤 교훈을 얻었는가?

이 목록의 질문 혹은 전체적인 W.I.S.E.R. 모델이 한 번에 생각하기엔 너무 많은 것 같더라도 걱정할 필요 없다. W.I.S.E.R. 모델의 많은 단계는 여러분이 이미 본능적으로 하는 일일 테니 말이다. 그리고 일상생활의 90퍼센트에는 이런 성찰이 필요하지 않다. 하지만 살다 보면 갑갑한 기분이 들거나 스스로가 자신에게 도움이 되지 않는 방식으로 행동하는 걸 느낄 때가 있다. 일상생활의 10퍼센트 정도는 말이다. W.I.S.E.R. 모델과 이 질문 목록을 인생의 나머지 10퍼센트를 위한 일종의 코칭 도구라고 생각하자.

모든 게 끝났을 때 무슨 일이 왜 일어났는지 생각해보면 중간에 놓쳤던 걸 깨달을 수 있다. 또는 미처 알아차리지 못한 감정적 폭포의 원인과 결과를 이해하는 데 도움이 된다. 자신의 경험에서 교훈을 얻고 다음에 더 잘하려면 그냥 겪어내는 것 이상의 노력을 기울여야 한다. 반성과 성찰이 필요하다. 그래야 다음에 비슷한 상황에 처해 화가 났을 때 재빨리 상황을 판단하고, 목표를 명확하게 정하고, 대응을 위한 옵션을 고려해서 선택하고, 우리 삶을 올바른 방향으로 움직일 수 있다.

같은 문제가 반복된다면 일단 벗어나자

스트레스는 종류가 매우 다양하고 관계의 만성적인 패턴이 포함된다. 하나의 관계 안에서 비슷한 상황에 계속 부딪히는 경우가 종종 있다. 똑같은 말다툼, 똑같은 짜증, 똑같이 도움이 되지 않는 반응 같은 것 말이다. 이런 경우에는 자신이 앞으로 나아가지 못한다고 느끼면서도 현재의 틀에서 벗어나는 건 꿈도 꾸지 못한다. 밥과 마크는 이런 기분을 '감정 유착'이라는 매우 과학적인 이름으로 부른다.

하버드 연구 참가자와 우리에게 심리 치료를 받으러 오는 이들에게서도 이런 모습을 볼 수 있다. 사람들은 종종 자기가 삶에 갇혔다고 느끼면서도 왜 그런 기분이 드는지 제대로 설명하지 못한다. 그들은 파트너와 계속 같은 문제로 의견 충돌을 겪은 탓에 이제는 매우 간단한 대화를 나누면서도 상대에게 짜증을 낸다. 직장에서는 상사가 아주 사소한 일까지 간섭하면서 트집을 잡는 바람에 자기는 쓸모없는 인간이라는 생각에 사로잡혀 빠져나오지 못한다. 틀에 박힌 업무 관계는 제9장에서 자세히 얘기하자.

예를 들어 제2장에서 소개한 존 마스덴은 80대 초반의 나이가 되어서야 자기가 매우 고독하다는 걸 알았다. 그 이유 중 하나는 그와 아내가 서로에게 필요한 애정과 지지를 보내주지 않기 때문이다. 그들은 이런 문제가 반복적으로 지속되는 상황에 갇혀 있었다.

> Q: 속상할 때 아내에게 의지한 적이 있는가?
>
> A: 아니, 한 번도 없다. 동정 같은 건 받고 싶지 않다. 그건 나약함의 표시다. 내가 하루 종일 받는 부정적인 신호를 남들에게 말할 수는 없다는 얘기다. 그건 너무… 파괴적인 행동이다.

존은 자기 삶의 현실, 즉 파트너와 나눈 실제 대화에 대해 생각했다. 사실 그는 자기도 모르는 사이 그 현실을 스스로 구축하고 있었다. 그와 아내의 단절은 자기 충족적인 예언이 되었다. 그는 아내와의 모든 접촉을 자기 이론을 뒷받침하는 증거로 여기며 이렇게 믿었다. **그녀는 나와 가까워지고 싶어 하지 않아. 이런 기분으로는 그녀를 믿을 수 없어.**

현대 불교의 스승인 오쿠무라 쇼하쿠는 “우리가 사는 세상은 우리가 만들어낸 세상이다.”라고 썼다.[127] 불교의 많은 가르침처럼 여기에도 이중적인 의미가 담겨 있다. 인간은 우리가 사는 세상을 물리적으로 창조했다. 하지만 매 순간 사실일 수도 있고 아닐 수도 있는 이야기를 자신에게 들려줌으로써 머릿속에 다른 세상의 그림을 만들고 있다.

세상에 완전히 똑같은 관계는 없지만 우리는 종종 다른 사람과의 관계에서도 비슷한 위치에 갇히곤 한다. "우리는 항상 최후의 전투를 치르고 있다."라는 옛말은 진리다. 우리는 과거 자신에게 일어났던 일이 다시 일어날 거라고 생각하는 경향이 있다.

감정 유착은 기본적으로 우리 삶의 패턴에서 비롯된다. 어떤 패턴은 우리가 삶을 효율적으로 빠르게 탐색할 수 있도록 도와준다. 반면 어떤 패턴은 우리가 도움이 되지 않는 방식으로 반응하도록 이끌기도 한다. 이 패턴에는 자기에게 맞지 않는 친구나 파트너처럼 잘못된 사람과 시간을 보내는 것도 포함된다. 무작위적이지 않은 이런 패턴은 어떤 면에서는 편하게 느껴지기도 하는 과거의 집착과 갈등까지 반영한다. 마치 익숙한 댄스 스텝 같아서 자기도 모르게 빠져든다. 누군가와 대화를 나눌 때 익숙한 기분이 들면 그게 부정적인 기분일지라도 활성화된다. 그리고 우리는 그 익숙함 속에서 일종의 위안을 느낀다. **아, 또 이거로군. 나 이 춤 알아.**

대부분의 사람이 이런 감정 유착을 어느 정도는 느낀다. 문제는 그 기분을 얼마나 강하게 느끼느냐다. 그게 너무 강하고 지속적이어서 삶의 질을 떨어뜨리는가? 그것이 일상적인 경험의 많은 부분 또는 대부분을 형성하면서 널리 퍼져 있는가?

밥은 젊을 때부터 이런 패턴에 갇혀 있었다. 밥은 여러 여자와 데이트를 했는데 그의 친구들은 그가 선택한 파트너를 보고 매번 놀랐다. 그녀들과의 관계는 계속 틀어지기만 했고, 갑갑함을 느낀 밥은 심리 치료를 받았다. 치료사에게 실패한 관계를 설명하는 과정에서 이런 실패가 우연의 일치나 연속적인 불운 때문이 아니라는 걸 알게 됐다.

치료사는 그가 꾸준히 같은 유형의 사람을 선택하고 있음을 깨닫게 해줬다. 전부 그와 어울리지 않는 사람들이었다. 신뢰하는 사람에게서 여러분의 삶에 대한 정직한 의견을 들으면 고착 상태에서 벗어나는 데 큰 도움이 된다. 이런 믿음직한 관찰자는 여러분이 보지 못하는 것을 볼 수 있다.

'다른 사람이 내게 이런 이야기를 하면 난 어떻게 생각할까? 뭐라고 말해줄까?'라고 자문해보면 혼자서도 이 작업을 할 수 있을지 모른다. 이런 식으로 스스로 자신과 거리를 두고 예전 일을 회상하면 오래된 일을 새롭게 조명할 수 있다.[128]

자신이 전체적인 그림을 보지 못할 수도 있음을 깨닫는 것은 우리를 가두는 정신적 패턴에서 벗어나는 중요한 첫걸음이다. 선종 지도자인 스즈키 슌류는 인생의 어떤 상황에 접근할 때 마치 전에 한 번도 겪어보지 않은 것처럼 하는 게 긍정적인 태도라고 가르쳤다. 그는 "초보자의 마음에는 많은 가능성이 있지만 전문가의 마음에는 가능성이 거의 없다."라고 썼다.[129] 우리는 본인의 삶에 대해서는 전문가라고 느끼지만, 자신과 관련해 아직 배울 게 많다는 가능성에 마음을 열어두고 초보자처럼 행동할 수 있어야 한다.

팬데믹의 고통이 커질수록 사람들은 서로에게 의지했다

2020년에 코로나19 팬데믹이 전 세계를 강타하면서 사회적 고립, 재정적 압박, 끝없는 걱정 때문에 모든 사회가 엄청난 충격을 받았다. 코로나19의 대유행과 봉쇄가 계속되자 전 세계적으로 고립과 불안이 급

증했고, 스트레스 수준이 치솟았다. 이는 제2차 세계대전 이후로는 우리 세계가 경험하지 못한 거대한 규모의 위기였다.

팬데믹이 막 시작되었을 때 우리는 과거 연구 기록을 찾아보았다. 원년 연구 참가자들이 인생의 큰 위기를 어떻게 극복했는지에 대해 얘기한 내용을 다시 읽어봤다. 그들은 대공황 속에서 자랐고 대부분의 대학생은 제2차 세계대전 당시 군에 복무했다.

그들 대부분은 이런 큰 위기에서 살아남기 위해 자신에게 가장 중요한 관계에 의존했던 것을 기억했다. 전쟁에 나가 싸운 이들은 동료 병사들과의 유대감이 그들의 안전뿐 아니라 정신 건강을 위해서도 얼마나 중요한 역할을 했는지 얘기했다.[130] 전쟁이 끝난 뒤에는 자기가 겪은 경험의 일부라도 아내와 공유할 수 있다는 사실이 얼마나 중요한지 얘기한 이들이 많았다.[131] 사실 그런 일들을 배우자와 공유한 이들이 결혼생활을 유지할 가능성이 더 높았다. 그 힘든 시기에 다른 이들에게서 받은 지원과 나중에 그걸 처리하는 과정은 매우 중요했다. 그리고 오늘날에도 그런 모습을 여기저기서 발견한다.

팬데믹은 우리 삶을 얼어붙게 했고, 우리를 집 안에 가뒀으며, 매일 만나던 친구나 동료들과 멀어지게 했다. 배우자나 아이들과 24시간 같이 있는 것에 동의한 적은 없지만, 어떻게든 견뎌야 했다. 노인들은 자신이 사랑하는 손주들과 1년 이상 떨어져 있게 되리라고는 꿈에도 생각하지 못했다.

융통성이 그 어느 때보다 중요해졌다. 살아남기 위해 서로에게 공간을 내주고 서로를 넓은 마음으로 이해해야 했다. 배우자와 떨어져 있어야 했다면 그건 관계에 문제가 있어서가 아니라 비정상적인 시기여서 그랬을 뿐이다. 안타까운 일이지만 코로나19가 마지막 글로벌 재앙 또는 마지막 팬데믹이 되지는 않을 터다. 이런 일은 앞으로도 계속 닥쳐왔다가 사라질 것이다. 그게 삶의 본질이다.

하버드 연구는 상황이 안 좋을 때는 우리를 지탱해줄 수 있는 관계에 기대는 게 중요하다는 걸 가르쳐준다. 우리 연구에 참여한 가족들이 대공황, 제2차 세계대전, 2008년 대침체기 때 그랬던 것처럼 말이다. 코로나19 팬데믹을 거치는 동안 갑자기 떨어져 지내게 된 사람들은 의도적인 방식으로 연락을 유지했다. 문자 메시지를 보내고, 화상 통화를 하고, 전화를 걸었다. 이런 행위들이야말로 재앙 앞에서도 우리를 지탱해준다. 멀리 있는 친구를 떠올리기만 하는 게 아니라 직접 연락을 취하는 것, 사랑하는 이들에게 인내심을 발휘하고 도움이 필요할 때는 도와달라고 부탁하는 것 말이다. 이건 다음 위기, 그다음 위기 때도 마찬가지일 것이다.

마크와 그의 가족을 살린 독일 가족

마크는 중요한 문제를 헤쳐나가려면 관계가 도움이 된다는 사실을 개인적으로도 잘 알고 있다. 1939년 12월, 어떤 요인이 사람들의 건강을 유지하게 하는지 알아내기 위해 알리 보크는 하버드 대학교 2학년 학생들을 인터뷰하고 있었다.

마크의 아버지 로버트 슐츠Robert Schulz는 당시 열 살이었는데, 자기 누나와 함께 대서양을 횡단하는 여객선을 타고 있었다. 함부르크의 유대인 가정에서 태어난 이들은 나치 독일에서 탈출해 작은 여행 가방 두 개만 든 채 뚜렷한 계획도 없이 미국에 도착했다. 하지만 그들은 살아 있었다. 이들이 목숨을 부지할 수 있었던 한 가지 중요한 이유는 다른 사람들과 깊은 관계를 맺는 마크 할머니의 자연스러운 습관 덕분이었다.

마크의 아버지는 함부르크에서 보낸 목가적인 어린 시절을 기억했다. 아버지(마크의 할아버지)가 젊은 나이에 돌아가셔서 힘든 시기를 헤쳐나가야 했을 때도 그는 가족과 친구들에게 둘러싸여 있었다. 인생은 멋졌다. 가족들이 하는 섬유 사업은 번창했고 그는 체조와 피아노 연주에 열중했다. 마크는 자기 아버지가 함부르크의 아름다움과 도시 중심부에 있는 호수, 어린 시절 주식처럼 먹었던 아몬드 향이 나는 달콤한 독일 과자인 마지판에 대해서 얘기하는 걸 자주 들었다.

로버트는 당시에 아주 근사한 삶을 살았다고 항상 말했다. 그러나 나치가 권력을 강화하고 유대인을 억압하기 시작하면서 상황이 바뀌었다. 로버트의 기억 속에는 그가 아홉 살 되던 해인 1938년 11월의 특히 무서웠던 낮과 밤이 생생하게 새겨져 있다. 훗날 '수정의 밤'Kristallnacht이라고 불리게 된 그 공포의 밤, 주변에 있던 수많은 유대인 가정, 회사, 유대교 회당이 파괴되거나 불에 탔다. 다음 날 게슈타포가 로버트의 학교로 쳐들어와 많은 유대인 교사와 학생을 체포했다.

도시 전역에서 유대인이 강제 추방되거나 구금되고 있을 때, 마크의 할머니는 가까운 친구에게 도움을 청했다. 바로 근처에서 낙농장을 운영하던 독일인 가족이었다. 그들은 마크의 아버지와 다른 가족을 낙농장 지하실에 숨겨주기로 했다. 이런 친절함과 엄청난 행운이 없었다면 그들은 살아남지 못했을 것이다.

아직까지 마크는 독일에 있는 그 가족의 후손들과 계속 연락하며 지낸다. 그 독일 가족도 똑같은 이야기를 하지만 그들은 중대한 위험을 감수하면서까지 친구를 보호하기로 결심한 자기 부모와 조부모의 관점에서 그 얘기를 한다. 그 독일 가족은 그런 친절한 행동을 한 대가로 자기 목숨을 잃을 수도 있었다. 그들이 없었다면 마크는 존재하지 못했을 것이다.

신비롭고 놀랍고 위험한 존재인 인간이 함께 살아간다는 것

우리는 일상 속에서 가끔 이런 질문을 한다. 개인적이거나 세계적인 문제에 직면했을 때, 사람들이 우리에게 상처를 입혔을 때, 우리가 다른 이에게 상처를 줬다는 걸 깨달았을 때… 우리는 어떻게 해야 할까?

인간은 신비롭고 놀랍고 위험한 존재다. 우리는 취약한 동시에 믿을 수 없을 정도로 회복력이 뛰어나다. 우리는 장엄한 아름다움을 만들거나 엄청난 파괴를 할 수 있는 능력을 모두 갖고 있다.

이건 큰 그림, 즉 숲이다. 조금 확대해서 한 사람, 예컨대 여러분의 삶에 초점을 맞춰보면 어떨까? 살면서 생기는 온갖 사소한 사건과 스트레스 그리고 '나는 누구인가'라는 복잡한 문제가 남아 있다. 여러분도 대부분의 사람과 비슷하다면, 가장 사랑하는 사람부터 잘 모르는 사람까지 주변에 있는 이들을 이해하려고 적어도 가끔은 노력할 것이다. 다른 이들과 실제로 관계를 맺고 그들을 이해하고 소통하는 건 어렵다.

사랑하고 사랑받는 것도 어렵다. 사랑을 밀어내지 않으려고 애쓰는 것도 어렵다.

하지만 이런 노력은 기쁨, 새로움, 안전을 가져다줄 수 있고 때로는 목숨을 구하기도 한다. 속도를 늦추고 힘든 상황을 명확하게 파악하려고 애쓰면서 긍정적인 관계를 키워나가면 거친 감정의 파도를 잠재우는 데 도움이 된다. 그 감정이 정치적인 위기에서 비롯된 것이든 전 세계를 돌아다니는 이상한 바이러스 때문이든 가족 바비큐 모임에서 폭발한 분노에서 비롯된 것이든 상관없이 말이다.

처음에 자동으로 튀어나오는 반응만이 우리가 할 수 있는 유일한 대응은 아니다. 얼마든지 다른 대응을 할 수 있다. 이걸 알아야 힘든 도전, 불운, 반복되는 문제, 자신의 실수 속에서도 잠시 멈추고 다시 앞으로 나아갈 길을 계획할 수 있다.

다음 장에서는 지금까지 논의한 아이디어를 특정한 관계에 적용하는 방법을 설명할 것이다. 모든 관계는 저마다 조금씩 다르다. 가족 관계는 업무 관계와 다르고, 업무 관계는 결혼과 다르고, 결혼은 우정과 다르다. 물론 때로는 범주가 겹치기도 한다. 우리의 가족 구성원이 직장 동료일 수도 있고, 형제자매가 가장 친한 친구일 수도 있다. 넓은 범주를 고려하는 것도 도움이 되겠지만, 각각의 관계는 고유하며 그에 맞는 관심과 적응이 필요하다는 걸 기억하자.

다음 장에서는 여러분 옆에 있는 사람과의 관계를 살펴보자.

제7장

당신과 가장 친밀한 사람들과
어떻게 지내는가?

어릴 때는 어른이 되면 더 이상 나약하지 않을 거라고 생각했다.
하지만 어른이 된다는 건 나약함을 받아들이는 것이다.
살아 있다는 건 나약하다는 뜻이다.[132]

_ **매들렌 랭글** Madeleine L'Engle

하버드 연구 설문지, 1979년

5. 우리는 부부 화합의 부침에 매우 관심이 많다. 당신의 가장 긴 결혼생활 또는 유일한 결혼생활을 그래프로 표시하라.

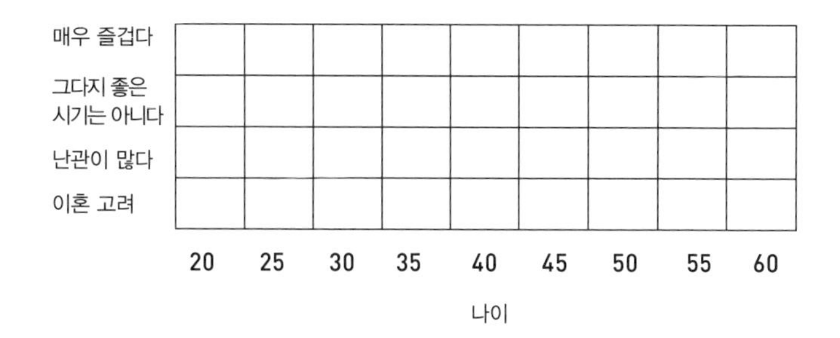

플라톤의 《잔치》에서 아리스토파네스Aristophanes는 인간의 기원에 대해 연설한다.[133] 처음에는 모든 사람이 네 개의 다리와 네 개의 팔, 두 개의 머리를 가지고 있었다고 한다. 그들은 강하고 야심 찬 생물이었다. 제우스는 그들의 무시무시한 힘을 줄이기 위해 몸 가운데 부분을 갈라 둘로 나눴다. 이제 두 발로만 걷는 모든 인간은 자신의 반쪽을 찾고 있다. 플라톤은 "'사랑'이란 일체에 대한 추구와 완전해지려는 욕망을 가리키는 이름이다."라고 말했다. 이 생각은 수천 년이 지난 지금도 반향을 일으키고 있다.

두 개의 반쪽은 어떻게 하나가 될까?

보스턴 빈민가 출신의 연구 참가자 중 한 명인 딜 카슨은 하버드 연구진이 아내에 대해서 묻자 "진은 나의 반쪽입니다."라고 말했다. "우리는 매일 저녁 같이 앉아서 와인을 한 잔씩 마십니다. 일종의 의식인데, 그 시간이 없으면 하루가 완성되지 않는 것 같아요. 우리는 자기 기분이나 지금 일어나고 있는 일들에 대해 얘기합니다. 만약 우리가 말다툼을 했다면 그것에 대해 이야기할 겁니다. 앞으로의 계획이나 애들 얘기도 하지요. 이 시간이 하루를 마무리하고 들쑥날쑥한 일상을 매끄럽게 가다듬어줍니다. 만약 내가 인생을 처음부터 다시 살아야 한다면 추호도 망설이지 않고 같은 여자와 결혼할 겁니다."

'내 반쪽', 하버드 연구 참가자들 중 상당수가 파트너에 대한 질문을 받았을 때 자기감정을 이렇게 표현했다. 플라톤의 말처럼 가장 깊고 가장 긍정적이고 친밀한 관계는 연구 참가자들에게 균형감과 일체감을 안겨줬다.

안타깝게도 행복한 동반자 관계, 행복한 로맨스, 행복한 결혼을 위한 보편적인 공식은 없다. 모든 사람에게 친밀한 교제의 기쁨을 누릴 수 있게 해주는 마법의 열쇠도 없다. 두 개의 '반쪽'이 맞물리는 방법은 문화권마다 다르며, 특정한 관계마다 다르다. 심지어 한 시대에서 다른 시대, 한 세대에서 다른 세대로 넘어가도 관계의 형태는 변한다.

예를 들어 하버드 연구 초기 참가자들은 대부분 삶의 어느 시점이 되면 결혼을 했다. 당시에는 결혼이 가장 수용 가능한 헌신의 표현이었던 것도 이유 중 하나다. 오늘날에는 헌신적인 관계의 다양성이 증가하면서 공식적인 결혼이 점점 줄어들고 있다.[134]

2020년 미국의 경우, 전체 가구의 51퍼센트가 결혼한 부부로 구성되어 있지 않았다. 1950년에는 그 수치가 20퍼센트 정도였다. 그러나 형태가 바뀌었다고 해서 감정까지 바뀐 건 아니다. 인간은 거의 변하지 않는다. 겉보기에 '전통적인' 결혼처럼 보이는 관계 안에도 많은 변화가 있을 수 있으며, 사랑의 형태와 크기는 매우 다양하다.

우리 연구의 대학생 참가자 중 한 명인 제임스 브루어를 예로 들어보자. 그는 인디애나주의 작은 마을 출신인데, 하버드에 처음 들어왔을 때는 똑똑하지만 아직 인생 경험이 없는 순진한 청년이었다. 그는 연구진에게 자기는 '이성애'라는 개념을 이해할 수 없다고 말했다. 그가 생각할 때 아름다움은 아름다움이고 사랑은 사랑인데 하나의 성별하고만 성관계를 맺도록 제한한다는 건 말도 안 되는 일이었다.

그는 남녀 모두에게 매력을 느꼈으며 '다들 그렇게 느끼는 게 아니란 말인가?'라며 의아해했다. 제임스는 처음에는 친구와 동료 학생들에게 이런 생각을 개방적으로 털어놨다. 하지만 사람들의 저항과 편견에 부딪히기 시작하자 그때부터는 자신의 성적인 면을 숨겼다.

대학을 졸업한 직후 그는 서로 깊이 사랑하는 사이인 메리안과 결혼했다. 그들은 아이들도 낳고 함께 충만한 삶을 살았다. 그러나 결혼한 지 31년 만인 1978년, 메리안은 유방암에 걸려 57세의 나이로 사망했다. 연구진이 제임스에게 그들의 결혼생활이 그렇게 오래 지속된 이유가 무엇 때문인 것 같냐고 묻자 그는 이렇게 썼다.

> 우리의 결혼생활이 계속 이어진 이유는 아주 많은 것을 서로 공유했기 때문이다. 그녀는 좋은 책의 중요한 부분을 내게 읽어줬다. 우리는 성과 왕, 양배추, 다른 많은 것들에 대해 얘기했다.[135] 우리가 본 것들에 대한 메모를 서로 비교했다. … 우리는 함께 식사하고, 함께 여러 곳을 둘러보고, 함께 자는 걸 좋아했다. … 우리의 파티, 우리가 연 최고의 파티는 두 사람만을 위한 즉흥 파티였다. 종종 서로를 놀라게 하려고 그런 파티를 열곤 했다.

메리안이 사망하고 3년 후, 하버드 연구의 인터뷰 진행자가 제임스의 집을 방문했다. 제임스는 인터뷰 진행자가 와 있는 동안 새들이 지저귀는 소리가 들리는 밝은 방으로 들어가면서 자기를 따라오라고 했다. 창문 옆에 새장이 몇 개 있고, 방 한가운데에는 밧줄 격자 몇 개와 인공 나무가 있었다. 그가 새장을 열고 먹이를 주자 새들이 그에게 날아와 앉았다.

그는 인터뷰 진행자에게 아내가 키우던 새들이었다고 말했다. 하지만 여전히 깊은 슬픔에 잠겨 있었던 탓에 그는 아내의 이름조차 제대로 말하지 못했다. 현재의 연애생활에 대해 묻자 제임스는 짧은 연애를 몇 번 해봤고, 많은 사람이 그를 동성애자라고 생각하며, 지금은 연애를 하지 않지만 가능성을 포기하지는 않았다고 말했다. "결국 누군가가 다가와서 내 마음을 어루만져줄 거라고 생각합니다."

다른 이를 사랑해본 사람이라면 누구나 알고 있듯이, 친밀한 관계를 추구하는 데는 위험이 따른다. 사랑하고 사랑받는 기쁨에 마음을 열면 동시에 상처 입을 위험도 생긴다. 다른 사람과 더 가깝게 느낄수록 더 취약해진다. 하지만 우리는 계속해서 그 위험을 감수한다.

이번 장에서는 친밀감의 심오한 끝과 친밀한 관계가 웰빙에 미치는 영향을 깊게 파고든다. 여러분은 자신의 개인적인 경험의 렌즈를 통해 우리가 제시하는 내용을 살펴보게 될 것이다. 그리고 친밀한 관계에서 겪은 성공과 어려움의 이면에 존재하는 몇 가지 비밀을 밝혀낼 수 있을 것이다. 하버드 연구 참가자들의 삶이 보여주는 것처럼 자신의 감정을 인식하거나 이해하도록 애써보자. 그리고 그런 감정이 친밀한 파트너에게 어떤 영향을 미치는지 알면 여러분의 삶에 미묘하면서도 광범위한 변화가 일어날 것이다.

친밀한 사이에서도 마음을 열지 못하는 사람

우리는 수십 년 동안 연구 참가자와 그들의 파트너에게 친밀감에 관한 다양한 질문을 반복적으로 던졌다. 덕분에 관계의 시작부터 끝까지 애정, 긴장, 사랑 같은 감정의 고유한 궤적을 전부 확인할 수 있었다. 우리가 살펴본 내용에는 짧고 불같이 뜨거운 관계부터 길고 생기 없는 관계 그리고 그 사이의 모든 관계가 망라되어 있다. 그 중간쯤 해당되는 관계를 하나 살펴보자.

조셉 시치와 그의 아내 올리비아는 1948년에 결혼해서 59번째 결혼기념일 직후인 2007년, 올리비아가 세상을 떠날 때까지 계속 결혼생활을 유지했다. 그들의 결혼은 강력한 동반자 관계와 두 사람이 평생 서로를 지원하는 방식의 전형이라 할 수 있다. 하지만 그들의 동반자 관계는 또 다른 이유로도 전형적이다. 바로 완벽과는 거리가 멀었다.

오랜 세월에 걸쳐 연구진이 조셉의 상태를 확인할 때마다 그는 자기 삶이 만족스럽다고 보고했다. 그에게는 좋아하는 직업과 세 명의 멋진 자녀, 아내와의 '평화로운' 관계가 있었다. 2008년에 그들의 딸 릴리에게 어린 시절을 되돌아보라고 하자, 그녀는 자기 부모가 세상 어떤 부부보다 차분한 관계를 유지했다고 말했다. 릴리는 그들이 말다툼을 벌인 기억이 단 한 번도 없다고 했다.

조셉도 오랫동안 연구진에게 이와 비슷한 얘기를 했다. 그는 마흔여섯 살 때인 1967년에 "나는 세상 누구보다 남들과 사이좋게 지낼 수 있는 사람입니다."라고 의기양양하게 말했다. 그는 아내 올리비아를 있는 그대로 사랑한다면서 바꾸고 싶은 부분이 하나도 없다고 했다. 아이들도 다른 사람들을 대할 때와 똑같이 존중하는 태도로 대했고, 아이들이 요청할 때는 적절히 지도했지만 그들을 통제하지는 않았다. 사업가로 일할 때는 상황에 대한 자신의 견해를 얘기하기 전에 남들의 의견에 귀를 기울이려고 최선을 다했다. "유일하게 효과적인 설득 방법은 공감하는 것입니다."라고 조셉은 말했다.

이 철학은 사는 동안 내내 조셉에게 유용했다. 그는 사람들의 이야기를 듣고 그들의 경험을 배우는 걸 좋아했다. 우리는 다른 사람의 감정과 생각을 이해하는 게 관계에 유익하다고 주장해왔는데, 조셉은 아주 훌륭한 예다. 그러나 조셉은 가까운 이들과의 관계에서는 문제가 조금 있었다. 관심이 부족했고 경청 능력도 모자랐다. 조셉은 아주 가까운 사람들, 심지어 사랑하는 이들에게도 마음 여는 걸 두려워했다. 여기에는 그의 아내 올리비아도 포함된다.

"우리 결혼생활에서 가장 큰 스트레스는 갈등이 아닙니다." 조셉은 연구진에게 이렇게 말했다. "그녀가 내 내면으로 들어오는 게 내키지 않습니다. 바로 그것 때문에 올리비아가 느끼는 좌절감이 문제입니다. 아내는 거절당한 기분이라고 하더군요." 올리비아는 이 문제가 얼마나 염려스러운지 솔직하게 말했기 때문에 조셉도 그녀의 걱정에 대해 잘 알고 있었다. 그리고 올리비아가 "그는 제대로 알기가 정말 어려운 사람이에요."라는 말을 자주 한다고 연구진에게도 몇 차례 얘기했다. "난 혼자서도 충분한 사람입니다. 나의 가장 큰 약점은 누구에게도 기대지 않는다는 거죠. 원래부터 그런 사람이었습니다."

조셉은 다른 사람들을 잘 이해하기 때문에 그들이 자기를 어려워한다는 것도 알아차렸고 이 점에 대해 얘기할 수 있었다. 하지만 내면 깊숙이 뿌리를 내린 핵심적인 두려움은 이겨내지 못했다. 이런 두려움은 생각보다 많은 사람이 느끼는 것이다. 그는 남들에게 짐이 되거나 완전히 독립하지 못했다는 기분을 느끼고 싶지 않았다.

조셉은 훗날 하버드에 다니긴 했지만 가난한 집에서 태어났다. 어린 시절 가족 농장에서 말이 끄는 쟁기를 혼자 조작하며 쉬지 않고 일하는 동안 자급자족의 가치를 배웠다. 그의 어머니와 아버지는 농장에서 각자 맡은 일을 하느라 바빴기 때문에 조셉은 어릴 때부터 혼자서 자신을 돌봐야 했다. 그는 어른이 된 뒤에도 자기가 직면한 문제는 무엇이든 간에 스스로 해결해야 한다고 믿었다. 그리고 그게 너무 익숙해서 잘못된 태도라고 여기지 않았다.

2008년, 50대였던 그의 딸 릴리는 연구 인터뷰 진행자에게 자기는 지금도 아버지의 이런 철학이 개탄스럽다고 말했다. 그녀의 아버지는 필요할 때면 언제나 실질적인 지원을 해줬기에 그녀는 낮이든 밤이든 항상 그에게 의지할 수 있다고 느꼈다. 그리고 실제로도 릴리는 그에게 의지했다. 조셉은 딸이 괴로운 결혼생활과 인생의 가장 힘든 시기를 이겨내도록 도와줬다. 하지만 릴리는 자기가 아버지를 완전히 안다고 느낀 적이 한 번도 없다.

조셉은 일흔두 살 때 아내와의 관계를 묻는 질문을 받자, 결혼생활은 안정적이지만 둘 사이에는 단절감도 있었다고 말했다. "우리를 갈라놓을 수 있는 건 아무것도 없습니다. 하지만 우리는 애초에 하나로 묶여 있지 않았습니다."

조셉은 젊을 때부터 자신의 삶에서는 평화를 유지하는 것과 자급자족하는 것, 이 두 가지가 무엇보다 중요하다고 결정했다. 그에게는 자신의 삶과 가족의 삶이 안정적인 게 무엇보다 중요했다. 이것이 잘못된 건 아니다. 대부분의 기준에서 볼 때 그의 삶은 꽤 훌륭했다. 그는 가족을 사랑했고 그들은 모두 서로에게 충실했다. 조셉은 자기가 안전하다고 느끼는 방식으로 삶을 영위했고, 그런 방식이 갈등을 예방했다는 점에서는 분명 효과가 있었다. 의견 차이가 거의 없는 결혼생활을 하는 것도 나쁘지 않다. 하지만 '항상 평화로운 분위기'를 유지하는 데 따르는 대가는 무엇일까? 조셉은 자신의 내적 경험을 철저히 보호하고 남들과 공유할 부분을 조심스럽게 골랐다. 마음을 활짝 열만큼 대담하지 않았기 때문이다. 어쨌든 그것이 조셉과 올리비아가 더 친밀해지는 것을 방해했고 그 관계의 이점을 전혀 누리지 못하도록 가로막은 것으로 보인다.

주변에 이런 사람이 있을 것이다. 그렇다고 그들이 남에게 신경 쓰지 않는 건 아님을 기억해야 한다. 하지만 적어도 올리비아는 불완전한 느낌을 받았다. 친밀감의 핵심은 상대방을 알고 상대방도 '나를 안다'는 기분이기 때문이다. 사실 '친밀감'intimacy이라는 말은 '알리다'를 뜻하는 '인티마레'intimare라는 라틴어에서 유래했다. 상대방에 대한 친밀함은 낭만적인 사랑의 특징이지만 그 이상이기도 하다. 그건 인간 경험의 전형적인 부분이며 우리가 첫 키스를 하기 훨씬 전, 결혼을 생각하기 훨씬 전인 인생의 초창기부터 시작된다.

생존을 위해 아이들이 보이는 애착 유형

우리는 태어나는 순간부터 다른 사람들과 육체적으로나 정서적으로 밀접한 관계를 추구하기 시작한다. 생존을 위해 다른 사람에게 의지해야 하는 무력한 생명체로 삶을 시작하기 때문이다. 유아기에 접하는 거의 모든 것이 매우 새롭고 잠재적으로 위험하기 때문에 태어난 첫날부터 적어도 한 명 이상의 사람과 강한 유대감을 형성하는 게 필수다.

어머니나 아버지, 조부모, 이모들 가까이에 있으면 안심이 되고 위험을 피할 은신처도 얻을 수 있다. 자라는 동안 두려운 상황이 닥쳤을 때 안전하게 갈 수 있는 곳이 있다는 걸 알면 안전지대 너머의 세상을 탐험할 수 있다. 대개 어린아이가 처한 상황은 단순하고 명확하다. 이 시기는 인간이 정서적으로 연결될 때 어떤 점들이 기본이 되는지 관찰할 수 있는 좋은 기회다. 유아기 아이들을 관찰함으로써 우리는 긴밀한 감정적 유대에 관한 핵심적인 진실 몇 가지를 발견할 수 있다.

1970년대에 심리학자 메리 에인스워스Mary Ainsworth는 아기들이 주변 세상이나 자기가 가장 의지하는 사람들에게 어떻게 반응하는지 알아내고자 했다. 그리고 실험실 절차를 고안했다. '낯선 상황'이라고 하는 실험이다. 이는 수십 년에 걸쳐 매우 유용하다는 사실이 증명되어 50년도 더 지난 오늘날에도 여전히 연구에 사용되고 있다. 핵심 요소는 다음과 같이 작동한다.

보통 생후 9~18개월 사이의 아기를 주 양육자와 함께 장난감이 있는 방으로 안내한다. 방에서 잠깐 양육자와 교류하며 장난감을 가지고 노는 동안 낯선 사람이 방에 들어온다. 낯선 사람은 처음에는 다른 일을 하면서 아기가 자신의 존재에 익숙해지도록 한 다음, 아기와 연결을 시도한다. 잠시 뒤 양육자가 방에서 나간다. 이제 아이는 낯선 사람과 함께 낯선 곳에 있게 된다. 아이와 친밀감을 느끼는 사람은 아무도 없다. 대부분의 아이는 즉시 불편한 기색을 보이면서 울기 시작한다.

잠시 뒤 양육자가 돌아온다. 그다음에 일어나는 일이 실험의 핵심이다. 아이가 낯선 상황에서 스트레스를 받고 있을 때 양육자가 돌아왔다. 비록 잠깐이지만 연구진이 의도적으로 아이의 안전감과 연결감을 방해했기 때문에 아이는 그 감각을 다시 복구해야 한다. 이때 아이는 어떻게 반응할까? 아이가 생존을 위해 자기가 의지하는 사람과 연결을 유지하려는 방식, 즉 '애착 유형'은 아이가 양육자와 자신을 어떻게 바라보고 있는지를 드러낸다.

안정적인 애착이 형성되지 않은 사람들의 불안 회피

우리는 자기에게 필요한 사람과 연결을 유지하는 특별한 방법이 있다. 애착 유형은 유아기를 이해하는 데 도움이 될 뿐만 아니라 우리가 평생 관계를 관리하는 방법을 알아내는 데도 도움이 된다.

양육자가 곁을 떠나면 아이들이 화를 내는 게 정상이고 실제로 건강하고 잘 적응된 아이는 이렇게 행동한다. 양육자가 돌아오면 아이는 즉시 접촉을 시도하고, 일단 접촉한 뒤에는 마음을 진정시키고 평정을 찾는다. 아이는 자신의 양육자를 사랑과 안전의 원천으로 여기고 또 자기는 그런 사랑을 받을 '자격'이 있다고 느끼기 때문에 이렇게 '재회'했을 때 접촉하려 한다. 이런 애착 행동을 보이는 아이는 '안정 애착'이 형성된 것으로 간주한다.

그러나 안정적인 애착을 느끼지 못하는 아이들은 불안 표현과 회피라는 두 가지 방법을 통해 불안정한 상태에 대처한다. 불안감이 심한 아이는 양육자가 돌아오면 즉시 접촉을 시도하지만 불안감을 달래는

데 어려움을 겪는다. 반면 회피 아동은 겉으로는 양육자의 존재에 무관심한 것처럼 보인다. 그들은 양육자가 방에서 나가도 겉으로는 힘들어하는 모습을 거의 보이지 않고, 양육자가 돌아와도 위로를 구하지 않을 수 있다. 심지어 재회 중에 양육자를 외면하기도 한다. 부모들은 아이의 이런 반응을 보고 아이가 자기에게 관심이 없다는 의미로 받아들일지도 모른다.

하지만 이런 경우 겉모습은 속임수일 수 있다. 애착을 연구하는 이들은 회피 성향의 아이들도 양육자가 자기 곁을 떠나면 신경을 쓰지만, 양육자에게 너무 많은 요구를 하지 않는 법을 배웠다는 이론을 제시했다. 그 이론에 따르면, 이런 아이들은 자기가 사랑을 요구해도 사랑을 받을 수 없으며, 오히려 양육자가 자기를 멀리할 수도 있다는 걸 감지했기 때문에 이렇게 행동한다는 것이다.

실생활에서 아이들은 반복적으로 다양한 '낯선 상황'을 겪는다. 예를 들어 아침에 어린이집에 갔다가 저녁에 부모가 데리러 오는 등의 상황 말이다. 이런 상황을 통해 미래의 관계에 대한 기대가 형성된다. 아이들은 다른 사람이 얼마나 도움이 될 것인지에 대한 감각과 자기가 얼마나 지원을 받을 자격이 있는지에 대한 판단력을 발달시킨다.

성인의 삶은 몇 가지 근본적인 면에서 현실적이고 매우 복잡한 형태의 '낯선 상황'이라고 할 수 있다. 부모와 떨어져 있는 아이들처럼 우리도 안정감, 심리학자들이 '안전한 애착 기반'이라고 하는 걸 갈망한다. 아이는 엄마가 방에 없을 때 위협을 느낄 수 있고 어른은 건강 검진 결과에 위협을 느낄 수 있다. 둘 다 누군가 그들을 위해 곁에 있다고 느끼면 도움이 된다.

애착 안정성은 성인을 위한 스펙트럼에도 존재하며 애착 관계가 완전히 안정되지 않은 이들이 많다. 어떤 사람은 스트레스를 받을 때 다른 이에게 매달리지만 자기가 원하는 편안함을 잘 찾지 못한다. 조셉 시치 같은 사람은 다른 이에게 짐이 되면 그들이 떠나버릴지도 모른다는 두려움 때문에 친밀한 접촉을 피한다. 아니면 자기가 사랑받을 만한 사람이라는 걸 확신하지 못하는 걸 수도 있다. 그럼에도 우리에게는 연결이 필요하다. 나이가 들수록 삶은 더 복잡해지지만 **안전한 관계를 통해 얻을 수 있는 이익은 삶의 모든 단계에서 계속된다.**

제1장에 나온 헨리 킨과 로자 킨은 안정적인 관계를 맺은 두 사람의 빛나는 본보기다. 그들은 자녀 중 한 명이 소아마비를 앓거나, 헨리가 직장에서 해고되거나, 본인들의 죽음에 직면하는 등 힘든 일을 함께 겪을 때마다 서로에게서 도움과 위로, 용기를 구할 수 있었다.

아이와 어른 모두 순서는 거의 비슷하다. 스트레스나 어려움이 안정감을 해치면 우리는 그 감각을 회복하려고 한다. 운이 좋으면 가까운 사람들에게 위안을 얻으면서 안정감을 되찾고 평온한 상태로 돌아갈 수 있다. 하지만 그러지 못한 사람도 있다.

하버드 연구진과의 마지막 인터뷰에서 헨리와 로자는 부엌 식탁에 앉아 미래의 건강 문제나 그들 자신의 죽음에 관한 힘든 질문에 대답했다. 그러면서 계속 서로를 향해 손을 뻗었다. 그들은 인터뷰 내내 손을 꼭 잡고 있었다. 파트너의 손을 잡는 아주 간단한 제스처는 성인이 친밀한 애착의 세계로 들어가는 유용한 입구다. 안정적인 애착 관계를 형성한 아이가 '낯선 상황'에서 양육자를 찾고 포옹으로 위로를 받으면 생리적, 심리적 이점을 누릴 수 있다.[136] 아이의 몸과 감정이 진정되고 평온해진다. 어른들도 마찬가지일까? 누군가 우리 손을 잡으면 정확히 무슨 일이 일어날까?

애정 어린 접촉은 약물만큼 강한 효과를 발휘한다

제임스 코언James Coan은 우연히 애착 연구의 세계로 뛰어들었다. 그는 외상 후 스트레스 장애(플래시백, 악몽, 충격적인 사건에 대한 걱정 등이 특징인 정신 건강 상태)를 앓는 사람들의 뇌에서 무슨 일이 일어나는지 알고 싶었고, 단서를 찾기 위해 뇌를 스캔했다. 그는 환자들의 뇌 활동을 잘 이해해서 새로운 치료법을 고안해 그들의 고통이 완화될 수 있기를 바랐다.

그의 연구 참여자 중 한 명은 치열한 전투 경험을 가진 베트남 전쟁 참전 용사였다. 그런데 그는 아내가 곁에 없는 상태에서 연구에 참여하는 걸 거부했다. 코언은 그가 꼭 참여하기를 바랐기 때문에 기꺼이 편의를 봐줬고, 그의 아내는 남편이 fMRI(뇌 스캐닝) 기계에 누워 있는 동안 옆에 있을 수 있었다.

fMRI 기계는 소리가 시끄럽기 때문에 검사가 시작되자 그 남자는 동요했고 검사를 중단하고 싶어 했다. 옆에 앉아 있던 아내가 그의 동요를 감지하고 본능적으로 남편의 손을 잡았다. 이것이 진정 효과를 발휘했고 그는 검사를 계속 받을 수 있었다.

코언은 이 효과에 흥미를 느꼈다. 그리고 이때 일어난 일에 대한 신경 증거를 찾을 수 있는지 알아보려고 PTSD 연구가 마무리된 뒤 새로운 뇌 영상 연구를 진행했다. 새로운 실험 참가자들을 fMRI 기계에 눕히고 슬라이드 두 개 중 하나를 보여줬다. 빨간색 슬라이드는 그들이 약한 전기 충격을 받을 확률이 20퍼센트라는 걸 의미했고, 파란색 슬라이드는 전기 충격을 받지 않을 거라는 뜻이었다.

참가자들을 세 개 그룹으로 나누었다. 첫 번째 그룹은 실험 중 방에 아무도 없었다. 두 번째 그룹은 전혀 모르는 사람의 손을 잡았다. 세 번째 그룹은 배우자의 손을 잡았다. 그 결과는 매우 명확했다. 친밀한 사람과 손을 잡은 참가자의 경우, 뇌의 공포 중추 활동이 진정되고 불안감이 줄었다. 그러나 가장 주목할 만한 사실은 친밀한 사람과 손을 잡고 있으면 참가자들이 전기 충격을 받을 때 느끼는 고통의 양이 실제로 감소했다는 점이다. 낯선 사람의 손을 잡아도 어느 정도 효과가 있긴 했지만, 친밀한 파트너의 효과는 실로 놀라웠다.

친밀한 파트너 혹은 만족스러운 관계를 맺고 있는 사람의 손을 잡으면 두려움과 고통이 정말 눈에 띄게 줄어들었다. 이 실험을 통해 코언은 의료 시술 중에 사랑하는 사람의 손을 잡으면 가벼운 마취제와 같은 효과가 생긴다는 결론을 내렸다. 연구 참가자들의 관계가 실시간으로 몸에 영향을 미친 것이다.[137]

감정은 관계의 깊이를 나타내는 일종의 지표

인간관계는 우리 내면에 살고 있다. 자신에게 중요한 사람을 떠올리기만 해도 각종 호르몬과 화학 물질이 생성되고 그것이 혈액을 타고 이동해 심장과 뇌, 다른 많은 신체 기관에 영향을 미친다.[138] 이런 효과는 평생 지속된다. 제1장에서 얘기한 것처럼 조지 베일런트는 하버드 연구 데이터를 이용해서 50세에 느낀 결혼생활의 행복이 50세 때의 콜레스테롤 수치보다 노년기의 신체 건강을 예측하는 데 더 유용하다는 걸 알아냈다.

코언은 실험실에서 친밀한 관계가 뇌에 미치는 영향을 분석했다. 하지만 우리는 첫 데이트를 하거나 주차장에서 파트너와 말다툼을 벌일 때 자신을 fMRI 기계에 집어넣을 수 없다. 아직은 말이다. 다행히 나이에 상관없이 모든 친밀한 애착 관계의 뿌리에는 우리가 관심만 기울여도 접근할 수 있는 다른 진단 도구가 있다. 바로 '감정'이다.

인생의 모든 상황에서 느끼는 감정은 우리에게 중요한 문제가 있다는 신호이며 특히 친밀한 관계에서는 그게 잘 드러난다.[139] 잠깐 시간을 내서 겉으로는 단순해 보이는 '우리 감정'을 조사해보자. 그러면 관계의 표면 아래를 들여다볼 수 있는 능력처럼 매우 귀중한 삶의 도구를 개발할 수 있다. 감정은 우리의 소망과 두려움, 다른 사람들의 행동에 대한 기대, 우리가 파트너를 지금과 같은 방식으로 바라보는 이유 등에 숨어 있는 진실을 알려준다.

이런 식으로 생각해보자. 스쿠버 다이버들은 깊은 물속으로 들어갈 때 손목에 수심 표시기를 찬다. 하지만 그들은 자기 몸으로도 깊이를 느낄 수 있다. 깊이 들어갈수록 압박감이 심해지기 때문이다.

감정은 관계의 깊이를 나타내는 일종의 지표다. 우리는 평소에는 삶의 표면 근처에서 헤엄을 치면서 파트와 상호작용을 하고 일상적인 삶을 영위한다. 근본적인 감정의 흐름은 어두운 물속 깊은 곳에 묻혀 있다. 그러다가 긍정적이든 부정적이든 강한 감정을 느끼면 더 깊은 곳에 있는 뭔가가 드러난다. 갑자기 감사의 마음이 끓어오르거나 오해를 받은 것에 대한 분노가 솟구치는 등의 감정 말이다.

W.I.S.E.R. 상호작용 모델(제6장)에서 제안한 것처럼 이런 순간이 닥쳤을 때 잠시 멈춰서 상황을 주시하고 해석하려고 노력해보자. 그러면 감정의 휘둘림에서 벗어나 자기에게 중요한 것과 파트너에게 중요한 것을 더 명확하게 볼 수 있다.

공감과 애정을 많이 표현하는 커플이 오래 간다

파트너와의 상호작용 중에 우리가 느끼고 표현하는 감정은 얼마나 중요한가? 감정이 관계의 강도와 지속적인 파트너십의 가능성을 드러낼 수 있을까?

우리는 초기에 진행한 공동 연구에서 감정과 관계 안정성 사이의 연관성을 조사했다.[140] 결혼했거나 동거하는 커플을 연구실로 오게 해서 최근 자신들의 관계에서 화가 난 사건에 대해 얘기하는 모습을 8~10분간 녹화했다. 그리고 나중에 각 파트너가 구체적인 감정(애정, 분노, 유머 등)과 행동('파트너의 관점 인정' 등)을 얼마나 많이 표현했는지를 기준으로 동영상을 평가했다.

우리는 특히 심리학 교육을 많이 받지 않은 연구 조교들에게 이 동영상에 드러난 감정을 평가해보도록 했다. 훈련받지 않은 관찰자들, 타인의 감정을 인식하는 그들의 타고난 능력이 관계의 안정성을 예측하는 데 도움이 될까?

5년 뒤 연구에 참여했던 커플들이 어떻게 지내는지 확인하기 위해 연락해봤다. 일부 커플은 여전히 함께였고 일부는 헤어진 상태였다. 그들의 현재 관계 상태를, 상호작용에서 드러난 감정을 보고 우리 연구 조교들이 작성한 예전의 평가 자료와 나란히 배치했다. 그러자 조교들의 평가가 어떤 커플이 계속 함께하는지를 거의 85퍼센트의 정확도로 예측했다는 걸 알 수 있었다.

이건 파트너 사이의 감정이 친밀한 관계가 번성하는지 실패하는지 나타내는 중요한 지표임을 증명한 다른 많은 연구 결과와 일치한다. 심리학에 대한 특별한 지식이 없는 평가자들이 관계의 강도를 정확하게 예측할 수 있었다는 건 무엇을 의미할까? 이는 대부분의 성인이 감정을 정확하게 읽어내는 능력이 있다는 걸 보여주기 때문에 의미가 크다.[141]

대부분의 평가자는 아직 깊고 장기적인 관계를 경험하지 못했지만, 커플을 자세히 살펴본 결과 중요하고 때로는 미묘한 그들의 감정과 행동을 감지할 수 있었다. **감정은 관계를 주도하므로 이를 알아차리는 게 중요하다.**

그러나 모든 유형의 감정이 관계의 건강성을 똑같이 예측하는 건 아니다. 특히 중요한 감정이 있는데, 우리 연구에서는 두 가지 범주의 감정이 두드러졌다. 바로 '공감'과 '애정'이다.

파트너와 속상했던 일에 대한 얘기를 나누면서 더 애정 어린 감정을 표현한 남녀는 5년 뒤에도 함께할 확률이 높았다. 남자들의 공감 어린 반응도 중요했다. 남자가 파트너의 감정에 귀를 기울일수록 상대를 이해하는 데 더 많은 관심을 보였고, 파트너의 관점을 인정할수록 커플이 계속 함께 지낼 가능성이 높았다. 이런 결과는 공감 노력의 중요성에 대한 연구 결과(제5장에서 얘기한)와 더불어 친밀한 관계에 대한 중요한 견해를 보여준다.

커플이 애정과 공감을 기반으로 해 더 노력한다면, 다시 말해 호기심을 갖고 상대의 말을 경청하려는 의지를 키울 수 있다면 그들의 유대는 더 안정되고 오래 지속될 것이다.

차이에서 오는 갈등, 피하는 게 능사일까?

온갖 일들 때문에 친밀한 관계에도 격하고 힘든 감정이 생길 수 있다. 심지어 긍정적인 감정도 사람을 힘들게 할 수 있다. 깊은 사랑은 우리에게 중요하기 때문에 그만큼 상실에 대한 크나큰 두려움에 시달린다. 하지만 관계에서 감정이 격해지는 가장 흔한 이유 중 하나는 파트너들 사이의 단순한 차이 때문이다. 차이가 있는 곳에 불일치가 생기고, 불일치가 존재하는 곳에 종종 감정이 발생한다.[142]

처음에는 차이가 두드러지면 걱정스러울 수 있다. 새로운 관계에 대한 초기의 흥분과 행복감이 약해지면 파트너의 우려스러운 부분이 눈에 들어오기 시작할지도 모른다. 때로는 의견 차이가 너무 커서(아이를 가질 것이냐 말 것이냐 같은) 이 관계가 두 사람에게 적합한지를 다시 고려해봐야 할 수도 있다.

그러나 대부분은 작은 차이이다. 그저 의견 조정이 필요한 탓에 실제보다 크게 느껴지는 것뿐이다. 둘 중 한 명은 스트레스를 받을 때 농담하는 걸 좋아하는 반면 다른 한 명은 힘들 때는 전혀 웃고 싶지 않을 수도 있다. 한 명은 새로운 식당을 탐험하는 걸 좋아하고 다른 한 명은 집에서 요리하는 걸 선호할 수도 있다.

이런 차이가 눈에 띄기 시작하면 위협을 느끼기 쉽다. 결혼했거나 동거 중이라면 항상 꿈꿔왔던 구체적인 삶이 위기에 처한 것처럼 느껴질 수도 있다. 하지만 되돌리기에는 너무 멀리 왔다. 갇힌 듯한 기분이 들거나 다음과 같은 생각을 하기 시작할 수도 있다.

내 파트너는

이기적이다

무식하다

부도덕하다

하자가 있다

그리고 그런 차이는 성장 배경이나 가족 때문에 생겨서 단단히 뿌리를 내린 문제처럼 보이기도 한다. 이건 두 사람이 얼마나 양립하기 힘든지를 보여주는 증거다.

심리학자 댄 와일Dan Wile은 《신혼여행이 끝난 뒤》After the Honeymoon라는 책에 다음과 같이 썼다.

> 신혼여행이 끝났다. 그 말은 우리가 잠시 황금빛으로 빛나는 사랑의 황홀경 속에 살다가 갑자기 잠에서 깬 것처럼 슬픔의 짐을 지고 있다는 얘기다. 초반에 사랑의 열병을 앓게 했던 안개가 걷히자 이제 파트너의 진짜 모습이 보인다. 그 즉시 '오, 안돼! 이 사람이 내가 평생을 함께해

야 할 사람이라고?'하는 생각이 든다.

이런 감정에 직면하면 둘 사이의 차이를 피하거나 줄이는 게 우리의 목표라고 생각한다. 조셉 시치는 어려움을 최소화하는 데 달인이었다. 그는 갈등을 피하고 균열을 없애기 위해 최선을 다하면서 평생을 살았다. 그건 갈등을 줄이는 면에서는 효과가 있었다. 하지만 갈등을 피한 결과 감정적인 친밀감이 부족한 결혼생활을 하게 되었다.

그렇다면 문제는 이것이다. 갈등 없는 원만한 관계가 풍요롭고 만족스러운 친밀감으로 향하는 길은 아니다. 하지만 갈등이 종종 스트레스를 유발하는 것 또한 사실이다. 그렇다면 어떻게 해야 하는가? 이와 관련해 좀 더 자세히 살펴보자.

커플끼리도 댄스를 추듯 스텝을 맞추며 적응해야 한다

밥과 그의 아내 제니퍼는 결혼 초기에 매주 한 번씩 데이트하는 날을 정해 사교댄스 수업에 참석했다. 수업에 온 다른 커플들은 대부분 약혼한 상태였고 결혼식 날 출 춤을 위해 수업을 들었다. 심리학자인 제니퍼는 한 수업에서 이런 생각을 했다. 각 커플이 함께 춤추는 방식이 그들의 관계가 어떤지 보여주는 창이 될 수 있을까?

관계에 발생한 새로운 문제처럼 새로운 춤 동작도 처음에는 어색할 때가 있고, 커플들이 스텝을 배워서 서로에게 적응하려면 시간이 걸린다. 보통은 한쪽이 상대방보다 동작을 빨리 익히거나 타고난 댄서다운 모습을 보이지만, 대개 둘 다 실수를 저지르면서 배워나간다. 그들이 춤추는 모습을 보면 어떤 커플이 실수를 받아들이고 용서할 수 있는지 알 수 있을까? 춤추는 과정에서 문제를 해결하는 스타일을 보면 그들이 5년 뒤에도 여전히 함께할지 예측할 수 있을까?

춤도 그렇지만 **"직접 해보면서 배워야 한다."**는 오래된 격언은 인간관계에 특히 적합한 말이다. 사람들 사이에는 기브 앤 테이크, 흐름, 역류가 있다. 루틴, 단계, 임기응변도 있다. 가장 중요한 건 실수와 잘못이 있다는 것이다.

댄스 플로어에 처음 발을 디딘 날부터 프레드 아스테어Fred Astaire와 진저 로저스Ginger Rogers처럼 매끄럽게 춤을 출 수 있는 커플은 없다. 실제로 프레드와 진저도 그렇게 되기까지 많은 연습이 필요했다. 두 파트너 모두 차차 배워나가야 한다. 실수는 결코 실패가 아니고 함께 춤추는 게 불가능하다는 신호도 아니다.

실수는 그저 발을 '거기'가 아닌 '여기'에 디뎌야 한다는 걸 배울 수 있는 기회다. 내 파트너가 '이쪽'으로 가고 싶어 하니 난 그와 함께 갈 것이다. 이제 내가 '저쪽'으로 가고 싶으니까 그가 나와 함께 움직이는 법을 배워야 한다. 물론 실수도 하고 두 사람의 동작이 서로 맞지 않는 순간도 있다. 하지만 중요한 건 두 댄스 파트너가 서로에게 반응하는 방식이다.

인생에서도 마찬가지다. **결국 가장 중요한 건 관계에서 발생하는 문제가 아니라 그걸 어떻게 관리하느냐다.**

수면 아래 놓인 서로의 진짜 감정을 볼 기회

필자인 마크와 밥이 수십 년간 커플 심리 치료를 하면서 알게 된 한 가지 사실이 있다. 친밀한 관계의 사람들은 종종 의견 불일치로 기회를 놓친다는 점이다. 이런 일은 항상 일어난다. 커플이 첫 번째 상담을 받으러 올 때, 둘 중 한쪽은 자기들이 왜 그곳에 왔는지를 매우 명확하게 알고 있다. 그리고 대부분 상대방을 공공연하게 비난한다.

저 사람은 물건을 잘 버리지 못한다.

그녀는 분노 문제를 해결하려 노력해야 한다.

그는 자기가 맡은 집안일을 하지 않는다.

그녀는 절대 밖에 나가려고 하지 않는데, 나는 집 안에 앉아 있는 걸 좋아하지 않는다.

그는 섹스에 집착한다(혹은 섹스에 관심이 없다).

'문제'가 무엇이든 그들이 말하려는 의미는 분명하다. **내 파트너는 고쳐야 할 부분이 있다.** 하지만 대부분의 경우 그들의 관계 속에는 커플이 인정하지 않는 더 깊고 복잡한 긴장감이 존재한다. 그 긴장을 발견하려면 자기성찰과 대화, 이 두 가지가 모두 필요하다.

커플 심리 치료를 할 때는 두 사람 사이에 의견 충돌과 차이가 있다는 걸 가정하고, 이걸 인식하고 이해하기 위해 노력해야 한다고 권한다. **의견 차이와 거기에 수반되는 감정은 표면 아래에 숨겨진 중요한 진실을 밝혀내므로 이는 관계를 활성화시킬 수 있는 기회다.**

두 사람의 삶은 복잡성 때문에 서로 잘 맞지 않는 부분이 포함되어 있을 수밖에 없다. 주변을 깨끗이 유지해야 한다고 생각하는데 더러운 그릇이 싱크대 안에 쌓여 있는 걸 보면 순간적으로 짜증이 나기도 한다. 혹은 여러분이 스마트폰만 들여다보고 있다고 파트너가 화를 내는 경우도 있을 테고, 두 사람 중 한 명이 종종 늦어서 말다툼이 벌어질 수도 있다.

"당신은 치약 뚜껑을 제대로 닫아놓는 법이 없잖아!" 어떤 파트너가 이런 불평을 한다. 그런데 그 상황에 맞지 않는 지나치게 격한 감정적 무게가 실려 있는 경우도 있다.

아무리 사소한 것이라도 반복되는 말다툼 때문에 생기는 격한 감정은 아주 심각한 문제로 귀결되곤 한다. 다음 중에 익숙한 내용이 있는지 살펴보자.

당신은 나를 신경 쓰지 않아.
내가 당신보다 더 열심히 하잖아.
당신을 믿어도 될지 모르겠어.
당신을 잃게 될까 봐 두려워.
당신은 내가 부족한 사람이라고 생각하잖아.
당신은 나를 있는 그대로 받아들이지 않아.

파트너와 자신이 품고 있는 두려움과 걱정, 취약한 감정을 파악하기 위해 둘 사이의 의견 충돌로 생기는 감정을 꼼꼼히 살펴보는 건 결코 쉬운 일이 아니다. 우선 표면 아래에서 실제로 일어나는 일을 놓치고 있을지도 모른다는 가능성을 고려해야 한다. 우리는 자신을 보호하려는 본능이 있기 때문에 자기가 뭘 하는지도 깨닫지 못한 채 성급하게 결론을 내리는 경향이 있다. 누군가 우리에게 물건을 던지면 움찔하거나 손을 위로 쳐드는 것처럼 무거운 감정이 느껴지면 움찔거리면서 섣부른 판단을 내리곤 한다.

난 치약 뚜껑에 신경 써본 적이 없는데, 당신은 왜 그걸로 귀찮게 구는 거야? 당신은 너무 예민해!

바로 이런 식이다. 의견 충돌과 그에 따르는 감정을 면밀히 살펴보기보다는 강경한 입장을 취하면서 판단하고 파트너가 너무 예민한 게 문제라는 단정적 결론을 내려버린다. '사소한' 의견 충돌부터 사랑과 관계의 가장 큰 문제에 이르기까지 모든 상황에서 즉각적으로 이런 판단을 한다.

예를 들어 조셉 시치는 자신의 해석에 너무 몰입한 나머지 아내가 어떤 경험을 하는지 총체적으로 볼 수 없었다. 그는 마음을 열지 않으려는 자신의 태도가 아내를 괴롭힌다는 걸 알고 있었다. 하지만 자기 생각이 옳다고 이미 결론을 내린 상태였다. 그가 생각하기에 자기는 아내가 그의 개인적인 감정에 대해 듣는 수고를 덜어주고 있었다. 자기감정을 털어놓으면 아내와의 평화로운 관계가 위태로워질 거라고 생각했다. 그는 아내를 잃고 싶지 않았기에 감정을 차단했다.

하지만 그런 취약성에서 보호하려는 노력이 실은 그의 아내가 느끼는 취약성의 원인이 되고 있었다. 아이러니하게도 말이다. 결국 그녀 입장에서는 세상에서 가장 가까운 사람인 남편이, 그녀가 그를 필요로 하는 만큼 자기를 필요로 하지 않는 것처럼 느껴졌다.

조셉 시치는 **'내가 감정을 더 솔직하게 털어놓는다면 우리 관계에 어떤 의미가 있을까?'** 같은 질문을 결코 하지 않았다. 사람들은 누구나 자기만의 취약점이 있고, 그에 대한 두려움과 걱정 때문에 자신을 보호하기 위해 의견 충돌을 외면한다. 그 감정을 마주하는 건 쉽지 않지만 파트너와의 의견 충돌은 그런 감정을 드러내줄 잠재력을 갖고 있다.

친밀한 관계가 흔들리면 삶 전반이 흔들린다

2세대 연구 참가자들이 자기 인생에서 가장 힘든 순간을 언제로 꼽았을까? 대체로 그 순간은 친밀한 관계와 관련이 있었다. 깊고 친밀한 관계는 본질적으로 매우 취약한 상황을 만든다. 친밀한 두 사람이 조화를 이루면 아주 멋진 효과가 나타날 수 있다. 하지만 관계가 흔들리면 극심한 감정적 고통, 배신감, 비판적 자기성찰을 유발한다. 2세대 참가자 중 한 명인 에이미는 연구진에게 이렇게 말했다.

> 내 첫 남편은 텍사스 출신인데 우리는 애리조나에서 만난 뒤 그곳으로 이사했다. 우리는 작은 마을에서 딸들을 키우며 살았지만, 남편은 댈러스에서 일했기 때문에 가끔 그곳에서 밤을 보내야 했다. 어느 날 한 친구가 전화를 해서는 내 남편이 다른 친구와 친밀한 관계를 맺는 걸 봤다고 말했다. 남편은 바람 피운 걸 인정했다. 그 일 때문에 크게 좌절했지만, 한편으로는 혼자 힘으로 계속 살아갈 수 있다고 확신했다.
>
> 딸들과 함께 피닉스로 가서 2년 동안 이모, 이모부와 살았다. 남편과의

> 관계가 끝난 이유를 되돌아보면서 내가 텍사스로 이사한 뒤 전보다 덜 재미있고 덜 흥미로운 사람이 된 게 아닐까 하는 생각이 들기 시작했다. 그건 젊은 여자로서의 내 자신감에 상당한 타격을 입혔다. 내가 누군가에게 전부가 될 수 있을까? 혹시 내가 '아내'로서 필수적인 기능이 부족한 걸까?

누군가와 친밀한 동반자 관계를 맺으면 자신을 위험에 노출시킨다. 그 사람과의 관계를 중심으로 삶을 구축할 정도로 누군가를 신뢰하면 그가 일종의 쐐기돌이 된다. 그래서 그와의 관계가 불안정해지면 우리 삶의 전체적인 구조까지 불안정하게 느껴질 수 있다. 그건 무서운 상황이다.

친밀한 관계도 관심과 보살핌으로 성장한다

부부는 종종 돈이나 자원뿐만 아니라 자녀, 친구, 가족과의 관계도 공유한다. 그 관계가 실패할 경우 삶의 다른 부분에까지 도미노 효과가 일어날까 봐 엄청나게 걱정되고, 그런 걱정은 자신에 대한 인식에까지 스며들 수 있다. 에이미가 그랬던 것처럼 우리는 파트너로서 자신의 적합성에 대해 궁금해한다. 그리고 다른 사람의 요구를 충족시킬 능력이 있는지에 대해서도.

예전에 상처를 받은 적이 있다면 중요한 관계를 완전히 신뢰하지 못할 수도 있다. 누군가와 수십 년 동안 함께했더라도 여전히 자신을 보호할 필요성을 느낄 수 있다. 상처받지 않도록 말이다.

상호적인 취약성은 더 강력하고 안전한 관계로 이어질 수 있다. 파트너가 서로를 신뢰하고 자신의 취약한 부분을 드러낼 수 있어야 한다. 잠시 멈춰서 자신과 파트너의 감정을 알아차리고 편안한 마음으로 두려움을 공유하는 능력은 부부가 구축할 수 있는 가장 강력한 관계 기술 중 하나다. 이를 통해 스트레스도 많이 해소할 수 있다. 두 파트너 모두 실제보다 강해지기 위해 에너지를 모으지 않고도 필요한 지원을 받을 수 있기 때문이다.

하지만 강하고 믿을 수 있는 유대감을 구축하더라도 우리는 여전히 위기에서 벗어나지 못할 것이다. **아무리 좋은 관계라도 쉽게 붕괴될 수 있기 때문이다. 나무가 자라려면 물이 필요하듯이 친밀한 관계도 살아 있는 존재라서 인생의 계절이 지나가는 동안 혼자 힘으로는 성장할 수 없다. 우리의 관심과 영양이 계속 필요하다.**

친밀한 동반자 관계가 건강에 미치는 지속적인 영향

> 사랑은 가장 빠른 것처럼 보이지만 성장하는 모든 것 중에서 가장 느리다. 결혼한 지 25년이 되기 전까지는 어떤 남녀도 완벽한 사랑이 무엇인지 제대로 알지 못한다.
>
> _ 마크 트웨인

수십 년에 걸쳐 관계를 발전시키면 놀라운 일이 일어날 수 있다. 반면에 가장 중요한 관계를 소홀히 하면 삶은 고립과 외로움으로 점철될 수 있다. 이 두 가지 경로를 설명하기 위해 1세대 하버드 연구 참가자인 레오 드마르코와 존 마스덴의 사례로 다시 돌아가 보자. 레오는 우리 연구에서 가장 행복한 사람 중 한 명이고, 존은 가장 불행한 사람 중 한 명이다.

성인이 된 이후 레오와 아내는 거의 모든 시간을 함께해왔다. 그들의 관계에는 애정, 호기심, 공감, 힘든 감정과 문제를 회피하기보다 마주하려는 의지 등 우리가 만족스러운 관계의 핵심 요소라고 말한 것들이 많이 포함되어 있다.

예를 들어보자. 1987년 레오의 아내 그레이스는 연구진에게 이렇게 말했다. 자기네 부부는 얼마나 많은 시간을 함께 보내야 하는지, 성관계를 얼마나 많이 해야 하는지, 얼마나 자주 집을 떠나 있어야 하는지 등 몇 가지 부분에서 서로 의견이 일치하지 않는다고 했다.

서로 의견이 다를 때 그들은 어떻게 했을까? 그레이스는 그것에 대해 얘기를 나눴다고 했다. 대화를 통해 상대방이 어떤 생각을 하는지 알게 됐고, 차이를 받아들이거나 문제를 해결했다. 그리고 또 하나 중요한 건 그들이 이 과정을 애정으로 떠받쳤다는 점이다.

존 마스덴의 아내 앤은 똑같은 설문지에 그레이스와 다른 반응을 보였다. 그녀도 종종 존과 의견이 다르다고 말했다. 하지만 그들의 관계를 가장 좀먹은 건 둘 사이의 애정 부족이었다. 앤은 애정이 더 필요하다고 생각했고, 존도 애정이 더 있어야 한다고 여겼다. 하지만 그들은 애정을 채우기 위해 무엇을 어떻게 해야 하는지 알지 못했고 그 문제에 대해 대화를 나누지도 않았다. 존은 아내에게 속마음을 거의 털어놓지 않았으며 앤도 마찬가지였다. 연구진은 앤에게 두 사람이 떨어져 있을 때 함께 있기를 바란 적이 있느냐고 물었다. 앤은 "거의 없다."고 대답했다.

이들의 결혼에서 드러나는 서로 다른 감정적 패턴은 레오와 존의 노년기까지 수십 년 동안 지속되었다. 우리는 2004년 레오의 집 거실에서 인터뷰하는 장면을 녹화했다. 인터뷰 진행자는 중간에 이런 질문을 했다.

"부인과의 관계를 설명하는 단어를 다섯 개 말해주실 수 있나요?"

레오는 잠시 머뭇거리면서 적절한 단어를 고르려고 몇 차례 시도한 끝에 다음과 같은 단어들을 말했다.

위안
도전적
혈기왕성
충만함
아름다움

비슷한 시기에 미국의 다른 지역에 사는 존 마스덴도 자기 개인 서재에서 인터뷰를 진행했다. 녹화된 영상을 보면 그는 책이 가득 꽂혀 있는 참나무 책장에 둘러싸여 있고, 그의 오른쪽에 있는 밝은 창문 바깥으로는 정원이 내다보였다. 그도 똑같은 질문을 받았다. "부인과의 관계를 설명하는 단어를 다섯 개 말해주실 수 있나요?" 의자에 앉아 있던 존은 불편한 듯 자세를 바꿨다.

"이게 음, 그러니까 이게 필수 질문인가요?" 존이 물었다.

인터뷰 진행자는 "필수라고는 하지 않겠습니다."라고 대답했다.

"다섯 개나 떠오를지 모르겠네요."

"그냥 최선을 다해주세요."

존은 방을 한번 둘러본 뒤 다음과 같은 단어들을 술술 읊었다.

긴장

냉담함

무시

편협함

고통

대부분의 사람이 맺는 관계는 이 두 극단 사이의 어딘가에 위치한다. 그러나 이 두 관계에서는 친밀감의 질이 선명하게 대조를 이루는 걸 볼 수 있다. 감정적인 문제에 직면하는 것과 그걸 피하는 것, 애정과 냉담함, 공감과 무관심이 대조를 이룬다.

코언의 손잡기 연구와 재니스-글레이저의 상처 치유 연구를 잠시 떠올려보자. 이들은 다음과 같은 두 가지 중요한 결과를 보여준 많은 연구 가운데 일부다. 첫째, 신뢰할 수 있으며 친밀한 파트너의 존재는 스트레스를 감소시킨다. 둘째, 스트레스는 우리 몸의 치유 능력에 영향을 미칠 수 있다.

물론 레오와 존의 말년 건강이 그들이 가장 가까운 관계에서 느낀 애정의 양과 얼마나 관계가 있는지 정확하게 알 수는 없다. 하지만 우리는 레오가 말년까지 신체 활동이 왕성했고 존은 오랫동안 심하게 아팠다는 사실을 알고 있다. 그들이 맺은 관계가 이런 건강 상태의 유일한 이유는 아니겠지만, 레오가 나눈 사랑은 건강을 유지할 가능성을 확실히 증가시켰다.

반면 존이 가장 가까운 관계에서 느낀 고통과 거리감은 그에게 도움이 되지 않았을 것이다. 그들의 아내도 마찬가지다. 그들의 관계는 이들 부부가 살아가는 동안 느낀 행복, 생활 만족도, 신체 건강에 극적인 영향을 미친 게 거의 확실하다. 이건 하버드 연구에 계속해서 등장하는 이야기다.

친밀한 관계의 만족도는 삶의 만족도로 이어진다

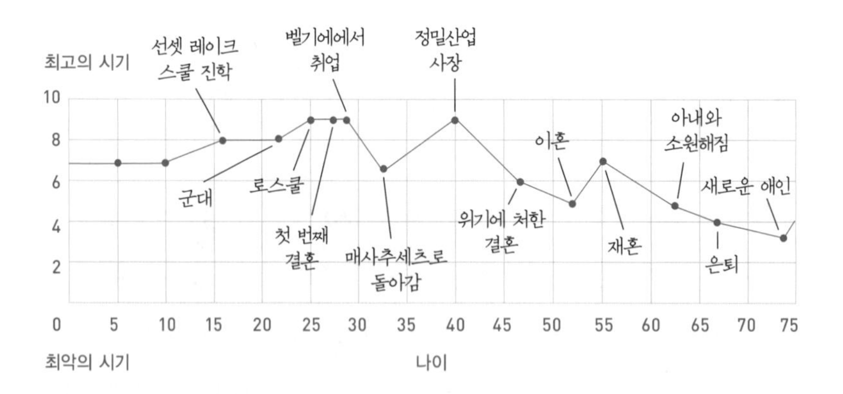

위의 그래프는 1세대 연구 참가자인 샌더 미드가 70대 후반에 자기 삶을 돌아보면서 작성한 것이다. 그래프 왼쪽의 눈금은 '최고의 시기'부터 '최악의 시기'까지의 등급을 나타내고, 하단의 눈금은 각각의 사건

이 벌어진 당시 참가자의 나이를 가리킨다. 다른 연구 참가자들과 마찬가지로 삶에 대한 샌더의 만족도가 크게 변화한 시기는 그의 관계에 변화가 생긴 시기와 일치했다. 47세 '위기에 처한 결혼', 52세 '이혼', 55세 '재혼'처럼 말이다.

샌더가 그린 그의 인생 지도는 하버드 연구와 다른 많은 연구 프로젝트의 핵심적인 교훈을 그대로 보여준다. **관계, 특히 친밀한 관계는 삶의 특정한 순간에 우리가 얼마나 만족하는지에 중요한 역할을 한다.**[143]

우리 삶에서 일어나는 모든 변화는 친밀한 동반자 관계에 스트레스를 유발할 수 있다. 결혼 같은 긍정적인 변화도 스트레스가 될 수 있다.[144] 예를 들어 젊은 부부는 부모가 되었을 때 발생하는 관계 문제에 놀라는 경우가 많다. 가족생활이 즐겁게 시작되어야 할 시기가 의견 충돌과 난관의 지뢰밭이 되고 거기에 피로와 걱정까지 더해진다. 처음 부모가 된 이들은 종종 전에 없던 말다툼을 벌이기 시작한다. 스트레스가 심해지고 파트너에게 제대로 된 지지를 받지 못한다고 느끼는 경우도 많다.

이건 완전히 정상이다. 우리 연구를 비롯한 많은 연구는 아이가 태어난 후에 부부의 관계 만족도가 떨어지는 일이 종종 있다는 걸 보여준다.[145] 그건 관계가 곤경에 처했다는 뜻이 아니다. 아기를 돌보는 건 매우 어려운 일이며, 한때 부부 관계에 쏟았던 시간과 관심의 상당 부분을 아기에게 돌려야 한다. 그래서 부부가 아기를 낳은 뒤 어느 정도 어려움을 겪는 건 당연하다.

하버드 연구에서 평생 동안의 관계를 면밀히 추적한 결과 친밀한 관계의 중요한 전환점이 또 있었다. 바로 아이들이 둥지를 떠나는 순간이다. 자녀들이 집을 떠나고 나면 결혼 만족도가 잠재적으로 증가한다는 '빈 둥지 부스트'에 관한 일화가 많다. 하지만 우리 연구는 이런 전환점을 비롯해 수십 년에 걸친 관계 변화를 추적할 수 있는 데이터를 보유한 몇 안 되는 연구 중 하나다. 부부 수백 쌍의 결혼생활을 조사한 결과, 우리는 막내가 열여덟 살이 될 무렵부터 파트너들의 관계 만족도가 눈에 띄게 증가하기 시작한다는 걸 알아냈다.

심지어 부부 관계가 별로 밀접하지 않았던 조셉 시치도 이런 만족도 상승을 경험했다. 하버드 연구 데이터를 이용하면 평생에 걸친 결혼 만족도 궤적을 그릴 수 있는데 이는 옆에 보이는 조셉의 그래프와 비슷하다. 각각의 수직 점선은 자녀의 출생을 나타내고, 회색 음영은 조셉과 올리비아가 18세 미만의 자녀들을 키우던 시기를 나타낸다. 진한 색의 수직선은 막내딸 릴리가 대학에 입학한 해를 표시한다.

연구에 참여한 남성들의 경우 이런 빈 둥지 부스트는 부부의 결혼 만족도를 넘어서는 중요성을 갖는다. 실제로 우리는 빈 둥지 부스트의 크기(부부마다 다르다)가 참가자들이 얼마나 오래 살지를 예측한다는 걸 발견했다. 자녀들이 집을 떠난 뒤에 관계 만족도가 많이 증가할수록 수명이 더 길었다.

친밀한 관계는 노년기에 특히 중요해진다. 나이가 들수록 더 많은 신체적 문제를 겪기에 새로운 방식으로 서로에게 의존할 수 있어야 한다. 연구에 참여한 남녀가 70대 후반과 80대 초반이 되었을 때, 파트너에게 더 안정적인 애착을 느끼는 사람일수록 기분이 좋고 의견 충돌이 적다고 보고했다. 2년 반 뒤에 다시 확인했을 때도 안정 애착을 형성한 이들은 자기 삶에 더 만족하고 우울한 기분을 덜 느꼈으며 아내들은 기

시간 변화에 따른 조셉 시치의 결혼생활 만족도

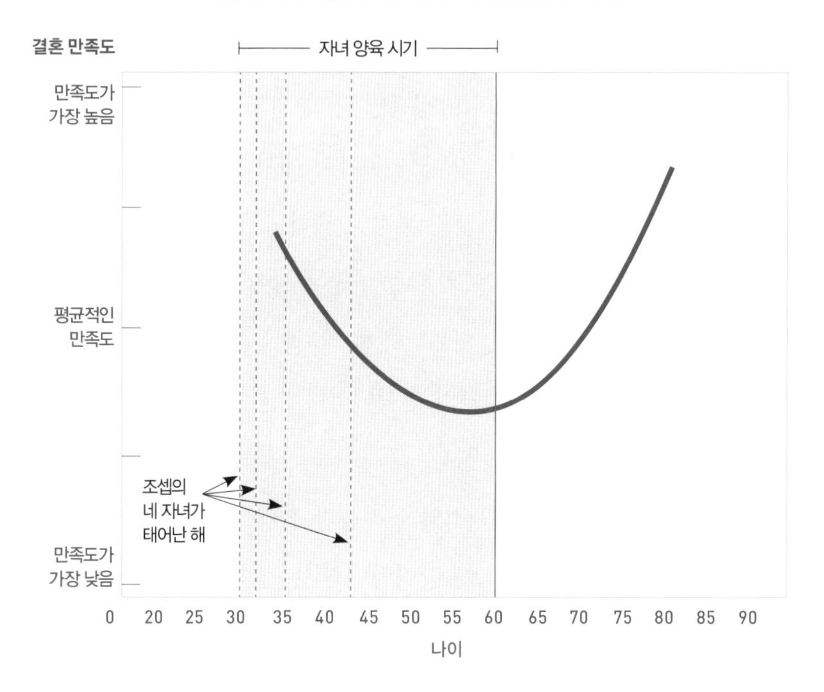

억력이 더 좋은 것으로 나타났다. 이런 자료들은 관계가 우리 몸과 뇌에 영향을 미친다는 또 다른 증거다.

취약함을 공유할 파트너, 행복과 절망을 가르는 차이

친밀한 관계를 맺고 있는 개인들이 노년기에 어떻게 변화에 적응하고 서로에게 의지하는지 보여주는 스펙트럼을 살펴보자. 레오 드마르코와 존 마스덴은 이번에도 반대쪽 끝에 있다. 그들이 80대 때 실시한 인터뷰에서 우리는 그들 두 사람에게 다음과 같은 질문을 했다.

아내와 관련 없는 일 때문에 속이 상하거나 슬프거나 걱정이 되면 어떻게 하는가?

레오의 대답은 파트너와의 안정적인 애착 관계에서 온기를 느끼는 사람의 특징을 잘 보여준다. "아내에게 가서 얘기할 겁니다. 그건 매우 자연스러운 수순이에요. 그 일을 혼자 간직하고 있지는 않을 겁니다. 그녀와는 어떤 비밀도 없이 모든 걸 털어놓는 사이니까요."

반면 존의 대답은 달랐다. 파트너에게 의지하는 걸 피함으로써 취약성에 대처하는 법을 배운 사람의 전형이었다. "혼자만 알고 있을 겁니다. 어려움을 참고 견뎌야죠."

노년기는 많은 사람이 신체적인 어려움과 질병을 겪는 시기다. 어떤 사람에게는 다시(또는 처음으로) 간병인이 되는 걸 의미하고, 어떤 사람에게는 남의 간병을 받아들이는 방법을 배우는 걸 의미한다. 친밀한 관계에서 안정감을 느낀다는 건 어려울 때 파트너를 도울 수도 있고 파트너에게 의지할 수도 있다는 뜻이다.

손을 뻗어 스스로 자기 신발 끈을 묶을 수 없다거나 의자에서 일어서는 데 도움이 필요하다는 사실을 깨달으면 충격을 받을 수 있다. 우리 곁에 자신의 가장 깊은 취약성을 공유할 수 있는 사람이 있다는 건 절망과 행복을 가르는 핵심적 차이가 된다. 몸이 아플 때는 우리의 옹호자이자 대변인, 조직자, 우리의 손이나 눈이나 귀… 심지어 기억이 되어줄 누군가가 필요하다. 반대로 그런 옹호자가 되려면 분명히 자기희생이 따르지만 이것도 만족감의 원천이 될 수 있다.

간단히 말해서 함께 스트레스에 대처할 수 있는 커플은 건강, 웰빙, 관계 만족도 면에서 이익을 얻는다.

‘나의 반쪽’에게 지워진 너무도 무거운 짐

1996년에 나온 〈제리 맥과이어〉Jerry Maguire라는 로맨틱 코미디 영화에서 톰 크루즈가 르네 젤위거에게 한 대사는 너무도 유명하다. 그 말에는 플라톤이 제시한 사랑의 개념이 담겨 있다. **“당신은… 나의 부족한 부분을 채워주는 반쪽이에요.”**

많은 사람이 파트너가 ‘내 반쪽’이 될 수 있다는 ‘느낌’을 느낀다. 하지만 실제로 양쪽 파트너에게 필요한 걸 모두 제공하는 친밀한 관계는 극소수뿐이다. 파트너가 나를 채워주길 기다리다 보면 좌절감을 느끼게 되고 긍정적이었던 관계가 무너지기도 한다.

심리학자 엘리 핀켈Eli Finkel은 《괜찮은 결혼》이라는 책에서 결혼에 대한 우리의 기대가 비현실적으로 변했으며, 이것이 20세기에 이혼율이 급격히 증가한 이유 중 하나라고 주장한다.

1850년 이전의 결혼은 본질적으로 생존을 위한 동반자 관계였다. 1850년부터 1965년 사이에 동반자 관계와 사랑에 대한 기대치가 높아지는 쪽으로 결혼의 중심이 옮겨갔다. 21세기에는 경제와 문화의 여러 가지 요소가 융합되면서 친밀한 관계에 대한 기대가 더욱 높아졌다. 요즘 사람들은 자기 지역사회 일에 별로 참여하지 않으며, 일 때문에 다른 곳으로 이주하는 경우도 많다.

이동이 늘어났다는 것은 자기 가족들 가까이에 사는 사람이 적어졌다는 뜻이다. 안정적인 친구 그룹을 만들 수 있을 만큼 한곳에 오래 머무는 사람이 별로 없다. 그렇다면 이 모든 공백을 누가 메워주리라고 기대하게 될까? 바로 우리 옆에 있는 사람이다.

무의식적으로 파트너가 돈과 애정, 섹스를 제공해주고 가장 친한 친구까지 되어주길 기대하는 이들이 많다. 그들이 조언을 해주고 대화 상대가 되어주고 우리를 웃게 해주길 바란다. 우리가 최고의 모습이 될 수 있게끔 도와주길 바란다. 우리는 파트너에게 이런 걸 해달라고 요구할 뿐만 아니라, 본인도 상대에게 이런 걸 제공할 수 있으리라 기대한다. 하지만 이런 일은 운 좋은 소수의 사람들에게만 해당할 뿐이고 대부분의 관계에서는 거의 불가능하다. 소수만이 이런 높은 기대치가 합리적으로 잘 충족되는 관계를 맺을 수 있다.

어째서 우리의 친밀한 관계가 이렇게 많은 기대에 짓눌리게 된 걸까? 어쩌면 그 이유는 관계 자체보다 우리 삶의 다른 부분에서 연결이 줄어드는 것과 관련이 있다. 잘 아는 친구나 가족하고만 누릴 수 있는 즐거움이 있으며 개인적인 관심사, 취미, 열정을 추구할 때만 느끼는 만족감이 있다.

한데 이런 것들을 누리지 못할 때 그 욕구를 채우기 위해 파트너에게 지나치게 의지하는 경우가 있다. 친밀한 관계가 주변의 다른 관계와 기대에 어긋난 일을 전부 빨아들이는 스펀지처럼 변하는 것이다. 인생의 다른 부분과 다른 관계에 관심을 기울여야 할 때도 갑자기 옆에 있는 사람에게 트집을 잡게 된다. 이런 잘못된 기대는 서로에게 큰 타격을 입힐 수 있다.

연구 결과는 명확하다. 친밀한 관계는 우리 몸과 마음을 지탱하는 놀라운 원천이 될 수 있지만, 그 관계가 할 수 있는 일에는 한계가 있다. 우리 관계가 성공할 수 있도록 최선의 기회를 보장하고 싶다면 삶의 다른 부분을 잘 유지해서 그 관계를 지원해야 한다. 파트너가 실제로 우리의 반쪽일 수도 있지만, 그들의 힘만으로는 우리를 완전하게 만들 수 없다.

파트너와 인생길을 잘 걸어가는 법

> 더 많이 사랑하는 것 외에는 사랑을 치료할 방법이 없다.[146]
>
> _ 헨리 데이비드 소로Henry David Thoreau

이 장에서 논의한 내용을 자신의 삶과 어떻게 연관시킬지 생각할 때, 다음과 같은 방법을 이용해서 관계를 원하는 방향으로 유도하는 걸 고려해보자.

파트너가 친절한 순간을 '포착하자'. 가장 최근에 파트너에게 고마움을 느꼈던 일은 무엇인가? 그가 만들어준 저녁 식사? 그녀가 등을 문질러준 일? 아니면 파트너에게 벌컥 짜증을 냈는데 그가 마음에 담아두지 않아서 고마웠을 수도 있다.

그런 작은 행동에 주목하자. 연구에 따르면 꾸준히 감사 일기를 쓰면서 고마움을 느꼈던 순간과 그때의 일을 명확하게 기록해두는 것은 매우 효과적이다. 하지만 일기를 쓰지 않아도 괜찮다. 파트너의 작지만 기분 좋은 행동을 그냥 알아차리고 떠올리는 것만으로도 긍정적인 영향을 미칠 수 있다고 한다.

실망스러운 일에 더 관심을 기울이는 일반적인 함정에 빠지지 마라. 파트너의 친절한 모습을 '포착'하는 것은 관계에서 힘을 얻는 간단하면서도 강력한 방법이다. 파트너에게 감사를 표하면 그 영향력이 더 커진다. 애초에 우리가 파트너와 관계를 맺게 된 이유가 있고, 그들이 지금 우리의 삶을 더 기분 좋게 만들어주는 이유가 있다. 이런 이유를 기억하고 말하는 게 좋다. 인정받는 건 기분 좋은 일이다.

오래된 루틴에서 벗어나자. 일상을 살아가다 보면 우리 관계가 전혀 흥미롭지 않은 반복적인 주기에 갇혀 있는 것처럼 느껴지기 시작할 수 있다.

매일 밤: 저녁 식사와 TV 시청.

매일 아침: 커피와 오트밀.

매주 일요일: 잔디를 깎고, 식료품점에 가고, 매번 똑같은 요리 만들어 먹기.

평소와 다른 걸 시도해보자. 아침 식사를 침대로 갖다주는 등 파트너를 놀라게 할 계획을 세우자. 어쩌면 몇 년 동안 함께 동네 산책을 한 적이 없을지도 모른다. 저녁을 먹은 뒤 일상적인 루틴에 빠져들지 말고 산책을 하면서 밖에 뭐가 있는지 살펴보자. 매주 데이트하는 날을 정해두고 둘이 번갈아가면서 하고 싶은 일을 선택하자. 놀라운 일도 좋다면 처음 하는 새로운 활동으로 파트너에게 의외의 즐거움을 줄 수도 있다.

우리는 다들 습관과 일상에 젖어든다. 그건 정상이다. 하지만 너무 기계적으로 움직이다 보면 하루를 보내는 동안 파트너에게 거의 관심을 기울이지 않게 된다. 이런 일상을 두드려 우리 마음이 새로운 것들을 깨닫게 하면, 파트너를 새로운 방식으로 인식하고 인정하는 데 도움이 된다. 그것은 또한 파트너에게 그들이 우리에게 중요한 존재라는 신호를 보낸다.

W.I.S.E.R. 모델을 사용해보자. 의견 충돌이 일어날 경우, 제6장에서 설명한 W.I.S.E.R. 모델을 활용해서 파트너와 기술을 공유하는 걸 고려해보자. '지켜보기'와 '해석' 단계는 특히 친밀한 관계에 유용하다. 감정적인 상황에 처했을 때 시간을 들여 자신과 파트너를 관찰하자. 그러면 우리가 어떤 감정을 느끼는 이유를 보다 명확하게 파악할 수 있다. 혼란스러운 순간에 잠시 정적이 찾아오면 관계의 표면 아래에 있는 흙탕물을 맑게 하는 데 도움이 된다.

파트너에게서 마음에 안 드는 어떤 부분을 발견할 경우 성급하게 반응하지 말고 잠시 지켜보면서 자신의 반응과 생각에 주목하자. 그런 다음 자신의 감정을 해석하면서 무슨 일이 일어나고 있는지 이해하려고 노력하자. 그리고 자신에게 다음과 같은 질문을 던져봐야 한다. **이 문제가 내게 중요한 이유는 무엇인가? 내 생각은 정확히 뭔가? 이런 생각은 어디서 나온 것인가? 자라면서 가족에게 배운 것인가? 전에 만났던 사람들에게서 배운 것인가? 종교 훈련에서 강조했던 것인가?**

그리고 더 어려운 부분이 나온다. 파트너의 입장이 되어보려고 노력하는 것이다. **내 파트너는 왜 이렇게 강한 반응을 보이고, 왜 이런 식으로 행동하고, 왜 이런 생각을 하는 걸까? 이게 내 파트너에게 중요한 이유는 무엇이고, 내 파트너는 그걸 어디서 배웠을까? 그 문제는 어디에 기인한 걸까?**

때로는 까다로운 주제로 대화를 시작하는 것이 어렵고 새로운 방향으로 상호작용하는 것도 어렵다. 오래된 불만은 깊게 흐르는 경향이 있다. 파트너에게 그 주제에 대해 얘기하는 게 불안하다고 말하는 것만으로도 좋은 시작점이 될 수 있다. 이런 경우에 도움이 되는 추가적인 기술이 몇 가지 있다.

하나는 '숙고적 경청'이라는 것이다. 이 방법은 파트너가 하려는 말을 정확하게 들을 수 있게 도와준다. 우리가 관심을 갖고 있으며 공감하기 위해 노력한다는 걸 보여준다. 이 일은 다음과 같은 식으로 진행된다.

첫 번째로는 **논평하지 않고 듣는다.**

그런 다음 자기 판단을 섞지 말고 파트너가 말한 내용을 그대로 전달한다. 바로 이게 어려운 부분이다. 이런 식으로 시작하면 된다.

________________________**라고 말한 것 같은데, 맞아?**

두 번째 기술은 파트너가 어떤 감정을 느끼거나 그렇게 행동하는 이유를 어느 정도 이해하는 것이다. 이는 그 자체로도 도움이 될 뿐 아니라 숙고하면서 경청하는 태도를 훨씬 가치 있게 만든다. 이때의 목표는 파트너가 깨닫지 못한 걸 깨달은 자신의 탁월함과 능력을 과시하는 게 아니다. 여러분이 그걸 알고 있다는 사실을 파트너에게 전하는 게 핵심이다.

상대방이 그런 식으로 느끼거나 행동하는 게 타당하다는 걸 알리고, 공감과 애정의 기반을 키우자. 예를 들어 여러분은 이렇게 말할 수 있다. **"당신이 이 문제에 그렇게 격한 감정을 느끼는 건 이해해…."** 그런 다음 이런 식으로 말을 이어간다. **"당신은 친절한 태도를 엄청 중요하게 생각하니까."** 아니면 **"당신이 어릴 때 가족에게 이런 일이 있었다고 했잖아."**

세 번째 유용한 방법은 심리학자들이 '자기 거리두기'라고 부르는 것이다. 대화에서 조금 뒤로 물러나 마치 다른 사람을 보는 것처럼 자기 경험을 바라본다. 자신이 하는 생각을 알아차리고, 쉽게 변하는 덧없는 생각이라고 여길 수도 있다. 이건 마음챙김과 공통점이 많은 기술이며 심리학자 이선 크로스Ethan Kross와 오즈렘 에이덕Ozlem Ayduk이 이 방법의 유용성을 증명하는 연구를 많이 진행했다.[147]

힘든 대화를 시작하거나 상황이 어려워질 때 파트너와 함께 이 방법을 활용해보자. 감정적으로 버티거나 속도를 늦추거나 혹은 여러분이 이해하려고 노력하고 있다는 걸 파트너에게 보여주는 데 도움이 된다.

특정한 관계에 효과가 있는 자기만의 방법을 고안하는 걸 두려워하지 말자. 화가 나거나 패배감 또는 두려움이 느껴지면 그게 신호라는 걸 기억하자. 그런 순간에 파트너에게 손을 내밀어야 한다. 표면 아래를 보려고 노력하고, 파트너도 여러분과 마찬가지로 전투를 치르고 있다는 걸 기억해야 한다. 우리는 자신의 고유한 강점과 약점을 관계에 끌어들인다. 각자가 느끼는 두려움과 욕망, 열정과 불안은 다르며 그 결과 그 누구와도 다른 춤을 추게 된다.

그레이스 드마르코는 2004년, 연구진과 인터뷰를 하면서 레오와의 관계에 대해 이렇게 말했다. "우리는 분노를 품지 않아요. 압박감이 심해지면 자기감정을 솔직히 말하면서 공개적으로 드러내죠. 두 사람의 생각이 완전히 다를 수도 있지만 우리는 그 차이를 존중합니다. 사실 그런 차이가 필요하기도 하답니다. 그 사람은 일을 너무 심각하게 받아들이지 말아야 하고 나는 좀 침착해질 필요가 있거든요."

제8장

가깝고도 멀게,
어쩌면 우리 삶 그 자체인 가족

그걸 씨족, 네트워크, 부족, 가족 등
뭐라고 부르든 그리고 당신이 누구든 간에
당신에게는 그게 필요하다.[148]

_ 제인 하워드Jane Howard, 작가

하버드 연구 설문지, 1990년

Q: 자기 가족과 친척을 생각해보자. 다음과 같은 설명에 해당하는 사람이 몇 명이나 되는가?

대부분의 기쁨과 슬픔을 함께 나눈다. ________

함께 뭔가를 하는 게 즐겁고 관심사도 비슷하다. ________

서로의 최근 근황을 알려고 노력하지 않는다. ________

서로 피하거나 서로를 별로 좋아하지 않는다. ________

하버드 연구 파일을 읽으면 가족 사진첩을 훑어보거나 오래된 8밀리

미터 필름의 몽타주를 보는 것 같은 기분이 든다. 기록 중 상당 부분이 필기체로 쓴 손글씨로 작성되어 있고, 이야기 자체가 과거의 어법과 느낌에 젖어 있다. 그 기록을 읽다 보면 시간이 엄청나게 빨리 흐른 것처럼 느껴진다.

몇 페이지만 넘기만 한 가족의 모든 세대가 눈앞을 지나간다. 한 참가자가 태어나고, 빠르게 10대 시절을 지나 결혼한다. 그리고 조금 전만 해도 열네 살 소년이었던 사람이 갑자기 여든다섯 살이 되고, 성인이 된 그의 자녀들이 우리 사무실에 와서 그가 부모로서 어땠는지 이야기한다. 연구의 세부 데이터를 면밀히 검토하면 많은 지혜와 통찰을 얻을 수 있다. 하지만 어떤 파일이든 무심히 들여다보면 '인간의 삶이 전개되는 속도'와 '가족의 중요성'이라는 두 가지 사항만 빠르게 시야에 들어온다.

가족은 우리 삶에 가장 많이 관여하며 우리 삶의 일부다

2세대 참가자인 린다는 2018년 보스턴 웨스트엔드에 있는 우리 사무실을 방문했다. 그날 인터뷰에서 "우리는 대가족이었는데 나는 그런 환경에서 자란 것에 감사한다."라고 말했다. 그녀의 아버지 닐 매카시는 우리 연구의 가장 헌신적인 1세대 참가자 중 한 명이었다. 그는 당시 린다가 앉아 있는 곳에서 그리 멀지 않은 로웰 스트리트(현재의 로마스니 웨이)에서 자랐다.[149]

"우리 가족에게는 에너지와 사랑이 넘쳤어요." 린다는 이렇게 말했다. "하지만 아빠는 완전히 다른 환경에서 자랐기 때문에 아빠를 생각하면 울컥해요. 어릴 때 힘든 시간을 보내셨고 가족들도 뿔뿔이 흩어졌죠. 고등학교도 마치지 못하셨어요. 그러다가 전쟁터에 나가셨고요. 그런 일을 다 겪으면서도 굳건히 버티셨고 게다가 정말 좋은 아빠였어요. 항상 우리 곁에 있어주었고 늘 자애로웠죠. 아빠의 인생은 완전히 다른 방향으로 갈 수도 있었어요. 난 아빠를 정말 존경해요."

우리가 가족과 맺는 관계와 똑같은 관계는 세상 어디에도 없다. 좋든 나쁘든, 우리 가족은 어릴 때와 성장기에 우리 삶에 가장 많이 관여하고 우리를 가장 오랫동안 알고 있는 사람들이다. 부모는 우리가 세상에 도착했을 때 가장 먼저 보게 되는 이들이고, 가장 먼저 우리를 안고 양육하는 이들이다. 우리가 친밀한 관계에서 기대할 수 있는 것들 대부분을 부모에게 배운다.

형제자매가 있는 경우, 그들은 우리가 가장 먼저 만나는 동시대 사람들이며 이런저런 처신 방법과 함께 문제를 일으키는 법도 알려준다. 대가족은 종종 우리가 공동체의 의미를 이해하는 방식을 알려준다. 하지만 가족이 어떤 식으로 구성되어 있든 그건 단순한 관계 집단 이상의 의미를 지닌다. 그들은 매우 현실적인 면에서 우리의 일부다. 따라서 가족은 매우 높은 이해관계로 얽혀 있으며 가족의 특성이 우리의 웰빙에 극적인 영향을 미칠 수 있다.

그러나 이런 영향의 성격과 크기는 심리학계에서 여전히 논쟁 중인 사안이다. 어떤 이들은 어릴 때 가족 내에서 한 경험이 우리가 어떤 사람이 되느냐를 결정한다고 믿는다.[150] 어떤 이들은 가족의 영향을 너무 과대평가하고 있으며 유전자가 더 중요하다고 주장한다.

우리는 자기 가족을 오랫동안 직접 겪어봤기 때문에 그들이 어떻게 기능하는지 또 삶에 얼마나 큰 영향을 미치는지 알고 있다. 그래서 가족 문제에선 의견을 강하게 제시하는 경향이 있다. 또 그런 개인적인 경험을 통해 가능한 것과 불가능한 것에 대한 중요한 가정이 나온다. 원가족과 우리가 꾸린 새로운 가족 모두에서 말이다. 그리고 이 가정은 종종 우리가 그 관계를 수행하는 방법을 결정한다.

예를 들어보자. 우리 가족의 현재 존재 방식이 앞으로도 계속 이어질 것이며 그 관계가 고정불변할 거라고 생각하는 경우가 있다. 또 어린 시절과 현재의 가족 경험을 절대적인 흑백 논리로 표현하는 경향도 있다. **내 부모는 끔찍한 사람들이었어… 내 어린 시절은 목가적이었어… 우리 가족은 아무것도 몰랐어… 시댁 식구들이 너무 거슬려… 내 딸은 천사야….** 우리가 흔히 생각하는 것처럼 가족 관계는 정말 시간이 지나도 고정되어 있을까?

하버드 연구는 수십 년에 걸쳐 엄청나게 넓은 범위의 가족 경험을 포착했기 때문에 시간이 지남에 따라 가족이 실제로 어떻게 기능하는지 밝히는 데 도움이 된다. 긴밀한 유대감, 가족 간의 불화, 모든 성공과 투쟁의 다양한 모습이 표현되어 있다. 우리에게는 양쪽 입장에서 바라본 부모와 자식 간의 관계에 대한 이야기가 있다.

'전통적인' 핵가족 가정, 한 부모 가정, 다세대 가정, 입양한 자녀가 있는 가정, 이혼과 재혼을 통해 혼합된 가정, 형제자매가 부모와 유사한 역할을 하는 가정의 사례도 있다. 게다가 연구 참가자의 40퍼센트 이상은 적어도 부모 중 한쪽이 다른 나라에서 미국으로 이민을 왔으며, 외국에서 가족을 부양하는 어려움을 겪었다.

닐 매카시의 가족도 그런 경우였다. 아일랜드 이민자 1세대인 그의 부모는 닐이 태어나기 불과 몇 달 전에 미국에 도착했다. 그리고 새로운 사회에 적응하는 데 상당한 어려움을 겪었다. 우리가 보게 될 닐의 어린 시절에는 자양분이 될 만한 요소와 트라우마를 유발하는 요소가 모두 들어 있다. 그의 딸 린다의 말처럼 닐의 삶은 얼마든지 부정적인 방향으로 향할 수도 있었다.

하버드 연구에 참여한 많은 이들의 삶이 그랬다. 그러나 결국 닐은 애정 넘치는 가족을 가질 수 있었으며 충만하고 활기찬 삶을 살 수 있었다. 그의 인생 행로는 감동적이면서 동시에 교훈적이다.

닐은 여든네 살 되던 해인 2012년에 2년에 한 번씩 작성하는 설문지를 보냈다. 그리고 뒷면에 이 연구의 장기 코디네이터 중 한 명인 로빈 웨스턴에게 보내는 메모를 적었다. 이 메모는 당시 그의 삶의 풍미와 그가 보스턴 웨스트엔드에서 어린 시절에 겪은 고난에서 얼마나 멀리까지 왔는지를 보여준다.

> 친애하는 로빈 씨,
>
> 가족 모두 잘 지내시리라 믿습니다.
>
> 내가 이 연구에 참여한 지 70년이 넘었다니 믿기지가 않네요!
>
> 이제 여든네 살이지만 여전히 가족과 친구들과 함께 활기차게 보내고 있습니다. 다섯 살짜리 손녀를 돌보느라 늘 바쁘게 지내야 하고, 명절 모임은 언제나 즐겁습니다! 책도 읽고, 십자말풀이도 하고, 일곱 손주의 학교 행사나 스포츠 활동에도 자주 참석합니다.
>
> 항상 로빈 씨와 로빈 씨 가족의 행복을 기원하고 있습니다.

우리가 마지막으로 만난 이후로 무슨 일이 있었는지 최근 근황을 듣고 싶네요.

감사합니다.

닐 매카시

그의 가족이 한창 어려움을 겪고 있던 열여섯 살 때 닐에게 이 기쁨에 찬 메모를 보여줬다면 그는 매우 놀랐을 것이다. 그는 살면서 아주 멀고 먼 길을 걸었고 그 과정에서 극도로 어려운 선택 앞에 놓이곤 했다. 사실 가족의 규모나 친밀도, 기쁨이나 곤경과 관계없이 하버드 연구에 참여한 모든 가족이 공유하는 한 가지 공통된 주제는 바로 꾸준히 이어진 변화다.

가족은 어느 순간에든 인간의 모든 생애주기를 반영할 수 있다. 유아와 청소년 그리고 삶의 모든 단계에 있는 성인이 서로 관계를 맺는다. 삶의 주기가 계속 바뀜에 따라 모든 가족 구성원은 새로운 자리에서 새로운 역할을 한다. 이렇게 변화하는 역할 때문에 항상 약간의 적응이 필요하다.

얼마 전까지 청소년 자녀를 파티장까지 태워다 주거나 숙제를 도와주던 부모들은 곧 아이가 성인기에 접어들면서 점점 더 독립적으로 성장하는 모습을 마주한다. 그리고 그 사실을 존중하는 법을 배워야 한다. 형제자매들은 각자의 인생 행로가 갈라짐에 따라 변화하는 관계 역학에 적응해야 한다. 성인 자녀들은 연로한 부모를 부양해야 하는 현실을 받아들여야 한다. 그리고 나중에는 그보다 더 힘겨운 역할 변화, 즉 자기 자신이 노년기를 맞아 부양받아야 하는 현실을 인정해야 한다. 이런 전환을 위해서는 새로운 역할과 책임에 적응하는 것 이상의 뭔가가 필요하다. 정서적으로도 적응해야 한다는 얘기다.

시간이 흐르고 모든 사람의 삶의 단계가 바뀌면 관계도 달라져야 한다. **가족이 그런 불가피한 변화에 어떻게 적응하느냐가 가족 관계의 질을 결정하는 핵심적인 요소 중 하나다.** 항상 지켜보는 부모를 둔 어린아이, 처음 느끼는 낭만적인 사랑에 가슴이 부푼 젊은이, 이제 막 은퇴해서 손주를 돌보는 노인의 위치에서 영원히 살아갈 수는 없다. 우리가 인생에서 각별히 애정하는 위치에 얼마나 단단히 매달려 있는지는 중요하지 않다. 결국 그 자리는 흔들리고 무너진다. 그러니 계속 움직이면서 새로운 역할과 도전을 받아들여야 한다. 그리고 이 일은 함께하면 더 쉽게 할 수 있다. 하지만 어떤 방법을 써야 할까?

모든 가족의 정서적 격자는 꽃의 구조만큼이나 독특하다. 언뜻 보기에는 다른 가족들과 비슷해 보이지만 자세히 살펴보면 각자가 유일무이하다. 어떤 사람은 가족 내에서 따뜻한 소속감을 느끼지만 어떤 사람은 소외감이나 심지어 두려움을 느낀다. 그리고 대부분은 복잡한 감정을 느낀다. 이런 복잡함 때문에 연구가 힘들어지지만 수십 년에 걸쳐 수백 가족을 면밀히 추적한 하버드 연구는 가족들 사이에 중첩되는 지점을 찾았다. 그리고 가족 관계의 특성을 정의하는 몇 가지 공통 요소를 발견할 수 있었다.

이번 장에서는 연구의 중요한 부분을 모아 여러분이 자기 가족생활의 특수성을 파악할 수 있는 다양한 렌즈를 만들려고 한다. 우리가 하버드 연구에서 반복적으로 발견하는 놀라운 진실 중 하나가 바로 가족 문제이기 때문이다.

가족이란 무엇인가?

> 인간은 섬이 아니다
>
> 혼자서는 온전할 수 없다.
>
> 모든 사람은 대륙의 한 조각이며
>
> 본토의 일부다.[151]

_ 존 던John Donne

모든 사람이 실제보다 자기 운명을 더 많이 통제할 수 있다고 믿는 함정에 빠진다. 사실 인간 각자는 개별적으로 심오한 존재지만 그보다 더 큰 생태계의 한 부분으로 존재한다. 경제, 문화, 하위문화 등은 모두 우리가 믿는 것, 행동하는 방식, 삶의 발전에 중요한 역할을 한다. 이러한 생태계 중에서도 가장 중요한 것이 가족 생태계다.

그럼 가족이란 정확히 무엇일까? 대부분의 사람은 가족이라고 하면 자기 가족을 생각한다. 어떤 사람에게 가족은 친부모, 형제자매, 자녀로 구성된다. 어떤 사람에게는 의붓 형제자매나 인척, 사촌, 6촌, 조카 등 광범위한 대가족이 포함될 수도 있다. 또 어떤 경우에는 혈연관계를 넘어서는 중요한 관계로까지 가족의 의미가 확장된다.

'가족'에 대한 모든 정의는 가족을 둘러싼 문화에서 시작된다. 고대 중국에서는 유교와 집단 전체의 건강과 성공을 강조하는 집단주의 이데올로기에 의해 가족의 개념이 형성되었다. 이 경우 부모, 조부모, 자녀가 포함된 가정이 삶의 중심을 이룬다. 이 모델은 한 자녀 가정 시대인 오늘날의 중국에도 강력하게 남아 있다.[152] 로마의 가족은 일꾼과

하인을 포함해 그 집에 사는 모든 사람으로 구성되었으며 집안에서 가장 나이 많은 남성인 '가장'pater familias의 지배를 받으며 살았다. 현대 서구 문화권의 '핵가족'은 부모와 자녀로 구성되어 있다. 이 원형을 대신할 수많은 대안이 등장했지만 여전히 이것이 가족의 일반적인 정의로 쓰인다.

"난 엄마는 다섯 명이지만 아빠는 한 명뿐이에요." 어떤 연구 참가자는 열네 살 때 연구진에게 이렇게 말한 적이 있다. 그의 양부모는 그를 입양했을 때 이미 손주들이 있었고, 그는 자기 양어머니와 그녀의 두 자매 그리고 친딸 두 명을 모두 어머니와 동등한 존재로 여겼다.

가족은 구성 방식도 다양하고 친밀감이나 거리감의 정도도 다양하다. 가족에게 학대를 당하거나 자기를 이해해주지 않아서 가족 구성원들의 따뜻함과 존재감을 느껴보지 못한 사람은 어떨까? 그들은 가족처럼 느껴지고 자기에게 필요한 많은 걸 제공해주는 다른 관계를 갈망하거나 찾아낼 수 있다. 어떤 사람은 자기 아버지와는 아무런 관계도 맺지 않지만 삼촌이나 조부모, 또는 축구 코치나 친한 친구의 어머니처럼 어린 시절에 만난 다른 어른들과는 매우 친하게 지낼 수 있다. 아니면 완전히 다른 공동체에서 가족을 찾을 수도 있다.

뉴욕이나 디트로이트를 비롯한 미국의 많은 도시 지역에 퍼진 '볼룸 문화'Ballroom culture에서 비전통적인 가족의 사례를 많이 찾아볼 수 있다.[153] 이것은 대부분 흑인과 라틴계인 LGBTQ+ 공동체 구성원들이 '하우스'라는 그룹에 가입해서 서로를 지지하거나 드래그 볼룸 대회에서 함께 경쟁하는 것을 중심으로 삶을 조직해나가는 문화다. 하우스는 공통된 경험과 목표, 가치관을 중심으로 사람들이 원하는 가족 같은 관계를 제공한다. 모든 하우스는 피를 나눈 가족과 비슷한 방식으로 기능한다. 또한 각 하우스의 '어머니'나 '아버지'는 전통적인 부모의 역할을 맡아서 그곳의 많은 '자녀들'이 어릴 때 누리지 못했을지도 모르는 긍정적인 구조와 연결을 제공한다.

말론 베일리Marlon M. Bailey는 2013년에 볼룸 문화에 관해서 쓴 책 《버치 퀸즈 업 인 펌프스》Butch Queens Up in Pumps(이 제목은 베일리 자신이 직접 참가한 볼룸 카테고리를 가리킨다)에서 이렇게 말했다.

"일반적으로 '하우스'는 실제 건물을 의미하는 게 아니다. 이건 다양한 장소에 거주하는 구성원들이 자신을 가족 단위로 여기면서 상호작용하는 방식을 나타낸다. 특히 10대 후반과 20대 초반의 유색인종 LGBTQ+에게 이 커뮤니티는 자신의 원가족과 종교기관, 사회 전체에서 거부당하고 소외된 이들을 위한 지속적인 사회적 안식처를 제공한다."[154]

가장 중요한 핵심은 우리 삶을 형성하는 데 영향을 주는 친밀한 사람들, 양육에 도움을 주는 사람들이 모인 단체를 다양한 곳에서 만날 수 있다는 점이다. 여기에는 다양한 사람들이 포함되며 이들은 다양한 이름으로 불릴 수 있다. 중요한 건 우리가 누구를 가족으로 생각하느냐가 아니라 살아가는 동안 가장 가까운 사람들이 우리에게 어떤 의미를 안겨주느냐다. 하지만 이것이 출신 가족의 중요성을 감소시키지는 않는다. 새로운 가족을 꾸리거나 가족 같은 구조를 제공하는 새로운 공동체의 일부가 되더라도, 우리는 여전히 출신 가족의 역사와 그들의 영향 아래 있다. 긍정적으로든 부정적으로든 말이다. 심지어 새로 만든 가족의 아름다움과 사랑도 이전의 경험과 대조되어 더 뚜렷하게 드러난다. 현재의 삶이 어떻든 간에 우리는 여전히 어린 시절의 유령과 우리를 키워준 사람들에 대한 기억을 지닌 채 살아간다.[155]

어린 시절의 유령은 어떻게 다뤄야 할까?

밥의 주방 서랍 뒤편에는 그의 어머니가 쓰던 오래된 알루미늄 아이스크림 스쿱이 있다. 어린 시절의 여름날, 디모인에서 그가 살던 동네를 실컷 뛰어다니다가 집에 돌아오면 어머니는 그 스쿱으로 아이스크림을 퍼주면서 당신도 같이 먹곤 했다. 60년도 더 지난 지금도 그 스쿱을 꺼낼 때마다 마치 서랍에서 기억을 꺼내는 것 같은 기분이 든다. 엄마의 손길과 부엌 냄새, 그때 그 순간의 느낌이 왠지 아이스크림 스쿱에 배어 있는 듯하다.

마크에게도 비슷한 가보가 있다. 그의 책상 위에는 할아버지의 이름이 적힌 작은 명판이 있다. 그의 할아버지는 건축가였고 본인 책상 위에 그 명판을 놓아뒀었다. 마크는 그걸 볼 때마다 할아버지가 망치와 못을 사용하는 법을 가르쳐준 게 떠오른다. 걸걸하면서도 친절한 할아버지의 목소리가 귓가에 들리는 듯하다.

가족에게 물려받은 중요한 물건을 보관하는 사람들이 많다. 어떤 물건은 과거의 생활방식을 연상시킨다. 어떤 물건은 우리가 얼마나 먼 길을 걸어왔는지 그리고 어떤 교훈을 얻었는지를 되새기도록 한다. 이런 가보는 더 중요한 유산의 징표다. 물건뿐만 아니라 관점, 습관, 철학, 경험 같은 측면에서 말이다. 우리는 아이스크림 스쿱 같은 물건을 계속 가지고 있는 것처럼 심리적인 가보도 계속 고수할 수 있다. 밥의 어머니는 식당 웨이터나 낯선 사람 등 다른 사람과 관계를 맺으려면 의도적으로 친절한 태도를 취해야 한다고 강조했다. 지금도 밥은 어머니의 충고를 따르려고 노력한다. 마크의 할아버지는 일을 잘했을 때의 즐거움, 망치가 못을 제대로 쳤을 때 어떤 소리가 나는지 등에 대해 자주 얘기했다. 마크는 집 짓는 일을 하지 않지만 할아버지의 교훈을 자주 떠올린다.

이런 유산에는 어두운 면도 있다. 어린 시절의 힘들거나 충격적인 경험은 마음속에 깊게 각인된다. 마크의 아버지는 수정의 밤에 겪었던 일과 홀로코스트 탈출에 대한 기억을 평생 간직했다. 하버드 연구 참가자 중 많은 이들이 따돌림당한 일이나 학대하는 부모 때문에 괴로움을 겪었다. 심리적 유산은 마음속 깊은 곳에 남아 있는데, 때로는 너무 깊어서 쉽게 알아차리지 못할 수도 있다. 우리는 생물학적 부모에게서 신체적 특징만 물려받는 게 아니라 가족 구성원들의 습관, 관점, 행동 모델도 물려받는다. 좋은 일이든 나쁜 일이든 우리의 가장 중요한 경험은 단순한 추억이 아니다. 그건 우리에게 가시적인 인상을 남기는 감정적 사건이고, 이런 영향들은 매우 오랫동안 우리 삶을 형성할 수 있다.

이는 삶의 모든 단계에서 한 모든 경험에 해당되지만, 특히 아이들이 원가족 안에서 한 경험과 많은 관련이 있다. 유년기의 경험이 얼마나 중요한지를 다룬 연구와 글이 많다. 이를 통해 성인의 삶에 유년기가 미치는 영향에 대해 여러 가지 가정을 한다. 대중문화, 영화, 미디어 등에서는 어떤 사람이 특정한 방식으로 행동한 이유가 힘든 어린 시절 때문이라는 얘기를 많이 한다. 그래서 어린 시절이 인생의 운명을 결정한다는 게 자명한 사실처럼 보인다.

텔레비전 프로그램에서 사람을 죽인 악당의 뒷이야기를 들어보면 항상 어린 시절에 학대를 당했다고 한다. 그런 비유가 너무 만연하게 등장해서 어릴 때 힘든 시간을 보낸 이들은 종종 걱정에 잠긴다. **끔찍한 어린 시절을 보낸 나는 돌이킬 수 없을 정도로 망가진 걸까? 나는 불행한 삶을 살 운명일까?**

보호받은 아이들과 그렇지 못한 아이들의 차이

1955년 발달 심리학자 에미 베르너Emmy Werner는 힘든 유년기의 경험이 얼마나 중요성을 갖는지 이해하고 싶었다. 그래서 하와이 카우아이섬에서 태어난 아이들을 출생한 날부터 성인기까지 계속 추적하는 종단 연구를 시작했다.[156] 그녀가 연구한 많은 가족은 하버드 연구가 시작되었을 때 보스턴에 살던 이민자 가족들과 거의 비슷한 어려움을 겪고 있었다. 베르너는 이렇게 썼다.

> [참가자들은] 사탕수수 농장에서 일하기 위해 하와이에 온 동남아시아와 유럽 이민자의 자녀와 손주들이었다. 그중 절반은 아버지가 반숙련 노동자이거나 비숙련 노동자이고 어머니는 교육을 받은 기간이 8년 미만인 가정 출신이다. … [그들은] 일본인, 필리핀인, 하와이인, 하와이 혼혈, 포르투갈인, 푸에르토리코인, 중국인, 한국인에 소수의 앵글로색슨 백인이 섞여 있었다.[157]

이 연구의 주목할 만한 점은 베르너가 그 섬에서 일부 참가자만 선택하지 않았다는 점이다. 그녀는 1955년에 카우아이섬에서 태어난 모든 아이(총 690명)를 연구에 포함시켰고 이 연구는 30년 이상 지속되었다.[158]

베르너는 그들의 유년기, 청소년기, 성인기 데이터를 이용해서 유년기의 부정적인 사건과 개인의 삶에서 드러나는 웰빙 궤적 사이의 명확한 연관성을 보여줄 수 있었다. 태어날 때부터 다양한 질병을 앓거나 양육자와 좋지 못한 경험을 하거나 학대를 받은 아이들은 정신 건강에 문제가 있었으며 학습 장애가 생길 가능성이 높았다. 그들의 어린 시절 경험은 정말 중요했다.

하지만 베르너는 희망을 품을 만한 이유도 찾아냈다. 힘든 유년기를 보낸 아이들 중 3분의 1은 그런 환경에서도 여전히 배려심 많고 친절하며 정서적으로 잘 적응하는 어른으로 성장했다.[159] 이 아이들은 힘든 어린 시절을 극복했다. 베르너는 그 이유를 몇 가지 찾아낼 수 있었다.

일부 아이들에게는 힘든 어린 시절의 영향을 상쇄하는 보호 요인이 작용했다. 이런 보호의 주요 원천 중 하나는 아이를 보살피는 어른이 최소 한 명 이상 지속적으로 존재하는 것이다. 아이의 행복에 관심을 갖고 옆에서 정서적으로 계속 투자해주는 사람이 한 명이라도 있으면 아이의 발달과 미래에 긍정적인 영향을 미칠 수 있다. 역경에도 불구하고 잘 자란 아이들 중 일부는 특히 이런 보살핌을 끌어내는 능력이 있었던 것으로 보인다.

성인이 되어 어린 시절의 어려움을 인정하고 그 얘기를 좀 더 공개적으로 할 수 있게 된 하버드 연구 참가자들도 마찬가지였다. 다른 사람의 도움을 끌어내는 능력을 가진 것처럼 보였다.[160] 자기 경험을 솔직하고 분명하게 말하면 다른 사람이 도움을 줄 수 있는 기회가 생긴다. 힘든 일을 무시하려고 애쓰기보다 인정하고 대처하는 이런 능력이 유년기는 물론이고 그 이후에도 지원을 받는 데 중요한 역할을 한다.

닐 매카시의 삶은 이것이 작동하는 방식을 보여주는 아주 좋은 사례다. 그의 삶은 가족의 경험을 성공에 도움이 되는 방식으로 쌓아나가는 방법을 아주 잘 보여주었다.

닐 매카시의 어린 시절 경험은 평생 어떻게 작용했을까?

1942년 11월의 추운 토요일 오후, 하버드 연구 인터뷰 담당자가 보스턴 웨스트엔드에 있는 닐 매카시의 집을 처음으로 방문했다. 닐의 기록을 맨 앞부분으로 넘기면 그날 인터뷰 진행자가 쓴 메모를 찾을 수 있다. 인터뷰 진행자는 닐의 가족이 사는 방 세 개짜리 아파트는 활기차고 북적였으며, 여섯 명의 아이들은 집안일을 거들거나 농담을 주고받거나 자기네 집 부엌 식탁에 앉아 있는 셔츠와 넥타이 차림의 낯선 사람에게 인사를 건넸다고 적었다. 닐의 형제 중 한 명이 설거지를 하고 있었다. 닐은 막내 여동생에게 신발 끈 매는 법을 가르치느라 바빴다. 당시 닐은 열네 살이었다.

하버드 연구진은 1930년대 후반과 1940년대 초반에 1세대 연구 참가자들의 가족이 어떻게 사는지 보려고 이들의 집을 방문했다. 그들의 부모님은 얼마나 엄격하고 친절한가? 곁에 얼마나 있어주는가? 아이의 일에 얼마나 관여하는가? 부모가 자녀들과 긍정적인 정서적 관계를 꾸준히 유지했는가, 아니면 냉담하거나 가끔씩만 주의를 기울였는가? 가족들이 많이 다투는가? 요컨대 이 아이들의 가정환경이 얼마나 따뜻하고 힘을 주는지 살펴본 것이다.

닐의 부모는 둘 다 아일랜드에서 태어났고 닐을 낳기 불과 몇 달 전에 미국으로 이민을 왔다. 연구진이 처음 방문한 날, 닐의 어머니 메리는 인터뷰 진행자를 위해 차를 끓이고 부엌 식탁에 앉아 가족의 역사에 대한 질문에 대답했다. 가끔 아이들 중 한 명이 다가와서 숙제를 다 했다고 알리거나 친구를 만나러 가도 되는지 허락을 구하곤 했다.

인터뷰 진행자는 "아이들 모두 닐의 어머니를 존경한다."라고 썼다. "그녀는 친절하고 착한 사람이다. 아이들은 어머니를 중심으로 모이며 서로 따뜻한 애정을 주고받는다. 그녀는 닐이 매우 착한 아이라서 걱정할 일이 없기 때문에 그를 특히 자랑스러워했다."

도심지에 거주하던 많은 연구 참가자들처럼 닐도 아주 어린 나이부터 일했다. 그는 열 살 때 식료품과 신문 배달을 시작했다. 일요일에는 마을 건너편에 있는 '레이스 커튼을 단 부유한 아일랜드 동네'로 가서 교회에서 나오는 사람들의 구두를 닦곤 했다. 나이가 든 뒤 닐은 이 당시를 어떻게 기억했을까? 닐은 자기가 번 돈은 대부분 가족의 생활비로 사용하기 위해 어머니에게 드렸다고 말했다. "번 돈 중에서 4달러 정도를 어머니에게 드렸습니다. 수입이 꽤 괜찮다고 생각하셨겠죠. 하지만 제가 모자 속에 1달러를 감춰둔 건 모르셨을 겁니다!" 오후에는 볼링장에 가서 핀을 정리하는 일을 도와주고 무료로 게임을 했다.

그의 어머니는 닐이 누구와 어울리는지에 특별한 관심을 기울였다.

인터뷰 진행자가 닐에게 또래들이 문제를 많이 일으키는 동네에 살면서도 말썽에 휘말리지 않는 이유가 뭐냐고 묻자 그는 이렇게 답했다. "난 멍청한 짓을 안 하거든요."

부두 노동자인 닐의 아버지도 자녀들에게 존경을 받았다. 그는 친절하고 단호했지만, 집안을 꾸려나가는 건 닐의 어머니임이 분명했다.

닐은 어린 시절의 경험이 성인 생활에 미치는 영향을 조사하기 위해 사용한 대규모 하버드 연구 참가자들의 표본 중 하나였다. 우리는 어릴 때 가족 내에서 한 경험이 그의 생애 전체에 영향을 미치는지 알고 싶었다. 닐의 가족이 사는 집에 처음 방문했을 때 작성한 것과 같은 꼼꼼한 메모와 평점을 통해 참가자들의 어린 시절 가족 환경에 대한 그림을 그릴 수 있었다. 닐의 경우 가족 환경이 매우 긍정적인 것으로 보였다. 그의 부모는 자녀들을 잘 보살피고 적절히 개입하면서 일관성 있는 양육 태도를 보였으며 자율성도 키워줬다. 닐의 가족 환경은 전체적으로 따뜻하고 화합력이 있다는 평가를 받았다.

이제 기록지를 빨리 넘겨서 60년 뒤로 가보자. 우리는 70대와 80대가 된 참가자들의 집을 찾아가 인터뷰했다. 이때 우리는 그들이 파트너와 맺은 관계의 안정성에 특히 주의를 기울였다. 두 사람이 애정 어린 행동을 보였는가? 그들이 도움을 청하거나 도움을 줄 때 편안해 보였나? 자기 파트너를 소중히 여겼나, 아니면 폄하했나? 우리는 그들의 표면적인 대답뿐만 아니라 의견의 신뢰성과 일관성에도 의존했다.

닐과 그의 아내 게일을 인터뷰했을 때 두 사람이 안정적인 애착 관계를 맺고 있다는 걸 금세 확신했다. 각자 따로 인터뷰하면서 둘의 관계를 설명해 달라고 했을 때 이들이 선택한 단어는 놀라울 정도로 비슷했다. 닐은 게일이 **"애정이 넘치고 대화가 잘 통하며 상냥하고 다정하고 편안하다."**고 말했다. 게일은 닐이 **"상냥하고 개방적이며 남에게 잘 베풀고 이해심이 많고 애정이 넘친다."**고 말했다. 그리고 둘 다 이런 형용사들을 설득력 있게 뒷받침하는 풍부한 사례를 들려주었다.

당시 게일은 파킨슨병에 걸려 몇 년째 병과 씨름하느라 정상적인 생활이 힘들어지던 시기였다. 그들은 워싱턴주 시애틀에 살면서 닐이 공동 설립한 회계 회사를 운영했다. 게일은 닐이 자신을 돌보기 위해 업무 방식을 바꿨다고 말했다. 게일에게 관심을 계속 기울이면서 처리할 수 있는 만큼의 고객만 받았다는 것이다. 그는 아내가 가장 좋아하는 음식을 만드는 방법을 배웠고 집안일을 다 떠맡았다. 하지만 게일은 닐이 새를 관찰하는 취미 생활을 계속해야 한다고 주장했다. 그리고 집을 나서는 그에게 "날 위해 멋진 새를 찾아줘요!"라고 말했다.

"덕분에 휘파람새에 대해 많이 알게 됐어요." 게일은 연구진에게 이렇게 말했다.

이 연구는 어떤 면에서 참가자들 인생의 양쪽 끝을 살펴본 셈이다. 우리는 유년기와 노년기의 기능 사이에 존재하는 연관성을 찾기 위해 의도적으로 데이터의 양극단, 즉 인생 초반부와 끝부분으로 이동했다. 60년이 넘는 세월을 고려할 때 이런 관계들 사이에서 어떤 연결고리를 찾을 수 있으리라 확신하지는 못했다. 하지만 우리 가설은 정확했다.

닐처럼 어린 시절 가족 내에서 친밀하고 따뜻한 경험을 한 사람은 60여 년 뒤에도 파트너와 친밀한 관계를 맺고 서로 의지하며 도울 가능성이 더 높았다. 60년에 걸쳐 이어진 연결의 힘은 그리 강하지는 않았지만 그래도 영향을 미쳤다. 우리 참가자들의 어린 시절이 수십 년 동안 성인의 삶을 부드럽게 잡아당기는 길고 가는 실 같은 역할을 한다는 게 분명해졌다.

이런 연결고리를 찾아내자 중요한 의문이 생겼다. 이건 어떤 식으로 작동하는가? 어린 시절의 경험이 성인기의 삶에 정확히 어떤 영향을 미치는가? 바로 이 지점에서 에미 베르너의 연구와 하버드 연구 그리고 다양한 문화권과 인구를 대상으로 진행된 다른 수많은 연구가 하나로 수렴된다. **어린 시절의 경험과 성인기에 맺는 긍정적인 사회적 관계 사이의 중요한 연결고리가 바로 감정을 처리하는 능력**이라는 메시지로 말이다.

우리는 어린 시절에 맺은 관계, 특히 가족과의 관계를 통해 다른 사람들에게 무엇을 기대해야 하는지를 처음 배운다. 이때는 우리가 평생 함께할 감정적인 습관을 기르기 시작하는 시기다. 이런 습관을 통해 다른 사람과 연결되는 방식이나 서로에게 도움이 되는 방식으로 관계를 맺는 능력이 정해진다.

여기서 중요한 점은 **감정을 처리하는 우리의 능력이 영향을 잘 받는다는 것이다. 사실 감정 관리는 나이가 들면서 더 잘하게 되는 일들 중 하나다. 하지만 이런 능력을 키우기 위해 나이가 들 때까지 기다릴 필요는 없으며, 그 확실한 증거가 있다. 올바른 지도와 약간의 연습만 거치면 나이에 관계없이 감정을 잘 관리하는 방법을 배울 수 있다.**

어린 시절의 경험과 성인기 삶 사이의 연관성은 절대 바꿀 수 없을 정도로 강하지 않다. 우리가 한 모든 경험은 심지어 성인이 된 뒤에 한 경험이라 해도 우리를 변화시킬 수 있는 힘을 갖고 있다. 예를 들어 하버드 연구 참가자들 중에는 어릴 때 따뜻하고 애정 어린 시간을 보냈지만 나중에 힘든 경험을 하는 바람에 관계에 접근하는 방식이 달라진 이들도 있다. 또 힘겨운 유년기를 보냈지만 훗날의 경험 덕분에 다른 사람을 신뢰하고 좋은 관계를 맺는 방법을 배운 이들도 있다.

닐은 특히 흥미롭고 고무적인 경우다. 그의 어린 시절은 하버드 연구에서도 유독 긍정적인 경험으로 손꼽히지만, 그 따뜻함이 영원히 지속되지는 않았기 때문이다. 하버드 연구진의 첫 방문 직후 매카시 가족의 모든 것이 바뀌었고 이후 몇 년 동안은 닐이 어릴 때 익힌 긍정적인 습관이 시험대에 오르게 되었다.

부정적 경험을 극복하기 위해 긍정적 경험에 의지하기

하버드 연구진이 닐의 가족을 처음 방문했을 때 그의 어머니는 가족생활의 많은 세부 사항에 대해 매우 솔직하게 얘기해주었다. 가족이 겪은 기복에 대해서도 광범위하고 현실적으로 털어놨다. 하지만 그녀가 이때 언급하지 않은 한 가지 중요한 사실이 있었다. 본인이 알코올 중독 때문에 심하게 고생하기 시작했다는 걸 밝히지 않았다.

메리는 여러 해 동안 아이들을 키우고 가족을 성공적으로 이끄는 데 방해가 되지 않는 방식으로 술을 마셨다. 혼자 술을 마셨고 마시는 양과 시간을 조절하는 데도 성공했다. 그러나 연구진이 매카시의 집을 처음 방문한 직후부터 메리는 자제력을 잃기 시작했다. 곧 그녀는 날마다 취할 정도로 술을 마셨다. 어머니의 음주, 그것이 가족에게 미치는 영향에 대해 부모님이 시끄럽고 거친 싸움을 벌이면서 집안이 소란스러워졌고 아이들도 충격을 받았다.

닐의 부모는 소리를 질러댔고 때로는 서로 폭력을 휘두르기도 했다. 닐은 자기 부모를 사랑했기 때문에 균열이 생긴 가족을 부양하기 위해 열다섯 살에 고등학교를 중퇴하고 일을 시작했다. 그는 열아홉 살 때까지 집에 머물면서 가족을 부양하고 동생들에게 안정적인 자원을 제공했다. 이전 사례에서도 살펴보았듯 보스턴 도심지 출신의 연구 참가자들에게는 어릴 때부터 일하거나 가족 부양의 책임을 떠맡는 게 드문 일이 아니었다.

닐은 고함, 폭력과 상처, 스트레스, 술 취한 어머니, 가족에게 만연한 슬픔 등 이 혼란스러운 시기와 관련된 모든 것을 평생 생생하게 기억했다. 그는 더 이상 자기가 도울 일이 없다는 생각이 들 때까지 집에서 살았다. 그는 60대 때 연구팀의 인터뷰 진행자에게 눈물을 흘리면서 이렇게 말했다. "그냥 떠나야만 했습니다. 그럴 수밖에 없었어요. 어머니는 알코올 중독자였고 부모님은 늘 싸웠어요."

베르너의 카우아이섬 종단 연구에 참여한 많은 아이들처럼 닐의 가족생활은 경험과 감정, 사랑과 좌절, 친밀함과 소외, 선과 악이 복잡하게 뒤얽힌 그물망이었다. 닐의 가족도 대부분의 가족처럼 복잡했다. 하지만 닐의 사례는 우리 모두에게 자신의 이야기를 정할 수 있는 힘이 있다는 걸 보여준다.

그는 처음에는 따뜻하고 애정 어린 유년기 환경을 경험했다. 나중에 어머니가 알코올 중독에 빠지면서부터는 격동적이고 힘든 청소년기를 겪었다. 두 가지 경험 모두 그에게 깊은 영향을 미쳤다. 하지만 닐은 자신의 부정적인 경험을 포용적 시선으로 바라보기 위해 긍정적인 경험에 의지했다. 또 닐의 삶에는 그에게 항상 신경을 써주는 어른이, 즉 그의 아버지가 있었다. 이런 자원이 합쳐져서 그가 직면한 어떤 감정적 어려움에도 대처할 수 있는 힘과 자신감을 주었다.

"그런 식으로 살고 싶지는 않다는 걸 알았습니다." 그는 연구진에게 자신의 10대 시절과 부모의 모습을 지켜본 일에 대해 이렇게 말했다. "싸우고, 술 마시고, 소리 지르고. 나이가 든 뒤에 내 아이들에게 그런 일을 겪게 하고 싶지 않았고, 나도 다시는 그런 경험을 하고 싶지 않았습니다."

닐은 열아홉 살 때 육군에 입대하면서 집에서 탈출했고 한국 전쟁에 참전했으며 제대한 뒤에는 고졸 학력 인증서를 받았다. 제대군인 혜택을 이용해 대학에 갔고 게일을 만나 사랑에 빠졌다. 그는 대학을 졸업한 지 정확히 11일 후에 게일과 결혼했다. 그러고서 얼마 후 닐의 어머니는 음주와 관련된 합병증으로 사망했다. 겨우 쉰다섯 살이었다.

닐은 평생의 경험을 통해 자신에게 일어날 수 있는 모든 일을 생각하고, 행동하기 전에 자기 기분을 고려하는 능력을 키웠다. 그는 한 걸음 물러서서 자기가 처한 어려움을 인정하고 앞으로 나아갈 길을 신중하게 찾았다. 그에게는 이런 기술이 필요했다. 닐은 혼란스럽고 충격적인 청소년기를 보냈고 전쟁에도 나갔지만, 그의 말에 따르면 인생에서 가장 힘겨운 도전에 직면한 건 자신의 가족과 자녀가 생긴 뒤였다.

가족의 문제, 물러나든 개입하든 절대 외면하지 않는다

쉰여섯 살이 된 닐 매카시와 그의 아내 게일은 장성한 네 자녀를 둔 자랑스러운 부모였다. 그는 아이들 모두 자기보다 더 똑똑하고 착하다며 이 부분을 강조해서 말했다.

쌍둥이인 그의 맏아들과 딸은 둘 다 대학을 나왔다. 아들은 회계사로 일했고 딸 린다는 박사학위를 받고 화학자가 되었다. 닐은 린다의 성과에 놀랐다. 린다는 그의 가족 중 최초의 박사였다. 셋째 아들은 어린 나이에 결혼해서 코스타리카에 살았다. 막내딸 루시는 똑똑한 아이였고 많은 잠재력을 지니고 있었다고 닐은 말했다. 루시는 청소년기에 천체 물리학과 우주에 매료되었고 나사NASA 엔지니어가 되기를 꿈꿨다. 닐은 당시 "그 애는 너무 똑똑해서 무서울 정도예요."라고 말했다.

하지만 세월이 흐르면서 루시에게 문제가 생겼는데, 닐도 게일도 어떻게 대처해야 할지 몰랐다. 루시는 수줍음을 많이 타서 어릴 때부터 친구를 사귀는 데 어려움을 겪었고 초등학교 다닐 때는 괴롭힘을 당했다. 가족은 루시의 안전한 피난처였고 언니 오빠들이 그녀를 돌봐줬지만, 집 바깥에서는 계속 힘든 일을 겪었다.

고등학생이 된 루시는 새로운 친구들을 거의 사귀지 않았고 수업을 빼먹기 시작했다. 그녀의 부모는 몇 년간 몰랐지만 루시는 과도하게 술을 마시기 시작했다. 고등학교를 졸업한 뒤에도 루시는 닐 그리고 게일과 함께 살았다. 그녀는 결근 때문에 직장 몇 군데에서 해고당했고, 때로는 며칠씩 방 밖으로 나오려고 하지 않았다. 한번은 백화점에서 시계를 훔친 혐의로 체포된 적도 있다.

닐은 어머니의 경험 때문에 루시의 음주 문제에 특히 놀랐다. 그가 루시에게 중독 유전자를 물려준 걸까? 루시도 알코올 중독자였던 어머니의 전철을 밟게 될까?

가족들은 최선을 다해 루시 주변을 에워쌌다. 그녀의 형제자매들은 루시를 위해 언제든 시간을 냈고 오빠 팀은 종종 전화를 걸어 상태를 확인했다. 루시는 어떤 문제에 대해서는 팀과 얘기하는 게 편했고, 다른 문제에 대해서는 부모님과 얘기하는 게 편했다. 닐과 게일은 루시가 원하는 대로 혼자 있을 수 있게 해줬지만 그렇다고 너무 분리되어 있지는 않았다.

게일은 루시에게 적합한 심리 치료사를 찾기 위해 노력했고, 여러 사람을 거친 끝에 루시가 편하게 대할 수 있는 치료사를 찾았다. 종종 루시는 상태가 좋아지는 것처럼 보이다가 다시 힘든 시기에 빠지곤 했다. 그녀는 우울증 진단을 받고 약을 먹기 시작했다. 그게 도움이 됐지만 완벽한 해결책은 아니었다.

루시의 큰오빠와 언니는 대학에 갔고 그녀도 대학에 다니고 싶어 했다. 하지만 막상 대학에 지원할 때가 되자 그냥 포기해버렸다. 대신 그녀는 시애틀 주변의 식당에서 일하기 시작했다. 부모님과 함께 살다가 때때로 용기를 내서 혼자 살아보려고 노력했다. 루시가 스물다섯 살이던 어느 날, 닐이 회의 중간에 잠깐 집에 돌아와 보니 루시가 부엌 식탁에 앉아 있었다. 그녀는 걷잡을 수 없이 흐느끼면서 더 이상 살고 싶지 않다고 했다. 닐은 무슨 말을 해야 할지 몰랐다. 혹시라도 해서는 안 될 말을 할까 봐 두려웠다. 그는 약속을 취소하고 커피와 샌드위치를 만들어 딸 옆에 앉았다. 루시는 어머니가 집에 오기 전에 울면서 떠났다.

닐은 연구진에게 "어떻게 해야 할지 모르겠다."라고 말했다. "루시 곁에 있어주려 노력하지만 우리로선 선택의 여지가 없는 것 같습니다. 그 애에게 항상 사랑한다고 말하죠. 루시는 지금 혼자 사는데 필요할 때마다 돈을 빌려줍니다. 돈을 받고 싶어 하지 않지만, 걔가 거리에 나앉는 건 보고 싶지 않으니까 내가 억지로라도 쥐어줄 수밖에 없죠. 루시는 어릴 때부터 여러 가지 문제를 겪었기 때문에 내 관심의 80퍼센트는 루시에게 쏟고 나머지 20퍼센트를 다른 애들에게 쏟았어요. 걔네는 불평한 적이 없지만 다들 힘들었다는 걸 압니다. 그냥 그랬던 것 같아요."

루시의 문제는 그녀가 성인기로 전환하는 걸 복잡하게 만들었다. 하지만 그녀의 상황에는 모든 가족이 청소년기의 자녀들과 함께 겪는 발달 딜레마가 포함되어 있다. 부모가 물러나지 말고 개입해야 할 때는 언제이고, 어떤 지원을 해주는 게 가장 좋은가? 젊은이들의 입장에서도 똑같은 딜레마가 거울에 비친 상처럼 존재한다. 일이 잘 풀리지 않을 때 부모님에게 필요한 지원을 받으면서도 내가 생각하는 만큼의 어른이 되려고 노력하려면 어떻게 해야 하는가?

모든 가족은 저마다의 문제를 겪고 있는데, 때로는 그 문제를 실제로 해결할 수 없는 경우도 있다. 우리는 모든 문제를 극복할 수 있어야 한다고 생각하는 경향이 있다. 어떤 문제를 극복할 수 없을 것 같으면 완전히 외면해버리기도 한다. **모든 것을 하지 않으면 아무것도 할 수 없는** 상황에 처하는 것이다.

하지만 그 중간에도 길이 있다. 우리는 문제를 회피하기보다 직시하는 전략을 옹호해왔지만, 문제를 직시한다고 해서 반드시 해결할 수 있는 건 아니다. 때때로 가족과 대면한다는 것은 불편한 상황과 감정을 감수하는 법을 배운다는 뜻이기도 하다. 또한 많은 이들이 피하려고 애쓰는 감정을 느끼고 표현하는 걸 의미하기도 한다. 때로는 닐과 게일이 했던 것처럼 완전하지는 않지만 유연한 방식으로 대응하는 게 우리가 할 수 있는 최선의 일일지도 모른다.

닐과 게일은 갈림길에 서 있었다. 최선을 다해 루시와 그녀의 문제에 개입해야 할까? 아니면 조금 물러서서 루시가 허우적거리거나 혼자 일어설 수 있는 여지를 더 줘야 할까? 그들은 이런 질문과 씨름하는 동안 루시의 어려움을 축소해서 인식하거나 문제가 없는 척하지 않았다. 그보다는 주로 정면으로 직시하는 대응 방법을 썼다.

루시가 두 사람을 밀어내도 그들은 포기하거나 딸과의 관계를 단절하지 않았다. 그냥 혼자 있을 수 있게 해주면서 다른 기회를 기다렸다. 루시의 형제자매들도 부모님과 루시에게 필요한 지원을 해주었다. 그런 경험을 통해, 심지어 소리를 지르고 싸우는 동안에도 서로에 대한 가족의 사랑이 드러났다. 완벽한 해결책을 찾지는 못했지만 매카시 가족은 계속 융통성 있게 대처했다. 때로는 뒤로 물러나야 했고 때로는 상황에 개입해야 했지만 **그들은 결코 외면하지 않았다.**

그럼에도 닐은 자기와 같은 상황에 처한 많은 사람과 마찬가지로 이 가운데 어떤 게 옳은 전략인지 매우 궁금했다. 자기들이 제대로 하고 있는 건지 판단하기 어려웠고, 자기가 루시의 불행에 기여한 건 아닌지 걱정스러웠다.

"당신의 전문적인 의견을 들을 수 있을까요?" 닐은 딸에 대해 얘기하다가 자기보다 서른 살이나 어린 인터뷰 진행자에게 이렇게 묻기도 했다. "내가 루시를 위해 더 할 수 있는 일이 있을까요? 내가 뭔가 잘못 한 게 있다고 생각하나요?"

우리가 자녀의 성공뿐만 아니라 실패에도 책임감을 느끼는 건 자연스러운 일이다. 거기에 우리 힘으로 통제할 수 없는 부분이 많더라도 말이다. 부모는 자녀들이 살면서 문제에 부딪히면 종종 죄책감을 느낀다. 때로는 이런 죄책감이 문제를 외면하는 또 다른 이유가 된다. 그 감정을 도저히 마주할 수 없기 때문이다. 자녀가 살면서 어려움을 겪을 때 많은 부모들이 던지는 질문을 하기 위해 닐은 용기를 내야 했다. **이런 문제가 생긴 건 내 잘못인가?**

닐은 이 질문에 완전히 대답하지 못했다. 루시가 30대와 40대에도 여전히 삶의 기복과 노숙 생활, 중독 문제를 겪는 동안 그 질문은 계속해서 그의 마음에 남아 있었다.

어린 시절이 중요하고 양육 방식이 중요한 건 사실이다. 하지만 한 개인의 삶의 어떤 요소도 그의 미래를 완전히 결정하지는 못한다. 부모는 자녀의 성장 방식에 대해 자기가 생각하는 만큼 많은 공이나 비난을 받을 수 없다. 천성과 양육, 유전과 환경, 육아 방식과 또래의 영향이 모두 긴밀하게 연결되어 있다. 이 모든 것이 오늘날의 우리를 만들어내는 데 기여했다. 특정한 사람이 어떤 어려움을 겪는 결정적인 이유를 찾는 게 늘 가능한 건 아니다. 우리가 할 수 있는 일은 닐이 그랬던 것처럼 최대한 용감하게 감정에 대처하면서 자기가 아는 최선의 방법으로 대응하는 것뿐이다.

힘든 어린 시절을 보냈다 해도 좋은 인생을 살 수 있다

어린 시절의 경험 대부분이 엄청나게 거칠거나 충격적이라면 어떻게 해야 할까? 닐과 달리 어릴 때 관심과 보호 없이 문제만 겪었던 사람들에게도 아직 희망이 있을까?

그 대답은 확실하게 '그렇다'이다. 희망이 있다. 이건 어릴 때 힘든 경험을 한 사람이든 현재 어려움을 겪고 있는 사람이든 상관없이 모두에게 해당된다. 유년기는 인생에서 경험이 형성되는 유일한 시기가 아니다. 언제든 우리가 하는 경험은 삶을 변화시키는 데 영향을 미친다. 다양한 경험을 통해 우리는 더 좋은 방향으로 나아갈 수 있다.

강력하고 긍정적인 경험이 이전의 부정적인 경험을 중화시키는 경우가 종종 있다. 고압적인 아버지 밑에서 자란 사람이 나중에 그와 완전히 다른 태도를 취하는 아버지를 둔 친구와 친해질 수 있다. 그 친구의 아버지는 우리가 예상하는 최악의 아버지상과 다르기 때문에 우리 관점이 미묘하게 달라지는 데 영향을 미친다. 이제 우리는 다른 가능성을 더 열린 마음으로 받아들일 수 있다.

본인이 깨닫든 깨닫지 못하든 우리는 항상 이런 경험을 하고 있다. 어떤 면에서 볼 때 인생은 경험을 수정할 수 있는 기나긴 기회다. 예를 들어 자신에게 맞는 파트너를 찾으면 어릴 때 생긴 부정적 가정과 예상을 바로잡는 데 큰 도움이 된다. 또 심리 치료도 도움이 되는데, 이는 그 과정에서 배려심 있고 태도가 한결같은 성인과 연결되기 때문이다.

경험 수정은 단순히 운의 문제가 아니다. 세상에 대한 시각을 바꿀 수 있는 기회는 항상 찾아오지만 우리는 대부분의 기회를 그냥 지나쳐

버린다. 자신의 예상과 개인적인 의견에 너무 빠져 있기 때문에 이런 기회의 미묘한 현실이 우리에게 침투하지 못하는 것이다. 하지만 실제로 일어나는 일을 볼 수 있는 능력을 강화해서 경험 수정의 이점을 더 많이 얻어야 한다. 그럴 수 있는 간단한 일이 몇 가지 있다. 물론 쉽지는 않다.

첫째, 힘겨운 감정을 무시하려 들지 않고 오히려 거기에 동조할 수 있다. 힘든 감정을 받아들이려면 자신의 감정적 반응을 밀어내야 하는 대상이 아니라 유용한 정보라고 생각해야 한다.

둘째, 우리는 기대했던 것보다 더 긍정적인 경험을 하면 그 사실을 알아차릴 수 있다. 몇 달 동안 걱정하던 가족 모임이 한창일 때 잠깐 자신을 돌아보자. 그러면 그간의 온갖 불화에도 불구하고 꽤 즐거운 시간을 보내고 있음을 깨달을지도 모른다.

셋째, 앞서 파트너와 함께 해보라고 제안했던 방법처럼 다른 사람들이 친절하게 행동할 때 그 모습을 '포착'할 수 있다. 우리는 다른 사람들의 잘못된 행동을 알아차리는 데는 매우 능숙하지만 그들이 예의 바르게 행동할 때는 잘 눈치채지 못한다. 도로에서도 좋은 운전자는 존재가 희미해지지만 나쁜 운전자는 금세 눈에 띈다. 우리는 나쁜 운전을 예상하는 법을 배워서 그런 일이 일어날 때 대비한다. 인생에서도 마찬가지다. 하지만 가끔은 좋은 운전자, 좋은 사람에 주목하려고 노력하자.

마지막이자 가장 확실한 방법은, 사람들이 우리 예상과 다르게 행동할 가능성을 열어두는 것이다. **사람들에게 놀랄 준비가 되어 있을수록 그들이 예상 밖의 행동을 할 때 알아차릴 가능성이 커진다.** 이렇게 시각을 바꿔 주목하는 건 가족 내에서 특히 중요하다.

시각을 바꿔 상대의 입장에서 다시 생각하자

어떤 가족이든 서로에 대한 이미지를 정해둔 뒤 그걸 계속 재확인하는 과정이 반복된다. 우리 언니는 항상 다른 사람을 쥐고 흔들어…. 아빠는 늘 나를 힘들게 해…. 남편은 아무것도 알아차리지 못해….

우리는 이걸 '당신은 항상 / 당신은 절대' 함정이라고 부른다. 가족 구성원과의 경험은 인생 초반부터 시작되므로 그들과의 관계에 대한 예상은 마음속 깊이 각인된다. 그리고 아무리 미묘한 것이라도 일어나는 모든 일이 그 오래된 각인을 더 깊게 새긴다. 우리가 평생 성장하고 변화하는 것처럼 다른 가족들도 마찬가지라는 걸 기억해야 한다. 그들의 행동을 유리한 쪽으로 해석하지 않으면, 그들이 어떻게 변했는지 알아차리지 못할 수도 있다.

'아빠가 정말 오늘 나한테 전화를 했다. 아빠는 항상 내가 먼저 연락할 거라고 기대하기 때문에 이건 아빠한테 큰 진전이다.' '딸이 오늘밤 남동생 숙제를 도와줬다. 예상도 못 한 일인데, 딸한테 꼭 고맙다고 말해야겠다.' '시어머니가 늘 곁에서 도와주는 건 아니지만 최근에 아이가 아플 때 와줬다. 노력하고 있는 듯한데, 그게 중요하다.'

제5장에서 세상을 인식하고 주의를 기울이는 일상적인 능력을 향상시키는 데 도움이 되는 명상법에 대해서 얘기했다. 이 명상은 가족과 상호작용할 때도 똑같이 유용하다. 자신에게 **'여기서 전에 한 번도 알아차리지 못한 게 무엇일까?'**라는 질문을 던지는 것이다. 주변 환경에 대해 물어볼 때처럼 관계에 대해서도 물어볼 수 있다. **이 사람과의 관계에서 지금까지 알아차리지 못한 게 뭘까? 내가 뭘 놓쳤을까?**

추수감사절 저녁 모임을 생각해보자. 다들 컴퓨터 프로그래밍 코드 작성법을 배워야 한다고 끊임없이 주장하는 처남 옆에 앉아야 하거나 자기가 키우는 비숑 얘기만 하려는 이모 때문에 궁지에 몰릴 경우라면 어떤가? 적어도 처음 몇 분간은 인내심을 갖고 생각해보자. '이 사람에 대해서 내가 지금까지 몰랐던 게 뭘까?' 그러면 자기가 깨닫게 된 사실에 놀랄지도 모른다.

우리가 확신할 수 있는 한 가지는, 살면서 만나는 그 누구도 완전히 알 수 없다는 것이다. 항상 더 많은 걸 발견한다. 그런 발견을 하고 그걸 마음에 새기면 때로 우리가 가장 오래 알고 지낸 사람들인 가족과의 관계를 억누르고 있던 편견을 바로잡을 수 있다.

가족 관계를 위해 수고할 가치가 있는 이유

때때로 가족은 실제보다 더 영구적인 존재처럼 보인다. 우리는 가족이 항상 우리와 함께할 것이고 언제나 지금 같은 모습일 거라고 생각한다. 하지만 각 가족 구성원이 새로운 삶의 단계로 접어들면 우리 역할도 바뀐다. **이런 변화를 알아차리지 못하면 가족들 사이에 문제가 생기기 시작한다.** 청소년은 두 살 때처럼 많은 관심이 필요하지 않다. 부모나 조부모는 60대보다 80대에 더 많은 도움이 필요하다. 아이를 갓 낳은 엄마들은 가족의 도움이 필요하지만 지나친 간섭은 원하지 않는다. 가끔 자신에게 물어봐야 한다. **우리 가족생활의 이 단계에서 내가 이 사람에게 해줘야 할 적절한 역할은 무엇인가?**

우리는 각자 다른 지식과 능력, 경험을 갖고 있다. 우리 삶에 변화가 생겼을 때 다양한 형태의 가족 '재산'을 활용할 수 있다. 어릴 때 괴롭힘을 극복한 오빠가 같은 일을 겪고 있는 여러분의 어린 아들을 도와줄 수 있을지도 모른다. 하지만 이런 재산을 활용하려면 서로 꾸준히 연락을 유지하며 소통해야 한다. 그리고 역할 변화에 적응하기 위해 그런 도움을 청해야 할 수도 있다.

역할 변화에서 생기는 새로운 문제 외에도 시간이 지나면서 크고 작은 이유로 가족들 사이가 멀어질 수 있다. 심지어 사소한 의견 충돌을 해결하지 않고 방치하면 가족 관계가 끝나버릴 수도 있다. 가족 구성원 중 한 명이 멀리 이사를 가면 서로 방문하기 불편하다는 이유로 가족 전체가 거의 모이지 않게 되기도 한다.

제4장에서 서로의 관계에 남은 시간이 얼마나 되는지 계산했던 걸 떠올려보자. 좀처럼 만나지 못하는 가족의 경우, 남은 인생에서 그 사람과 함께할 수 있는 시간을 다 합쳐봐도 며칠밖에 안 될 수도 있다. 관계를 계속 유지하려면 노력이 필요하다. 단절의 이유가 지리적인 문제 때문이 아니라 감정적인 문제 때문이라면 관계 유지를 위해 죄책감, 슬픔, 분노 같은 감정과 맞서려는 의지를 키워야 할지도 모른다.

모든 가족의 복잡한 감정이 씨줄과 날줄로 얽혀 격자를 만드는데, 이는 매우 중요하다. 가족은 다른 관계가 하지 못하는 방식으로 우리에게 영향을 미친다. 가족은 다른 어떤 관계에서도 불가능한 역사, 경험, 피를 나눈다. 누구도 평생 알고 지낸 사람을 대신할 수는 없다. 더 중요한 건, 평생 우리를 알아온 사람도 다른 사람으로 대체할 수 없다는 점이다. 여러 가지 문제에도 불구하고 이런 관계를 육성하고 질을 높이고 인내하고 거기에서 얻는 긍정적인 것들에 감사하는 건 그만한 가치가 있다. 밥은 젊은 시절 자기 부모님에게 엄청나게 화가 났던 때를 기억한다. 그때 삼촌이 그를 옆으로 데려갔다. **"네가 화난 거 알아."** 그의 삼촌이 말했다. **"하지만 세상에 이렇게 너를 신경 써주는 사람은 다시는 없을 거라는 사실을 기억해라."**

빛나는 가족의 유산은 미래 세대를 밝혀준다

이번 장의 앞부분에서 예상치 못한 상황에서 가족 구성원에게 일어날 수 있는 뜻밖의 일들에 마음을 열어두는 게 좋다는 조언을 했다. 하지만 그냥 기다리기만 하는 게 아니라 가족 간의 유대를 강화하기 위해 능동적으로 나설 수도 있다. 물론 한 가정에 효과가 있는 방법이 다른 가정에는 효과가 없을 수도 있다. 그러나 직계 가족과 대가족이 강한 유대감을 형성하는 데 도움이 되는 몇 가지 일반적인 원칙이 있다. 다음과 같은 사항을 고려해보자.

첫째, 자신부터 시작하자. 여러분은 자신의 가족들에게 어떤 자동 반응을 보이는가? 과거의 경험을 바탕으로 판단을 내리고 다른 일이 일어날 기회를 지레 포기하는가?

우리가 할 수 있는 간단한 일 하나는 **다른 누군가가 달라지기를 바랄 때 그걸 알아차리는 것이다.** 스스로에게 물어보자. **이 사람을 판단하지 않고 그냥 내버려두면 어떻게 될까? 이 순간이 어떻게 달라질까?** 다른 사람을 '있는 그대로' 받아들이고 '현재의 위치'를 인정하면 관계를 발전시키는 데 큰 도움이 될 수 있다.

둘째, 루틴이 중요하다. 제7장에서 루틴에서 벗어나야 친밀한 관계를 활성화할 수 있다고 말했다. 루틴에서 벗어나는 것은 침체에 빠진 가족에게도 좋을 수 있다. 하지만 사실 **가족 관계는 정기적인 접촉을 어떻게 하느냐에 따라 달라지는 경우가 많다.** 이는 한 지붕 아래서 함께 사는 가족도 그렇지만 특히 떨어져 사는 가족에게 중요하다.

정기적인 모임, 저녁 식사, 전화, 문자 메시지 등이 모두 가족을 하나로 묶는 데 도움이 된다. 삶이 변하고 복잡해짐에 따라 **새로운 의식을 만드는 것에 시들해질 수도 있는데, 이런 가족 관계를 유지하는 데 도움이 된다.** 예전에는 세례, 라마단, 성인식 같은 종교 행사를 통해 정기적인 접촉이 이루어지곤 했다. 물론 이런 행사는 지금도 진행되지만 일부 가족은 종교 행사를 대체할 것을 찾으려 애쓴다.

이 부분에서는 소셜미디어 도구가 도움이 될 수 있다. 사이가 소원해질까 봐 걱정된다면 온라인상에서 정기적으로 연락을 취하자. 화상 회의 소프트웨어를 사용하면 얼굴 표정과 몸짓 언어를 통해 더 활발한 의사소통을 할 수 있기 때문에 매우 유용하다. 특히 코로나19 팬데믹으로 인한 봉쇄 기간에는 이런 영상통화가 많은 가족에게 생명의 은인이었다. 하지만 소셜미디어와 영상통화에만 의존하는 건 사실 피상적인 방법이다. 그런데도 자기가 '의미 있는' 접촉을 유지하고 있다고 착각할 위험이 있다. 물리적으로 함께 있는 두 사람 사이에는 신비롭고 미묘한 감정이 흐른다. 제5장에서 레이첼 드마르코가 아버지 레오와 나눴다고 얘기한 친밀한 대화를 떠올려보자. 그녀가 아버지와 같은 공간에 있지 않았다면, 어둑한 방에서 무릎 위에 고양이를 올려놓고 있지 않았다면 그런 친밀함은 결코 느껴보지 못했을 것이다.

또 일상생활 속에서 직계 가족과 연결될 기회를 간과할 수도 있다. 이런 루틴 중에서 가장 강력한 것은 간단하면서도 오래된 일상인 가족끼리의 저녁 식사다. 가족이 모여서 이야기를 나누는 시간이 아이들에게 특히 이롭다는 증거도 있다. 연구진은 가족끼리의 규칙적인 저녁 식사가 아이들의 평균 성적과 자존감을 높이고 약물 남용, 10대 임신, 우울증의 위험도 낮춘다는 걸 알아냈다.[161] 또 집에서 식사를 자주 하면 더 건강한 식습관을 기른다는 증거도 있다. 일부 문화권에서는 식사를 가정생활의 중심축으로 삼는다. 하지만 미국을 중심으로 한 서구에서는 혼자 식사하는 사람들이 과거 어느 때보다 많다. 미국의 성인은 전체 식사의 절반 정도를 혼자 먹는다고 밝혀졌다.[162]

가족끼리의 저녁 식사는 안부를 확인하고 가족 구성원들이 서로의 생활에 대한 최신 정보를 얻을 수 있는 정기적인 기회다. 이런 루틴이 짜증스러운 사람도 있겠지만, 이건 모든 사람이 혼자가 아니라고 느끼게 해준다. 식사 자리에서 어른은 아이에게 대화와 관련한 교육을 할 수도 있다. 순서대로 발언하기, 의견 공유, 다른 사람의 얘기를 호기심 어린 태도로 경청하기 같은 규칙을 알려줄 수 있다. 반대로 아이들에게서 새로운 문화 트렌드를 배울 수도 있다.

그리고 항상 좋은 대화를 나누지 못한다 해도 함께하는 것의 중요성을 과소평가하지 말자. 때로는 가족들이 하는 말이 아니라 한 장소에 같이 있는 '느낌'만으로도 중요한 정보가 전달된다. 문자 메시지를 보내거나 각자 자기 방에서 소리를 지르는 건 단 15분 정도라 해도 함께 식탁에 앉아 소통하는 것과 비교가 되지 않는다.

가족들의 일정상 함께 저녁을 먹을 수 없다면 아침 식사도 똑같은 기능을 할 수 있다. 모든 사람은 먹어야 살 수 있다. 그러니 최대한 자주 함께 먹는 시간을 마련하자.

마지막으로, **모든 가족 구성원**은 오직 그들만이 제공할 수 있지만 눈에 잘 띄지 않는 곳에 **고유한 보물을 지니고 있음을 기억해야 한다.** 예를 들어 평생 동안 경험을 축적해온 조부모를 생각해보자. 그들의 세대 정체성, 과거에 가족들이 힘든 난관을 극복한 방법, 가족의 역사에 대한 풍부한 지식은 우리가 다른 수단으로는 얻을 수 없는 교훈을 준다. 그것은 현재를 살아가는 데 필요한 지혜로운 관점이 되기도 한다.

가족 이야기는 유대감을 형성하고 관계를 유지하는 데 중요하다.[163] 나이 든 가족에게 너무 늦기 전에 묻고 싶은 것은 무엇인가? 자녀들과 무엇을 공유하고 싶은가? 나이 든 친척들에게 가족에 관한 이야기를 해달라고 하는 건 사람들을 꾸준히 연결시키는 방법이 될 수 있다. 짧은 동영상, 필름, 사진은 특히 사람들이 세상을 떠난 뒤에 매우 중요할 수 있다. 가족의 역사와 관계를 보존하는 새로운 방법이 계속 생겨나고 있으니 이를 활용하자. 분명 유익할 것이다.

추억이 소중한 건 기성세대만이 아니다. 형제자매가 있다면 그들의 성장기에 대한 기억이 여러분의 기억을 풍부하게 해줄 수 있다. 자녀들이 성인이라면 그들에게 어린 시절의 기억에 대해 물어보라. 그러면 자녀에 대한 새로운 관점은 물론 부모로서의 자신의 경험에 대한 새로운 시각을 얻을 수 있다. 추억을 공유하면 관계가 깊어진다.

어떤 면에서 볼 때 하버드 연구는 가족을 탐구하는 일종의 거대한 실험이다. 개인 파일을 열고 가족 사진첩을 들여다보며 향수를 느끼는 것, 우리는 그걸 조사 정신으로 삼는다. 하지만 여러분은 자기 가족 안에 있는 보물을 채굴하기 위해 보조금이나 학술 기관의 지원이 필요하지 않다. 호기심과 시간만 있으면 된다. 그리고 그 과정에서 좋은 쪽으로든 나쁜 쪽으로든 가족을 더 많이, 더 깊이 이해하게 해주는 놀라운 사실을 발견할 것이다.

닐 매카시의 자녀들은 이런 식으로 닐의 기억력을 이용했다. 그들은 매카시의 어린 시절에 대해 아버지와 몇 차례 대화를 나눴다. 그는 아이들에게 모든 걸 말하지는 않았지만(적어도 하버드 연구진에게 말한 것만큼 많이 얘기하지는 않았다) 그가 좋은 시절과 믿을 수 없을 정도로 힘든 시기를 모두 겪었다는 걸 알 수 있을 만큼은 말했다.

결국 가장 중요한 건 그들이 직접 본 것이다. 닐은 자기 가족을 꾸린 뒤로 힘든 일이 있어도 도망가지 않았고, 자신의 어린 시절을 힘들게 했던 일에 묶여 있지도 않았다. 그리고 가족들 곁에 꾸준히 있어줬다. 이것이야말로 가장 큰 선물이다. 닐은 자기가 실수를 저질러도 그걸 외면하지 않았다. 계속 그 자리를 지켰다.

연구진이 그의 딸 린다에게 미래 세대에게 어떤 조언을 해주겠느냐고 묻자, 그녀는 아버지에게 영감을 받은 듯한 대답을 했다. "삶에서 정말 중요한 게 뭔지 절대 잊지 말라고 말하고 싶어요. 돈을 얼마나 버느냐가 중요한 게 아닙니다. 그게 바로 내가 아빠에게 배운 거죠. 아빠가 내게, 내 아이에게, 내 형제들에게, 일곱 명의 손자들에게 보여준 거예요. 내가 그 반만 따라갈 수 있어도 아주 괜찮을 겁니다."

제9장

직장에서 관계가 좋아지면
삶의 질이 올라간다

수확한 곡식이 아니라 심은 씨앗으로 하루하루를 판단하라.[164]

_ **윌리엄 아서 워드** William Arthur Ward

하버드 연구 설문지, 1979년

Q: 소득은 그대로인 채로 일을 그만둘 수 있다면 그렇게 하겠는가? 대신 무엇을 할 것인가?

앞으로 24시간 동안 전 세계 수십억 명의 사람들이 잠자리에서 일어나 일하러 갈 것이다. 어떤 사람은 평생 노력해온 일터로 향한다. 하지만 대부분의 사람은 자기가 하는 일의 종류나 그 일을 하면서 버는 돈의 액수를 선택할 여지가 거의 없다. 사람들이 일하는 목적은 주로 자신과 가족을 부양하는 것이다.

보스턴 도심 출신으로 하버드 연구에 참가한 헨리 킨은 거의 평생을 미시간의 자동차 공장에서 일했다. 자동차 만드는 걸 좋아해서가 아니라 벌이가 괜찮았기 때문이다. 그는 가난하게 자랐고 일찍부터 일을 시작했다. 그는 존 마스덴(제2장)이나 스털링 에인슬리(제4장)처럼 하버드 대학에 다녔던 사람들이 누렸던 혜택을 받지 못했고, 돈도 그만큼 많이 벌지 못했다. 그럼에도 헨리는 어느 모로 보나 존이나 스털링보다 더 행복했다. 헨리 같은 보스턴 도심지 출신의 연구 참가자들은 하버드 대학 출신보다 직업 선택권이 적었고 더 힘든 일에 종사했으며 돈은 적게 벌면서 더 늦은 나이에 은퇴했다. 그들 직업이 갖고 있는 이런 요소는 확실히 건강이나 성공하는 능력에 영향을 미쳤다.

하지만 높은 임금과 지위가 번영하는 삶을 보장해주지는 않았다. 하버드 연구에 참가한 이들 중에는 의학 연구원, 성공한 작가, 부유한 월스트리트 중개인처럼 '꿈의 직업'을 가졌으면서도 일터에서 불행한 이들이 많다. 반면 '중요하지 않거나' 힘든 직업에 종사하지만 거기서 많은 만족감과 의미를 얻는 도심지 출신 참가자들도 있다. 왜 그럴까? 어떤 조각이 빠졌길래 이런 결과가 나오는 걸까?

이번 장에서는 생계를 위해 어떤 일을 하든 상관없이 많은 이들이 종종 간과하는 일의 중요한 측면에 초점을 맞춘다. 그건 바로 일터에서의 관계가 우리 삶에 미치는 영향이다. 우리는 많은 시간 일터에서 보내므로 이런 관계는 우리의 웰빙에 중요하다. 뿐만 아니라 일터에서의 관계는 우리가 어느 정도 통제하고 개선할 수 있다. 생계를 위해 어떤 일을 할지 항상 선택할 수 있는 건 아니다. 하지만 일이 우리에게 도움이 되도록 하는 건 가능하다.

직장과 일에 잠식당한 삶

로렌이라는 한 노동자의 삶에서 며칠을 상상해보자. 로렌은 필자들이 연구 참가자들의 삶과 우리의 임상 연구에서 흔히 마주하는 여러 가지 일반적인 문제를 겪고 있다.

로렌은 지난 6개월 동안 의사들의 진료 내역서를 처리하는 의료비 청구 사무소에서 일했다. 칸막이를 사이에 두고 그녀 주변에서 일하는 동료들은 모두 좋은 사람들이지만 그녀는 그들을 잘 알지 못한다. 매일 로렌이 가장 원하는 건 자기 업무를 마치고 완전히 다른 문제가 기다리고 있는 집으로 돌아가는 것이다.

안타깝게도 그녀의 회사가 새로운 고객들을 맡는 바람에 최근에는 제시간에 일을 마무리하는 게 어려워졌다. 게다가 몇 달 동안 상사가 자기 일을 로렌에게 떠넘겼다. 현실적으로 불가능한 마감일을 정해주고는 일하는 속도가 너무 느리다며 로렌을 비난하기까지 했다. 오늘 그녀의 상사는 한 시간 일찍 집에 갔고 로렌은 퇴근 시간보다 두 시간 늦게까지 사무실에 남아 있었다.

로렌이 집에 도착했을 때 남편과 아홉 살, 열세 살인 두 딸은 저녁을 먹고 있었다. 메뉴는 피자였는데 이번 주에만 벌써 세 번째다. 로렌은 사실 모두를 위해 저녁 식사 준비하는 걸 좋아한다. 또한 요리하는 동안 분주하게 움직이면서 아이들에게 그날 있었던 일에 대해 듣는 걸 좋아한다. 하지만 이번 주에는 그게 불가능했다.

로렌은 남편에게 하다못해 샐러드라도 만들어 달라고 부탁했지만 그는 그 부탁을 들어주지 않았다. 그래서 오늘은 그 얘기를 아예 꺼내지도 않았다. 지쳐서 머리가 빙글빙글 돌고 아직 옷도 갈아입지 않은 상태다. 하지만 로렌은 가족들과 몇 분이라도 함께 있으려고 식탁 앞에 앉았다. 딸들이 한동안 학교 얘기를 했지만 로렌은 거의 귀를 기울일 수 없었다. 남편은 휴대폰 화면만 스크롤하고 있다. 그녀는 전에 새 직장을 구하는 문제에 대해 얘기한 적이 있고 남편도 찬성했다. 하지만 그 이후로 변한 게 아무것도 없었다. 오늘 밤에는 그 대화를 되풀이할 기운조차 나지 않았다.

로렌은 직장에서 끝내지 못한 일과 내일도 늦게까지 남아 있어야 할지 모른다는 생각을 하고 있었다. 큰딸이 이번 주말에 미니애폴리스에 쇼핑하러 갈 수 있냐고 물어봤다. 로렌은 큰딸의 말을 끊고 "금요일에 얘기하자. 내 머리가 다시 돌아갈 때."라고 했다. 피자가 동나자 다들 식탁에서 떠났다. 로렌은 한 조각도 먹지 못했다. 그녀는 남은 피자 부스러기를 먹고 자기가 먹을 수프를 한 그릇 만들었다. 여느 날과 다름없는 하루였다. 내일은 이 과정이 다시 반복될 것이다.

일과 삶은 정말 분리되어 있을까?

직장생활과 삶을 별개의 것으로 여기는 건 일리 있는 행동이다. 로렌처럼 이 두 가지가 완전히 다른 경험의 영역에 속한다고 느끼는 이들이 많다. 우리는 살기 위해 일한다. 본인이 좋아하는 일을 하는 운 좋은 사람들도 종종 이 두 가지 영역을 분리된 것으로 생각한다. 그리고 일과 삶 사이에서 적절한 균형을 찾기 위해 고군분투한다.

하지만 우리가 놓치고 있는 게 있다. 일과 삶을 분리하는 게 좋은 삶을 추구하는 데 정말 도움이 될까? 혹시 방해가 되는 건 아닐까? 심지어 싫어하는 일이라 해도 일의 가치가 단순히 월급을 받는 데 있는 게 아니라면 어떨까? 일터에서 순간순간 느끼는 살아 있다는 감각이나 다른 사람들과 연결되면서 얻는 활력에 일의 진정한 의미가 있다면? 아주 평범한 근무일에도 우리 삶을 개선할 기회가 생기고, 더 넓은 세상과 연결되어 있다는 느낌을 강화해줄 기회가 생긴다면 어떨까?

다음날 로렌의 동료 하비에르를 보니 스트레스를 받은 것처럼 보인다. 로렌보다 더 심하게. 그는 헤드폰을 끼고 책상 앞에 앉아 있지만 혼자 한숨 쉬는 소리가 들리고 전화기를 계속 확인한다. 로렌은 하비에르와 별로 친하지 않지만 괜찮은지 물어봤다.

어제 그는 교통사고를 냈다. 그의 잘못이라고 했다. 다친 사람은 없지만 하비에르의 차가 부서졌는데 그가 가입한 보험은 상대방이 입은 피해만 보상해준다는 것이다. 새 차를 살 여유도 없고 심지어 부서진 차를 고칠 여유도 없다. 그런데 차 없이 출퇴근하기에는 사무실이 너무 멀다고 했다. 오늘은 룸메이트의 차를 얻어 탔지만 그건 근원적인 해결책이 아니다.

로렌이 물었다.

"그 차 아직 운전은 가능한가요?"

"간신히요. 고속도로에서는 탈 수 없어요."

"남편이 자동차 정비공인데 랠리 레이싱 일도 해요. 차를 우리 집까지 끌고 오면 남편이 싸게 고쳐줄 수 있을 거예요. 적어도 운전이 가능한 수준으로는 만들어줄 거예요."

"난 수리비를 낼 여유가 없어요."

"겉모습에 신경 쓰지만 않는다면 아주 저렴한 비용일 거예요. 어쩌면 무료도 가능하고요. 부품 몇 개와 맥주 한 상자 정도는 사야 할지도 모르지만요. 날 믿어요. 우리 남편은 쓰레기 더미로도 차를 만들 수 있어요. 차를 가져오세요. 남편이 나한테 빚진 것도 있으니까."

두 사람은 처음으로 대화를 나눴다. 몇 달 동안 옆자리에서 일했지만 서로 공통점이 없다고 생각했다. 로렌은 하비에르보다 열다섯 살이나 많았고 하비에르는 게임에 빠져 있었으며 둘 다 대부분의 시간을 혼자 보냈다.

로렌은 자기 일의 진행 속도가 너무 느리다고 얘기했다. 하비에르는 그들이 사용하는 구식 소프트웨어에 대해 논의하는 온라인 포럼의 단골이다. 그는 로렌에게 어떤 부분이 문제인지 물어봤고, 곧 소프트웨어를 이용해서 그녀가 하는 작업의 핵심적인 부분을 자동화할 수 있다는 걸 알아냈다.

"잠깐만 기다리세요." 하비에르는 그렇게 말하더니 그녀의 컴퓨터 앞에 앉았다. 10분 뒤, 소프트웨어는 예전 같으면 몇 시간이 걸렸을 작업을 빠르게 처리하고 있다. 로렌은 안도의 눈물을 흘릴 뻔했다.

두 사람 모두 사무실의 벽을 이루고 있는 물리적인 파일링 시스템에 불만이 있다는 게 드러났다. 때로는 그것 때문에 업무가 더 힘들어지기도 했다. 하비에르는 최근 비슷한 곳에서 일했는데, 거기에서는 다른 파일링 방식을 썼다고 한다.

그들은 함께 상사를 찾아가서 파일링 방식을 바꾸면 생산성에 큰 차이가 생길 거라고 설득했다. 상사는 그 의견에 동의했다. 다른 업무를 방해하지 않고 그 일을 실현시킬 계획을 세우는 임무를 두 사람에게 맡겼다. 정규 근무 시간 이후에 단계적으로 진행해야 하고 해야 할 일도 많을 것이다. 하지만 상사가 계획을 수락하면 그들은 잔업 수당을 받게 될 것이다.

다음 날, 로렌이 사무실에 들어서자 책상 위에 종이 가방이 놓여 있었다. 사워도우 빵이었다. 하비에르의 집안에서 몇 세대 전부터 이어져 온 레시피로 구웠다고 했다. 로렌은 이 젊은이가 직접 빵을 굽는다는 사실에 놀랐다.

"나중에 더 갖다 드릴게요." 하비에르가 말했다.

그날 저녁에도 로렌은 조금 늦게 일을 끝냈지만 평소만큼 늦지는 않았다. 그래서 남편에게 전화를 걸어 저녁을 먹지 말고 기다리라고 했다. 집에 가서 사워도우 빵으로 BLT 샌드위치를 만들 예정이었다.

직장에서의 관계가 달라지자 삶의 질도 달라진 로렌

중요한 일이 몇 가지 일어났다. 첫째, 로렌은 예상 밖의 동료와 친구가 되었다. 갓 싹튼 관계에서 생긴 팀워크와 공통된 경험 덕분에 그녀의 스트레스 수준이 즉시 감소했다. 이제 그들은 같은 참호 안에 있게 되었다. 로렌은 도움을 받을 때만 안도감을 느낀 게 아니라 도움을 줄 때도 안도감을 느꼈다.

둘째, 의미 있는 프로젝트가 생겼다. 이건 일상에 생기를 불어넣었고 그 프로젝트의 결과는 그녀의 직장생활을 더 편하고 쉽게 만들어줄 것이다. 로렌은 이제 자기 사무실의 환경 변화에 적극적으로 참여하면서 직접 고안한 작은 목표를 이루기 위해 노력하게 되었다. 그리고 전개된 사건들은 성취를 관계와 연결시켰다. 이건 중요한 사실이다.

성취는 관계 안에서 이루어질 때 가장 의미 있다. 우리가 하는 일이 다른 사람에게 중요하면, 그 일은 우리에게 더 중요해진다. 로렌과 하비에르처럼 소속감을 느끼는 팀의 일원으로 뭔가를 할 수도 있고, 다른 사람들에게 직접적으로 이익이 되는 일을 할 수도 있다. 둘 다 일종의 사회적 이익이다. 또 우리의 개인적인 성공을 친구나 가족과 공유하면서 만족감을 느낄 수도 있는데, 이것은 또 다른 이점이다.

마지막으로, 로렌과 하비에르의 우정은 그녀의 일이 인생에서 더 의미 있는 부분이 되도록 만들어준다. 남편을 통해 도움을 주겠다는 제안과 빵 선물은 일회성 제스처처럼 보일 수도 있지만 사실 이런 제스처가 두 세계 사이의 문을 열어준다. 그런 삶의 긍정적인 요소는 일터로 흘러가거나 그 반대 방향으로 흐르게 해주는 문이다.

함께 일하는 동료를 직접 선택하는 경우는 거의 없다. 그게 직장의 단점처럼 보이기도 한다. 하지만 일터 이외의 장소에서는 만날 기회가 없을 사람들과 독특한 관계를 맺거나 우정을 나눌 새로운 기회를 얻기도 한다. 서로의 차이점에도 불구하고 하비에르와 로렌 같은 동료는 의견 일치를 경험할 수 있다.

일 vs. 삶? 아니면 그 모두가 다 삶인가?

전 세계적으로 어느 나라에서나 성인들은 자기 인생의 대부분을 일하면서 보낸다. 경제적, 문화적 요인이나 기타 요인 때문에 나라마다 차이는 있을 터다. 하지만 어느 나라나 일은 사람이 깨어 있는 시간의 상당 부분을 차지한다.

영국 노동자들은 매년 가장 많은 시간을 일하지는 않지만 가장 적은 시간 동안 일하는 것도 아니기에 평균적인 노동자의 좋은 예다.[165] 영국의 평균적인 개인은 80세가 될 때까지 친구들과 교제하는 데 약 8,800시간, 친밀한 파트너와 함께하는 활동에 약 9,500시간, 직장에서는 약 11만 2,000시간(13년) 이상을 보낼 것이다.[166]

미국 사람들도 비슷한 방식으로 시간을 배분한다. 16세 이상의 모든 미국인 가운데 63퍼센트는 유급 노동력의 일부인데, 아이들을 키우거나 사랑하는 이들을 돌보는 등의 중요한 무급 노동을 하는 사람들이 훨씬 더 많다.[167] 그걸 다 합치면 하루 노동 시간이 수억 시간에 이를 것이다.

70대와 80대에 이른 일부 하버드 연구 참가자들은 너무 많은 시간을 직장에서 보낸 걸 유감스러워했다. 임종을 앞두고 사무실에서 더 많은 시간을 보낼 걸 그랬다고 후회하는 사람은 아무도 없다는 상투적인 얘기가 있다. 그게 상투적인 이유는 대부분 사실이기 때문이다.

가족과 더 많은 시간을 보냈으면 좋았을 것이다. 나는 일 중독자였던 아버지를 닮아 일을 많이 했다. 이제 내 아들도 그렇게 될까 봐 걱정된다.

_ 제임스, 81세

아이들과 더 많은 시간을 보내고, 직장에서 보내는 시간은 줄였어야 했다.

_ 리디아, 78세

나는 마땅히 해야 하는 것보다 더 열심히 일했다. 일은 잘했지만, 그

게 내게서 많은 걸 앗아갔다. 난 휴가도 가지 않았다. 일에 지나칠 정도로 나 자신을 바쳤다.

_ 게리, 80세

많은 사람이 이 문제로 고심한다. 우리는 일을 해서 가족을 부양하지만 일은 우리를 가족과 멀어지게 한다. 아마 다들 이런 책에서는 가족이나 인간관계에 집중하기 위해 일을 멀리하라는 의견을 옹호하리라 기대할 것이다. 실제로 누군가에게는 일을 줄이는 게 꼭 필요할 수도 있다. 하지만 일과 여가, 관계, 가정생활, 웰빙 사이의 복잡한 상호작용은 그리 단순하지 않다. 보다 세심한 해결책이 필요하다.

일터에서 보내는 시간은 집에서의 시간에 영향을 미치고 집에서의 시간은 일터에서의 시간에 영향을 미친다. 그리고 그런 상호작용의 기초를 이루는 것이 우리가 두 장소에서 맺고 있는 관계다. 양쪽이 불균형하다면, 우리가 한쪽 또는 다른 쪽의 관계에 주의를 기울이는 방식에서 그 원인을 찾을 수 있다.

연구 참가자이자 건설 엔지니어인 마이클 도킨스는 자기 일에 큰 자부심을 느끼고 그걸 인생의 목적으로 여긴다. 그러면서도 일에 쏟은 시간을 후회하는 공통된 경험을 했다. "난 새로운 걸 만들거나 배우는 것, 나 자신의 변화를 지켜보는 걸 좋아합니다." 도킨스의 말이다. "프로젝트를 완료하고 내가 한 일을 인정받는 것에서 의미를 느끼죠. 그러면 정말 기분이 좋습니다."

하지만 그는 집에서 시간을 보낸 방식과 일에 대한 헌신이 결혼생활에 미친 영향을 한탄했다. "자기가 뭘 놓치고 있는지 항상 알아차릴 수 있는 건 아닙니다. 심지어 집에 있을 때도 정신은 딴 데 가 있기 일쑤죠. 그러다가 어느 날 문득 멈춰 서서 돌아보면 너무 늦었다는 걸 깨닫게 됩니다."

그러나 모두 후회하는 건 아니다. 그와 마찬가지로 자기 일에 전념한 다른 참가자들은 이런 복잡한 상황 속에서도 번창할 수 있었다. 헨리 킨을 예로 들어보자. 그는 자기가 만든 자동차에 대한 얘기를 많이 하지는 않았지만, 직장에서 느끼는 동료애를 얼마나 좋아하는지는 자주 말했다. 그는 자기 동료들을 제2의 가족으로 생각했다. 30년 동안 시의 경리과에서 일한 그의 아내 로자도 함께 일하는 사람들에게 같은 감정을 느꼈다. 두 사람은 직장에서 만난 사람들을 위해 대규모 바비큐 모임을 열곤 했다. 그런 바비큐 모임에서 새로운 커플이 적어도 한 쌍 이상 탄생하지 않았을 거라고는 상상하기 어렵다.

고등학교 교사인 레오 드마르코의 경우를 살펴보자. 그는 학생이나 다른 교사들과의 관계를 통해 매우 큰 기쁨을 누렸다. 교사 일을 계속하기 위해 행정직으로 승진되는 걸 여러 차례 거절했다. 레오의 가족은 그가 집에서 더 많은 시간을 보내기를 바랐다. 하지만 레오는 일뿐 아니라 가족에게도 충실했다. 가족끼리 함께 보내는 시간은 소중했고 그들이 맺은 연결의 힘은 강력했다.

학생회 연구 참가자 중 한 명인 레베카 테일러는 일과 가정, 관계의 복잡한 상호작용에 대해 남들과 다르면서도 똑같이 공통된 경험을 했다. 레베카는 마흔여섯 살 때 곤경에 처했다. 남편이 갑자기 가정을 버리는 바람에 최근 이혼한 그녀는 혼자서 두 아이를 키우며 일리노이주의 한 병원에서 풀타임 간호사로 일했다.

열 살짜리 아들과 열다섯 살짜리 딸 모두 아버지에게 버림받아 큰 충격을 받은 상태였기 때문에 레베카는 남편이 없는 상황에서도 아이들에게 안정감을 주기 위해 최선을 다했다. 하지만 레베카는 집에서의 노력과 직장에서의 책임 때문에 지칠 대로 지쳐 있었다. 언제나 시간이 부족한 것 같았다.

그녀는 남편이 떠나고 2년 뒤에 한 인터뷰에서 "무엇을 하든 최선을 다하려고 노력한다."라고 말했다. "하지만 지금은 간신히 버티고 있는 수준입니다. 추가 자격증을 따려고 일주일에 세 번씩 수업을 듣고 있어서 집에 오면 저녁을 만들고 책을 읽고 잠자기 전에 집안일을 할 시간밖에 없어요. 아이들과 함께 있을 시간이 너무 부족합니다. 애들도 내가 스트레스를 많이 받는다는 걸 느끼고 있는데, 그건 애들에게 도움이 안 되죠. 하지만 지금은 일이 내 삶을 결정짓고 있어요. 하지만 돈이 필요하니까 어쩔 수 없어요. 아니, 그렇게 심각한 상황은 아니에요, 너무 드라마틱한 상황으로 몰아가고 싶지는 않네요. 하지만 일을 쉬지 않고 계속하는데도 간신히 먹고살 정도의 돈밖에 없어요. 가끔은 그냥 포기하고 싶을 때도 있죠."

하지만 레베카 곁에는 아이들이 있었고, 덕분에 불가능한 것처럼 느껴지는 상황에서도 조금은 힘을 낼 수 있었다. "가끔 집에 와보면 아이들이 이미 빨래를 해놓고 쓰레기도 치우고 저녁 준비를 시작하고 있어요. 둘 다 그런 면에서 매우 적극적이죠. 아이들도 우리가 함께 헤쳐나가야 한다는 걸 알아요. 정말 다행이죠. 그게 우리를 더 가깝게 만듭니다. 아들은 이제 겨우 열 살이라서 이런 상황에서도 여전히 내게 착 달라붙어 있어요. 집에 오면 계속 따라다니면서 그날 있었던 일을 얘기하죠. 정말 말이 많은 아이인데 귀 기울여서 들어주려고 최선을 다합니다. 가끔 고된 하루를 보낸 뒤에는 힘들 때도 있어요."

일이 우리 가정생활에 미치는 파급효과는 매우 흔하다. 다들 일터에서 힘든 하루를 보낼 때가 있다. 동료와의 의견 충돌, 헌신에 대한 평가절하, 성별이나 정체성, 그 외 요소 때문에 직장에서 무시당하는 느낌, 도저히 충족시킬 수 없는 요구 등. 갖가지 일이 생겨서 감정이 상하고 이 감정이 일터를 나와 집으로 향할 때까지 계속 이어지기도 한다. 집에서 아이들을 챙겨주고, 끝이 안 보이는 집안일을 다 끝낸 뒤에도 부정적인 감정이 계속 남아 있을 수 있다.

일에서 생기는 이런 일상적인 감정 흐름은 우리 삶의 다른 부분에 어떤 영향을 미칠까? 파트너와 가족은 우리가 퇴근할 때 어떤 기분을 느끼는지 잘 모를 수도 있지만, 그 감정 때문에 가장 큰 타격을 받는 사람이 그들이다.

기분 나쁜 상태로 귀가하면 벌어지는 일

1990년대, 마크는 결혼할 사람과의 관계가 심각해지자 자기 일과 삶의 균형에 대해 걱정하기 시작했다. 그는 어느 때보다 일을 많이 하고 있었기 때문에 그가 아끼는 사람들과 보낼 시간이 줄어든 상태였다. 그뿐만 아니라 그들과 함께 보내는 시간조차 일하는 과정에서 생긴 감정에 영향을 받고 있었다.

마크는 이런 개인적인 관심사에 영감을 받아 이것을 직접 연구해보기로 했다. 직장에서 보내는 시간과 삶의 나머지 부분과의 관계를 조사하기 시작한 것이다. 그는 일터에서의 힘든 하루가 친밀한 관계에 미치는 영향을 정량화하기 위한 연구를 수행했다.[168]

어린 자녀를 둔 부부에게 며칠 동안 퇴근 시간과 취침 시간에 설문지를 작성해 달라고 했다. 이 연구는 '화가 난 채로 집에 왔을 때 그것이 친밀한 파트너와의 상호작용에 어떤 영향을 미치는가?'라는 의문을 해소하기 위해 고안된 것이다.

대부분의 부부는 이 연구 결과에 놀라지 않을 것이다. 일터에서 힘든 하루를 보내면 그날 밤에 일어나는 상호작용에 영향을 미친다. 여성의 경우 힘든 하루를 보내고 나면 화를 많이 내고, 남성의 경우에는 파트너와 감정적으로 멀어지는 경향을 보인다. 상당수의 연구 참가자들, 특히 남성은 일터에서 받은 스트레스는 일터에 두고 퇴근한다고 말했다. 하지만 이 연구 결과는 다른 걸 보여준다. 본인은 퇴근한 뒤에는 일 생각을 안 한다고 여기지만 우리 감정은 스스로 인식하지 못하는 방식으로 계속 이어진다.

이를테면 평범한 질문에 퉁명스럽게 대답하거나, TV나 컴퓨터 앞에 멍하니 앉아 있거나, 다른 사람의 문제에 무관심하거나, 대화를 짧게 끝내는 식이다. 이처럼 일터에서 느낀 감정이 집에서의 생활에 얼마나 큰 영향을 미치는지 알면 놀랄 것이다. 하지만 우리는 파트너가 화가 난 채로 집에 돌아오면 **"나한테 화풀이하지 마!"**라는 익숙한 말로 파트너 본인에게 책임을 돌리는 경향이 있다.

직장에서의 감정이 친밀한 관계에 영향을 미칠 때는 그 감정을 마주하는 것 외에는 할 수 있는 일이 없다. 이럴 때는 제6장(감정 적응)과 제

7장(친밀감)에서 얘기한 몇 가지 기술이 도움이 된다. 화가 난 상태로 귀가한 후 집에서는 대개 다음과 같은 일이 진행된다. 화가 난 채로 집에 온 사람은 가족들에게 신경을 덜 쓰거나 인내심이 떨어진다. 그 사람의 파트너나 아이들도 변화된 행동에 부정적인 방식으로 대응한다. 그러면 또 처음에 화를 낸 사람의 부정적인 반응이 뒤따른다. 이렇게 해서 저녁 시간은 엉망이 된다.

이 주기를 멈추는 건 어렵지만 그래도 가능하다. 주로 관련된 감정을 직접 해결하는 방법을 써야 한다. 우리는 자기감정을 그대로 느끼지만, 그 감정이 우리를 마음대로 쥐고 휘두르도록 내버려둘 필요는 없다. 화가 난 채로 집에 돌아왔다면, 먼저 자기가 **화난 상태라는 걸 인정하고 받아들여야 하며 그 감정이 근무 중에 생긴 일에서 비롯됐다는 것도 인정해야 한다.**

이런 사실을 인정한 뒤에 잠시 의도적으로 그 감정을 받아들이면서 아무 판단도 하지 말고 감정을 느껴라. 회사 주차장이나 통근길, 집에 돌아와 샤워하는 시간을 활용하면 좋다. 그러다 보면 험악한 감정을 어느 정도 완화시킬 수 있다. 그런 감정을 느끼게 된 모든 이유, 저질렀던 모든 잘못을 일일이 곱씹으면서 부정적인 생각의 소용돌이에 빠질 필요가 없다.

이것과 반대의 전술은 쓰지 말자. 감정을 무시하거나 파트너에게 숨기려고 하는 것 말이다. 이는 감정의 강도와 신체적 각성을 증가시킨다.[169] 따라서 이럴 때 가장 도움이 되는 첫 번째 단계는 그 감정을 인식하고 스스로 인정하는 것이다.

제5장(관심 기울이기)에서 얘기한 교훈 몇 가지를 활용하는 것도 고

려해보자. 화가 난 채로 집에 돌아오면 머릿속에 일 생각만 가득한 경우가 많다. 하지만 그 시점에서 애초 여러분을 화나게 한 원인에 대해 할 수 있는 일은 많지 않을 것이다. 머릿속에서 소용돌이치는 속상한 생각에서 벗어나기 위해 주변 환경과 소리, 질감 등에 관심을 기울여보자. 배우자에게 "오늘 하루 어땠어?"라고 물어보고 최선을 다해 귀를 기울이자. 정말 진지하게 경청해야 한다. 물론 말처럼 쉽지는 않을 것이다. 그러니 연습이 필요하다. 저절로 되는 건 없다.

파트너가 화가 난 채 집으로 돌아와서 여러분에게 짜증을 내거나 무뚝뚝하게 구는 경우에도 위와 비슷한 전략이 도움이 된다. 발끈해서 상대방에게 부정적으로 대응하지 말고 일단 참자. 한 걸음 물러나서 파트너에게 무슨 일이 있었는지 물어보는 것이다. 숨을 고르고 "오늘 하루 어땠어?"라는 간단한 질문을 다시 해보자. 아니면 습관적으로 영혼 없이 하는 질문이 아님을 보여주기 위해 평소와는 조금 다른 형태로 물어볼 수도 있다. "당신 힘든 하루를 보낸 것 같네. 무슨 일이 있었는지 말해주면 어때?"

일터에서 힘든 나날을 보내는 건 불가피한 일이다.[170] 하지만 그렇게 힘든 시간을 보내는 이유를 해결할 방법은? 일 자체의 성격 때문에 이런 힘든 감정이 생길 수도 있지만 때로는 대하기 힘든 동료, 까다로운 상사, 결코 만족할 줄 모르는 고객 등 직장에서 맺은 관계 때문에 문제가 생기기도 한다. 업무상 맺은 관계는 절대 변하지 않는다고 여기는 경우가 많은데, 꼭 그렇지는 않다. 가족이나 친밀한 관계를 개선하기 위해 논의한 많은 기술을 직장 관계에도 적용할 수 있다. 제6장에 소개한 감정적으로 힘든 상호작용을 위한 W.I.S.E.R. 모델은 직장 동료와의 관계에도 매우 유용하다.

보스턴 도심지 출신의 연구 참가자인 빅터 모라드가 겪은 스트레스는 직장에서의 힘든 상호작용이나 까다로운 상사 때문에 생긴 게 아니다. 현대 직장의 고질적인 문제인 의미 있는 상호작용의 부족에서 비롯되었다. 다시 말해 직장에서 '외로움'을 많이 느낀 것이다.

다른 종류의 가난, 관계 단절과 외로움

빅터는 보스턴 노스엔드에서 시리아 이민자의 아들로 자랐다. 그의 가족은 연구 참가자들 가운데 아랍어를 사용하는 가족 중 하나였다. 노스엔드는 이탈리아인들이 많이 사는 동네였고 이 때문에 빅터는 어릴 때 위화감을 많이 느꼈다.[171]

그는 평생에 걸쳐 진행된 모든 인터뷰에서 '하버드 연구 인터뷰 진행자들이 매우 지적이고 만성적으로 남의 시선을 의식한다'고 느꼈다. 그는 만나는 거의 모든 사람보다 자기가 똑똑하지 않다고 여겼다. 어릴 때 동급생이 학교를 빼먹거나 집에서 도망치는 모습을 보면, 그 학생이 학교에 다니기에는 너무 똑똑하거나 자기보다 더 용감하기 때문이라고 생각했다.

빅터의 중학교 선생님 중 한 명은 연구진에게 이렇게 말했다. "빅터는 주변 모든 것에 관심을 기울이는 솔직하고 개방적이며 사랑스러운 소년입니다. 하지만 신경과민이죠." 빅터는 20대 내내 여러 가지 잡일을 했다. 그러다 얼마 후 그의 사촌이 뉴잉글랜드 지역에 서비스를 제공하는 작은 트럭 회사를 시작하면서 빅터에게 일자리를 제안했다. 빅터는 처음에는 거절했다. 하지만 결혼도 하고 사촌의 회사가 번성해 여러 지역으로 사업을 확장하기 시작하자 다시 생각해보게 되었다.

"나는 음, 혼자 시간 보내는 걸 좋아하고 잘할 수 있는 사람이라고 생각했습니다. 그래서 트럭 운전 일이 나쁘지 않을 것 같았죠." 빅터는 이렇게 말했다.

몇 년 뒤, 빅터는 회사의 파트너가 되어 이익을 공유하면서 운전 일도 계속했다. 그는 자기가 괜찮게 살고 있다는 것과 아내와 아이들을 위해 높은 삶의 질을 유지하는 것에 자부심을 느꼈지만, 그 자부심이 고립감을 완화시키지는 못했다. 그는 때로 며칠씩 집을 떠나 있었고 정기적으로 교류하는 진정한 친구가 없었다. 직장에서 그와 잘 아는 사람인 사촌은 성질이 급했고, 두 사람은 회사 운영 방식을 두고 종종 의견이 엇갈렸다.

트럭 일을 시작하고 20년 뒤, 빅터는 연구진에게 그 일을 하면서 버는 돈 때문에 다른 일을 시도할 수는 없었지만 그 직업이 인생에 부담이 되었다고 말했다. "내가 배짱이 있었다면 그만뒀을 겁니다." 그는 인터뷰 진행자에게 이렇게 말했다. "하지만 나 같은 사람은 경제적인 부담 때문에 그만둘 수가 없어요. 마치 아무 생각 없이 계속 러닝머신 위에서 달리는 기분이었습니다."

빅터처럼 자기가 하는 일에 항상 선택권이 있는 건 아니다. 살다 보면 자신이 처한 상황과 재정적인 필요 때문에 선택권이 줄어들 수 있고 별로 만족스럽지 않은 직업에 계속 갇혀 있는 일은 흔하다. 만족도가 가장 낮은 직업 중 상당수가 가장 외로운 직업이기도 하다는 건 우연이 아니다. 최근까지는 트럭 운전, 야간 경비, 특정한 유형의 야간 교대 근무가 고립감이 심한 직업이었다. 요새는 기술 중심의 새로운 업계에도 고립된 채 혼자 일하는 사람들이 흔하다. 포장 및 음식 배달 서비스에 종사하는 이들, 임시직이나 계약직 형태로 긱 경제gig economy에 종사하는 이들도 고립감을 느낄 수 있다.

온라인 소매업은 이제 수백만 명의 근로자가 근무하는 거대 산업이 되었다. 하지만 동료가 많은 물류 창고에서 상품을 포장하고 분류하는 작업도 외로울 수 있다. 작업이 너무 빠르고 맹렬하게 진행되는 데다 창고가 너무 넓은 탓에 같이 근무하면서도 서로의 이름조차 모를 수 있다. 또한 의미 있는 상호작용을 할 기회가 거의 없다.

그뿐 아니다. '육아'라는 기초적이고 아주 오래된 일도 있다. 육아는 다른 어떤 일 못지않게 힘들고 고립감을 안겨준다. 혼자 아이를 돌보느라 성인과 대화를 나누지 못하는 시간이 너무 지루하고 힘들 수 있다.

직장에서 다른 사람들과 단절되어 있다고 느낀다면, 깨어 있는 시간의 대부분을 외로움을 느끼면서 보낸다는 뜻이다. 이건 건강에도 좋지 않다. 다른 곳에서 얘기했듯이 외로움은 흡연이나 비만만큼이나 사망 위험을 높인다.[172] 직장에서 외로움을 느낀다면 다른 곳에서라도 사회적으로 연결될 기회를 만들어야 한다.

집에서 아이를 키우는 부모의 경우 놀이 약속이나 동네 공원 방문을 통해 원기를 회복할 수 있다. 창고 근무자의 경우에는 교대 직전이나 직후에 사람들과 연결을 맺을 기회가 생길 수 있다. 긱 경제 근로자에게는 타인과의 작은 상호작용이 긍정적인 감정을 느끼고 외로움에서 벗어날 기회가 될 수 있다. 제10장에서 이런 '사소한' 상호작용의 중요성에 대해 자세히 이야기할 것이다. 직장에서 느끼는 만족감을 극대화하려면 이런 상호작용에 대해 잘 생각하면서 의도적으로 기회를 만들어야 할지도 모른다.

그러나 직장에서의 외로움은 혼자 일하는 사람들에게만 고통을 주는 게 아니다. 매우 사교적인 일터에서 바쁘게 일하는 사람도 동료들과 의미 있는 연결을 맺지 못하면 엄청난 외로움을 느낄 수 있다.

여론조사 회사인 갤럽은 30년 동안 업무 몰입도 조사를 실시했다. 그런데 그들의 질문 중 가장 논란을 불러일으킨 질문이 있다. 그것은 **'직장에 가장 친한 친구가 있는가?'**다.[173]

일부 관리자와 직원들은 그 질문이 부적절하거나 터무니없다고 생각했다. 일부 직장에서는 회사에서 돈독한 우정을 쌓는 걸 신중하게 바라본다. 직원들이 수다를 떨면서 함께 즐거운 시간을 보내는 모습을 보면, 어떤 사람은 그들이 일을 소홀히 해서 생산성이 떨어진다고 생각한다.

하지만 사실은 그 반대다. 연구 결과, **직장에 친한 친구가 있는 사람은 그렇지 않은 사람보다 일에 더 몰입하는 것으로 나타났다.**[174] 그 효과는 여성들에게서 특히 두드러진다. 직장에 친한 친구가 있냐는 질문에 '강하게 긍정'한 여성은 자기 일에 몰입할 가능성이 두 배나 높았다.

일자리를 찾을 때도 급여나 건강 보험 혜택은 주의 깊게 살펴보지만 업무 관계에 대해서는 잘 물어보지 않는다. 그러나 이런 관계는 그 자체가 일종의 업무 '혜택'이다. 직장에서의 긍정적인 관계는 스트레스 수준을 낮추므로 근로자들이 더 건강해지고, 화가 난 채로 귀가하는 날이 줄어든다. 미사여구를 걷어내고 그냥 단순하게 말해서 우리를 더 행복하게 해준다.[175]

직장과 가정에서의 불평등이 관계에 미치는 영향

그러나 직장에서 긍정적인 관계를 추구하는 데는 나름의 함정이 있다. 예전부터 직장은 사회에서 소외된 집단에게 더 큰 부담을 안겨줬다. 20세기 초에 보스턴에서 소외된 집단 중에는 유럽과 중동의 가난한 지역에서 온 이민자도 포함됐는데, 이들은 도심 연구 표본의 상당 부분을 차지했다. 또 학생회 연구에 참가한 여성들도 여기 포함됐다. 오늘날에는 일터에서 지속적인 장벽에 부딪히는 여성과 유색인종도 포함된다. 권력 불균형과 편견이 만연한 상황에서는 진정한 관계를 맺기가 어렵다.

앞서 얘기한 학생회 연구 참가자인 레베카 테일러는 1973년에 진행된 인터뷰에서 "지금도 걱정 된다."고 말했다. "병원에서 간호사를 몇 명 해고할 예정인데 나도 그중 한 명이 될 수 있거든요. 며칠 전에 남자 의사들끼리 하는 대화를 우연히 들었는데, 간호사를 몇 명 해고하는 건 별일 아니라는 데 다들 동의하더군요. 어차피 집에 가장 역할을 하는 남편이 있어서 맞벌이를 하는 거니까 괜찮다나요. 그래서 내가 그들 말을 가로막았죠! 그래야만 했어요. 그리고 이렇게 말했어요. **'이것 봐요! 당신들은 지금 자기가 무슨 말을 하는지 전혀 모르고 있군요. 마치 당신들은 책임질 일이 아무것도 없고, 모든 사람의 상황이 똑같은 것처럼 말하네요.'** 그들 때문에 정말 화가 났어요. 난 사람들의 이런 생각에 맞설 수밖에 없어요. 하지만 관리자들은 분명 그들 의견에 동의하겠죠. 그러니 난 틀림없이 직장을 잃게 될 거예요. 그렇게 되면 어떻게 해야 할지 모르겠네요."

심리학자 메리 에인스워스는 남성들이 지배하는 분야에서 일하는 여성이다. 제7장에서 얘기한 아이의 애착 스타일을 조명하는 데 사용하는 '낯선 상황' 실험의 창시자인 에인스워스는 직장에서 직접 성차별을 겪었다.[176]

1960년대 초 그녀와 존스 홉킨스 대학에서 일하는 다른 여성 동료들은 남성들과 분리된 식당에서 식사를 해야 했고 남성들과 동등한 보상을 받지도 못 했다. 그녀는 젊은 시절, 여성이라서 캐나다 퀸즈 대학의 연구직에 채용할 수 없다는 말도 들었다. 그녀가 꾹 참고 계속해나가지 않았다면 심리학 분야는 물론이고 심지어 이 책의 내용도 매우 달라졌을 것이다.

전 세계의 많은 직장에서 이 문제와 관련해 많은 진전이 있었지만, 그래도 불평등은 여전히 남아 있다. 미국에서는 1960년대 이후로 여성 노동력의 역할이 크게 바뀌어서 오늘날에는 여성들이 그 어느 때보다 다양한 직업에서 더 많은 시간 일하고 있다. 그러나 가정에서는 여성의 역할에 있어 그에 상응하는 변화가 생기지 않았다.[177]

앨리 혹실드Arlie Hochschild는 1989년에 《두 번째 교대조》The Second Shift라는 책을 펴냈다. 이 책은 일터에서는 여성의 역할에 혁명이 일어났지만 가정, 특히 자녀가 있는 부부 사이에서는 여성의 책임이 전과 거의 동일하게 유지되고 있음을 보여주었다.

그러고 나서 30년 이상 지난 지금도 가족 양육 책임의 불균형은 여전히 계속되고 있으며, 이는 부부 심리 치료에서 자주 등장하는 화두다. 남성들은 종종 자기가 집안일에 동등하게 기여하고 있다고 생각한다. 하지만 대개의 경우 가정 돌봄 활동에 기여하는 실제 시간은 본인이 생각하는 것보다 적다. 물론 그들 아버지 세대보다는 집안일을 많이 하지만 말이다.

여자가 저녁을 하고 남자가 식기세척기에 그릇을 넣을 수도 있다. 요리하는 데는 한 시간, 그릇을 집어넣는 데는 몇 분이 걸린다. 여자는 아이의 숙제를 도와주고 남자는 자기 전에 아이에게 책을 읽어준다. 이때도 한쪽 일은 30분이 걸리고 다른 일은 15분이 걸린다. 모든 관계는 제각기 다르지만, 통계적으로 볼 때 가정에서의 시간 부담은 여전히 여성에게 더 많이 지워진다.[178]

여성들의 어려움은 집을 나선 후에도 끝나지 않는다. 미투Me Too 운동은 직장 내 위계질서나 힘의 불균형과 관련된 성적 학대와 괴롭힘에 대한 관심을 불러일으켰다. 그러나 섹스와 무관한 부분에서도 자기와 권한 수준이 다른 사람과 진정한 관계를 구축하는 건 위험하다. 이건 남녀 모두에게 해당된다. 힘의 불일치는 모든 종류의 관계를 왜곡하고 손상시키는 경향이 있기 때문이다.

1세대 연구 참가자의 아내인 엘렌 프룬드는 대학 입학처에서 일했다. 그런데 특정한 차이 때문에 직장에서의 우정이 망가지자 힘의 불균형이 얼마나 위험한지 깨달았다. 그녀는 2006년에 후회되는 일이 없냐는 질문을 받았을 때 다음과 같이 말했다.

> 사실 후회되는 일이 있다. 벌써 몇십 년 전의 일이지만 이 얘기를 꼭 하고 싶다. 대학에서 일하기 시작하고 몇 년 뒤, 내 또래 여성 네다섯 명과 함께 일했다. 엄밀히 말하면 그들은 내 밑에서 일했지만 우리는 좋은 친구가 되었다. 우리는 항상 사교적이었다. 새로 부임한 입학처장이 모든 직원의 강점과 약점에 대한 기밀 평가를 해달라고 부탁했다. 나는

솔직하게 평가서를 작성했지만 사무장은 나를 배신자로 여겼다. 그녀는 내가 작성한 평가서를 복사해서 모든 여성의 책상 위에 올려놓았다. 그 후로 나는 대학에서 같이 일하는 사람들과 친밀한 관계를 맺지 못했다. 그 일은 지금도 날 따라다닌다. 그것으로 그들과의 우정은 끝났다. 그들은 꽤 괜찮게 대처했다. 우리는 그 문제에 대해 얘기한 적이 없다. 그들은 내가 한 말이 사실이라는 걸 알고 있었다. 나는 공정한 태도를 취하려고 최선을 다했다. 내가 그런 말을 했다고 해서 그들의 입장이 불리해지지는 않았을 것이다. 하지만 그 일은 확실히 그들과의 우정을 파괴했다.

엘렌에게 이 사건 이후 다른 사람들과의 관계 형성을 의도적으로 피했느냐고 물어봤다. "물론이죠. 최대한 업무적인 측면에서만 사람들을 대하고 싶었거든요. 개인적인 관계에 영향을 받거나 남들에게 그렇게 인식되고 싶지 않았어요."

엘렌은 자신의 '개인적인 관계'와 '업무 관계'를 분리하기 위해 직장에서는 사람들과 관계를 맺지 않기로 결심했다. 이건 일반적이고 이해할 수 있는 전략이다. 우리가 사회적 연결을 최소화하고 직장 동료에게 마음을 여는 수준을 최소화한다면 직장에서 발생하는 특정 문제도 최소화할 수 있다. 그러나 그런 태도는 단절감과 외로움 같은 새로운 문제를 불러들인다.

엘렌의 경우 이 결정이 경력 기간 내내 직장에서의 삶을 규정했고 결국 후회했다. 그녀가 취할 다른 방법은 없었을까? 곤란한 상황을 피하지 않고 직면했다면 어땠을까? 동료들 각자와 대화를 나눠서 상처 입은 감정을 달랠 수 있는지 확인한다든가 하는 식으로 말이다. 그랬다면 그녀가 소중히 여기던 관계 중 일부라도 유지할 수 있었을지 모른다.

이런 결정은 여러 가지 방식으로 일터에 영향을 미친다. 정서적 이탈은 업무 시간의 질을 떨어뜨릴 뿐만 아니라 지식 전달을 방해한다. 또는 근로자의 성장, 특히 젊은 근로자의 성장을 지연시키기도 한다. 직장에서 가장 가치 있는 관계 중 하나는 힘의 불균형이 따르는 관계, 즉 멘토와 멘티의 관계다.

멘토와 멘티 모두를 성장시키는 멘토링

고등학교 교사 레오 드마르코는 젊을 때 소설가가 되는 꿈을 꿨다. 하지만 그 꿈은 교육에 대한 열정으로 바뀌었고, 그는 학생들이 글쓰기라는 꿈을 추구하도록 돕는 것에서 의미를 찾았다. 그는 "다른 사람을 격려하는 게 내가 직접 하는 것보다 중요하다."라고 말했다.

모든 교사가 다 그렇지만, 레오는 학생들의 멘토가 되는 게 직업이라는 점에서 독특한 위치에 있었다. 하지만 어떤 직업이든 이제 막 시작하는 사람이 있고 그 자리에 오래 있었던 사람이 있다. 멘토링 관계는 멘토와 멘티 모두에게 유익하다. 멘토는 생성적이다. 우리의 영향력과 지혜를 우리 자신을 넘어 다음 세대로까지 확장할 수 있다는 건 매우 특별한 기쁨이다.

우리는 경력을 쌓으면서 우리가 받은 혜택 또는 받고 싶었던 혜택을 대물림한다. 또 진로 초기 단계에 있는 사람들의 에너지와 낙관주의를 즐길 수 있으며 젊은 사람들의 신선한 아이디어를 수혈받기도 한다. 반면 멘티는 혼자서 모든 걸 익혀야 할 때보다 빠르게 기술을 키워서 경력을 쌓을 수 있다. 사실 어떤 직업에는 특히 이런 관계가 필요하다. 일정한 교육을 받고, 경험이 많은 사람에게 긴밀한 견습을 받아야만 일할 수 있는 직업들이 많다. 이런 관계를 수용하고 발전시키면 관련된 모든 사람이 훨씬 풍부한 경험을 할 수 있다.

필자인 밥과 마크도 많은 멘토의 도움을 받았고 그들 두 사람이 서로의 개인적인 경력과 삶을 만들어줬다. 그리고 사실 두 사람은 여러 차례 서로에게 멘토링을 제공하기도 했다.

두 사람이 처음 만났을 때 밥은 공식적으로 마크의 상사였다. 마크가 심리학 인턴십을 하던 프로그램의 책임자가 밥이었기 때문이다. 마크는 밥보다 열네 살이나 어렸지만 연구 훈련 과정은 더 진척된 상황이었다. 그들이 만난 직후, 밥은 자기 연구를 계속하기 위해 보조금을 신청하기로 했다. 그는 임상 정신과 의사이자 교육자로서 상당한 경력을 쌓아둔 상태였는데, 연구 분야에서 일한다는 건 행정직을 떠나 처음부터 다시 시작하는 걸 의미했다.

밥의 동료 중 일부는 시기가 너무 늦었고 이제 와서 직업을 바꾸기는 힘들 거라며 그의 결정을 반대하는 조언을 해줬다. 하지만 밥은 결심한 대로 밀고 나갔다. 그런데 문제가 하나 있었다. 보조금 신청을 하려면 복잡한 통계 분석이 포함되어야 하는데 이건 밥에게 고대 그리스어만큼이나 생소한 분야였다. 그래서 그는 마크의 지도를 받는 대가로 자신의 우정과 평생 먹을 초콜릿 칩 쿠키를 제공했다.

둘은 복잡한 관계였다. 밥은 마크의 상사였지만 도움을 요청하기 위해 어느 정도의 취약성을 받아들여야 했다. 마크의 경우, 밥이 나이가 많고 훨씬 안정적인 위치에 있었기 때문에 상대적으로 취약했다. 하지만 두 사람은 서로에게서 배웠다. 한쪽 방향으로는 통계학 지식이 흐르고 다른 방향으로는 풍부한 경험이 흘렀다. 결국 밥은 보조금을 받았고 연구직으로 전환했다.

나이가 들어 멘티에서 멘토로, 학생에서 교사로 전환되면 새로운 연결 기회가 생긴다. 한데 때로는 놀라운 곳에서 기회가 찾아올 수도 있다. 젊은 세대를 지도하고 다른 이들과 지혜와 경험을 나누는 건 직장 생활의 자연스러운 흐름 중 일부이며, 거의 모든 직업을 더 보람되게 만들 수 있다. 생성성을 발휘하면서 느끼는 만족감은 직장에서 좋은 삶을 누릴 가능성을 높인다.

직업과 직장에서의 변화가 우리 삶에 미치는 영향

인생의 여러 단계를 거치는 동안 우리 직업과 직장, 그 안에서의 생활에도 변화가 일어난다. 승진이나 해고, 새로운 직장으로의 이전, 자녀 출산 같은 변화 말이다. 중요한 과도기를 맞을 때마다 한 발짝 물러나 자신의 새로운 삶을 조감하고 차분히 다시 평가해보는 것도 나쁘지 않다. **직장 안팎의 관계가 현재의 변화에 어떤 영향을 받는가? 중요한 사람들과의 연결을 유지하기 위해 내가 선택할 수 있는 방법이 있는가? 여기에 내가 놓치고 있는 새로운 연결 기회가 있는가?**

직장과 관련해 가장 영향력 있는 변화는 마지막 변화인 은퇴다. 이

건 복잡한 전환이며 관계적인 문제로 가득하다. 근로자가 같은 직장에서 필요한 기간만큼 근무한 뒤 연금을 전액 받고 은퇴해서 편하게 여가생활을 즐기는 '이상적인' 은퇴는 흔하지 않다.

하버드 연구에서는 참가자들에게 은퇴에 대한 질문을 자주 했다. 연구에 참여한 많은 남성들은 자기 인생은 일과 너무 단단히 얽혀 있어서 은퇴 가능성은 고려조차 할 수 없다고 단호하게 말했다. 대부분 "난 절대 은퇴하지 않을 겁니다!"라고 말했다. 어떤 사람은 은퇴를 원치 않았고, 어떤 사람은 경제 사정 때문에 은퇴가 불가능하다고 느꼈으며, 어떤 사람은 일 없는 삶은 도저히 상상할 수 없다고 했다.

일부 참가자들의 경우 근무 상태를 정확히 파악하기가 매우 어려웠다. 그것에 대해 생각하는 걸 거부하는 사람이 많았기 때문이다. 심지어 연구 설문지를 작성할 때도 은퇴와 관련된 질문은 공백으로 놔두거나, 거의 풀타임으로 계속 일하면서도 은퇴했다고 표시하는 사람도 있었다. 그들에게 은퇴란 정신적인 상태에 불과한 것 같았다.

은퇴한 뒤에 새로운 의미와 목적의 원천을 찾는 게 어려울 수도 있지만 그렇게 하는 건 중요하다. 은퇴 후 최고의 성과를 거둔 이들은 직장에서 오랫동안 그들을 지탱해준 사회적 관계를 새로운 '동료'로 대체할 방법을 찾아낸다. 비록 우리가 일하는 걸 좋아하지 않고 자신과 가족을 부양하기 위해서 일하는 것뿐이라고 해도, 우리의 하루하루를 조직하는 이 중요한 부분이 사라지면 사회생활에 엄청난 구멍이 생길 수 있다.

한 참가자는 50년 가까이 운영한 병원에서 한 일들 가운데 뭐가 제일 그립냐고 묻자 이렇게 대답했다. "일 자체는 그리운 게 전혀 없습니다. 사람들과 그들의 우정이 그립죠."

레오 드마르코도 비슷한 기분을 느꼈다. 레오가 은퇴한 직후에 그의 집을 방문한 인터뷰 진행자는 현장 노트에 다음과 같이 적었다.

> 레오에게 은퇴한 뒤 가장 힘든 점이 뭐냐고 물었더니 그는 동료들이 그립다면서 그들과 꾸준히 연락을 취하려 노력한다고 말했다. "난 사람들과 얘기를 나누면서 정신적인 양식을 얻습니다." 그는 지금도 젊은이들을 가르치는 일에 대해 얘기하는 걸 좋아한다고 했다. "누군가가 기술을 습득하도록 돕는 건 멋진 일입니다." 그러고는 나한테 "가르치는 건 인간이 총력을 다해 헌신하는 것이나 마찬가지."라고 말했다. 그는 젊은이들을 가르치면서 "탐구의 전체적인 과정이 시작됐다."고 말했다. 어린아이들은 노는 방법을 아는데 "교육에 종사하는 어른들도 그 방법을 기억해야 한다."는 말도 했다. 그는 청소년과 어른들은 살면서 '몰두'해야 하는 다른 일들 때문에 노는 방법을 기억하기가 어렵다고 했다.

레오가 이 말을 했을 때는 은퇴 초기였고, 그는 더 이상 학생들을 가르치지 않는다는 게 자기 삶에 있어 무엇을 의미하는지 이해하기 위해 노력하고 있었다. 그는 자기 경력을 돌아보면서 그게 자기에게 어떤 영향을 미쳤는지, 또 그중에서 그리운 게 정확히 뭔지 생각했다. 어른들도 노는 법을 기억해야 한다는 그의 말은 본인이 고심하고 있던 문제였다. 이제 더 이상 일이 그의 삶의 중심이 아니므로 놀이가 다시 중요해질 수 있다.

많은 이의 감정 깊숙한 곳을 들여다보면, 일은 본인이 중요한 존재

(동료와 고객, 심지어 가족에게도)라고 느끼는 부분이다. 남들을 위해 뭔가를 해줄 수 있기 때문이다. 자기가 중요한 사람이라는 감각이 사라지면 다른 사람에게 중요한 존재가 될 새로운 방법을 찾아야 한다. 자기보다 더 큰 무언가의 일부가 되는 새로운 방법 말이다.

헨리 킨이 대표적인 사례다. 그는 공장에 생긴 변화 때문에 돌연 퇴직을 강요당했다. 갑자기 시간과 에너지가 넘쳐나게 된 그는 자기가 도움이 될 수 있다고 생각되는 자원봉사 기회를 찾았다. 처음에는 보훈부가 운영하는 양로원에서 일하다가 미국 해외참전제대군인회 일에 참여하기 시작했다. 또 가구 손질이나 크로스컨트리 스키 같은 취미 활동에 이전보다 더 많은 시간을 할애했다. 하지만 그런 모든 것에도 불구하고 충분하지가 않았다. 뭔가가 부족했다.

그는 예순다섯 살 때 연구진에게 "난 일을 해야 합니다!"라고 말했다. "썩 대단한 일은 못하겠지만 계속 바쁘게 지내면서 수입을 늘릴 수 있는 일자리를 찾고 싶습니다. 내가 일하는 걸 좋아하고 사람들과 어울리는 걸 좋아한다는 사실을 깨달았어요."

헨리가 일하려는 건 돈이 필요해서가 아니다. 그는 적지 않은 연금을 받았고 그 수입에 만족했다. 다만 돈을 받으면서 일하면, 즉 누군가 그에게 돈을 지불하면 본인의 활동이 중요한 일처럼 느껴지기 때문에 그걸 갈망했다. 사람들은 각자 다른 사람에게 중요한 존재가 될 수 있는 자기만의 방법을 찾아야 한다.

사람들과 함께 있고 싶다는 헨리의 깨달음도 중요한 교훈을 준다. 우리와 함께 일하는 사람들이 중요하다는 것 말이다. 자기 일터를 둘러보면서 우리 삶에 가치를 더해주는 동료들에게 감사하는 게 중요하다.

일은 종종 재정적인 문제, 스트레스, 걱정 등에 둘러싸여 있기 때문에 그곳에서 발전시키는 관계는 정당한 대우를 받지 못하는 경우가 있다. 직장에서 맺은 관계가 사라지기 전까지는 그 관계가 얼마나 중요한지 깨닫지 못한다.

기술 발전과 번영의 불평등이 초래하는 문제

마크가 사는 곳에서 멀지 않은 필라델피아 북동쪽 외곽에는 예전에 가족 농장이었던 땅이 넓게 펼쳐져 있다. 농장 근처에 사는 사람들은 아침에 차를 타고 지나가면서 소들이 풀을 뜯고 있는 녹색 목초지를 볼 수 있었다. 제2차 세계대전이 시작되자 미국 정부가 그 농장을 사들여서 포탄과 비행기 원형을 생산하는 거대한 산업 단지로 개조했다. 건물과 활주로가 들어서고 트럭과 비행기가 주변을 달리면서 풍경이 완전히 바뀌었다. 전쟁이 끝난 뒤에도 1990년대 후반까지 그곳에서 다양한 형태의 제조업이 지속되다가 나중에 매각되어 골프장으로 탈바꿈했다. 골프 코스 주변에 집들이 들어섰고, 사람들이 창밖을 내다보면 산업 단지 대신 나무와 페어웨이, 골프 카트가 보였다.

그리고 30년이 지나 경제 상황이 다시 변하면서 골프장이 팔렸고 이 책을 쓰는 지금은 그 땅의 상당 부분이 UPS 택배 분류 센터로 전환되고 있다.[179] 머지않아 근처에 사는 사람들이 창밖을 내다보면 페어웨이와 골프 카트가 거대한 창고와 배송 차량으로 대체될 것이다. 그건 이 지역만의 모습이 아니다. 전국에서, 경제의 모든 부문에서 이런 진화를 목격하고 있다.

보스턴 도심지 출신의 연구 참가자들은 대공황 기간에 유아기부터 10대 초반까지의 형성기를 보냈다. 재정적인 안정을 당연시할 수 없는 시기에 성장했다는 사실이 그들의 직장생활 모습을 결정지었다. 그들에게 있어 일은 좋은 삶을 만들기 위한 것이라기보다 재난을 피하기 위한 것에 가까웠다.

그 참가자들이 겪은 경제적 시련은 예측 가능한 미래에 불확실성을 야기하는 경제적, 환경적, 기술적 도전에 직면한 오늘날과 관련이 있다. 헨리 킨이나 웨스 트래버스가 대공황기에 식량 배급을 기다리면서 느꼈을 불확실성은 2008년 금융 위기 당시 어릴 때부터 살던 집에서 쫓겨나는 가족을 지켜봐야 했던 Z세대 아이가 느꼈을 불확실성과 관련이 있다. 또 코로나19 팬데믹에서 벗어나며 젊은이들이 직면한 불확실성과도 직접적인 관련이 있다.

기술 발전에도 불구하고 여전히 많은 사람이 힘든 일을 하고 있으며 여전히 기본적인 필요를 충족시키려 고군분투하는 중이다. 컴퓨터와 정보화 시대와 함께 도래할 것으로 기대했던 이상적인 번영은 특정 분야와 사람들에게만 국한되었고 다른 사람들의 상황은 전보다 더 악화되었다.

새로운 기술은 우리가 직장에서 다른 사람들과 상호작용하는 빈도를 변화시켰다. 인공지능이 일부 직업과 사람을 자동화된 시스템으로 대체하면서 기계와의 상호작용은 증가하고 인간과의 상호작용은 감소했다. 통신 기술이 발전하면서 사업, 미디어, 교육, 기타 산업 분야에서는 원격 근무가 훨씬 보편화되었고 인터넷에 상시 접속해 있어야 한다는 사고방식 때문에 근로자의 가정생활까지 업무 영역으로 확장될 위험에 처했다. 그리고 이런 변화가 사회적 적합성에 어떤 영향을 미쳤는지에 대한 고려는 우리 사회의 최우선순위가 아니었다. 하지만 우리가 맺고 있는 관계의 상태는 건강과 웰빙에 가장 중요한 요소 중 하나다.

제5장에서 각자에게 남은 시간은 유한한 자원인 동시에 미지수라는 점을 기억하라고 했다. 우리가 대부분 일터에서 보내는 삶의 시간을 최대한 활용하려면 **일이 사교와 연결의 주요 원천이라는 걸 기억해야 한다.**[180] **일의 성격이 바뀌면 삶의 본질도 바뀐다.**

코로나19 팬데믹을 통해 이 사실이 더욱 명확해졌다. 집안에 갇히거나 해고되거나 일시적으로 일자리를 잃거나 어쩔 수 없이 원격으로 일해야 하는 수백만 명의 사람들은 곧 매일 누리던 연결고리가 사라지고 있다는 걸 깨달았다. 우리는 동료와 고객들로부터 고립되었다.[181] 밥과 마크도 원격 도구를 이용해서 학생들을 가르치고 동료들과 함께 일하고 심지어 상담까지 하기 시작했다. 익숙해지기까지 시간이 좀 걸렸다. 없는 것보다는 나았지만 예전 같지는 않았다.

더 많은 기술 발전이 이루어져야 한다.[182] 경제적 이점(사무실을 유지하지 않아도 되는 데 따르는 비용 절감 효과)과 유연한 일정 및 직원들의 통근 감소 이점 때문에 틀림없이 앞으로 더 많은 일터와 직업에 원격 근무나 부분 원격 근무 옵션이 포함될 것이다. 이건 경제적 측면 혹은 물리적 이유상으로는 타당할지 모른다. 하지만 근로자들의 복지에는 어떤 영향을 미칠까?

원격 근무 기회는 긍정적인 영향을 미칠 수 있다. 일부 근로자의 경우 업무 유연성이 커지고 가족과의 접촉도 늘어날 것이다. 특히 집에서 더 많은 시간을 보내고 싶거나 이용 가능한 보육 서비스가 없거나 금전적으로 감당하기 힘든 맞벌이 부모, 출퇴근에 시간과 비용이 많이 들거나 부담스러운 사람들에게 유리한 방법이다.

하지만 그 동전에도 이면이 있다. 재택근무를 하면 일터에서의 중요한 사회적 접촉과 분리된다. 처음에는 해방감을 느낄 테고 새롭게 얻은 편리함이 마음에 들 것이다. 하지만 제5장에서 얘기한 것처럼 새로운 기술 발전 때문에 생기는 손실이 이익에 가려지는 경우가 많은데, 이런 손실이 엄청나게 클 수도 있다.

더 많은 연구가 필요하겠지만, 최대한 많은 업무를 집으로 옮겨오는 바람에 일터에서의 직접적인 접촉이 사라지면 근로자의 정신 건강과 웰빙에 상당한 영향을 미칠 수 있다. 재택근무를 하는 부모는 가족과 더 많은 시간을 보낼 수 있다는 이점이 있지만, 그것이 오히려 부담이 되기도 한다. 누군가는 일과 육아를 동시에 떠맡아야 할 수도 있다. 그리고 이런 부담은 일하는 엄마와 추가 보육을 위한 자원이 부족한 사람에게 더 많이 지워질 가능성이 높다.

이런 변화에 직면한 우리는 자신에게 다음과 같은 질문을 던질 수 있고 또 던져야만 한다. 직장에서의 이런 기술적 변화가 우리의 **사회적 적합성**에 어떤 영향을 미치는가? 자동화라는 게 기계와의 상호작용은 늘어나고 사람과의 상호작용은 줄어든다는 걸 의미한다면, 일터에서 새로운 사회적 환경을 조성할 방법이 있을까? 더 많은 사람이 원격으로 일한다면, 직장에서의 대면 접촉을 무엇으로 대체할 수 있을까?

참신함과 위험에 맞춰 조율된 우리 뇌는 새로운 기술의 경이로움과 일터의 스트레스에 자극을 받으면 흥분한다. 이 두 가지에 비하면 우리의 웰빙에 너무나 중요한 긍정적인 관계의 미묘한 흐름은 빛을 잃을 수 있다. 일터와 가정에 생긴 이런 새로운 업무 환경에서 관계가 번성하려면 관계를 계속 북돋고 보살펴야 한다. 그 일을 할 수 있는 사람은 우리밖에 없다. 그렇게 하지 않는다면 어떤 일이 벌어질까? 만일 하버드 연구가 80년 뒤에도 여전히 존재해서 현재의 가장 젊은 세대가 80대가 되었을 때 인터뷰 진행자가 자신의 삶에서 후회되는 부분이 있냐고 물어보면 그들은 뭐라고 할까? 1세대 참가자 일부가 말했듯 과거를 되돌아보며 뭔가 중요한 걸 놓쳤다는 사실을 깨닫게 될지도 모른다.

결국 일도 우리 인생이다

우리는 변화를 이룰 시간이 충분하다고, 직장생활을 개선하거나 일과 가정생활의 균형을 맞추는 방법을 찾을 시간이 충분하다고 생각하는 경우가 많다. **현재의 어려움, 현재의 문제만 극복할 수 있다면 그것에 대해 생각할 시간이 있을 것이다. 항상 내일이 있다.**

하지만 5년 또는 10년이란 시간도 순식간에 지나갈 수 있다. 우리는 10~20년마다 한 번씩 하버드 연구 참가자들과 개인적인 인터뷰를 했다. 중간에 꽤 긴 시간이 흘렀지만 우리가 새로운 인터뷰를 요청할 때마다 참가자들은 **"벌써 시간이 그렇게 됐나요?"**라는 말을 자주 했다. 눈 깜짝할 사이에 10년이 지나간 것 같았다.

우리가 해야 할 일을 할 수 있는 시간이 항상 있을 거라고 착각하지만 실제로는 현재의 순간만 있다는 얘기를 제5장에서 했다. '나중'에 언제든 시간이 있을 거라고 생각하고 있다면, 언젠가 주위를 둘러보고 더 이상 나중이 없다는 걸 깨닫게 될 것이다. 우리의 지금은 대부분 지나갔을 것이다.

그러니 내일 일어나 출근할 때 다음과 같은 질문을 생각해보자.

- 내가 일터에서 가장 좋아하고 소중하게 여기는 사람들은 누구이고, 그들이 소중한 이유는 무엇인가? 그들에게 감사하고 있는가?
- 어떤 면에서 나와 다른 사람(생각이 다르거나 성장 배경이 다르거나 전문 분야가 다른 사람)은 누구이고, 그 사람에게서 무엇을 배울 수 있을까?
- 만약 다른 직원과 갈등을 겪고 있다면 어떻게 갈등을 완화할 수 있을까? W.I.S.E.R. 모델이 유용할까?
- 내가 직장에서 더 많이 원하지만 놓치고 있는 관계는 무엇인가? 이런 관계를 보다 가능성 있게, 혹은 풍부하게 만드는 방법이 있을까?
- 나는 정말 내 동료들에 대해 잘 아는가? 지금보다 더 잘 알고 싶은 사람이 있는가? 그들에게 어떻게 다가갈 수 있을까? 자기와 가장 공통점이 없어 보이는 사람을 고를 수도 있고, 가족이나 반려동물 사진 또는 직장에서 입는 티셔츠처럼 그들이 겉으로 드러낸 것에 호기심을 갖고 질문을 던질 수도 있다.

그리고 집으로 향할 때, 자신의 기분과 일터에서의 경험이 집에서 보내는 시간에 어떤 영향을 미칠지 생각해보자. 이 영향은 대체로 좋은 쪽일 수 있다. 하지만 만약 그렇지 않다면, 작고 합리적인 방법으로 기분을 바꿀 수 있을까? 10~30분 정도 혼자 있으면 도움이 될까? 아니면 집으로 돌아가기 전에 잠깐 산책이나 수영을 하는 건 어떨까? 가족과 보내는 시간에 일이 끼어드는 걸 막기 위해 특정 시간 동안 스마트폰을 꺼두면 도움이 될까?

때때로 우리는 일이 아닌 다른 걸 하고 싶어 한다. 하지만 일하는 시간은 중요한 사회적 기회의 시간이다. 하버드 연구 참가자 가운데 가장 행복한 이들은 타이어를 팔든 유치원에서 가르치든 수술을 하든 상관없이 자기 일이나 직장 동료들과 긍정적인 관계를 유지했다. 그리고 많은 난관과 협상을 거친 끝에 직장생활과 가정생활의 균형을 이루었다. 그들은 그게 모두 동일하다는 사실을 알고 있었다.

대학에서 일하는 엘렌 프룬드는 2006년, 연구진에게 이런 말을 했다. "직장생활을 되돌아보면 이런 생각이 들어요. 당면한 문제에 그렇게 신경을 쓰기보다는 내 밑이나 주변에서 일하는 사람들에게 더 관심을 기울였으면 좋았을 거라는 생각이요. 나는 내 일을 사랑했어요. 정말 열심히 일했죠. 하지만 난 대하기 힘들고 참을성이 없고 요구가 많은 상사였던 것 같아요. 말이 나왔으니 하는 말인데, 내가 함께 일했던 사람들을 조금 더 잘 알았더라면 좋았을 텐데 하는 생각이 드네요."

우리 인생은 우리가 직장에 들어설 때 문 앞에서 기다리지 않는다. 우리가 트럭 좌석에 올라탈 때 길가에 서 있지도 않는다. 수업 첫날 학생들과 만날 때 교실 창문을 통해 들여다보지도 않는다. 매일 일하는 건 중요한 개인적 경험이고, 인간관계를 통해 모든 이를 풍요롭게 할 수 있다면 그만큼 이익을 얻을 수 있다. 일도 우리 인생이다.

제10장

우정은 인생의 거친 파도에서
우리를 보호해준다

내 친구들은 나의 '재산'이다.
그들을 비축해두려는 탐욕을 용서해주기 바란다.[183]

_ 에밀리 디킨슨 Emily Dickinson

부처님의 제자 중 한 명인 아난다가 어느 날 부처님에게 말했다.
"거룩한 삶으로 가는 길의 절반이 좋은 우정으로
이루어진다는 걸 깨달았습니다."
"아니다, 아난다야." 부처님이 말했다.
"친구는 거룩한 삶의 절반이 아니다. 그들 모두가 거룩한 삶이다."[184]

_ 우팟다 수타 Upaddha Suta

친구가 없다면 아무도 살기를 원치 않을 것이다.[185]

_ 아리스토텔레스, 《니코마코스 윤리학》

하버드 연구 설문지, 1989년

Q: 가족과 가까운 친척은 제외하고, 가장 친한 친구 10명을 생각해보자. 다음의 각 범주에 몇 명씩 해당되는가?

(1) 친밀한 관계: 대부분의 기쁨과 슬픔을 함께 나눈다.

(2) 동료 관계: 공통된 관심사가 있어서 빈번하게 상호작용한다.

(3) 일상적인 관계: 서로를 잘 찾지 않는다.

우정도 적절한 보살핌이 필요하다

루이 데일리가 50대가 되었을 때 연구팀의 인터뷰 진행자가 그의 가장 오래된 친구에 대해 물어봤다. "유감스럽게도 난 친구가 없어요. 가장 가까운 친구는 모리스 뉴먼이라는 사람인데 우리는 대학교 1학년 때 룸메이트였죠. 나한테 재즈 음악을 처음 소개해준 사람이에요. 난 지금도 재즈를 아주 좋아해요. 그가 성적 불량으로 퇴학당할 때까지 우리는 1년 동안 매우 가깝게 지냈죠. 그 후로도 10년 정도는 서로 편지를 주고받았는데 어느 날부터 그에게서 편지가 안 오더군요.

5년 전에 모(그를 '모'라고 불렀다)가 그리워져서 사람 찾아주는 회사에 500달러를 내고 그를 찾아달라고 의뢰했어요. 그랬더니 정말 모를 찾아줘서 우리는 다시 연락을 취하기 시작했습니다. 그리고 3개월쯤 지난 어느 날 우편함에 가보니 편지가 한 통 와 있었죠. 모가 보낸 게 아니라 모가 갑자기 사망했다는 걸 알리는 변호사의 편지였어요."

문제가 생기면 누구에게 전화하겠느냐는 질문에 루이는 이렇게 대답했다. "나는 모든 걸 혼자 알아서 하는 타입이라 다른 사람들이 필요 없습니다."

레오 드마르코는 완전히 다른 경험을 들려줬다. 가장 친한 친구가 있느냐는 인터뷰 진행자의 질문에 레오는 주저 없이 "이선 세실이요."라고 말했다. 그들은 초등학교 때부터 알고 지냈고 지금도 친하게 지냈다. 세실은 두어 시간 떨어진 곳에 사는데 가끔 차를 몰고 찾아와서는 편하게 자리를 잡고 앉아 얘기를 나누곤 했다. 레오가 이 우정에 대해 이야기하는 동안 전화벨이 울렸다. 레오는 전화를 건 사람과 매우 활기찬 목소리로 이야기를 나누었다. 전화를 끊은 그는 "세실이었어요."라고 말했다.

성인기의 생활에 친구가 있다는 건 무엇을 의미할까? 누군가의 친구가 된다는 건 무엇을 의미할까? 우정은 우리 삶에서 얼마나 중요할까?

어릴 때는 종종 우정이 삶의 중심이 되곤 하는데, 이는 우정에 매우 강력한 특성이 있기 때문이기도 하다. 어린 시절 혹은 청년기에도 두 친구가 맺은 관계의 강도는 그 우정이 틀어질 경우 받는 상처의 강도와 비슷하다. 우리가 사랑을 느끼면 소속감으로 가슴이 마구 뛰고, 뭔가 억울하거나 괴롭힘을 당하면 깊은 상처가 남는다.

우리는 나이가 들면서 변하고 그 결과 친구들과의 관계도 변한다. 청년기에 삶의 중심이었던 우정이 결혼 초기나 자녀들이 태어나면 시들해질 수 있다. 그러나 결혼생활이 힘들어지거나 사랑하는 사람이 죽은 뒤에는 우정이 다시 살아나기도 한다.

이 모든 게 자연스러운 일이다. 그러나 삶이 자연스러운 변화를 겪는 동안 우리는 습관적으로 우정에 접근한다. 이런 접근은 의식적인 행동이 아니라 무의식적인 습관에 가깝다. 친구들이 필요로 하는 게 뭔지 고려하기보다는 그들에게 주는 게 당연하다고 느껴지는 걸 준다. 나이가 들고 생활이 바빠지면 제한된 시간을 쪼개 써야 하는데, 친구는 우선순위에서 맨 뒤로 밀리는 경우가 많다. 가족과 직장에 대한 책임이 오랜 친구에게 전화를 걸거나 새로 사귄 친구와 커피를 마시거나 정기적인 카드 게임이나 월간 독서 모임('더 굿 라이프'The Good Life를 추천한다)보다 우선시될 수 있다.

'물론 친구들과 밖에 나가서 즐거운 시간을 보내는 것도 좋지.' 시간을 어떻게 쓸 건지 결정할 때 이런 생각을 할 수도 있다. **'하지만 더 중요한 일이 있어.'** 아니면 **'친구들은 항상 그 자리에 있어줄 거야. 애들이 좀 크거나… 지금처럼 바쁘지 않거나… 시간이 좀 나면 친구들과 다시 예전처럼 어울릴 수 있겠지.'**라고 생각할지도 모른다.

하지만 사실 친구는 우리가 생각하는 것보다 성인으로서의 우리 건강과 웰빙에 훨씬 중요한 역할을 한다. 우리가 우정에 쏟는 관심의 양을 고려하면 우정이 성인기의 삶에 그토록 큰 영향을 미친다는 게 놀라울 정도다. 친구들은 우울할 때 기운을 북돋아주고 우리의 역사에서 중요한 연결고리를 제공한다. 무엇보다 중요한 건 우리를 웃게 할 수 있다는 점이다. 때때로 즐거운 시간을 보내는 것만큼 건강에 유익한 건 없다.

수세기 동안 철학자들은 우정의 심오한 효과를 관찰해왔다. 로마의 철학자 세네카는 친구의 가치는 그들이 우리를 위해 할 수 있는 일보다 훨씬 크다고 썼다. 우리가 친구를 사귀는 이유는 아플 때 곁에 있어주거나 곤경에 처했을 때 구하러 올 사람이 필요해서가 아니다. 세네카는 "자신의 이익을 생각하면서 이를 염두에 두고 우정을 추구하는 사람은 큰 실수를 저지르는 것이다."라고 썼다. "내가 친구를 사귀는 목적은 무엇인가? 그를 대신해 목숨을 바치거나 추방당할 때 따라갈 수 있는 그런 사람을 만나기 위해서다."[186]

세네카는 우정의 이점이 모호할 때도 있고 쉽게 관찰되지 않는다는 사실을 말한다. 이 때문인지 우리는 우정을 방치하는 경우가 많다. 좋은 우정은 계속해서 우리를 소리쳐 부르거나 우리 코 밑에 붙어 관심을 기다리지 않는다. 우리 삶의 배경에 조용히 발을 들여놓고 있다가 천천히 사라진다.

하지만 꼭 그럴 필요는 없다. 좀 더 주의 깊게 살펴보면 친구들에게 관심을 기울이고 자신의 사회적 세계를 일깨울 수 있는 간단하고 재미있는 기회가 많다는 걸 알 수 있다. 다만 그걸 알아차리지 못할 뿐이다. 이건 잘 보이는 곳에 숨어 있으면서 우리 삶의 질을 크게 향상시킬 수 있는 기회다. 우정은 우리가 보살피지 않는 한 스스로를 돌볼 수 없다.

우정은 우리를 건강하게 하고 생존력을 높여준다

30년 전에 처음 만난 우리(밥과 마크)는 주로 직업적인 관계를 유지했다. 일주일에 한 번씩 함께 점심을 먹고 통계 모델, 연구 방법, 연구 설계 등에 대한 얘기를 나눴다. 대화 내용 대부분이 직업적인 문제에 관한 것이었지만 우리는 갈수록 상대방과 더 친해지고 싶었다. 그래서 급한 용무가 없을 때도 매주 같은 시간에 만나 점심을 먹었다. 그리고 시간이 지날수록 가족이나 취미, 어린 시절의 추억 등 이야기할 거리가 점점 많아졌다.

그러다가 아내들까지 함께 저녁 식사를 하자는 제안이 나왔다. 다행히 밥의 아내 제니퍼와 마크의 아내 조앤도 함께 있는 시간을 즐겼다. 조앤과 제니퍼는 가끔 통계 분석에 대한 대화를 참고 들어줘야만 했지만 그들은 그것을 이해해줬다. 비교적 짧은 시간 안에 네 사람은 좋은 친구(아직 아주 가까운 사이는 아니지만)가 되었다.

함께 저녁을 먹지 못한 지 두어 달쯤 지난 어느 날, 밥과 제니퍼가 마크와 조앤을 초대했다. 조앤은 당시 첫 임신을 한 상태였고 출산 예정일이 한 달 남짓 남아서 부부가 초조하게 출산을 기다리고 있었다. 밥과 제니퍼에게는 이미 어린 아들이 두 명 있었기 때문에 마크와 조앤은 앞으로 다가올 일에 대해 안심되는 조언을 들을 거라고 기대했다.

하지만 저녁 식사 모임이 예정되어 있던 목요일 근무가 끝날 무렵, 마크는 반쯤 정신이 나간 듯한 조앤의 전화를 받았다. 일상적인 검진을 받던 중 의사가 당장 병원에 가서 응급 제왕절개를 받아야 한다고 했다는 것이다. 마크는 사무실에서 달려 나가다가 도중에 밥과 부딪칠 뻔했다.

"조앤과 아기에게 문제가 생겼어요." 마크가 말했다. "지금 구급차를 타고 병원으로 가는 중이래요."

마크가 병원에 도착했을 때 조앤은 모니터에 연결된 채 고통으로 몸부림치고 있었다. 의사들은 그녀가 목숨이 위험한 전자간증을 앓고 있다고 설명했다. 조앤의 간이 기능 부전 징후를 보였고 뒤에 있는 모니터에서는 혈압이 치솟는 모습이 보였다. 조앤은 마크와 간호사들에게 자기가 안심할 수 있게 혈압이 떨어지기 시작했는지 말해달라고 계속 부탁했다. 마크와 조앤은 제왕절개가 제대로 이루어지지 않으면 조앤과 아기가 죽을 가능성이 높다던 의사들의 말을 기억한다.

조앤이 수술 준비를 하는 동안 마크는 밥에게 전화를 걸어 소식을 전했다. 밥은 필요하면 언제든지 병원에 가서 마크와 함께 있어주겠다고 했다. 그날 저녁에는 일이 너무 빨리 진행된 탓에 밥이 병원까지 올 수는 없었다. 하지만 살면서 겪은 일들 가운데 가장 본능적인 걱정과 두려움에 사로잡혀 있던 마크로서는 도와주겠다는 밥의 제의 덕분에 놀라울 만치 안심이 됐다. 마크와 조앤의 가족들은 너무 멀리 떨어져 있어서 제시간에 도착할 수 없었기에 위로가 되는 친구가 더욱 절실했다.

제왕절개는 순조롭게 진행되었다. 마크는 조앤 옆에서 아들이 태어나는 모습을 지켜보았으며 조앤의 혈압이 정상 수준으로 돌아오기 시작하자 함께 안도감을 나눴다. 아들이 첫울음을 터뜨리자 두 사람은 진심으로 기뻐했다. 한 달 일찍 태어난 아기는 새처럼 작았지만 그 외에는 건강했다. 조앤과 마크는 너무 피곤해서 아기 이름도 지을 수가 없었다. 마크는 밥에게 소식을 전하면서 잠을 좀 자야겠다고 말했다.

다음 날, 밥은 약속을 다 취소하고 조앤과 마크 그리고 이제 막 이름을 지은 제이콥을 보려고 병원에 찾아왔다. 조앤은 회복이 느렸지만 닷새가 지나자 퇴원할 수 있었다. 마크와 조앤은, 조앤이 발을 끌면서 병원 문을 나서는 모습과 제이콥이 카시트에 누워 꼼지락거리는 모습이 담긴 동영상을 갖고 있다. 물론 최고 수준의 동영상은 아니다. 그때는 밥의 촬영 실력이 그리 뛰어나지 않았으니 어쩔 수 없다.

당시에는 워낙 정신이 없어서 몰랐지만 한참 시간이 지난 뒤 그때를 되돌아본 마크는 밥이 곁에 있어준 덕분에 많은 게 달라졌음을 깨달았다. 비록 밥이 조앤을 돕기 위해 할 수 있는 일은 없었지만 말이다. 그리고 마크는 자신들의 우정이 단순히 통계와 연구, 몇 차례의 저녁 식사와 즐거운 시간이 다가 아니라는 걸 깨달았다. 밥은 정말 중요할 때 마크와 조앤 옆에 있어줬다. 그리고 마크는 때가 되면 자기도 밥을 위해 그의 곁에 있어주리라는 걸 알고 있다.

이건 우리가 우정을 쌓아온 긴 인생 속의 많은 이야기 중 하나일 뿐이다. 26년이 지난 지금, 그 우정이 여러분에게 이 책을 안겨주었다.

여러분도 인생의 어려운 시기를 생각해보면 아마 이와 비슷한 이야기가 떠오를 것이다. 역경이 닥쳤을 때 우리는 친구들의 도움을 받는다. 친구들은 인생의 거친 파도에서 우리를 보호해준다.

아무리 강한 사람도 친구의 도움은 필요하다

우정의 힘은 단순히 일화나 철학적인 관찰 대상에서 끝나는 게 아니다. 과학 연구는 우정의 효과를 명확하게 보여준다. 친구들은 역경을 견디도록 도와주고 부정적인 사건 때문에 생기는 스트레스가 줄어들게 도와준다. 우리가 극심한 스트레스를 느낄 때도 친구들은 스트레스를 덜어주고 빨리 털어낼 수 있게 해준다. 스트레스를 느끼는 건 어쩔 수 없는 일이지만 친구들의 도움을 받으면 잘 관리할 수 있다. 그리고 스트레스를 덜 받거나 스트레스 관리를 잘하면 신체적인 소모도 줄어든다. 쉽게 말해서 친구는 우리를 더 건강하게 해준다.

제2장에서 사회적 연결이 건강과 장수에 미치는 영향을 분석하기 위해 줄리앤 홀트-룬스타드와 동료들이 2010년에 148개 연구와 방대한 양의 데이터를 모아 진행한 검토 작업에 대해 얘기했다.[187] 그 148개의 연구 중에는 특히 우정에 초점을 맞춘 연구도 있었다. 그중 몇 가지의 내용을 살펴보면 다음과 같다.

- 호주에서 진행된 대규모 종단 연구에서는 70세 이상의 참가자 중 가장 강한 친구 네트워크를 가진 사람은 친구 네트워크가 가장 약한 사

람에 비해 연구 기간(10년) 안에 사망할 확률이 22퍼센트 낮았다.[188]

- 유방암에 걸린 간호사 2,835명을 대상으로 한 종단 연구에서는 친구가 10명 이상 있는 여성은 친한 친구가 없는 여성보다 생존 가능성이 네 배 높다는 것을 발견했다.[189]
- 스웨덴에서 29~74세 사이의 남녀 1만 7,000명 이상을 대상으로 진행한 종단 연구에서는 사회적 연결이 강할수록 모든 원인으로 인한 사망 위험이 6년 동안 거의 4분의 1로 줄어들었다.[190]

이런 논거 자료는 무수히 많다. 우리 몸은 우정을 필요로 한다. 그래서 친구들과의 연결이 증가하면 몸에 측정 가능한 영향이 생긴다. 친구를 원하는 인간적인 욕구 그리고 그들과 함께 따라오는 협력은 인간을 성공한 종種으로 만들고 진화하게 만든 요인 중 하나다. 고대에도 친구와 소속된 무리가 있으면 위험한 환경에서 생존할 가능성이 높았다. 친구는 스트레스가 심한 현대의 환경에서도 우리 건강을 보호한다. 우리가 아무리 강하고 독립적이며 자급자족할 수 있다 하더라도 우리는 여전히 생물학적으로 우정을 원하게 되어 있다. 상황이 힘들어지면 강인한 사람들도 친구를 통해 힘을 얻는다.

좋은 친구는 전쟁터의 갑옷과도 같다

어떤 면에서 하버드 연구는 우정과 역경 사이의 연관성을 조사할 수 있는 독특한 위치에 있다. 이 연구 자체가 힘든 시기의 귀중한 수집품이기 때문이다. 우리 연구의 1세대 참가자들은 모두 대공황을 겪었다. 보스턴 도심 코호트 참가자들은 대부분 어렵거나 때로는 비극적인 환경에서 인생을 시작했다. 하버드 대학 코호트 참가자들도 경제적으로나 사회적으로 힘든 상황에서 성장했다.

앞서 말한 것처럼, 대학 코호트 참가자의 89퍼센트가 제2차 세계대전에 참전했고 그중 약 절반은 전투를 경험했다. 대학 코호트 참가자들보다 몇 살 어린 보스턴 도심 출신 참가자들 중 상당수는 한국 전쟁에 참전했다. 연구 참가자 중 일부는 상대를 죽이느냐 아니면 내가 죽느냐 하는 상황에 처했고 친구가 살해되는 모습을 목격한 이들도 있다. 그중 일부는 집에 돌아온 뒤 외상 후 스트레스 장애(Post Traumatic Stress disorder, 이하 PTSD)를 겪었다.

이런 어려움 속에서 우정은 어떤 역할을 했을까? 우정과 관련된 경험에서 우리가 얻을 수 있는 교훈이 있을까?

전투 경험이나 동료 군인들과의 관계에 대한 참가자들의 직접적인 설명을 이용해서 연구한 결과는 이렇다. 동료 군인들과 긍정적인 우정을 맺으며 응집력이 강하고 끈끈하게 연결된 전투 부대에서 복무한 사람들은 전쟁이 끝난 뒤 PTSD 증상을 겪을 가능성이 낮았다. 다시 말해, 우정이 일종의 보호 갑옷의 기능을 했다. 신뢰할 수 있는 좋은 친구들이 인생에서 가장 힘든 사건을 겪는 동안 그들을 보호해준 것이다.

그런 관계 중 일부는 오랫동안 지속되었다. 우리가 참가자들에게 했던 질문 중 하나는 전쟁 중에 사귄 친구들과 나중에도 계속 연락을 했냐는 것이었다. 몇몇은 동료 장병들과 계속 크리스마스카드를 주고받았고 가끔 전화 통화도 했으며 사망하기 직전까지 먼 길을 여행해서 만나러 다니기도 했다. 심지어 전우들의 배우자와 꾸준히 연락한다고 보고한 이들도 있었다.

그러나 대부분은 다른 친구들과의 연락이 끊긴 것처럼 동료 장병들과의 연락도 끊겼다. 그들은 살면서 계속 여러 가지 어려움을 겪었지만 가까운 친구들의 도움 없이 극복해야만 했다. 닐 매카시처럼 전쟁에 참전하고 전투도 치렀지만 가장 힘든 경험은 민간인 생활 중에 일어났다고 말한 연구 참가자들도 있다.

이혼, 사고, 배우자나 자녀의 죽음, 다른 강렬하고 스트레스가 심한 경험들이 그들을 짓눌렀다. 하지만 그들도 나이가 들면서 우정에 대한 관심이 시들해졌기 때문에 친구들의 도움 없이 힘겨운 상황에 맞서야 했다. 전투를 치를 때와 달리 그들에겐 의지하거나 고난을 함께 나눌 동료가 없었다. 그들을 도와줄 사람이 아무도 없었다.

우리가 우정에서 원하는 건 성 정체성과 무관하다

연구 파일을 훑어보면 우정을 도외시했던 걸 말년이 되어 후회하는 남자들을 쉽게 찾을 수 있다. 스털링 에인슬리(제4장)나 빅터 모라드(제9장)처럼 극단적인 고립과 외로움을 겪은 이들도 여기 포함된다. 남자들이 성인기 단계를 밟아나가는 동안 친한 친구가 점점 줄어들면서 느끼는 공통적인 단절감이 연구 전반에 걸쳐 나타난다. 이들은 우정에 대해 얘기할 기회가 주어지자 가까운 친구가 부족한 건 대부분 자신의 자족감과 독립성 때문이라고 주장했다. 동시에 친구들과의 친밀한 관계에 대한 갈망을 드러내는 이들도 많았다.

“나 같은 남자들은 대부분 친한 친구가 별로 없는 걸 후회합니다.” 한 참가자는 연구진에게 이렇게 말했다. “난 정말 친한 친구를 사귀어 본 적이 없어요. 반면 내 아내는 나보다 친구가 많죠.”

이런 경험은 연구 참여자들 가운데 특히 남성 참여자에게 일반적으로 나타났다. 그러나 남자들이 정서적 독립심이나 극기적인 성향을 ‘타고났고’ 친밀감을 싫어한다는 생각을 뒷받침하는 강력한 증거는 없다. 우정이나 관계에 대한 이런 접근 방식은 주로 문화적 영향 때문일 가능성이 높다. 예를 들어 LGBTQ+의 개인 간의 우정 패턴은 이성애자의 우정 패턴과 다르다. 남자들이 나이가 들면서 사회생활을 하는 방식은 세대 차이가 있을 수 있다.

실제로는 남성과 여성의 우정 패턴에 큰 차이가 없다는 연구 결과가 있다. 많은 종단 연구를 통해 다양한 배경을 가진 남자 청소년들이 성별 고정관념을 거스르는 방식으로 가까운 친구들과 친밀하게 연결된다는 게 드러났다. 심리학자 니오베 웨이Niobe Way의 연구에서도 이를 알 수 있다.

그는 도심지 출신 참가자들처럼 대도시의 저소득 가정에서 자란 흑인, 라틴계, 아시아계 미국 청소년과 10대 소년들의 우정을 연구했다. 웨이는 “내 연구에 참여한 소년들은 가장 친한 친구들과 비밀을 공유하거나 친밀한 대화를 나누면서 가장 친한 친구를 정의했다.”라고 썼다. 예를 들자면 다음과 같은 식이다.

> 대학교 1학년인 마크는 이렇게 말했다. “[내 가장 친한 친구는] 나한테

무슨 말이든 다 할 수 있었고 나도 그에게 뭐든지 다 말할 수 있었다. 난 항상 그에 관한 모든 걸 알고 있었다. … 우리는 늘 함께 시간을 보냈고 서로에게 숨기는 게 없었다. 자기 문제도 다 털어놨다." 2학년인 에디는 "서로의 유대가 깊고 비밀을 지킨다. 내게 중요한 일이 생겼을 때 그걸 친구에게 말하면 절대 소문을 퍼뜨리거나 그걸 갖고 놀리지 않을 것이다. 우리 가족에게 문제가 생기거나 뭐 그럴 때도 말이다."라고 했다. 소년들은 친구들과 주로 농구나 비디오 게임을 즐긴다고 했지만, 가장 친한 친구들과는 함께 얘기를 나누면서 비밀을 공유하는 것에 중점을 뒀다.[191]

소년들이 청소년기 후반과 성인기 초반에 접어들면 친구들을 대하는 게 다소 조심스러워지고 자유로운 분위기도 줄어든다. 이런 변화 중 일부는 변화하는 삶의 환경에 대한 반응이며 남녀 모두에게 일어난다. 직장과 연애가 우정을 방해하는 것이다. 그러나 남성들에게는 강력한 문화적 힘이 작용하는 경우도 종종 있다. 세계의 많은 문화권에서 소년들은 나이가 들수록 독립성과 남성성을 보여줘야 한다는 은근한 압박을 받는다. 남성 친구들과 감정적으로 친밀하게 지내면 남자답지 못하다고 보여질까 봐 은연중 걱정되기 시작한다. 그래서 시간이 지남에 따라 친구들 사이의 특정한 친밀감이 사라지는 것이다.

청소년기 여성들의 우정도 분명 많은 압박과 제약의 대상이 된다. 하지만 많은 문화권의 여성들은 10대 이후에도 이런 친밀한 교류를 유지하면서 키워나갈 것이라는 기대를 받는다. 이런 기대는 친밀감을 더 높이는 데 어느 정도 도움이 된다. 하지만 한편으로는 여성이 가까운 관계에서 발생한 감정적 문제를 탐색하고 해결하는 데 더 큰 부담을 느끼게 될 수도 있다.

하버드 연구진은 1987년에 1세대 참가자들에게 설문지 한 장을 보냈고, 그들이 결혼한 상태인 경우 부인에게 두 번째 설문지를 보냈다. 연구진이 그해에 특히 관심을 가졌던 문제 중 하나는 부부가 친구들과 함께 나눈 경험이었다.

남자들에게는 **"아내를 제외한 친구의 수와 친밀도에 얼마나 만족하는가?"**라고 물었다. 응답자의 30퍼센트는 현재 수준이 만족스럽지 않으며 더 많은 친구를 원한다고 말했다. 반면 그들의 아내에게 비슷한 질문을 했을 때는 조금 다른 결과가 나왔다. 만족스럽지 않다는 응답이 6퍼센트밖에 안 됐다.

비슷한 시기에 사회학자 릴리언 루빈Lillian Rubin은 남자와 여자가 우정을 다르게 경험하는 것처럼 보이는 이유를 조사하는 중요한 작업을 진행했다. 루빈은 여자는 남자보다 친구들과 연락을 유지할 가능성이 높다는 걸 발견했다. 그들이 맺는 관계의 성격도 달랐다. 남자는 활동을 중심으로 우정을 쌓는 반면 여자는 감정적으로 가까운 관계가 되어 친밀한 생각과 감정을 공유할 가능성이 높았다. 여자들은 친구들끼리 서로 '얼굴을 마주보는' 경우가 많고 남자들은 '옆에서 어깨를 나란히 하고' 있는 경우가 많았다.

여러 연구를 검토한 결과 루빈의 관찰 내용을 뒷받침하는 내용이 꽤 있었지만, 이 주제에 대한 연구가 점점 늘어나면서 한 가지 사실이 분명해졌다. **남자와 여자가 우정에서 추구하는 것의 성별 차이는 문화적 가정을 고려해서 예상했던 차이보다 작다는 것이다.**[192]

예를 들어 일반적으로 여성은 친구들과 친밀하게 교류하는 것에 대한 기대치가 남성들보다 높긴 하지만 그 차이는 크지 않다. 심리학에서 집단 간의 차이가 작다는 것은 두 집단 사이에 나타나는 중복이 예외가 아니라 규칙이라는 걸 의미한다. 전반적으로 이 연구는 성 정체성에 관계없이 대부분의 사람이 친구에게 비슷한 수준의 친밀감을 원하고 필요로 한다는 걸 보여준다.

하버드 연구의 중심부에 자리 잡은 우정

연구 참가자가 우편으로 설문지를 받을 때는 회신 봉투만 동봉되어 있는 게 아니다. 하버드 연구 직원이 직접 쓴 다정한 편지도 함께 들어 있다. 오랫동안 직원과 참가자들 사이에 많은 서신이 오갔고, 참가자 파일에 함께 들어 있는 이 편지를 재빨리 훑어보면 그들이 맺은 관계의 깊이를 알 수 있다. 그 편지 끝부분에 적혀 있는 루이스 그레고리 데이비스Lewise Gregory Davies라는 이름은 1세대 참가자들의 마음속에서 하버드 연구와 동의어가 되었다.

사회복지사 교육을 받은 루이스는 알리 보크가 연구를 막 시작한 무렵 팀에 합류했다. 연구가 확대되면서 루이스는 참가자들을 지원하는 활동에 점점 더 많이 참여했다. 참가자들은 그녀의 이름을 알게 되었고 자기들의 소식이 담긴 개인적인 메모를 적어서 루이스에게 보냈다. 설문지에서 대부분의 세부 사항을 다루었음에도 말이다. 또 설문지 회신이 늦어지면 루이스가 참가자들에게 직접 연락해서 빨리 보내달라고 독려했다. 루이스는 그들을 친구로, 심지어 제2의 가족으로 여겼다. 참가자 중 많은 이가 루이스에 대한 개인적인 충성심 때문에 설문지를 작성하고 인터뷰 요청에 응했다.

결국 루이스는 은퇴했다. 하지만 남편이 사망한 뒤 하버드 연구에서 사귄 친구들이 그리워 다시 돌아와 일을 계속했다. 이 연구에 대한 루이스와 다른 연구진의 개인적인 헌신 덕분에 연구 참가자들의 90퍼센트가 80년 동안 꾸준히 참여할 수 있었다. 참가자들은 자기가 하버드 연구와 연구진들뿐만 아니라 루이스에게도 중요한 존재임을 알고 있었다. 루이스는 1983년에 두 번째로 은퇴하면서 연구 참가자 전원에게 짤막한 쪽지를 써서 자기 인생의 결정적인 경험 중 하나에 대해 마지막으로 감사를 표했다.

> 사랑하는 친구분들께,
>
> 오랜 세월 동안 여러분과 여러분의 가족과 나눈 우정을 소중히 간직해 왔습니다. 그 기억은 내 인생을 비추는 빛과도 같습니다. 연구에 대한 여러분의 진심과 헌신이 제게 깊은 감동을 주었습니다. 여러분과 여러분이 사랑하는 모든 분의 앞날이 행복과 성취로 가득하기를 바라겠습니다.
>
> 충심을 담아
>
> 여러분의 오랜 친구
>
> 루이스 드림

이 관계는 중요하지 않은 것처럼 보였을 수도 있다. 대부분의 연구 참가자들이 루이스를 직접 만난 건 한두 번뿐이고 아예 만난 적이 없는 사람들도 있다. 하지만 그녀는 그들 삶의 일부였고 많은 이가 그녀를 알게 되어 행복해했다. 작고 보잘것없는 관계처럼 보였을지도 모르지만 사실은 그렇지 않았다. 제9장에서 살펴본 로자 킨처럼 루이스는 직장에서 좋은 관계를 형성했고 그 과정에서 개인적으로 성장했다. 이런 모든 작은 연결과 거기에 따라오는 잠깐의 긍정적인 감정이 없었다면 하버드 연구는 오늘날 이 자리까지 오지 못했을 것이다.

'중요하지 않은' 관계의 중요성

로자의 남편인 헨리 킨에게 진정한 친구의 정의에 대해 묻자 그는 많은 사람이 동의할 만한 대답을 했다.

"진정한 친구는 필요할 때 항상 동반자가 되어주고 도움을 요청할 수 있는 사람이다."

이건 사회과학자들이 '강력한 유대감'이라고 부르는 종류의 우정이다. 이들은 상황이 안 좋을 때 우리 옆에 있어주고 힘들 때 우리를 일으켜 세워줄 사람들이다. 우리도 그들이 힘들 때 도와줄 준비가 되어 있다. 이건 우리가 '중요한 친구'를 생각할 때 떠오르는 관계다.

하지만 가치 있는 관계를 맺기 위해 자주 만나거나 친밀해야만 하는 것은 아니다. 사실 **가장 유익한 관계 중 일부는 함께 많은 시간을 보내지 않았거나 잘 모르는 사람들과의 관계일 수도 있다.** 심지어 전혀 모르는 사람과의 상호작용에도 숨겨진 이점이 있다.

가장 일반적이면서 간단한 상호작용, 즉 가게에서 커피를 살 때의 상호작용에 대해 생각해보자. 커피숍에 가서 직원과 얼마나 자주 얘기를 나누는가? 그들이 어떻게 지내는지, 그날 하루 일이 어땠는지 진정한 관심을 갖고 물어보는 경우가 자주 있나? 이런 대화를 나누는 게 습관인 사람도 있고 아닌 사람도 있다. 어느 쪽이든 아마 이런 상호작용을 '중요한 교류'로 여기는 사람은 거의 없을 것이다. 그런데 그 생각이 맞을까? 이런 상호작용은 전혀 중요하지 않은 걸까?

한 흥미로운 연구를 진행하며 커피를 사려는 사람들을 두 그룹으로 나눴다. 한 그룹은 바리스타와 대화를 나누라는 지시를 받았고, 다른 그룹은 최대한 효율적으로 움직이라는 지시를 받았다. 제2장에서 얘기한 '열차 안의 낯선 사람들' 연구와 마찬가지 결과가 나왔다. 연구진은 미소를 짓고 눈을 마주치고 바리스타와 상호작용을 한 사람들(이 경우에는 완전히 낯선 사람)이 최대한 효율적으로 움직이라는 지시를 받은 사람들보다 더 기분이 좋아지고 큰 소속감을 느끼면서 매장을 나선다는 걸 알아냈다. 요컨대 낯선 사람과 친근한 시간을 보내도 기분이 좋아진다는 얘기다.[193]

이런 사소한 순간이 기분을 고양시킬 수 있고 우리가 느끼는 스트레스의 균형을 맞추는 데 도움이 된다. 직장에서 경비원과 나눈 짧은 대화를 통해 출근길에 느낀 짜증이 누그러질 수 있다. 우편배달원에게 인사를 건네면 단절감 완화에 도움이 된다. 이런 미세한 상호작용이 하루 종일 우리 기분과 에너지에 영향을 미칠 수 있다. 이렇게 일상적으로 기분을 고양시킬 기회를 찾고 알아차리는 습관이 생기면 시간이 지나면서 더 광범위한 영향을 미치게 된다.

우리뿐만 아니라 사회적 네트워크 전체에 영향이 생기는 것이다. 반복적이고 가벼운 접촉이 긴밀한 우정의 형성을 촉진하는 것으로 나타났다.[194] 그리고 때로는 가장 가벼운 접촉이 완전히 새로운 경험의 영역을 열어주기도 한다.

약한 유대관계의 넓은 영향력

가벼운 우정은 우리가 맺고 있는 관계 중에서 가장 간과되기 쉬운 관계다. 별로 많은 시간을 차지하지도 않고 삶에 두드러진 영향을 미치지도 않는다. 하지만 이런 가벼운 관계의 이점에 대해서도 많은 연구가 있다. 사회과학자들은 이를 '약한 관계'라고 부르지만 우리는 이 표현을 좋아하지 않는다. 이 관계에는 실제로 약한 부분이 전혀 없기 때문이다. 이런 관계는 우리가 곤경에 처했을 때 의지하는 관계는 아닐지 모른다. 하지만 하루를 보낼 때 중간중간 좋은 기분과 활력을 안겨주고 더 큰 공동체와 연결되어 있다는 기분을 느끼게 해준다.

사회학자 마크 그래노베터Mark Granovetter는 이런 가벼운 관계의 결정적인 중요성을 보여주는 중요한 연구를 했다.[195] 그래노베터는 우리가 지엽적으로만 아는 사람들이 새로운 소셜 네트워크에 중요한 다리를 만든다고 주장했다. 이런 다리 덕분에 다양하고 놀라운 아이디어의 흐름, 다른 방법으로는 접근할 수 없는 정보의 흐름, 기회의 흐름이 생겨난다. 예를 들어 가벼운 관계를 구축하는 사람은 더 좋은 일자리를 찾을 가능성이 높다. 왜냐하면 사회 시스템의 복잡성이 증가하면 더 다양한 일이 생겨나기 때문이다. 가벼운 관계는 공동체에 대한 광범위한 감각으로 이어질 수 있다. 우리가 자신의 소규모 그룹 바깥에 있는 사람들과 더 많이 얘기하고 더 많이 연결되며 인간적인 경험을 나눌수록 갈등이 발생했을 때 상대에게 더 잘 공감할 수 있다.

제4장의 '사회적 세계' 차트를 살펴보자. 그 차트를 만들지 않았다면, 자신의 친구들 또는 다른 사람들과 매일 주고받는 상호작용에 대해 잠시 생각해보자. 여러분은 다른 사회 집단과 연결되는 관계를 맺고 있는가? 새롭거나 색다른 아이디어를 접하게 해주는 친구가 있는가? 여러분의 사회적 세계에는 '약한 연결'을 발전시킬 기회가 있는가?

이런 가벼운 관계는 변화 가능성이 가장 큰 관계이기도 하다. 우리 삶의 변화에 따라 계속 들락날락한다. 하버드 연구 참가자들과 루이스 그레고리, 그리고 다른 하버드 연구 직원들과의 관계가 유지된 것은 오랜 기간에 걸친 체계적인 노력과 헌신 덕분이다. 거리가 멀거나 가벼운 관계는 대부분 그런 관심을 받지 못한다.

제3장에서 인생이라는 지도에서 위치가 달라지면 인간관계도 변한다는 얘기를 했는데 이건 특히 친구들에게 해당한다. 우리 삶이 더 이상 특정한 관계를 쉽사리 수용할 수 없기 때문에 우정 지도에 격차가 벌어진다.

대부분의 저녁 시간과 주말에 친구들과 어울렸던 청년이 어린 자녀를 둔 부모가 되면 자신을 위한 시간을 거의 낼 수 없다. 또 동료들과의 회의로 가득한 바쁜 근무일을 보내다가 오랫동안 기다려온 은퇴를 맞아 자유의 몸이 되면 예상했던 것보다 더 외로워진다. 우리가 살아가는 동안 사회생활이 우리의 상황에 항상 보조를 맞춰주지는 않는다.

인생의 여러 단계를 거치면서 사귄 친구들

여름날 동네를 산책하다 보면 삶의 각 단계를 지나는 사람들이 맺고 있는 우정의 조각을 볼 수 있다. 청소년기의 소년 소녀들은 팀 스포츠를 하고, 중년의 성인들은 함께 커피를 마시거나 만나서 달리기를 한다. 놀이터의 부모들은 거의 비슷한 연령대의 유아나 아이들과 함께 있고, 팔순 노인들은 공원에서 체스 게임을 한다.

삶의 단계는 우정이 하는 역할이나 우리가 맺은 우정의 유형에 큰 영향을 미친다. 종종 인생의 특정한 상황에서 새로운 우정이 생겨나고, 그 우정은 우리가 처한 상황을 헤쳐나가는 데 도움이 되기도 한다.

청소년은 새로운 걸 함께 발견하고 자기 생각과 감정을 공유하면서 친구와 연결점을 찾는다. 처음으로 혼자 살아가는 강렬한 경험에 휩싸인 대학생은 공통의 도전을 통해 유대감을 느끼고 그 과정에서 서로에 대한 신뢰를 키워간다. 새로 부모가 된 사람들은 현실적 육아 정보를 갈망하기 때문에 자기들이 겪는 일을 잘 알고 있으며 정서적이고 실질적인 지원을 제공할 수 있는 사람들을 찾는다.

마크와 조앤의 경우 계속 밥과 제니퍼에게 의지해서 이런 도움을 받았다. 조앤의 몸이 회복된 뒤 처음으로 둘이 데이트할 수 있도록 밥과 제니퍼는 아기를 돌봐주는 등 여러 도움을 줬다. 앞서도 말했지만 도움을 주는 것도 받는 것만큼이나 행복과 웰빙에 중요하다. 그래서 좀 더 발전된 단계에 있는 부모들은 그런 지원을 제공하면서 이익을 얻는다. 밥과 제니퍼가 그랬던 것처럼.

생애주기에 따라 맺는 관계가 강력한 이유는 친구들이 대단한 경험을 함께해왔기 때문이다. 인생이 바뀌면 늘 그랬듯이 이런 우정도 희미해질 수 있다. 그러나 때로는 짧은 기간 동안 형성된 강렬한 연결이 수십 년간 지속될 수 있다. 그리고 삶의 여러 단계를 거치는 동안에도 꾸준히 이어지는 우정을 형성할 수 있다.

우리가 항상 친구들과 보조를 맞춰서 인생의 단계를 거치는 건 아니다. 과거에는 마음이 맞았지만 지금은 갑자기 우리 삶과 어울리지 않는 것처럼 보이는 친구도 있을지 모른다. 만약 그런 사람과의 관계를 계속 유지하고 싶다면 그 격차를 해소하고 친구의 삶이 어떤지 이해하기 위해 더 열심히 노력해야 한다.

이런 일은 본인은 아직 좋은 짝을 찾지 못했지만 친구들은 이미 결혼해서 아이까지 둔 사람들에게 항상 일어나는 일이다. 이 독신 성인들은 갑자기 자기가 다른 세계에 있다는 걸 깨닫는다. 이제 대화는 아기와 기저귀를 중심으로 이루어지고 아이가 없는 친구들은 소외감을 느낀다. 질투심이 아니라 영원히 똑같은 모습으로 머물러줄 것만 같았던 관계의 상실 때문에 생기는 감정이다.

하지만 인생의 한 단계에서 다음 단계로 넘어갈 때마다 특정한 우정을 잃는 건 당연한 일이다. 남녀를 불문하고 많은 연구 참가자들 사이의 공통된 주제 중 하나는 은퇴 후에 친구를 잃는다는 것이다. 제9장에서 얘기했듯이 어떤 사람에게는 일이 사회적 세계의 기반이다. 그 기반이 사라지면 사회적 적합성이 낮아질 수 있다.

하버드 대학에 다니다가 연구에 참여한 이들 중 한 명인 피트 밀은 변호사로 일하다가 은퇴했다. 그는 자신의 모든 사회생활이 업무를 중심으로 구축되었기 때문에 사회적 인맥을 재건하려면 적극적으로 노력해야 한다는 걸 깨닫고 걱정에 잠겼다. 피트와 아내는 새로운 친구를 사귀기 위해 볼링을 시작했다.

"두 사람에게 볼링이 얼마나 재미있었는지 물어봤다." 인터뷰 진행자는 현장 노트에 이렇게 적었다.

> 월요일 밤에는 볼링을 친 뒤 스무 명을 집에 불러서 음료와 애피타이저를 즐겼다고 한다. 금요일 밤에는 여섯 명을 초대해서 함께 저녁을 먹었다. 남편은 바닥 청소를 하고 아내는 먼지를 털었다.
>
> 두 사람이 함께 한 일 가운데 가장 큰 기쁨을 준 것이 뭐냐고 물어봤다. "우리는 사교 활동을 많이 합니다." 볼링 그룹은 한 달에 한 번씩 모인다. 또 정기적으로 모이는 각본 낭독 모임에도 참석한다. "아내는 큰 소리로 읽지 않아요. 난 크게 읽지만요." 그가 장난스럽게 말했다.
>
> 가족 외의 사람들과의 관계에 대해 물어봤다. "우리는 많은 이들과 연결된 채 지냅니다." 그가 말했다. "그리고 옛 친구들과도 연락을 유지하죠. 그러려면 많은 노력이 필요해요. 다른 사람들이 안 하니까 내가 직접 하죠." 가장 친한 친구로 여기는 사람이 누구냐고 물었다. 그는 잠시 생각하다가 정기적으로 만나서 박물관에도 가고, 여행 이야기와 사진을 공유하는 부부를 언급했다. "또 각본 낭독 모임에도 아주 친한 친구들이 여럿 있어요." 그리고 케임브리지에 살고 있는 '유일하게 생존해 있는 대학 시절 룸메이트'와도 친밀감을 느끼지만 최근에는 그를 자주 만나지 못했다는 걸 인정했다. "아마 가장 가까운 친구들은 지금 이곳에 있을 겁니다." 대부분 그가 은퇴한 후에 만난 사람들이다.

피트는 적극적으로 친구를 사귀고 그 관계를 유지한 참가자의 좋은 예다. 그리고 그의 말이 옳다. 옛 친구들과 연락을 유지하려면 많은 노력이 필요하므로 대부분 힘들거나 귀찮아서 연락을 잘 하지 않는다. 그러나 그와 그의 아내는 둘 다 그런 노력을 기울이는 경향이 있었고 특히 대규모 모임을 즐겼다.

사람들이 다 이 부부 같은 건 아니다. 모든 사람이 한 달에 몇 번씩 집에 손님을 스무 명씩 초대하는 걸 좋아하지는 않을 터다. 하지만 중요한 건 어떤 관계가 우리의 번영에 도움이 되는지 아는 것이다. 그런 관계를 충분히 맺고 있는가? 만약 그렇지 않다면, 더 많은 관계를 맺기 위해 취할 수 있는 조치가 있는가?

우정을 유지하기 위한 몇 가지 방법

> 경청은 매력적이면서도 묘한 창조적 힘을 발휘한다. … 우리는 자기 말을 진심으로 들어주는 친구들에게 이끌린다. … 누군가 우리 말에 귀를 기울여주면 그 경험이 우리를 만들고 펼치고 확장시킨다.[196]
>
> _ 브렌다 율런드Brenda Ueland

우정은 소홀히 여기기 쉬운 관계 중 하나다. 하버드 연구 참가자들의 삶을 통해 남녀 상관없이 관계를 방치해 우정이 악화된 사례를 자주 볼 수 있다. 우정을 멋진 것으로 만드는 특징 중 어떤 것 때문에 우정이 덧없어지기도 한다. 우정은 자발적이다. 하지만 그렇다고 해서 우정의 중요성이 감소되는 건 아니다. 그러니 이미 맺고 있는 우정을 유지하면서 새로운 우정을 만드는 것에 목적의식을 가져야 할지도 모른다.

사람들이 우리에게 가장 많이 묻는 것 중 하나가 바로 **'친구가 몇 명이나 필요한가? 다섯 명? 열 명? 한 명?'**이란 질문이다.

유감스럽게도 이 질문에 대한 정확한 답은 없다. 사람마다 너무 다르기 때문이다. 친한 친구 두 명과 함께 있을 때 최고의 기분을 느낄 수도 있다. 많은 친구와 함께 다양한 활동을 공유하면서 대규모 모임에 초대할 때 최고의 기분을 느낄 수도 있다. 삶의 어느 단계에 있냐에 따라 필요한 게 달라질 수도 있다. 자기가 관심 있는 대의와 활동을 찾고 그걸 중심으로 새로운 친구와 공동체를 발전시키기 시작할지도 모른다. 자신에게 가장 바람직하고 만족스러운 걸 찾아내려면 약간의 자기 성찰이 필요하다. 하지만 지금 관계를 맺고 있는 친구들에 대해 생각해 봐야 할 점이 몇 가지 있다.

우정은 만성적인 갈등, 지루함, 호기심 부재, 관심 부족 등 가족 관계에서 겪는 것과 동일한 문제 때문에 어려움을 겪곤 한다.

'친구의 말을 경청하는 법을 배우자.' 브렌다 율런드의 말처럼 경청은 말하는 사람만큼이나 들어주는 사람에게도 많은 영향을 미친다. 다른 사람의 경험에 진정으로 몰입하는 태도를 취하면 듣는 사람과 말하는 사람 모두 '마음을 열고' 자기 껍질에서 나온다. 덕분에 우리 삶은 더 풍요로워진다.

누구에게나 민감한 부분이 있어서 친밀한 대화를 나누기가 어려울 때도 있지만 그 보상을 생각하면 노력할 가치가 있다. 예를 들어 사람들은 자기 병을 비밀에 부치는 경우가 많다. 병에 관한 얘기를 하고 싶지만 친구들에게 부담을 줄까 봐 걱정스러운 것이다. 친구가 의학적인 문제를 얘기할 때 더 듣고 싶다는 태도를 보이기만 해도 상대방이 마음의 문을 열기에 충분할 수 있다.

상대방이 내 말을 경청해주면 이해받고 배려받고 날 제대로 봐준다는 기분이 든다. 친구와 함께 있으면서 상대의 말에 귀를 기울여주자. 그러면 자기도 본모습을 내보이면서 속내를 얘기할 수 있는 환경이 조성될지 모른다. 하지만 친구에게 속내를 털어놓을 수 있을 만큼 용감해야 한다. 친구 사이에서는 한쪽은 주로 듣는 역할을 하고 다른 한쪽만 말을 많이 하는 경우도 종종 있다. 자기가 어떤 성향인지 알아보자. 서로 균형을 맞출 기회가 있을지도 모른다. 가장 강한 우정은 양방향으로 흐른다.

'인생의 균열을 생각해보자.' 친구에게 입은 상처가 오랫동안 지워지지 않을 수도 있다. 하지만 친구 사이의 불화가 영구적일 필요는 없다. 때로는 과거의 상처를 치료하기 위해 그냥 내 탓이려니 하거나 먼저 화해의 제스처를 보여야 할 수도 있다. 다정한 문자 메시지, 점심을 사겠다는 제안, 생일날의 짧은 통화 등. 때로 우리는 우정 자체를 보호할 때보다 더 끈질기게 상처받은 기분을 정당화하면서 보호하려고 든다. 원한을 버리면 그 부담감에서 벗어날 수 있다.

'마지막으로 자신의 사회적 루틴에 대해 생각해보자.' 우리는 자주 만나는 친구들과 루틴을 만들곤 한다. 그리고 같은 종류의 일, 같은 문제에 대해 계속 이야기한다. 특정한 친구에게 더 바라는 게 있는가? 더 줄 수 있는 게 있는가? 어쩌면 그 친구나 그들의 과거에 대해 더 알고 싶은 게 있을지도 모른다. 아니면 두 사람이 함께 새로운 걸 탐색해보는 건 어떨까?

이번 장을 읽으면서 이런 노력이 자기 능력 밖의 일이라고 생각할지도 모른다. 외로움도 느끼지만 한편으로는 자기만의 방식에 고정된 듯한 기분이 들기도 한다. 오래된 사교 습관은 바꾸기 어렵다. 수줍음이나 집단에 대한 혐오 같은 특정한 심리적 장벽을 가진 사람도 많다. 그래서 사교적인 환경을 바꾸기가 힘들 뿐 아니라 어쩌면 너무 늦었다고 느낄지도 모른다.

여러분도 이런 상황인가? 그러나 혼자가 아니다. 성별에 관계없이 하버드 연구 참가자들 가운데 일부가 이런 말을 자주 한다. 성인기의 어느 시점이 되면 우정의 본질을 바꾸기가 불가능해진다는 것이다. 연구진 앞에서 외로움을 토로한 뒤에도 "그냥 다들 그런 것 같아요."라든가 "친구들이 사느라 너무 바빠져서요." 같은 말이 뒤따르곤 한다. 심지어 공식 설문지에 작성한 답변에서도 참가자들의 체념한 목소리가 들리는 듯하다.

앤드류 디어링도 그런 사람들 중 한 명이었다. 그는 내심 자기 삶이 결코 변하지 않으리라는 걸 알았다. 다른 많은 사람처럼 그도 너무 늦었다고 생각했다.

결코 너무 늦은 때란 없다

앤드류 디어링은 하버드 연구 참가자들 중에서 가장 힘들고 외로운 삶을 산 사람이다. 어릴 때부터 아버지가 곁에 없었고 그의 어머니와 형제들은 끊임없이 이곳저곳으로 옮겨 다니며 살아야 했기 때문에 친구들을 오래 사귀지 못했다. 청년기에도 의미 있는 우정을 맺지 못하다가 서른네 살에 결혼했다. 그의 아내는 앤드류에 대해 매우 비판적이었고 대부분의 사교적인 상황을 싫어했다. 그녀는 아무도 만나고 싶어 하지 않았고 앤드류가 다른 사람을 만나는 것도 싫어했다. 그들은 밖에 나가지 않았고 방문하는 사람도 거의 없었다. 결혼생활은 앤드류의 인생에서 가장 큰 스트레스 중 하나였다.

인생에서 그를 행복하게 해준 유일한 대상은 일이었다. 그는 시계 수리공이었는데 오래된 괘종시계와 뻐꾸기시계를 분해했다가 다시 조립해서 작동시키는 걸 좋아했다. 고객들은 항상 시계에 얽힌 가족 이야기를 들려줬고 그는 고객을 위해 가보를 되살리는 게 행복했다. 50대 후반이 된 앤드류에게 몇 살에 은퇴할 계획이냐고 묻자 그는 이렇게 썼다. “잘 모르겠다. 난 여덟 살 때부터 일을 해왔다. 일이 나를 계속 살아 있게 해줬다. 은퇴라는 말을 들으면 인생이 끝난 것 같은 기분이 든다. 그래서 계속 일하고 싶다.”

하지만 그는 성인기 내내 매우 낮은 수준의 행복도와 만족감을 보였다. 마흔다섯 살 때 깊은 절망에 빠진 앤드류는 자살을 시도했고, 20년이 지난 뒤에도 여전히 고군분투하고 있었다. 그는 한 설문지 여백에 “삶을 끝낼까 하는 생각을 했다.”라고 적었다.

60대 중반에 인생에서 가장 가까운 친구들이 누구고 그들이 어떤 의미였는지 설명해 달라는 요청을 받자 앤드류는 간단히 “아무도 없다.”라고 썼다. 취미로 하는 일이 뭐냐는 질문에는 “아무것도 안 한다. 직장에 나갈 때 외에는 항상 집에 있다.”라고 답했다.

예순일곱 살이 된 앤드류는 더 이상 정밀한 시계 작업을 할 수 없을 정도로 시력이 나빠져서 은퇴할 수밖에 없었다. 얼마 뒤, 그는 처음으로 심리 치료사를 찾아갔다. 치료사에게 자기가 얼마나 외로움을 느끼는지, 일을 그만둬야 하는 게 얼마나 슬픈지 얘기했다.

그는 자살 생각을 하고 있다고 말했다. 치료사는 아내를 떠날 생각을 해본 적이 있는지 물었다. 앤드류는 그런 생각은 해보지 않았다. 아내에게 너무 잔인한 일이 될 거라고 느꼈다. 하지만 그 대화가 계속 앤드류의 머릿속을 맴돌았다. 결국 이듬해에 그는 아내와 이혼은 하지 않았지만 별거하기로 합의하고 혼자 다른 아파트로 이사했다.

이제 앤드류는 결혼생활의 속박에서 벗어났다는 안도감을 느꼈다. 하지만 외로움은 그 어느 때보다 심해졌다. 그는 충동적으로 집 근처 헬스클럽에 가서 운동을 하며 정신을 차리기로 결심했다. 매일 헬스클럽에 다니기 시작한 그는 그곳에서 매일 같은 사람들을 만난다는 걸 알아차렸다. 어느 날 그는 다른 단골에게 인사를 건네면서 자기를 소개했다.

3개월 뒤, 앤드류는 헬스클럽 회원들을 모두 알게 되었고 살면서 그 어느 때보다 많은 친구를 사귀었다. 그는 매일 헬스클럽에서 보내는 시간을 기대했고 몇몇 친구들과는 밖에서도 만나기 시작했다. 그들 중 몇 사람이 자기처럼 옛날 영화를 좋아한다는 사실을 알게 된 앤드류는 다른 사람들을 위해 좋아하는 영화를 상영하는 모임을 열기 시작했다.

2년 뒤, 외로움을 느낀 적이 있냐는 연구 설문지의 질문에 앤드류는 "자주 느낀다."라고 썼다. 지금 혼자 살고 있으니 당연한 일이다. 하지만 1부터 7까지의 척도로 봤을 때 자기 삶이 얼마나 이상적인 것 같냐는 질문에 앤드류는 '이상적인 수준에 가깝다'를 뜻하는 '7'에 동그라미를 쳤다. 여전히 외로움을 느끼지만 삶이 전보다 훨씬 만족스러워졌기 때문에 지금보다 더 좋아질 거라고는 상상하기 힘든 것이다.

그러고서 8년이 지난 2010년에도 앤드류는 그때 사귄 많은 친구와 여전히 친하게 지냈고, 사교 범위가 더욱 넓어졌으며, 자기 삶을 바꾼 것에 큰 안도감을 표했다. 예전에 그는 다른 사람들을 만나기 위해 집을 나서거나 다른 사람들이 그의 집을 방문하는 경우가 얼마나 되냐는 질문에 "전혀 없다."고 대답했다. 이제 80대가 된 그에게 똑같은 질문을 하자 "매일 그런다."라고 대답했다.

삶의 환경은 매우 다양하고 시간이 지나면서 사람들이 처한 상황도 달라지기 때문에 누군가의 삶에서 무엇이 가능하고 불가능한지에 대해 일괄적으로 말하기는 어렵다. 앤드류는 하버드 연구에서 가장 고립되고 외로운 사람 중 한 명이었는데 그런 불만이 해소되었다. 그는 자기 일상을 바꿔 다른 사람들과 관계를 맺었다. 그 과정에서 본인이 가치 있는 사람이라고 느껴지는 방식으로 세상을 향해 뻗어나갔다.

우리는 더 큰 인간관계를 갈망하는 세상에 살고 있다. 때로는 자기가 인생을 표류하고 있으며, 혼자이고, 그걸 바꾸기 위해 뭔가를 할 수 있는 시점이 지났다고 느낄 수도 있다. 앤드류도 그렇게 생각했다. 그는 그 시점이 아주 오래전에 지나갔다고 믿었다. 하지만 그의 생각은 틀렸다. 결코 늦지 않았다. 왜냐하면 세상에 너무 늦은 때란 없기 때문이다.

행복하기에 너무 늦은 때란 없다

하버드 연구 설문지, 1983년

Q: 모든 조사는 조사 대상에게 변화를 일으킨다. 지난 수십 년 동안 하버드 연구가 당신의 삶에 어떤 변화를 일으켰는가?

1941년에 헨리 킨은 열네 살이었고 건강했다. 그는 가난한 동네에 살았고, 그 박탈감이 그 동네의 아이들을 곤경에 빠뜨렸지만 헨리는 어떻게든 그 길을 피했다. 하버드의 한 젊은 연구원은 그 이유를 알고 싶었다. 그 연구원은 헨리와 그의 부모에게 최신 연구 프로젝트에 참여할 의향이 있는지 묻기 위해 어느 비 오는 날, 헨리가 사는 공동 주택의 3층까지 올라갔다.

연구진은 보스턴의 가장 가난한 지역에 사는 소년들의 삶에 대해 무엇을 파악할 수 있을지 알아보고자 했다. 몇 년간 정기적으로 헨리의 신체 검진을 해주면서 그의 삶에 대한 얘기를 나누고 싶었다. 보스턴의 인근 동네에 사는 헨리 또래의 소년을 500명 가까이 모집했는데 그들 대부분이 헨리처럼 이민자 가정 출신이었다.

헨리의 부모는 회의적이었지만 그 연구원은 신뢰할 수 있는 사람처럼 보였다. 그래서 결국 연구 참여에 동의했다.

그 몇 년 전, 알리 보크 역시 젊은이들이 번성하는 이유를 알아보기 위해 비슷한 연구를 했다. 그리고 하버드 대학교 2학년에 재학 중인 열아홉 살의 레오 드마르코와 존 마스덴은 알리 보크와 학생 보건소 사무실에서 만나기로 약속을 잡았다. 두 시간 동안 진행된 첫 번째 인터뷰가 끝난 뒤 보크는 두 사람에게 다음 주에 다시 오라고 했다.

존은 "나한테 물어볼 게 뭐가 더 남았을지 상상도 안 되네요."라고 말했다. "나 자신에 대해 두 시간 이상 할 말이 있으리라고는 생각도 못 했습니다."

이 두 가지 연구 모두 몇 년 동안만 진행할 예정이었다. 자금을 더 구할 수만 있다면 아마 10년쯤 진행할 수도 있으리라 생각했다. 그러나 이들 세 소년은 연구진 앞에서 평생을 보냈다. 밥과 마크는, 그들이 처음 등록할 때 찍은 사진을 볼 때면 옛 친구의 사진을 볼 때와 비슷한 경이로움과 향수를 느낀다. 참가자들 중 누구도 자기들이 직면하게 될 어려움을 알지 못했고 삶이 그들을 어디로 데려갈지 몰랐다.

연구에 등록했던 소년들 중 일부는 전쟁에서 죽었다. 일부는 알코올 중독과 관련된 합병증으로 사망했다. 어떤 이들은 부자가 되었고 심지어 유명해진 사람도 있다. 어떤 사람들은 행복했고 몇몇은 그렇지 못했다.

80년이 지난 지금 우리는 헨리와 레오가 행복한 그룹에 속해 있다는 걸 안다. 그들은 긍정적이고 현실적인 세계관을 가진 적극적이고 건강한 사람으로 성장했다. 파일에 담긴 그들의 삶을 살펴보면 불운과 비극, 힘든 시기가 지나가는 흐름 속에서도 간혹 찾아오는 행운의 순간을 볼 수 있다. 그들은 사랑에 빠졌고, 자기 아이들을 사랑했으며, 공동체에서 의미를 발견했다. 그들은 대체로 긍정적인 삶을 살았고 그렇게 살아온 것에 감사함을 느꼈다.

존은 불행한 그룹에 속해 있다. 그는 물질적인 부를 비롯해 각종 특권을 지닌 채로 삶을 시작했고 운도 따랐다. 그는 뛰어난 학생이었고, 하버드에 진학했으며, 성공한 변호사가 되겠다는 꿈을 이루었다. 하지만 열여섯 살에 어머니가 돌아가셨고 어릴 때 수년간 괴롭힘을 당했다. 시간이 지나면서 사람들에 대한 경계심과 세상을 부정적으로 대하는 습관이 생겼다. 그는 다른 사람들과 관계를 맺는 데 어려움을 겪었고, 문제에 직면하면 본능적으로 가장 가까운 사람들과 거리를 뒀다. 그는 두 번 결혼했지만 자기가 진정으로 사랑받았다고 느낀 적이 없다.

존이 사진을 찍었던 열아홉 살의 그날로 돌아갈 수 있다면 우리는 그를 어떻게 도울 수 있을까? 존의 도움 덕분에 연구진이 알아낸 사실을 이용해서 존이 자기 인생에 대처하도록 도울 수 있을까? 어쩌면 그에게 이렇게 말할 수 있을지도 모른다. **"이건 우리가 연구한 누군가의 삶이다. 이 사람은 이런 식으로 살았지만 당신은 더 잘할 수 있을 것이다."**

그러나 당연한 얘기지만, 가장 중요한 발견 대부분은 참가자들이 이미 자기 삶의 많은 부분을 산 후에 알게 된 것이다. 그래서 그들은 본인에게 가장 도움이 되었을 순간에 우리 연구의 혜택을 누리지 못했다.

그것이 우리가 이 책을 쓴 이유다. 그들과 공유할 수 없었던 것을 여러분과 공유하고 싶었다. 인간의 번영에 대한 많은 연구(우리의 종단 연구와 수십 개의 다른 연구)는 **나이가 몇 살인지, 인생 주기의 어느 지점에 있는지, 결혼을 했는지 안 했는지, 내향적인지 외향적인지에 상관없이 '사람은 누구나 자기 삶에서 긍정적인 전환을 이룰 수 있다'는 사실을 명확하게 보여주기** 때문이다.

존 마스덴은 가명이다. 그의 신원을 보호하기 위해 직업이나 식별 가능한 다른 세부 사항을 바꿨다. 그 이름 뒤에 있는 실제 인물은 안타깝게도 세상을 떠났다. 그에게는 너무 늦은 것이다. 하지만 이 책을 읽고 있는 여러분은 아직 늦지 않았다.

연구 대상으로 산다는 것

하버드 연구와 관련해서 이런 질문을 자주 받았다. 이 연구의 질문이 참가자들의 생활방식에 영향을 미쳤는가? 자기성찰 행위에 의해 참가자들의 삶이 영향을 받는 일종의 심리적 하이젠베르크 효과 때문에 데이터가 왜곡되었는가?

이건 알리 보크와 그 이후의 모든 연구 책임자와 연구진이 관심을 가진 문제였다. 사실 대답하기가 불가능한 질문이다. 속담에도 있듯이 우리는 같은 강물에 발을 두 번 담글 수 없다. 참가자들이 이 연구에 참여하지 않았다면 그들의 삶이 어땠을지 알 방법이 없다. 그러나 참가자들에게는 이와 관련해 각자만의 생각이 있었다.

"미안하지만 이 연구가 내 삶에 영향을 끼치지는 못한 것 같다."라는 응답이 대표적이다.

"그냥 대화 소재로만 쓴다."는 답변도 많다.

존 마스덴은 간단하게 대답했다. "영향 없음."

조셉 시치(제7장)도 "영향이 없다."라고 쓴 뒤 "내게 도움이 될 만한 피드백을 받지 못했다."라고 그 이유를 밝혔다.

그러나 어떤 사람들은 연구 내용을 되돌아보면서 조금 다르게 이야기했다. 그걸 이용해 자기 삶을 찬찬히 살펴보고 지금까지와는 다르게 살 수 있는 가능성을 받아들였다는 사실을 인정했다.

"이 연구 덕분에 2년마다 한 번씩 내 삶을 재평가할 수 있었다." 한 참가자는 이렇게 썼다.

또 어떤 사람은 자신의 전체적인 자기 평가 방식을 설명했다. "결혼한 지 37년이나 지난 탓에 의심의 여지가 없을 만큼 삶의 기본이 된 결혼 관계를 검토했다. 현재의 활동에 의문을 품고, 재고하고, 방향과 우선순위를 명확히 하고, 여러 방면으로 평가하게 되었다."

레오 드마르코는 "잠시 반성하게 된다."라고 썼다. "내가 처한 상황이나 내 약점을 잘 참아주는 사랑스러운 아내를 생각하면 흐뭇해진다. 질문 내용을 보면 가능했을 수도 있지만 내가 택하지 않은 다른 라이프스타일, 다른 선택권, 다른 경험이 있다는 걸 깨닫게 된다."

참가자들이 연구의 질문에 영향을 받았다는 사실 자체가 우리에게는 유용한 교훈이다. 우리에게는 연구진이 2년마다 한 번씩 전화를 걸어 설문지에 답하라며 귀찮게 굴지 않는다. 그래도 가끔씩 우리의 현재 위치와 앞으로 향하고 싶은 위치를 생각할 시간을 갖곤 한다. 한 발짝 물러나서 자신의 삶을 바라보는 순간이 있어야 한다. 그런 시간이 주변의 안개를 걷어내고 앞으로 나아갈 길을 선택하는 데 도움이 된다.

하지만 어떤 길을 택해야 할까?

우리는 자기가 어떤 일에서 성취감을 느끼는지, 또 자기에게 좋은 것과 나쁜 것이 뭔지 정확히 안다고 생각하는 경향이 있다. 나에 대해서 나만큼 잘 아는 사람은 아무도 없다고 생각한다. 문제는 그런 자신의 모습에 너무 익숙한 나머지 다른 길이 있을 수도 있다는 걸 생각하지 못한다는 점이다. "초보자의 마음에는 많은 가능성이 있지만 전문가의 마음에는 가능성이 거의 없다."라고 했던 선종 지도자 스즈키 슌류의 지혜를 되새길 필요가 있다.

자신에 대한 솔직한 질문을 던져보자. 이는 우리가 우리 삶의 전문가가 아닐 수도 있음을 인식하기 위한 첫 번째 단계다. 이 사실을 받아들이고, 우리가 모든 답을 알지 못할 수도 있다는 사실을 받아들여라. 그래야 가능성의 영역으로 들어갈 수 있다. 그리고 그게 올바른 방향으로 나아가는 단계다.

더 큰 것을 추구하며 그들이 남긴 유산

우리는 2005년에 당시 70대가 된 보스턴 도심지 참가자들을 위한 오찬 모임을 열었다. 사우씨(사우스 보스턴), 록스베리, 웨스트엔드, 노스엔드, 찰스타운 그리고 연구에 참여한 다른 보스턴 지역을 위한 테이블을 따로 마련했다. 참가자 중 일부는 같은 학교에 다니거나 같은 동네에서 자랐기 때문에 서로를 알고 있었다. 미국 대륙을 가로질러 온 어떤 이들은 가장 좋은 정장과 넥타이 차림으로 참석했다. 근방에 사는 어떤 이들은 평상복 차림으로 직접 차를 몰고 웨스트엔드까지 왔다. 아내와 자녀를 동반한 이들도 있었는데 그 가족 중 상당수는 본인도 직접 연구에 참여하고 있었다.

연구에 대한 우리 참가자들의 헌신은 놀랍다. 1세대 참가자의 84퍼센트가 일생 동안 계속 연구에 참여했다. 일반적인 종단 연구는 중간에 그만두는 비율이 훨씬 높아서 수명주기 전체를 다루지 못한다.[197] 게다가 1세대 참가자의 자녀 중 68퍼센트가 2세대 연구에 참여하는 데 동의했다. 이건 믿기지 않을 정도로 높은 참여율이다.

심지어 오래전에 세상을 떠난 1세대 참가자들은 앞으로 진행될 미래 연구를 위해 기여했다. 그들은 자신의 혈액 샘플을 남겼다. 이 혈액을 그들의 건강 및 심리 데이터, 보스턴 지역에 대한 과거 평가와 결합시켜서 납이나 다른 환경 오염물질이 건강에 미치는 장기적인 영향을 연구하는 데 사용하고 있다.

'일부 참가자들은 삶이 끝나갈 무렵에 자기 뇌를 연구팀에 기부하는 데 동의했다. 연구진이 사랑하는 이의 유해를 가져가도록 하기 위해 애도 기간에 상당한 불편을 겪어야 하는 가족들 입장에서는 이런 요청을 받아들이기가 쉽지 않다. 하지만 이 모든 헌신 덕에 참가자들의 삶은 계속 중요성을 유지하고 그들의 유산은 계속 남아 있을 것이다.

이건 서로의 삶을 향상시키는 프로젝트다. 하버드 연구팀의 직원으로 일한 우리는 참가자들과의 관계를 통해 활기를 얻었다. 그리고 우리 직원들의 창의성과 헌신 덕분에 수백 명의 가족들은 과학사에 남을 독특한 무언가의 일부가 될 수 있었다.

제10장에서 얘기한 루이스 그레고리는 이 연구를 위해 거의 평생을 바친 최고의 사례 중 한 명이다. 우리 참가자들이 자기 삶에서 가장 바쁘고 힘든 시기에도 설문에 응해준 것은 연구에 대한 신뢰 때문만은 아니다. 루이스와 다른 연구팀 직원들에 대한 신의를 지키기 위해서였다. 인간관계의 가치를 밝혀낸 이 연구 자체가 결국 인간관계에 의해서 유지된 셈이다.

세월이 흐르면서 이런 관계가 일종의 보이지 않는 공동체를 형성했다. 일부 참가자는 나이가 많이 들 때까지 연구에 참여한 다른 사람을 만나보지 못했고 일부 참가자는 관련된 다른 사람을 한 명도 알지 못했다. 그럼에도 그들은 연구와 연결되어 있는 기분을 느꼈다.

자기 노출을 경계한 일부 참가자는 초반에는 난색을 표했지만 어쨌든 계속 참여했다. 어떤 사람은 연구팀의 전화를 고대했고, 연구진이 자신의 상태를 확인하고 자기 얘기에 귀 기울여주는 경험을 즐겼다. 그리고 대부분 자기보다 더 큰 무언가의 일부가 된 걸 자랑스럽게 여겼다. 이렇게 그들은 하버드 연구를 자기 생성성의 일부, 자기가 세상에 남기는 표식의 일부로 생각했다. 그리고 자신의 삶이 한 번도 만나보지 못한 사람들에게 유용할 것이라고 믿었다. 이건 많은 사람이 품고 있는 **'나는 중요한 사람인가?'**라는 의문과 관련이 있다.

지금 어떤 사람은 주어진 인생을 거의 다 산 상태에서 과거를 되돌아보고 있다. 또 어떤 사람은 아직 대부분의 삶이 남은 상태에서 미래를 내다보고 있다. 나이에 상관없이 미래 세대를 위해 무언가를 남기고 자기보다 더 큰 무언가의 일부가 되는 것은 단순히 개인적인 성취의 문제가 아니다. 우리가 다른 사람들에게 어떤 의미가 될 수 있는가 하는 문제임을 기억해야 한다. 그리고 흔적을 남기는 건 지금 시작해도 결코 늦지 않다.

관계의 문제에서 과학이 해결해줄 수 있는 것과 없는 것

인류 역사의 범위 전체를 통틀어서 '행복의 과학'은 가장 최근에 등장했다. 그리고 이 과학은 느리지만 확실하게, 무엇이 사람들을 전 생애에 걸쳐 번성하게 하는가에 대한 유용한 해답을 찾아내는 중이다. 행복 연구를 실생활에 적용하는 방법에 대한 새로운 발견, 새로운 통찰력, 새로운 전략이 계속해서 진화하고 있다. 우리의 최신 연구 성과는 수명연구재단(www.Lifespanresearch.org)에서 확인할 수 있다.

행복 연구의 주요 과제는 연구에서 얻은 통찰을 실제 삶에 적용하는 것이다. 하지만 우리 삶은 매우 개별적이라서 어떤 그룹 템플릿에도 깔끔하게 들어맞지 않는다. 우리가 이 책에서 제시한 연구 결과와 아이디어는 연구에 근거한 것이다. 하지만 과학이 여러분 마음속의 혼란이나 모순까지 알아낼 수는 없다. 특정한 친구가 전화를 걸었을 때 여러분이 경험하는 동요를 수량화할 수 없다. 여러분이 무엇 때문에 밤잠을 설치는지, 무엇을 후회하는지, 애정을 어떻게 표현하는지도 알 수 없다.

과학은 여러분이 자녀들에게 전화하는 횟수가 너무 많은지 아니면 너무 적은지, 특정한 가족 구성원과 다시 연결되어야 하는지 여부를 말해줄 수 없다. 친구와 커피를 마시면서 마음을 터놓고 얘기를 나누는 게 좋을지, 농구를 하는 게 좋을지, 산책을 하는 게 좋을지도 말해줄 수 없다. 그 대답은 오직 자신의 성찰과 자신에게 효과적인 방법을 찾으려는 본인의 노력을 통해서만 얻을 수 있다. 이 책의 내용을 유용하게 이용하려면 자기 삶의 경험에 귀를 기울이고 그 교훈을 자기 것으로 만들어야 한다.

하지만 과학이 말해줄 수 있는 것도 있다. **좋은 관계는 우리를 더 행복하고 건강하게 해주며 더 오래 살도록 도와준다.**

이건 문화권이나 전후 맥락에 상관없이 모든 인간의 전 생애에 걸쳐 적용되는 분명한 사실이다. 여러분과 지금까지 살았던 모든 사람에게 거의 확실하게 사실이라는 얘기다.

우리에겐 네 번째 'R'이 필요하다

다른 사람들과의 관계만큼 우리 삶의 질에 영향을 미치는 건 거의 없다. 앞에서도 여러 번 말했듯이 인간은 기본적으로 사회적인 동물이다. 그게 의미하는 것은 대부분의 사람이 생각하는 것보다 훨씬 방대하다.

기초 교육 과목인 읽기reading, 쓰기writing, 산수arithmetic를 3R이라고 한다. 조기 교육은 학생들이 앞으로의 인생을 준비하기 위한 것이기 때문에, 우리는 기초 교육 과목에 네 번째 R이 있어야 한다고 생각한다.

바로 관계relationship다.

읽기와 쓰기는 인간이 타고난 생물학적 요구와는 아무 상관도 없다. 하지만 관계의 기술은 이제 사회의 기본이 되었다. 수학 없이는 현대 세계가 존재할 수 없겠지만 우리는 수학을 해야 한다는 욕구를 갖고 태어나지 않는다. 그러나 다른 사람들과 관계를 맺고 싶다는 욕구는 태어날 때부터 갖고 있다. 이런 연결 욕구는 풍요로운 삶의 기본이기 때문에 우리는 아이들에게 사회적 적합성에 대해 가르쳐야 한다. 또한 운동, 식이요법, 기타 건강 권고안과 함께 공공 정책의 핵심적인 고려 사항이 되어야 한다고 믿는다.

기술이 빠르게 진화하면서 의사소통 방식이나 관계 기술에 영향을 미치고 있다. 따라서 사회적 적합성을 보건 교육의 중심으로 만드는 것이 특히 중요하다. 전 세계가 이 문제에 주목하고 있다는 징후들이 있다. 긍정적인 관계가 건강에 도움이 된다는 사실을 증명한 연구가 수백 개나 있으며, 이 책에서도 그중 상당수를 인용했다.

사회정서학습Social and Emotional Learning, SEL 과정은 학생들이 자기 인식 방법을 배우고, 감정을 식별해서 관리하고, 관계 기술을 연마하도록 돕는 데 초점을 맞추고 있다. 전 세계 여러 학교에서 이 프로그램을 테스트하는 중이다.[198] 연령, 인종, 성별, 계층에 상관없이 이 프로그램에 참여한 학생은 해당 교육을 받지 않은 학생에 비해 또래들에게 더 긍정적인 행동을 했고, 학업 성취도가 높았으며, 품행 장애와 약물 사용이 적었고, 정서적인 고통도 덜 겪었다.

이런 프로그램은 올바른 방향으로 나아가기 위한 단계다. 그리고 관계에 대한 강조가 성과를 거두고 있음을 보여준다. 조직, 일터, 커뮤니

티 센터의 성인들에게도 똑같은 교육을 실시하려는 노력과 움직임이 진행되고 있다.[199]

좋은 삶으로 향하는 길에 도사린 역경

우리는 세계적인 위기의 시대에 살고 있다. 이런 상황에서는 동료 인간들과의 연결이 긴급하게 필요할 수도 있다. 코로나19 팬데믹 때문에 이러한 관계의 필요성이 극명하게 두드러졌다. 질병이 확산되고 봉쇄가 시작되자 많은 사람이 자기 삶에서 가장 중요한 관계를 강화하고 유대감과 안정감을 높이기 위해 손을 뻗었다. 그리고 몇 주 예정이었던 봉쇄가 몇 달, 혹은 그 이상 지속되면서 사람들은 이상하고 때로는 심오한 방식으로 사회적 고립감을 느끼기 시작했다.

불가분의 관계인 우리 몸과 마음이 고립 스트레스에 반응했다. 학생들이 친구나 선생님과 정기적으로 만나지 못하게 되고, 노동자들 곁에서 동료가 사라졌다. 결혼식이 연기되고, 우정이 무시당하고, 인터넷에 접속할 수 있는 사람들은 컴퓨터 화면을 통해 서로 연결되는 것으로 만족해야 했다. 이런 상황이 되자 전 세계 사람들의 건강에 영향이 생기기 시작했다. 갑자기 학교, 영화관, 식당, 야구장이 단순히 배우고, 영화를 보고, 음식을 먹고, 스포츠를 하는 곳이기만 한 게 아니라는 사실이 분명해졌다. 그곳은 우리가 함께하는 장소였다.

글로벌 위기는 우리의 집단적인 복지에 계속해서 영향을 미칠 것이다. 하지만 이런 도전에 대응할 방법을 지금 당장 고민하고 실천해야 한다. 살면서 만나는 사람들(가족, 친구, 공동체와 그 너머의 사람들)과 맺은 관계는 우리가 직면하는 모든 위기에 방어벽 역할을 하게 될 것이다.

하버드 연구 참가자들이 어릴 때는 미래의 세상에서 혹은 자신의 삶에서 어떤 위기와 어려움에 직면할지 예상할 수 없었다. 레오 드마르코는 제2차 세계대전이 다가오는 걸 몰랐을 것이다. 헨리 킨은 대공황이 자기 가족에게 빈곤을 불러올지 몰랐을 것이다. 그리고 우리도 미래에 어떤 난관이 닥칠지 정확히 예측할 수 없다. 하지만 그런 난관이 생길 거라는 사실은 안다.

하버드 연구에서 나온 수천 가지 이야기는 자신에게 여가와 안락함을 제공한다고 해서 좋은 삶을 사는 건 아님을 보여준다. 오히려 좋은 삶은 피할 수 없는 난관에 맞서는 행동이나 자기 삶의 순간을 온전히 받아들이는 태도에서 비롯된다. 그런 삶은 사랑하는 법과 남들의 사랑을 열린 태도로 받아들이는 법을 배울 때 가능하다. 경험을 통해 성장할 때, 모든 인간의 삶에서 피할 수 없는 기쁨과 역경을 겪으면서 다른 사람들과 연대할 때 좋은 삶은 조용히 모습을 드러낼 것이다.

좋은 삶은 함께 걷고 있는 사람들 그 자체다

여러분은 좋은 삶을 향해 어떻게 나아가고 있는가? 첫째, 좋은 삶은 목적지가 아니라는 걸 인식해야 한다. 그건 길 자체이고 그 길을 함께 걷고 있는 사람들이다. 길을 걷는 동안 매 순간 누구에게 그리고 무엇에 주의를 기울일지 결정할 수 있다. 매주 관계의 우선순위를 정하고 중요한 이들과 함께 시간을 보내기로 정할 수 있다. 매년 여러분이 풍요롭게 가꾸는 삶과 관계를 통해 목적과 의미를 찾을 수 있다. 호기심을 키우고 한 번에 한 가지의 사려 깊은 질문과 한 번에 한순간의 헌신적이고 진정한 관심을 갖고 다른 사람들(가족, 사랑하는 사람, 직장 동료, 친구, 지인, 심지어 낯선 사람)에게 다가가면 좋은 삶의 토대를 강화할 수 있다.

여러분이 그 과정을 시작할 수 있도록 마지막으로 제안을 하나 하겠다. 여러분에게 중요한 사람을 한 명 떠올려보자. 자기가 여러분에게 얼마나 중요한 존재인지 모를 수도 있는 그런 사람을. 배우자나 연인, 친구, 동료, 형제자매, 부모, 자녀, 심지어 어린 시절에 만났던 코치나 교사일 수도 있다. 그 사람은 여러분이 이 책을 읽는 동안 옆에 앉아 있을 수도 있고, 싱크대 앞에서 설거지를 하고 있을 수도 있다. 또는 다른 도시나 다른 나라에 있을 수도 있다.

그들이 각자의 삶에서 어떤 위치에 있는지 생각해보자. 그들은 어떤 어려움을 겪고 있는가? 그들이 여러분에게 어떤 의미이고, 여러분 인생에서 여러분을 위해 무엇을 해줬는지 생각해보자. 그들이 없었다면 여러분은 지금 어디에 있을까? 어떤 사람이 되어 있을까?

이제 그들을 다시는 볼 수 없을 거라고 생각해보자. 그들에게 무엇에 대해 감사할 것인가? 그리고 지금 당장 그들에게 눈을 돌리자. 전화를 걸자. 그리고 얘기하자.

이 책은 우리가 삶에 의미와 선함을 안겨주는 관계망 속에서 살아가고 있다는 한 가지 근본적인 진실을 증언한다. 우리에게 친절과 지혜를 베풀어 이 책을 만들 수 있게 해준 많은 분께 진심으로 감사드린다.

우리 두 사람의 우정과 협력은 30년 전 매사추세츠 정신건강센터의 스튜어트 하우저 연구실에서 연구원으로 근무할 무렵 처음 시작되었다. 청소년을 대상으로 한 스튜어트 하우저의 종단 연구는 긴 세월에 걸쳐 개인의 삶을 추적할 때 얻을 수 있는 풍요로움을 알려주었다. 나아가 사람들의 이야기를 경청하는 것의 중요성도 가르쳐주었다.

하버드 의대에서 밥을 가르친 조지 베일런트는 하버드 성인 발달 연구의 세 번째 책임자였다. 성인 발달 과학에 대한 그의 통찰력 덕분에 우리가 인간의 수명주기에 대해 생각하는 방식이 정해졌다. 그리고 이

귀중한 종단 프로젝트를 다음 세대 연구자들에게 맡기려는 그의 의지는 진정으로 생성적인 선물이었다. 물론 우리는 하버드 대학의 학생 코호트 연구를 처음 시작한 클라크 히스, 알리 보크, 찰스 맥아더와 보스턴 도심 코호트 연구를 시작한 엘리너 글릭, 셸던 글릭 등 이 자리를 거쳐간 모든 책임자의 어깨를 밟고 서 있다.

그리고 자금 지원을 받지 못했다면 이 연구를 수행할 수 없었을 것이다. 국립정신건강연구소, 국립노화연구소, W.T. 그랜트 재단, 하버드 신경발견센터, 피델리티 재단, 블룸-코블러 재단, 웨일 메모리얼 자선 재단, 켄 바텔스와 제인 콘던의 지원이 없었다면 하버드 연구는 불가능했다.

이 정도로 깊이 있는 종적 연구를 진행하려면 온 마을의 헌신과 인내가 필요하다. 이 공동체에는 수십 년 동안 연구 참가자들과 꾸준히 관계를 유지해온 루이스 그레고리, 에바 밀로프스키, 로빈 웨스턴 같은 흔들림 없는 안내자들도 포함되어 있다. 그리고 재능 있는 박사 후 연구원, 박사 과정 학생, 학부생, 심지어 일일이 이름을 댈 수 없을 정도로 많은 고등학생까지 포함되어 있다.

이들 모두 우리 연구에 호기심과 신선한 관점을 제공함으로써 지속적으로 활기를 불어넣었다. 연구 대상을 1세대 참가자들의 자녀에게까지 확장하는 건 마지 라흐만, 크리스 프리처, 테레사 시먼, 론 스피로 같은 뛰어난 동료들의 지도가 있었기에 가능했다. 우리 동료 마이크 네바레즈는 엔지니어다운 정밀함과 의대에서 받은 교육을 이용해서 21세기의 생물학적 척도와 디지털 도구를 2세대 연구에 도입했다.

밥이 2015년에 한 TEDx 강연이 널리 퍼지고 발달 과학이 인간의 번영에 대해 무엇을 가르쳐줄 수 있는지 알고 싶어 하는 사람이 많다는 것이 분명해졌다. 우리 친구이자 동료인 존 험프리는 비영리 단체 수명 연구 재단(www.lifespanresearch.org)을 만들어서 이끌고 있다. 이 재단의 사명은 수명 연구에서 얻은 통찰력으로 사람들이 의미와 연결, 목적으로 가득한 건강한 삶을 살도록 도와주는 것이다.

이 재단에 소속된 존, 메리앤 도허티, 수전 프리드먼, 벳시 길리스, 린다 하치키스, 마이크 나바레즈, 코니 스튜워드 등은 학술지에 숨겨진 연구 결과를 가져와서 웰빙에 대한 과학적인 지혜를 찾는 사람들을 위한 사용자 친화적인 도구로 변환할 수 있게 해줬다.

《세상에서 가장 긴 행복 탐구 보고서》는 또 다른 마을의 창작물이기도 하다. 아이디어 아키텍츠의 더그 에이브럼스는 완성된 이 책과 거의 똑같은 비전을 갖고 있었다. 프로젝트에 대한 그의 믿음과 아이디어 아키텍츠 팀(특히 라라 러브, 사라 레이논, 레이첼 노이만)의 경험은 책을 만드는 험난한 과정에 명확한 지침을 제공해줬다. 우리가 인생을 바친 연구를 책으로 디자인하고 만들어갈 수 있도록 말이다.

롭 피로는 좋은 삶을 바라보는 철학적 관점에 대한 깊이 있는 지식을 공유해줬다. 원고를 미리 읽어준 관대한 독자들을 얻는 축복도 받았다. 캐리 크롤, 미셸 프랑클, 케이트 페트로바, 제니퍼 스톤은 각각 귀중한 관점을 제공해서 우리의 아이디어와 글을 날카롭게 다듬는 데 도움을 주었다.

사이먼 앤드 슈스터의 조너선 코브와 밥 벤더는 세상이 매우 불확실한 시기에 이 책에 전념했다. 프로젝트에 대한 그들의 열정은 정말 전염성이 강했다. 꾸준하고 부드러운 손길로 신중하고 지혜롭게 원고를 다듬는 노련한 편집자 밥과 함께 일한 건 행운이었다. 요한나 리는 이 책의 그래픽 디자인을 맡아주었다. 또 카피 에디터인 프레드 체이스에게도 감사한다. 마쉬 에이전시의 살리안 세인트클레어, 젬마 맥도너, 브리타니 풀린, 카밀라 페리에와 애브너 스타인의 카스피안 데니스, 샌디 바이올렛은 해외 계약을 통해 이 책을 더 넓은 세상에 알리도록 도와줬다. 그리고 이 책이 전 세계 사람들에게 제공할 만한 가치가 있다고 생각한 20여 개의 번역 출판사에도 감사한다.

우리 프로젝트를 믿어준 많은 사람이 없었다면 이 책을 쓸 용기를 내지 못했을 것이다. 탈 벤 샤하르, 아서 블랭크, 리처드 레이어드, 비벡 머시, 로리 산토스, 가이 라즈, 제이 셰티, 팀 슈라이버, 캐롤 유는 우리가 달아나고 싶을 때 격려를 해줬다. 과학 연구의 통찰력을 접근 가능하고 효과적인 방법으로 세상에 알리는 본보기가 되어준 우리 동료 앤절라 더크워스, 엘리 핑켈, 라몬 플로렌자노, 피터 포나기, 줄리앤 홀트 룬스타드, 도미니크 쇼어비도 작업 초반부터 격려를 해줬다.

마크 히츠는 처음부터 이 프로젝트의 중심에 있었다. 그는 인간 경험에 대한 예리함과 공감력이 뛰어난 관찰자이자 탁월한 기술과 섬세함을 지닌 작가다. 마크는 자신에게 완전히 새로운 세계에서 우리와 함께 춤추는 법을 배웠다. 그는 여러분이 이 책 전체에서 듣게 될 언어의 음악에 귀를 기울였다. 그는 연구 기록에서 발견한 이야기를 이용해 연구 결과에 활기를 불어넣을 수 있게 도와주었다. 이 모든 작업은 우리에게 이야기를 들려준 이들에 대한 깊은 존경심에서 우러난 끈기와 인내심으로 이루어졌다. 마크가 이번 협업을 위해 자신의 재능을 발휘해 준 것에 늘 감사할 것이다.

그리고 우리는 하버드 성인 발달 연구에 참여한 모든 분에게 가장 큰 빚을 지고 있다. 세상 사람들이 인간의 조건을 더 풍부하고 깊이 있게 이해하도록 돕기 위해 자신의 인생 이야기를 제공한 이들에게 어떻게 감사 인사를 전할 수 있을까? 그들은 자기 삶을 공유함으로써 과학계와 우리 모두에게 선물을 안겨줬다. 그들은 우리에게 사람이 얼마나 관대할 수 있는지, 우리가 공유한 인류애에 감사하는 게 얼마나 중요한지 상기시켜준다. 우리 힘으로는 도저히 그 빚을 갚을 수 없겠지만 부디 이 책을 통해 조금이나마 갚을 수 있기를 바란다.

밥

그게 운인지 카르마인지는 몰라도, 우리가 우리 삶을 형성하는 이들을 어떻게 찾아내는지는 늘 놀라운 미스터리다. 나는 여러 훌륭한 멘토들의 관심과 보살핌 덕에 많은 도움을 받았다. 바버라 로젠크란츠 교수는 곰팡내 나는 역사 문서에 호기심을 불어넣는 일에 대한 관심을 내게 물려줬다. 필 아이젠버그, 캐롤린 말타스, 존 건더슨 그리고 훌륭한 임상 교수들은 정신적 고통에서 벗어나기 위해 내 사무실에 찾아오는 사람들의 이야기에 똑같은 호기심을 불어넣으라고 가르쳐줬다.

에이버리 와이즈먼은 정신분석학자 겸 학자의 모델이었다. 토니 크리스와 조지 피시먼은 임상 업무와 경험적 연구를 동시에 하면서도 만족스러운 근무일을 보낼 수 있도록 도와줬다. 댄 뷰이와 질 윈저는 날 진정으로 바라봐준다는 기분을 느끼게 했다. 그 과정에서 나를 비롯해 모두의 내면에서 최고의 것을 이끌어내는 보기 드문 사람들이다.

지난 40년 동안 정신과 의사가 되기 위해 훈련하는 수백 명의 젊은이와 함께 일하는 기쁨을 누렸다. 그리고 사람들의 동기를 알아내고자 하는 우리의 공통된 열정 덕분에 이야기를 나눌 누군가가 있는 미래에 희망을 품을 수 있었다. 매일 심리 치료실에서 사람들을 만나고 삶의 고난을 겪는 과정에서 자신의 가장 내밀한 고민을 나누는 그들의 용기를 접했다. 그러는 동안 바람직하고 풍요로운 삶으로 가는 길은 사실상 무한하다는 걸 깨달았다.

내 인생을 바꿔놓은 선종 명상은 내가 인간으로 살아가는 경험을 탐색하는 또 하나의 방법이다. 선종 지도자인 데이비드 라이닉과 필레케는 삶의 매 순간마다 두려움 없이 존재한다는 게 무엇을 의미하는지 보여준다. 그리고 내게 선종의 진리를 전해준 멀리사 블래커는 진정한 삶에 눈뜰 수 있는 매우 귀중하고 영원한 도구까지 내게 맡겼다. 만나는 모든 이들에게 이걸 전달하고 싶다.

보스턴에 있는 매사추세츠 종합병원 정신과는 지금도 내 연구와 교육, 저술을 위한 직업적인 본거지다. 마우리치오 파바, 제리 로즌바움, 존 허먼은 임상의 겸 학자들과 심리역학 프로그램의 교수진이 모인 이 공동체의 일원이 된 것을 흥미롭고 기쁘게 만들어주는 이들이다. 존 매킨슨은 익살스러운 지혜와 방대한 출판 경험으로 날 끊임없이 놀라고 기쁘게 해주었다. 덕분에 우리의 50년 우정이 새로운 국면을 맞았다. 아서 블랭크는 내가 깨닫기 훨씬 전부터 이 책을 써야 한다는 걸 알고 있었다. 그래서 자기만의 우아하고 생성적인 태도로 우리가 학술지에서 공유한 통찰을 더 많은 독자에게 전달해야 한다고 주장했다. 존 베어는 그걸 어떤 방식으로 진행해야 할지 명확한 비전을 갖고 있었다.

내 가족은 나와 이 책을 이룬 모든 것들과 관련이 있다. 우리 아버지는 내가 아는 사람들 가운데 가장 호기심이 많은 사람이었다. 당신이 만나는 모든 사람의 경험에 끝없이 매료되었다. 어머니는 당신이 하는 모든 일에 연결된 채 공감을 드러냈고, 동생 마크의 가족사에 대한 관심은 우리가 살아온 인생을 추적하는 게 가치 있는 일이라는 교훈을 줬다. 아내 제니퍼 스톤은 36년 동안 내 세상의 중심이었다. 그녀는 임상 문제에 대한 현명한 조언자이자 신중한 편집자, 의욕적인 놀이 친구, 육아를 즐거운 협업으로 만들어준 파트너다. 내 두 아들은 나를 가르치고 놀리고 겸손하게 만든다. 대니얼은 때로 깜짝 놀랄 정도로 분석적인 생각을 보여준다. 데이비드의 장난기 많은 에너지와 예리한 통찰력 덕분에 세상을 바라보는 내 시선이 계속 새로워진다.

그리고 물론 공동 저자인 마크 슐츠를 빼놓을 수 없다. 우리의 우정에 대한 이야기는 이 책에도 나와 있다. 하지만 30년간 진행된 주간 회의, 가정 방문, 전 세계에서 열린 콘퍼런스 참석 등은 제대로 다루지 못했다. 매주 전화 통화를 할 때면 자녀들이 학교에서 겪는 어려움에 대한 얘기부터 곤혹스러운 임상 상황에 대한 논의, 어린 시절의 트라우마와 성인 건강 사이의 연관성을 분석하기 위한 통계 기술 찾기까지 화제가 매우 다양하다. 내 기술을 보완하고 확장해주는 친구를 발견하는 건 아마도 일생에 한 번 있는 일일 것이다. 난 이런 행운을 결코 당연하게 여기지 않는다.

이들은 좋은 관계를 통해 좋은 삶이 만들어질 수 있다는 사실을 매일 상기시켜주는 사람들이다.

마크

《세상에서 가장 긴 행복 탐구 보고서》는 우리가 일생 동안 운 좋게 맺을 수 있었던 인연을 기반으로 구축되었다. 나는 세상을 탐험하고 기쁨을 찾도록 격려해준 애정이 넘치는 부모님과 조부모님의 지원을 받으며 자랐다. 뛰어난 사진작가인 어머니는 세상을 주의 깊게 바라보고 남의 말을 경청하는 것의 가치와 창조적인 것을 추구함으로써 얻는 기쁨을 가르쳐주셨다. 또 다른 사람을 가르치고 멘토링하면서 얻을 수 있는 즐거움도 알려줬다. 아버지는 나처럼 인생의 재미있는 순간을 즐기는 것의 이점을 알뿐만 아니라 우리 삶과 그 너머의 일들을 이해하기 위해 배움과 지식 활용에 대한 열망을 가진 분이다. 또 놀랍도록 지지적이고 수용적이고 애정 넘치는 의붓부모님 덕분에 내 삶은 헤아릴 수 없이 풍요로워졌다.

조부모님들, 특히 글래디스와 행크는 내가 자라는 동안 곁에서 든든하게 지켜줬고 격려와 믿음을 아낌없이 쏟아부었다. 부모님과 조부모님은 각자의 방식대로 삶의 난관에 대처하는 방법과 관계의 우선순위를 정하는 방법에 대한 귀중한 모델을 제공해주었다. 세 명의 특별한 형제자매 덕분에 가족과 삶에 대한 다른 관점을 배울 수 있었던 것도 행운이었다. 줄리, 마이클, 수잔이 보내준 지지와 항상 그 자리에 있어준 것에 감사한다.

어린 시절과 대학 시절의 친한 친구들은 내게 강한 유대감의 가치, 그리고 지리적 장벽과 삶의 환경을 넘어서 그런 유대감을 지속시킬 수 있는 방법을 알려주었다. 내가 몹시 그리워하는 데이비드 하겐은 특히 그렇다. 그는 연결자이자 삶을 긍정하는 친구가 된다는 게 의미하는 바를 진정으로 구현한 오랜 친구다.

나는 대학생 시절 사회학, 인류학, 정치 이론, 철학 분야에서 아이디어를 탐구하면서 좋은 삶에 대한 연구를 공식적으로 시작했다. 그때는 정말 나만의 길을 찾으려고 노력했던 것뿐이다. 제리 힘멜스타인 교수와 조지 카텝 교수는 내가 미스터리를 푸는 방법을 알아내도록 인내심을 갖고 도와주었다. 그리고 새롭고 흥미로운 방법으로 생각하도록 독려해줬다.

당시 나는 불확실한 상황에도 불구하고 캘리포니아 대학교 버클리에서 임상 심리학을 공부하기로 결심했다. 지금 와서 생각해보면 그건 내 인생에서 가장 위대한 결정 중 하나였다. 그곳에서 인간이 새로운 방식으로 번영하고 투쟁하는 것에 대해 배우기 시작했다. 클라이언트들과 함께 일하고 그들이 목표를 달성하는 데 도움이 되는 최선의 방법을 찾으면서 내가 영원히 감사할 만한 방식으로 성장할 수 있었다.

대학원 과정과 그 이후의 임상 교육 기간에 만난 뛰어난 멘토들과 임상 감독자들에게 깊은 감사를 전한다. 필 코완과 캐롤린 코완은 다른 사람들의 경험에 대해서 듣고 호기심을 품는 것의 진정한 가치를 비롯해 연구, 임상 작업, 관계, 삶에 대해 많은 것을 가르쳐준 정말 중요한 멘토였다.

딕 라자루스는 보기 드물게 예리하고 창의적인 사상가다. 그와 코완 부부는 감정이나 관계처럼 정량화하기 힘든 우리 삶의 핵심 요소를 연구하는 방법을 알려줬다. 이들을 비롯한 많은 지도자의 지혜가 이 책의 페이지마다 스며 있다.

나는 25년 넘게 브린모어를 내 학문의 고향이라고 불렀다. 활기차고 지원을 아끼지 않는 학습 공동체의 일원이 된 것을 매우 영광으로 생각한다. 심리학과 안팎에서 일하는 동료들의 지원과 가르침, 학습, 연구에 대한 헌신에 감사한다. 내가 브린모어에서 보낸 모든 여정을 함께한 동료 킴 캐시디의 지지와 격려, 우정에 감사한다. 심리학과 외부에서 진행된 미셸 프랑클, 행크 글래스먼, 팀 하트와의 협업은 내 생각을 확장시키고 우리가 이 책에서 제시한 아이디어를 알리는 데 도움을 주었다.

수년간 모든 수준의 교육 과정에서 수백 명의 뛰어난 학생들을 가르치고 긴밀히 협력하는 기쁨을 누렸다. 학생들과의 관계는 설명하기 어려운 방식으로 내 삶을 풍요롭게 해주었다. 여러분 모두에게, 특히 나와 함께 연구하면서 새로운 아이디어를 촉발하거나 기존 아이디어를 갈고 닦도록 도와준 학부생과 대학원생들에게 감사한다.

그중에서도 나와 거의 5년 동안 함께 일하면서 이 책에 나온 많은 아이디어를 다듬을 수 있도록 도와준 케이트 페트로바에게 특별한 감사를 전한다. 페트로바는 하버드 연구를 위한 조사의 다음 단계를 기획하는 것도 도와줬다. 마히크 니라브 샤는 이 책의 자료를 정리하고 인생 역사를 추출하는 데 중요한 역할을 했다.

밥과 함께 이 책을 쓴 것은 우리가 거의 30년간 참여해온 모든 협업이나 모험과 마찬가지로 진정한 기쁨을 안겨줬다. 밥은 영리함, 통찰력, 창의력, 친절함, 그외에도 정말 숨 막히는 능력을 겸비했다. 우리가 그렇게 오랫동안 친구이자 직장 동료였던 것은 정말 큰 행운이라고 생각한다. 우리는 협력과 우정을 통해 나 혼자였다면 절대 도달하지 못

했을 정점에 함께 도달했다

아내와 두 아들은 내게 세상 같은 존재다. 내 삶에 의미와 기쁨을 겹겹으로 안겨주는 그들을 보고 있으면 내가 진정한 행운아라는 기분이 든다. 제이콥과 샘은 내가 일에 집중하지 못하도록 세상이 만들어낸 최고의 피조물이다. 친절하고 사려 깊은 청년으로 성장한 그들은 나와 아내를 기쁨과 자부심으로 가득 채웠다. 제이콥은 다른 사람들의 경험과 도덕적, 윤리적 문제에 깊은 관심을 보이는데 나는 복잡한 생각을 전달하는 그의 재능에 경탄한다. 샘은 다른 사람들이 놓치는 패턴과 연결을 알아차리고 고무적인 방식으로 자연계에 대해 배우는 걸 좋아한다. 아들들과의 관계와 그들이 내게 가르쳐준 것들 덕분에 이 책이 더 충실해졌다.

조앤은 30년 이상을 함께해온 인생의 놀라운 동반자다. 그녀는 내가 추구하는 것들을 격려해줬고 흔들릴 때마다 자신감을 북돋아줬다. 내가 마땅히 받아야 할 것보다 더 많은 기쁨을 내 삶에 안겨줬다. 그녀의 친절함, 지성, 상식은 내가 인생에서 정말 중요한 것에 집중하는 데 도움이 되었다. 조앤과 함께 가족을 꾸리는 건 내 인생 최고의 프로젝트였다. 우리 앞의 남은 인생이 어떤 모습이든 계속해서 함께 탐색할 수 있길 기대한다.

주

서문. 진정 행복하고 좋은 삶은 어떻게 만들어질까?

1 **2007년에 밀레니얼 세대를 대상으로 가장 중요한 삶의 목표를 물어보는 설문조사를 했다**: 이 설문조사 정보는 Jean M. Twenge and colleagues (2012), "Generational Differences in Young Adults' Life Goals, Concern for Others, and Civic Orientation."에 나온 것이다.

제1장. 무엇이 좋은 인생을 만드는가?

2 **시간의 흐름에 따라 조금씩 나아간다. 한마디로 말해 꾸준히 진행되는 과정이고**: 심리학자 칼 로저스도 좋은 삶을 추구하는 건 꾸준한 여정이라는 생각을 갖고 있었다. 그는 1961년에 《진정한 사람되기》On Becoming a Person에서 "좋은 삶은 존재하는 상태가 아니라 과정이다. 그건 목적지가 아니라 방향이다."라고 썼다.

3 **"인생은 너무 짧아서~ 그 시간마저도 순식간에 지나간다."**: 사무엘 클레멘스, 마크 트웨인, 1886년 8월 20일에 클라라 스폴딘에게 보낸 편지에 썼던 문장이다. https://en.wikiquote.org/wiki/Mark_Twain.

4 **어떤 사건을 회상하는 행위 자체가 실제로 우리 기억을 바꿀 수도 있다**: 워싱턴 대학의 엘리자베스 로프터스는 이 분야에서 광범위한 연구를 진행했다. 그녀의 프로필과 '기억 왜곡'에 대한 논문 요약은 Nick Zagorski (2005), 〈Profile of Elizabeth F. Loftus〉 참조.

5 **인간의 건강과 행동에 대한 연구는 일반적으로 '횡단' 연구와 '종단' 연구 두 가지로 이루어진다**: 다양한 조건에 무작위로 할당되는 통제 실험은 인간의 건강과 행동을 이해하는 또 다른 중요한 방법이다. 실험은 대개 짧은 시간 동안 진행되지만 오랜 기간에 걸쳐 일부 현상을 연구하는 데 사용될 수도 있다.

6 **가장 성공한 전향적 종단 연구는 참가자의 30~70퍼센트를 유지한다**: Kristin Gustavson and colleagues (2012), 〈Attrition and Generalizability in Longitudinal Studies〉 참조.

7 **인도 출신인 아나냐**: 이 사람은 하버드 연구 참가자를 제외하면 이 책에서 가명을 쓴 유일한 인물이다. 연구 참가자들과 마찬가지로 그녀의 사생활을 보호하기 위해 이름을 바꿨다.

8 영국 코호트 연구: 유니버시티 칼리지 런던의 종단 연구 센터는 이 다섯 가지 특별한 연구 중 네 가지를 진행한 본거지다(https://cls.ucl.ac.uk/cls-studies/). 과학 저널리스트 헬렌 피어슨은 2016년에 영국 코호트 연구에 관한《라이프 프로젝트》The Life Project라는 책을 썼다.

9 더니든 다학제 건강발달연구: Olsson and colleagues (2013), 〈A 31-Year Longitudinal Study of Child and Adolescent Pathways to Well-Being in Adulthood〉 참조.

10 카우아이섬 종단 연구: Emmy Werner (1993), 〈Risk, Resilience, and Recovery〉

11 시카고 건강, 노화, 사회관계 연구: John T. Cacioppo and Stephanie Cacioppo (2018), 〈The Population-Based Longitudinal Chicago Health, Aging, and Social Relations Study〉

12 다인종 거주 지역의 생애주기별 건강 고령화: Tessa K. Novick and colleagues (2021), "Health-Related Social Needs."

13 학생회 연구: 최근에 원 데이터와 연구 자료를 재발견해서 향후 기록 보관을 위해 하버드 성인 발달 연구소가 관리하고 있다. 학생회 연구는 얼 본드 박사가 계획을 세우고 시작한 뒤 레이첼 더너웨이 콕스 박사가 계속 이어갔다. 콕스의

1970년 저서인 《Youth into Maturity》에 이 연구 내용이 기록되어 있다.

14 **중국에서는 최근 몇 년 사이에 노인들의 고독감이 눈에 띄게 증가했고**: Ye Luo and Linda J. Waite (2014), 〈Loneliness and Mortality Among Older Adults in China〉

15 **하지만 성인 발달에 관한 모든 연구를 살펴본 결과**: 이 장 앞부분에서 언급한 밀스 종단 연구(R. Helson and colleagues, 2002, 〈The Growing Evidence for Personality Change in Adulthood〉)는 성인기에도 성격이 계속 발달한다는 증거를 제시했다.

16 **사람들이 많은 곳에서도 외로울 수 있고**: John Cacioppo and William Patrick (2008), 《Loneliness: Human Nature and the Need for Social Connection》

17 50세 때 자신의 관계에 가장 만족한 사람이 80세에 정신적으로나 육체적으로나 가장 건강했다: George Vaillant and K. Mukamal의 2001년 논문 〈Successful Aging〉 참조.

18 **동반자와 행복한 관계를 맺고 있는 남녀는**: Robert J. Waldinger와 Marc S. Schulz의 2010년 논문 〈What's Love Got to Do with It?〉 참조.

19 **기준이 되는 사례가 있다**: HANDLS 연구는 Tessa K. Novick and colleagues (2021), "Health-Related Social Needs." 참조. CHASRS 연구 결과는 John T. Cacioppo and colleagues (2008), 〈The Chicago Health, Aging, Social Relations Study〉 참조. 더니든 연구 결과는 Olsson and colleagues (2013), 〈A 32-Year Longitudinal Study〉 참조.

제2장. 관계가 행복과 풍요를 결정짓는 이유

20 **"최고의 아이디어는 어둡고 우묵한 곳에 숨겨져 있지 않다"**: Richard Farson and Ralph Keyes (2002), 《Whoever Makes the Most Mistakes》

21 **이런 크고 작은 감정은~ 우리가 스트레스를 느끼는 데 큰 역할을 한다**: John T. Cacioppo and colleagues (2014), "Evolutionary Mechanisms for Loneliness."

22 **시카고 대학 연구원들은 단거리 운행 열차를 이용해서 정서 예측 실험을 진행했다**: Nicholas Epley and Juliana Schroeder (2014), 〈Mistakenly Seeking Solitude〉

23 **인간이 정서 예측에 미숙하다는 걸 암시하는 연구는 이외에도 많다**: Timothy D. Wilson and Daniel T. Gilbert (2005), 〈Affective Forecasting: Knowing

What to Want〉 및 Wilson and Gilbert (2003), 〈Affective Forecasting〉 참조.

24 **잠재적인 비용에는 많은 관심을 기울이면서 잠재적인 이익은 경시하거나 무시한다**: 대니얼 카너먼과 아모스 트버스키의 중요한 연구와 이론('전망 이론')은 바로 이 점을 지적한다. 카너먼은 이 연구와 이론으로 노벨상을 받았다. Daniel Kahneman and Amos Tversky (1979), 〈Prospect Theory: An Analysis of Decision Under Risk〉 참조. A. P. McGraw and colleagues (2010), 〈Comparing Gains and Losses〉 및 Gillian M. Sandstrom and Erica J. Boothby (2021) 〈Why Do People Avoid Talking to Strangers? A Mini Meta-analysis of Predicted Fears and Actual Experiences Talking to a Stranger〉도 참조.

25 **데이비드 포스터 월리스**David Foster Wallace**는 다음과 같은 비유를 사용해서**: 월러스가 2005년에 케년 대학에서 한 졸업식 연설 내용은 2008년 9월 19일자 〈월스트리트저널〉의 "David Foster Wallace on Life and Work"라는 기사에 인용되었다.

26 **"돈벌이에만 골몰하는 삶은 강요에 의한 삶이다"**: 아리스토텔레스는 기원전 350년에 《니코마코스 윤리학》 제5장에 이 글을 썼다. 다음 주소에서 W. D. 로스가 번역한 해당 인용문을 찾을 수 있다. http://classics.mit.edu//Aristotle/nicomachaen.html.

27 **"돈은 인간을 행복하게 해준 적이 없고, 앞으로도 그럴 것이다"**: 벤저민 프랭클린의 이 인용문은 사무엘 오스틴 알리본이 1880년에 출간한 책 《Prose Quotations from Socrates to Macaulay》 128페이지에 나온다.

28 **"돈을 목표로 삼지 말자"**: 마이아 앤절로의 이 말은 2009년 5월 1일에 그녀의 페이스북에 게시된 것이다.

29 **우리가 돈에 대해 얘기할 때 하는 얘기들**: 심리학자 에이브러햄 매슬로는 '매슬로의 욕구 피라미드'라고 알려진 인간 욕구 모델을 개발했다. 이 모델은 다섯 부분으로 나뉜 피라미드나 삼각형 모양으로 표현되는데 음식, 물, 휴식 같은 생리적 욕구가 맨 아래에 있고 '자기실현'이 맨 위, '사회적 소속감'은 중간에 위치한다. 이 모델은 자기실현을 강조해서 비판을 받았지만, 삶의 가장 의미 있는 영역은 보다 기본적인 욕구에 달려 있다는 관점은 수년간의 연구를 통해 사실로 입증되었다. **'정말 중요한 게 무엇인가?'**라는 질문에 대한 솔직한 대답은 먼저 생리적인 욕구와 안전 문제를 해결해야 한다는 것이다. 우리는 매슬로의 요구 피라미드 세 번

째 계층인 '사회적 소속감'이 모든 것의 중심에 있다는 점에서만 적절한 위치에 있다고 생각한다.

30 **앵거스 디턴**Angus Deaton**과 대니얼 카너먼**Daniel Kahneman**은~ 돈과 행복의 관계를**: 대니얼 카너먼과 앵거스 디턴의 2010년 논문 〈High Income Improves Evaluation of Life but Not Emotional Well-being〉 참조.

31 **가계 소득이 당시 미국의 평균 가족 소득인 연 7만 5,000달러 이상이면**: 세인트루이스 연방준비은행에 따르면 카너먼과 디턴의 연구가 발표된 2010년의 미국 평균 가족 소득은 7만 8,180달러였다. https://fred.stlouisfed.org/series/MAFAINUSA646N.

32 **기본적으로 어느 정도 돈이 있어야 그런 욕구를 충족시키고 삶을 통제할 수 있으며**: 일반적으로 지위가 낮은 일자리에서는 업무 통제력이 낮다는 주목할 만한 사례가 있다. 영국 화이트홀 종단 연구에서는 근무 일정과 임금에 대한 통제력이 건강 격차의 주요 예측 변수였다. 통제력이 약한 근로자가 더 많이 아팠다. Michael G. Marmot and colleagues의 1997년 논문 〈Contribution of Job Control and Other Risk Factors to Social Variations in Coronary Heart Disease Incidence〉 참조. Hans Bosma and colleagues (1997), 〈Low Job Control and Risk of Coronary Heart Disease in Whitehall II (Prospective Cohort) Study〉도 참조.

33 **"돈이 더 많다고 해서 반드시 더 많은 행복을 살 수 있는 건 아니다. 하지만 돈이 부족하면 감정적인 고통을 느낄 수 있다."**: Kahneman and Deaton (2010) 참조.

34 **'능력의 배지'**: Richard Sennett and Jonathan Cobb (1972), 《The Hidden Injuries of Class》

35 **다른 사람들과 자신을 많이 비교할수록~ 행복도가 낮아진다고 한다**: Philippe Verduyn and colleagues의 2015년 논문 〈Passive Facebook Usage Undermines Affective Well-being: Experimental and Longitudinal Evidence〉 참조. Judith B. White and colleagues (2006), 〈Frequent Social Comparisons and Destructive Emotions and Behaviors: The Dark Side of Social Comparisons〉도 참조.

36 **라인홀트 니부어**Reinhold Niebuhr**의 '평온을 비는 기도'**: 이 기도 버전은 현재 '익명의 알코올 중독자들'과 다른 중독 치료 프로그램에서 일반적으로 사용되고 있다.

37 **《사이언스》 지에 발표된 놀랍고도 영향력 있는 논문**: James S. House and

colleagues (1988), 〈Social Relationships and Health〉 참조.

38 **흑인들은 삶의 어느 시점에서든 사망할 위험이 백인보다 더 높았지만~ 그 차이가 상대적으로 작았다**: 이런 격차는 계속 존재한다. 미국의 경우 백인이 흑인보다 3.6년 더 오래 산다(Max Roberts, Eric N. Reither, and Sojoung Lim, 2020, 〈Contributors to the Black-White Life Expectancy Gap in Washington D.C.〉). 미국에서 2016년에 태어난 개인의 기대수명은 78.7세다. 핀란드의 기대수명은 81.4세다. 데이터 출처: https://data.worldbank.org/indicator/SP.DYN.LE00.FE.IN?end=2019&locations=FI&start=2001.

39 **훨씬 대규모로 진행된 연구를 통해 인간관계와 사망 위험 사이의 연관성이 확고해졌다**: Julianne Holt-Lunstad and colleagues (2010), "Social Relationships and Mortality: A Meta-analytic Review."

40 **예방 가능한 사망의 주요 원인**: 미국 보건복지부, 질병통제예방센터, 국립 만성질환예방 및 건강증진센터, 흡연 및 건강국: 〈The Health Consequences of Smoking—50 Years of Progress: A Report of the Surgeon General〉 Atlanta: 2014. https://www.cdc.gov/tobacco/data_statistics/sgr/50th-anniversary/index.htm.

41 **수많은 연구 결과가~ 좋은 대인관계와 건강 사이에 연결고리가 존재한다는 증거를 계속 보강하고 있다**: 2015년에 줄리앤 홀트-룬스타드와 동료들은 사회적 고립과 외로움이 모두 사망 가능성 증가와 관련이 있다는 걸 보여주는 또 다른 메타분석을 발표했다. Holt-Lunstad and colleagues (2015), 〈Loneliness and Social Isolation as Risk Factors for Mortality: A Meta-analytic Review〉 참조.

42 **지역, 나이, 민족, 배경에 상관없이**: 사회적 연결과 건강(신체적 및 심리적)의 연관성을 보여주는 표본의 다양성을 설명하는 세 가지 연구 사례:
볼티모어에서 흑인과 백인 성인(35~64세) 3,720명을 대상으로 실시한 다인종 거주 지역의 생애주기별 건강 고령화HANDLS 연구에서는 사회적 지원을 더 많이 받았다고 보고한 참가자들은 우울증이 덜한 것으로 나타났다. Novick and colleagues (2021), "Health Related Social Needs."
뉴질랜드 더니든의 출생 코호트 연구에서는 청소년기의 사회적 연결이 학업 성취도보다 성인기의 행복을 잘 예측했다. Olsson and colleagues (2013), 〈A 32-Year Longitudinal Study〉

시카고 거주자들을 대상으로 한 대표적인 연구인 시카고 건강, 노화, 사회관계 연구CHASRS에서는 만족스러운 관계를 맺고 있는 사람들의 행복도가 높게 나타났다. John Cacioppo and colleagues (2018), 〈The Population-Based Longitudinal Chicago Health, Aging, and Social Relations Study〉

43 **우리 행동과 우리가 하는 선택이 행복의 약 40퍼센트를 차지한다**: 이 추정치는 소냐 류보미르스키와 동료들이 2005년에 진행한 흥미로운 작업에서 나온 것이다. 〈Pursuing Happiness: The Architecture of Sustainable Change〉

44 **데이비드 포스터 월리스는 앞서 얘기한 케년 대학교 졸업식 연설에서**: Wallace (2018), "David Foster Wallace on Life and Work."

45 **"사랑은 본질적으로 세속적이지 않다"**: Hannah Arendt (1958), 《The Human Condition》

제3장. 인생이라는 지도 위에서 만나는 사람들

46 **"운명을 피하기 위해서 택한 바로 그 길에서 운명과 맞닥뜨리게 되는 경우가 많다"**: 라 퐁텐의 우화 "점성술" 중에서. 이건 프랑스어의 일반적인 번역이다. "운명이 두려워서 길을 둘러가려고 하면 / 피하기는커녕 그게 바로 눈앞에 닥쳐와 / 운명으로 직접 향하는 길을 택한다."라고 번역할 수도 있다. La Fontaine, 《The Complete Fables》, p. 209.

47 **그리스인들은 생애주기를 다양한 방식으로 설명했다~ 중등학교에서 그렇게 배웠을 것이다**: 그리스인들의 인생 단계에 대한 설명은 R. Larry Overstreet (2009), "The Greek Concept of the 'Seven Stages of Life' and Its New Testament Significance." 참조. 셰익스피어의 인생 단계의 기원에 대해서는 T. W. Baldwin (1944), 《William Shakespeare's Small Latine and Lesse Greeke》 참조.

48 **이슬람교 교리**: 이슬람교에서 말하는 존재의 일곱 단계에 대한 간단한 설명은 https://www.pressreader.com/nigeria/thisday/20201204/281977495192204 참조.

49 **불교 교리에서는 소몰이의 은유를 사용해서 깨달음의 길을 걸어가는 열 가지 단계를 설명한다**: Pia Tan (2004), "The Taming of the Bull." 참조.

50 **힌두교는 인생을 네 단계, 즉 아쉬라마Ashrama로 구분하는데**: Pradeep Chakkarath (2013), "Indian Thoughts on Psychological Human Development." 참조.

51 **에릭 에릭슨**Erik Erikson**과 조앤 에릭슨**Joan Erikson**이 소개한 첫 번째 관점은 성인 발달을 나이가 들면서 모두가 직면하는 일련의 핵심 과제로 규정한 것이다**: 이 개념은 다음과 같은 책을 비롯한 일련의 출판물에서 소개되었다. Erik Erikson (1950), 《유년기와 사회》, Erik Erikson (1959), 《Identity and The Life Cycle》, Erik Erikson and Joan M. Erikson (1997), 《인생의 아홉 단계》

52 **버니스 뉴거튼**Bernice Neugarten**이 제시한 이론인 두 번째 관점은 살면서 여러 가지 사건이 일어나는 시기에 대한 사회적, 문화적 기대에 관한 것이다**: 버니스 뉴거튼의 1976년 논문 〈Adaptation and the Life Cycle〉 참조.

53 **자신을 LGBTQ+라고 여기는 많은 이들은 인생을 '시기에 맞지 않게' 경험한다**: Sara Jaffe (2018), "Queer Time." 참조.

54 **인간의 생애주기에 관한 방대한 문헌**: 위에서 인용한 조앤 에릭슨과 에릭 에릭슨, 버니스 뉴거튼의 저작물 외에도 생애주기에 관한 몇몇 책과 논문이 있다. Gail Sheehy (1996), 《New Passages: Mapping Your Life Across Time》, David Levinson (1996), 《The Seasons of a Woman's Life》, George Vaillant (2002), 《행복의 조건》, Paul B. Baltes (1997), 〈On the Incomplete Architecture of Human Ontogeny〉

55 **리처드 브롬필드**Richard Bromfield**는 10대와 그를 사랑하는 이들의 감정을 매우 잘 포착한 문장이다**: 브롬필드의 줄타기 비유와 이어지는 인용구는 그의 1992년 저서 《Playing for Real》 pp. 180–81에 나온다.

56 **앤서니 울프**Anthony Wolf**가 쓴 인기 있는 육아서**: 울프의 2002년 저서 《내 인생에서 빠져줘요, 쇼핑몰에 데려다준 다음에》Get Out of My Life, but First Could You Drive Me and Cheryl to the Mall? 참조.

57 **자율성을 높이는 것이 청소년에게 이롭다**: Joseph Allen and colleagues의 1994년 논문 〈Longitudinal Assessment of Autonomy and Relatedness in Adolescent-Family Interactions as Predictors of Adolescent Ego Development and Self-Esteem〉 참조.

58 **학생회 연구는 북동부 지역의 세 개 대학 졸업생을 대상으로 실시한 하버드 연구와 연계된 종단 연구다**: 이 인용문은 학생회 연구에 관한 레이첼 더너웨이 콕스의 1970년 저서 《Youth into Maturity》, p. 231에 나온 것이다.

59 **마크 트웨인이 자주 하던 농담**: 이 참가자는 마크 트웨인이 했다고 전해지는 다음

과 같은 이야기를 언급한 것이다. "내가 열네 살 때는 아버지가 너무 무지해서 그런 노인네 옆에 있는 걸 참을 수 없을 정도였다. 그러나 스물한 살 때는 아버지가 7년 동안 얼마나 많은 걸 배웠는지 놀랐다."

60 **제프리 아넷**Jeffrey Arnett**은 이 시기를 '성인 모색기'라고 일컬었다**: Jeffrey Arnett (2000), 〈Emerging Adulthood: A Theory of Development from the Late Teens Through the Twenties〉

61 **2015년 현재 18~34세 사이의 미국 성인 중 3분의 1이 부모와 함께 살고 있으며, 그중 약 4분의 1인 220만 명은 학교에 다니지도 않고 일을 하지도 않는다**: Jonathan Vespa (2017), "The Changing Economics and Demographics of Young Adulthood, 1975–2016."

62 **2003년에 실시된 한 연구에서 두 그룹의 참가자들~ 광고 두 개를 보여줬다**: Helene H. Fung and Laura L. Carstensen (2003), 〈Sending Memorable Messages to the Old: Age Differences in Preferences and Memory for Advertisements〉

63 **남은 시간이 적다고 생각하면 현재에 감사하려고 노력한다**: 이런 개념은 로라 카스텐슨이 자신의 사회정서적 선택 이론의 일부로 제시했고, 연구를 통해 이를 뒷받침하는 증거를 많이 만들어냈다. Laura Carstensen and colleagues (1999), 〈Taking Time Seriously: A Theory of Socioemotional Selectivity〉 및 Carstensen (2006), 〈The Influence of a Sense of Time on Human Development〉 참조.

64 **노년기야말로 인간이 가장 행복한 시기라고 한다**: Carstensen (1999), 〈Taking Time Seriously〉 참조.

65 **인간 삶의 상당 부분을 규정하고~ 이런 예상치 못한 전환**: Albert Bandura (1982), 〈The Psychology of Chance Encounters and Life Paths〉 참조.

66 **더니든 연구는~ 여기에서도 똑같은 결과가 나왔다**: A. Caspi and T. E. Moffitt (1995), "The Continuity of Maladaptive Behavior: From Description to Understanding in the Study of Antisocial Behavior." 참조.

제4장. 사회적 적합성, 좋은 관계 유지하기

67 **"슬픈 영혼은 당신을 세균보다 빨리, 훨씬 빨리 죽일 수 있다."**: 이 인용구는 스타

인벡의 1962년 책 《찰리와 함께한 여행》에 나온 것이다.

68 **재니스 글레이저**Janice Kiecolt-Glaser**는 심리적 스트레스를 연구했다**: 글레이저는 스트레스가 면역체계에 미치는 영향에 대한 세계 최고의 전문가 중 한 명이다. 그녀는 2016년 WexMed 강연에서 자신의 연구와 간병 스트레스에 대한 개인적인 경험을 얘기했다. https://www.youtube.com/watch?v=hjUW2YClOYM. 간병인과 상처 치유에 관한 연구 내용은 재니스 글레이저와 동료들이 1995년에 발표한 논문 〈Slowing of Wound Healing by Psychological Stress〉에 실렸다.

69 **외로우면 몸도 아프다**: 외로움의 영향에 대한 두 가지 학술적 리뷰로 Louise Hawkley and John Cacioppo(2010), 〈Loneliness Matters: A Theoretical and Empirical Review of Consequences and Mechanisms〉와 Cacioppo and Cacioppo(2012), 〈The Phenotype of Loneliness〉가 있다. John Cacioppo and William Patrick (2008)은 관련 연구를 요약해서 《Loneliness: Human Nature and the Need for Social Connection》이라는 일반 대중을 위한 외로움에 대한 책을 썼다.

70 **외로움은~ 관련이 있기 때문이다**:

면역체계 억제: S. D. Pressman and colleagues (2005), 〈Loneliness, Social Network Size, and Immune Response to Influenza Vaccination in College Freshmen〉

수면 효율 하락: Sarah C. Griffin, and colleagues (2020), 〈Loneliness and Sleep: A Systematic Review and Meta-analysis〉

뇌 기능 저하: Aparna Shankar and colleagues (2013), 〈Social Isolation and Loneliness: Relationships with Cognitive Function During 4 Years of Follow-up in the English Longitudinal Study of Ageing〉

71 **고독은 비만보다 건강에 두 배나 해롭고**: Holt-Lunstad and colleagues (2010), 〈Social Relationships and Mortality Risk: A Meta-analytic Review〉

72 **만성적인 고독은 사망 확률을 26퍼센트나 높이는**: Holt-Lunstad and colleagues (2015), 〈Loneliness and Social Isolation as Risk Factors for Mortality: A Meta-Analytic Review〉

73 **영국에서 진행한 환경 위험 관련 쌍둥이 종단 연구는 최근 젊은이들이 느끼는 외로움과 열악한 건강 및 자기 관리 사이의 연관성에 대해 보고했다**: Timothy

Matthews and colleagues (2019), 〈Lonely Young Adults in Modern Britain: Findings from an Epidemiological Cohort Study〉

74 **온라인 조사에서는~ 세 명 중 한 명은 종종 외로움을 느낀다고**: BBC 고독 실험이라고 하는 이 연구 내용은 Claudia Hammond, "Who Feels Lonely? The Results of the World's Largest Loneliness Study"에 요약되어 있다. BBC 라디오 4, 2018년 5월, https://www.bbc.co.uk/programmes/articles/2yzhfv4DvqVp5nZyxBD8G23/who-feels-lonely-the-results-of-the-world-s-largest-loneliness-study. 본 연구의 주요 결과에 대한 학술 논문은 Manuela Barreto and colleagues (2021), 〈Loneliness Around the World: Age, Gender, and Cultural Differences in Loneliness〉에서 확인할 수 있다. 이 연구 결과는 또 (집단주의적이라기보다) 개인주의적인 가치관이 팽배한 사회에 외로움이 더 널리 퍼져 있고 남자들이 외로움을 느낄 가능성이 더 크다는 걸 시사한다. 이 연구 결과는 매튜스와 동료들이 2018년에 발표한 논문에 요약되어 있다. 물론 이렇게 상관관계가 있는 결과는 열악한 대처 전략, 정신 건강 문제, 위험한 신체 건강 행동이 외로움에 기여한다는 사실을 나타낼 수도 있다는 것에 주목해야 한다. 인과적 과정은 양방향으로 작동할 가능성이 높다.

75 **이런 고독 때문에 드는 경제적 비용**: Karen Jeffrey and colleagues (2017), "The Cost of Loneliness to UK Employers."

76 **일본에서~ 성인의 32퍼센트가 내년에도 대부분 외로움을 느낄 것이라고 답변했다**: IPSOS (March 2020), "2020 Predictions, Perceptions and Expectations," p. 39.

77 **2018년에 미국에서 진행된 연구에서는~ 중간 수준에서 높은 수준의 외로움을 느끼는 것으로 나타났다**: Ellen Lee and colleagues (2019), 〈High Prevalence and Adverse Health Effects of Loneliness in Community-Dwelling Adults Across the Lifespan: Role of Wisdom as a Protective Factor〉

78 **2020년에는 사회적 고립으로 인해 발생한 사망자가 16만 2,000명에 이르는 것으로 추산된다**: Dilip Jeste and colleagues (2020), "Battling the Modern Behavioral Epidemic of Loneliness: Suggestions for Research and Interventions."

79 **고립감을 느낄 때 우리 몸과 뇌는 그런 고립된 상태에서 살아남도록**: John

Cacioppo and colleagues (2014), "Evolutionary Mechanisms for Loneliness."에는 사회적 존재가 되기 위한 진화적 영향이 요약되어 있다.

80 **앞으로 몇 년간 이걸 합산하면 얼마나 될까?**: 2018년에 나온 한 스페인 술 광고에서 이 계산을 효과적으로 각색한 모습을 볼 수 있다. "Ruavieja Commercial 2018 (English subs): #WeHaveToSeeMoreOfEachOther," Ruavieja, 2018년 11월 20일.

81 **평균적인 미국인이~ 미디어와 상호작용하는 데 들인 시간은 하루에 자그마치 11시간이나 된다**: Nielsen Report (2018), "Q1 2018 Total Audience Report."

82 **2008년에 하버드 연구에 참여한 모든 80대 부부의 아내와 남편에게 8일간 매일 밤 전화를 건 적이 있다**: Waldinger and Schulz (2010), 〈What's Love Got to Do with It? Social Functioning, Perceived Health, and Daily Happiness in Married Octogenarians〉 참조.

83 옛 친구를 사귈 수는 없다: 〈You Can't Make Old Friends〉, Kenny Rogers, 〈You Can't Make Old Friends〉, Warner Music Nashville, 2013, 1번 트랙.

84 **25~50세의 사람들 중 결혼을 하지 않는 이들의 비율이 세계 여러 나라에서 극적으로 증가했다**: 이 수치는 미국 인구 조사와 국가 조사 데이터를 사용한 Wendy Wang(2020)의 보고서에 나온 것이다. "More Than One-Third of Prime-Age Americans Have Never Married."

85 **인간의 동기만 집중적으로 연구하는 분야가 있다**: 이 연구에 대한 논의는 Kou Murayama (2018), 〈The Science of Motivation〉 참조.

86 **"인간은 자기중심적이고 이기적이지만~ 그러려면 시간이 걸린다"**: 미국기업연구소 콘퍼런스에서 달라이 라마가 한 연설, "Economics, Happiness, and the Search for a Better Life," 2014년 2월.

87 **관대한 태도를 취하면~ 미래에 다른 사람을 도울 가능성이 더 높아진다**: Soyoung Q. Park and colleagues (2017), 〈A Neural Link Between Generosity and Happiness〉

88 **배우자와 긍정적이고 신뢰할 수 있는 관계를 맺으면~ 더 안정적인 기분을 느끼게 된다**: 관련 연구는 Nickola Overall and Jeffrey Simpson (2014), 〈Attachment and Dyadic Regulation Processes〉, Deborah Cohen and colleagues (1992), 〈Working Models of Childhood Attachment and Couple Relationships〉, M.

Kumashiro and B. Arriaga (2020), "Attachment Security Enhancement Model: Bolstering Attachment Security Through Close Relationships." 참조.

89 **내가 만난 모든 사람은 배울 게 있다는 점에서 다들 나의 스승이다**: Ralph Waldo Emerson (1876), 《Letters and Social Aims》, p. 280.

제5장. 현재에 집중하며 주위 사람에게 관심을 기울여라

90 **"당신의 일부만이 유일한 선물이 될 수 있다"**: 이 인용문은 선물에 대한 에머슨의 에세이에서 나온 것으로, Bartleby.com에서 제작한 그레이트 북스 온라인 버전 하버드 클래식 에디션의 《Essays and English Traits by Emerson》(1844) p. 2에서 찾을 수 있다.

91 **하버드 연구 2세대 설문지, 2015년**: 이 질문은 Ernst Thomas Bohmeijer and colleagues (2011), 〈Psychometric Properties of the Five-Facet Mindfulness Questionnaire in Depressed Adults and Development of a Short Form〉에 나온 마음챙김의 다섯 가지 측면 약식 설문지(FFMQ-SF)에서 가져온 것이다.

92 **"관심은 가장 희귀하고"**: Simone Weil, 《Gravity and Grace》 (2002) 참조.

93 **"관심은 사랑의 가장 기본적인 형태"**: John Tarrant, 《The Light Inside the Dark》, 1998 참조.

94 **시간이 부족하다고 느끼는 사람들은 스트레스가 심해지면서 건강까지 상한다**: Ashley V. Whillans and colleagues (2017), "Buying Time Promotes Happiness." 일반 대중을 위한 시간적 압박과 불행에 관한 글인 Ashley Whillans (2019), "Time Poor and Unhappy."도 참조.

95 **전 세계적으로 평균 근로시간은 지난 세기 중반 이후 크게 감소했다**: Charlie Giattino and colleagues (2013), "Working Hours." See also Derek Thompson (2014), "The Myth That Americans Are Busier Than Ever."

96 **누가 더 일하고 누가 덜 일하는지를 세분화해 알려주는 통계도 있다**: Magali Rheault (2011), "In U.S., 3 in 10 Working Adults Are Strapped for Time."

97 **우리는 여전히 시간을 한계치까지 쓰고 있다고 느낀다**: 여가 경험의 주관적 특성에 대한 자세한 내용은 M. A. Sharif and colleagues (2021), 〈Having Too Little or Too Much Time Is Linked to Lower Subjective Well-being〉 참조. 이들은 우리가 가진 여가 시간의 양만 중요한 게 아니라 그 시간에 무엇을 하느냐

도 매우 중요하다는 걸 알아냈다.

98 **2010년에 매튜 킬링스워스**Matthew Killingsworth**와 대니얼 길버트**Daniel Gilbert**는~ 연구를 수행했다**: Matthew Killings-worth and Daniel T. Gilbert (2010), 〈A Wandering Mind Is an Unhappy Mind〉 참조.

99 **한 작업에서 다른 작업으로 전환하려면 상당한 에너지와 시간이 소요된다**: Timothy J. Buschman and colleagues (2011), "Neural Substrates of Cognitive Capacity Limitations."

100 **"지속적인 부분적 주의력"**: James Fallows (2013), "Linda Stone on Maintaining Focus in a Maddeningly Distractive World."

101 **관심은~ 어느 시대에 사는 사람에게든 똑같이 가치가 있다**: 기술 진보에 대한 과거의 우려에 대한 논의는 A. Orben (2020), 〈The Sisyphean Cycle of Technology Panics〉 참조.

102 **관계를 유지하기 위해 소셜미디어를 사용하면 연결감과 소속감을 높일 수 있다**: Philippe Verduyn and colleagues (2017), "Do Social Network Sites Enhance or Undermine Subjective Well-being? A Critical Review."

103 **우리가 진행하는 하버드 연구뿐만 아니라 다른 많은 연구 데이터가 보여주듯이~ 어린 시절의 성장 방식과 관련이 있다**: 어린 시절의 관계 경험과 이후의 관계 기능 사이의 연관성을 보여주는 하버드 연구의 두 가지 사례: Robert J. Waldinger and Marc S. Schulz (2016), 〈The Long Reach of Nurturing Family Environments: Links with Midlife Emotion-Regulatory Styles and Late-Life Security in Intimate Relationships〉 및 Sarah W. Whitton and colleagues (2008), 〈Prospective Associations from Family-of-Origin Interactions to Adult Marital Interactions and Relationship Adjustment〉

104 **온라인 공간이 물리적 공간과 같다고 가정할 수 없다는 것이다. ~ 사회적 기술을 온라인상에서도 발달시킬 수 있을 거라고 가정하기는 어렵다**: 이건 급속히 확대되고 있는 연구 분야다. Kate Petrova and Marc Schulz (2022), 〈Emotional Experiences in Digitally Mediated and In-Person Interactions: An Experience-Sampling Study〉, Tatiana A. Vlahovic and colleagues (2012), 〈Effects of Duration and Laughter on Subjective Happiness Within Different Modes of Communication〉, Donghee Y. Wohn and Robert

LaRose (2014), 〈Effects of Loneliness and Differential Usage of Facebook on College Adjustment of First-Year Students〉, and Verduyn and colleagues (2017), "Do Social Network Sites Enhance or Undermine Subjective Well-being? A Critical Review." 같은 관련 연구 참조.

105 **소셜미디어와 영상통화가 드문 요양원에서는 바이러스보다 사회적 고립이 더 치명적이었다.~ 공식적인 사망 원인이 될 정도였다**: Christopher Magan (2020), "Isolated During the Pandemic Seniors Are Dying of Loneliness and Their Families Are Demanding Help."

106 **가상 공간에서의 연결에도 불구하고~ 고독감이 심해졌다**: 코로나 팬데믹이 외로움과 정신 건강에 어떤 영향을 미쳤는가에 대한 논의는 Tzung-Jeng Hwang and colleagues (2020), 〈Loneliness and Social Isolation During the COVID-19 Pandemic〉, Mark E. Czeisler and colleagues (2020), 〈Mental Health, Substance Use, and Suicidal Ideation During the COVID-19 Pandemic〉, William D. S. Killgore and colleagues (2020), 〈Loneliness: A Signature Mental Health Concern in the Era of COVID-19〉, Christopher J. Cronin and William N. Evans (2021), "Excess Mortality from COVID and Non-COVID Causes in Minority Populations." 참조. 봉쇄의 광범위한 영향에도 불구하고 팬데믹 기간 전체에 걸친 외로움 추세는 복잡하고 연구 내용도 완전히 일관되지는 않는다. 예를 들어 한 저명한 리뷰에서는 팬데믹이 발생한 첫 해에는 전 세계적으로 외로움이 증가하지 않았다고(평균적으로) 주장한다. L. Aknin and colleagues (2021), "Mental Health During the First Year of the COVID-19 Pandemic: A Review and Recommendations for Moving Forward."

107 **개인이 이런 플랫폼을 사용하는 방식이 중요한데**: 이 연구에 대한 논의는 Verduyn and colleagues (2015), "Passive Facebook Usage Undermines Affective Well-being: Experimental and Longitudinal Evidence" 및 Ethan Kross and colleagues (2013), 〈Facebook Use Predicts Declines in Subjective Well-Being in Young Adults〉 참조.

108 **페이스북의 글을 읽거나 스크롤만 하는 등 수동적으로 사용하는 사람은**: P. Verduyn and colleagues (2015), "Passive Facebook Usage Undermines Affective Well-being: Experimental and Longitudinal Evidence."

109 **노르웨이의 연구에서도 비슷한 결론이 나왔다**: Michael Birkjaer and Micah Kaats (2019), "Does Social Media Really Pose a Threat to Young People's Well-being?"

110 **자신을 남들과 자주 비교하는 사람은 행복도가 낮다**: 관련 연구인 Verduyn and colleagues (2015), "Passive Facebook Usage Undermines Affective Well-being: Experimental and Longitudinal Evidence" 참조. 라틴아메리카에서 1,400명 이상의 청소년들을 대상으로 한 Ursula Oberst and colleagues (2015), 〈Negative Consequences from Heavy Social Networking in Adolescents: The Mediating Role of Fear of Missing Out〉도 참조.

111 **여러분의 온라인 습관이 그들에게 영향을 미치고 있는가?**: Elyssa M. Barrick and colleagues (2020), 〈The Unexpected Social Consequences of Diverting Attention to Our Phones〉

112 **현재는 우리가 지배할 수 있는 유일한 시간이다**: 이 인용구는 틱낫한의 책 《틱낫한 명상》(2016)에 나온다.

113 **현재~ 수많은 의과대학에서 마음챙김 교육을 실시하고 있다**: Laura Buchholz (2015), 〈Exploring the Promise of Mindfulness as Medicine〉

114 **"사물을 판단하지 않고 있는 그대로 받아들이면서~ 나타나는 인식"**: J. M. Williams and colleagues (2007), 《우울증을 다스리는 마음챙김 명상》

115 **미군에서도 마음챙김에 투자하면서**: Anthony P. Zanesco and colleagues (2019), 〈Mindfulness Training as Cognitive Training in High-Demand Cohorts: An Initial Study in Elite Military Servicemembers〉 및 Amishi Jha and colleagues (2019), "Deploying Mindfulness to Gain Cognitive Advantage: Considerations for Military Effectiveness and Well-being." 참조.

116 **이 문제를 해결하는 데 도움이 되는 연구를 고안했다. ~ 다양한 배경을 가진 커플 156쌍을 모집했다**: 이 연구(Cohen and colleagues, 2012)에 참여한 커플의 절반은 정식으로 결혼했고 나머지 절반은 장기적인 관계를 맺고 있었다. 31퍼센트는 학력이 고졸 이하이고 29퍼센트는 유색인종이었다. Shiri Cohen and colleagues (2012), 〈Eye of the Beholder: The Individual and Dyadic Contributions of Empathic Accuracy and Perceived Empathic Effort to Relationship Satisfaction〉 참조.

117 **"모든 것에는 갈라진 틈이 있게 마련이다"**: 이 가사는 음악가이자 시인인 레너드 코헨이 쓴 것이다. 〈The Future〉(1992) 앨범의 5번 트랙 'Anthem'에 나온다. 코헨의 가사에는 많은 선도자가 있는데, 이건 아마 랠프 왈도 에머슨의 《Essays》, "하느님이 만든 모든 것에는 틈이 있다"에서 유래했을 것이다.

118 **"행복의 기둥이 두 개 있다. ~ 사랑을 밀어내지 않고 삶에 대처할 방법을 찾는 것이다"**: George Vaillant, 《Triumphs of Experience》, p. 50.

119 **많은 연구를 통해, 관계에서 발생한 문제를 회피하면~ 더 악화될 수 있음이 증명되었다**: 관련 연구의 두 가지 예로 Shelly L. Gable (2006), 〈Approach and Avoidance Social Natives and Goals〉와 E. A. Impett and (2010), "Moving Toward More Perfect Unions."가 있다.

120 **하버드 연구 데이터를 사용해서 물어봤다. ~ 어려움에 맞서는 경향이 있는 사람들보다 기억력이 떨어지고 노년의 삶에 대한 만족도가 낮았다**: Waldinger and Schulz (2010), "Facing the Music or Burying our Heads in the Sand"와 다른 관련 연구에서 이에 대해 설명했다.

121 **융통성 있는 태도가 도움이 된다는 것이다**: Richard S. Lazarus (1991), Emotion and Adaptation은 고난에 맞서기 위한 모든 노력이 상황의 요구에 부합해야 한다는 설득력 있고 영향력이 큰 주장을 제시했다. 조지 보나노의 연구와 아이디어는 고난에 융통성 있게 대응하는 것의 이점을 유창하게 역설했다. 예를 들어 Bonanno and Burton (2013)과 Bonanno and colleagues (2004)를 참조하자. 우리(Dworkin and colleagues, 2019)는 라자루스와 보나노의 아이디어를 바탕으로, 관계 문제를 논의할 때의 융통성 있는 대처 방안이 관계 만족도와 연관이 있다는 증거를 제공했다.

122 **우리가 사건을 인식하는 방식과 그것에 대해 느끼는 감정 사이의 연관성**: 이 개념에 대한 보다 자세한 논의는 Lazarus (1991) 및 Moors and colleagues (2013) 참조.

123 **"인간은 사건 때문에 동요하는 게 아니라 그 사건에 대한 자신의 시각 때문에 동요한다"**: 에픽테토스의 이 인용문은 서기 135년에 《Enchiridion》에 기록된 것이다. 엘리자베스 카터(http://classics.mit.edu/Epictetus/epicench.html)는 약간 다른 번역을 제공한다. "인간은 사물 때문이 아니라 사물에 대해 형성된 원리와 개

념 때문에 혼란을 겪는다."

124 **부처는 "부분뿐만 아니라 전체를 바라보는 승려들은"**: 이 인용문은 불교 경전 쌍윷따 니까야에 나오는 것으로 Anne Bancroft, 《The Wisdom of the Buddha: Heart Teachings in His Own Words》 (2017), p. 7에서 발췌했다.

125 **W.I.S.E.R 대응 모델**: 우리가 제시하는 모델은 Lazarus and Folkman (1984) 및 Crick and Dodge (1994)의 중요한 연구 내용을 비롯해 기존의 감정 및 문제 대처 모델을 기반으로 한다.

126 **감정은 대부분 우리에게 중요한 일이 일어나고 있다는 신호다**: 이 개념은 라자루스(1991)의 중요한 연구를 비롯해 여러 가지 영향력 있는 감정 이론에서 비롯된 것이다. 이 개념에 대한 요약은 Schulz and Lazarus (2012) 참조.

127 **"우리가 사는 세상"**: Shohaku Okumura, 《Realizing Genjokoan: The Key to Dogen's Shobogenzo》 참조.

128 **스스로 자신과 거리를 두고 예전 일을 회상하면 오래된 일을 새롭게 조명할 수 있다**: 자기 거리두기의 이점은 이선 크로스와 오즈렘 에이덕의 많은 연구를 통해 탐구되었다. Kross의 책 《채터, 당신 안의 훼방꾼》(2021)과 Kross, Ayduk, and Mischel (2005)의 관련 연구 요약 참조.

129 **"초보자의 마음에는 많은 가능성이 있지만"**: 이 인용구는 Shunryu Suzuki의 《스즈키 선사의 선심초심》에 나온다.

130 **전쟁에 나가 싸운 이들은 동료 병사들과 형성한 유대감이~ 얼마나 중요했는지 얘기했다**: Michael Nevarez, Hannah Yee, and Robert Waldinger의 2017년 논문 참조.

131 **자기가 겪은 경험의 일부라도 아내와 공유할 수 있다는 게 얼마나 중요한지 얘기한 이들이 많았다**: Someshwar (2018)의 학위 논문 참조.

제7장. 당신과 가장 친밀한 사람들과 어떻게 지내는가?

132 **"어릴 때는"**: Madeleine L'Engle, 《Walking on Water: Reflections on Faith and Art》 (New York: Convergent, 1980), pp. 182–83.

133 **플라톤의 《잔치》에서 아리스토파네스**Aristophanes**는 인간의 기원에 대해 연설한다**: Plato, 《The Symposium》, trans. Christopher Gill (London: Penguin, 1999), pp. 22–24.

134 **헌신적인 관계의 다양성이 증가하면서**: 이 수치는 Joseph Chamie (2021), "The End of Marriage in America?"와 Kim Parker and colleagues (2019), "Marriage and Cohabitation in the U.S."에서 얻은 것이다.

135 **우리는 성과 왕, 양배추, 다른 많은 것들에 대해 얘기했다**: 제임스와 메리안은 둘 다 루이스 캐럴을 좋아하는 듯하다.

"시간이 됐어." 바다코끼리가 말했다.

"많은 것들에 대해 얘기하자.

신발, 배, 봉랍에 대해

양배추와 왕들에 대해

바다가 왜 뜨겁게 끓어오르는지

돼지한테 날개가 있는지 없는지."

–"바다코끼리와 목수"

Lewis Carroll, 《거울 나라의 앨리스》.

136 **안정적인 애착 관계를 형성한 아이가 '낯선 상황'에서 양육자를 찾고~ 심리적 이점을 누릴 수 있다**: 관련 연구는 Hills-Soderlund and colleagues (2008), Spangler and colleagues (1998), Order and colleagues (2020) 등의 연구 참조.

137 **연구 참가자들의 관계가 실시간으로 몸에 영향을 미친 것이다**: 제임스 코언은 2013년에 버지니아주 샬러츠빌에서 열린 TEDx Talk, "Why We Hold Hands"에서 이 연구를 발표했다. 이 연구 내용은 Coan and Colleagues (2006)에 보고되었다.

138 **자신에게 중요한 사람을 떠올리기만 해도 각종 호르몬과 화학 물질이 생성되고~ 다른 많은 신체 기관에 영향을 미친다**: 생각을 감정 및 정서적 각성과 연결시키는 기초 연구를 비롯한 다양한 출처에서 이 결론을 뒷받침하는 연구를 찾아볼 수 있다(예: Smith, 1989). 또 대인관계 상황에서 어머니의 생리적 반응을 개인에 대한 생각과 연결시킨 Krause and colleagues (2016)의 연구도 참조하라.

139 **감정은 우리에게 중요한 문제가 있다는 신호이며**: Lazarus (1991) 참조.

140 **감정과 관계 안정성 사이의 연관성을 조사했다**: Waldinger and colleagues (2004)에 연구 내용이 요약되어 있다.

141 **심리학에 대한 특별한 지식이 없는 평가자들이 관계의 강도를 정확하게 예측할 수 있었다는 건 무엇을 의미할까? 이는 대부분의 성인이 감정을 정확하게 읽어내는**

능력이 있다는: 이 연구에서 또 '지식이 부족한' 평가자들의 집계 결과를 전문적인 감정 해독자들의 결과와 비교한 결과 두 집단의 평가가 매우 비슷하다는 걸 발견했다.

142 **차이 때문이다**: 커플들에게 강렬한 감정을 불러일으키는 차이의 역할에 대한 연구와 의견은 대부분 부부 상담 치료에 관한 연구에서 나온다. 일례로 Sue Johnson (2013), Daniel Wile (2008), Schulz, Cowan, and Cowan (2006)의 연구 참조.

143 **하버드 연구와 다른 많은 연구 프로젝트의 핵심적인 교훈을 그대로 보여준다.** 관계. 특히 친밀한 관계는 삶의 특정한 순간에 우리가 얼마나 만족하는지에 중요한 역할을 한다: 시간 경과에 따른 관계 만족도와 삶의 전반적인 만족도 사이의 연관성에 대한 논의는 종단 연구인 영국 가구 패널 조사의 McAdams and colleagues (2012) 논문을 참조한다.

144 **우리 삶에 발생하는 모든 변화는 친밀한 동반자 관계에 스트레스를 유발할 수 있다. 결혼 같은 긍정적인 변화도**: 1967년에 토머스 홈즈와 리처드 라헤는 삶의 변화와 관련된 스트레스를 측정하기 위한 척도를 개발했다. 거기에는 결혼, 새로운 직장 출근, 임신, 친한 친구의 죽음 경험, 은퇴 같은 사건들이 포함되었다. 그들은 각 사건마다 0~100 사이의 '인생 변화 단위' 점수를 부여했는데, 인생 변화 점수의 총점이 더 높은 사람이 더 많은 신체적 질병을 앓고 있다는 걸 발견했다. 이 척도는 여러 문화권과 다양한 인구를 대상으로 사용되었으며 오랜 기간에 걸쳐 유용성이 입증되었다. 놀라운 점은 이 척도가 어떤 사건이 얼마나 '부정적' 또는 '긍정적' 인지를 따지는 게 아니라 그것이 야기하는 변화의 양을 기준으로 삼는다는 것이다.

145 **우리 연구를 비롯한 많은 연구는 아이가 태어난 후에 부부의 관계 만족도가 떨어지는 일이 종종 있다는 걸 보여준다**: Schulz, Cowan, and Cowan (2006) 참조.

146 **더 많이 사랑하는 것 외에는 사랑을 치료할 방법이 없다**: 이 인용문은 《Thoreau's Journal I》, p. 88 (1839년 7월 25일)에 나온다.

147 **이건 마음챙김과 공통점이 많은 기술이며~ 유용성을 증명하는 연구를**: Kross (2021) 및 Kross and Ayduk (2017) 참조. 자기 거리두기와 마음챙김을 연결하는 연구는 Petrova and colleagues (2021) 참조.

제8장. 가깝고도 멀게, 어쩌면 우리 삶 그 자체인 가족

148 **"그걸 씨족, 네트워크, 부족, 가족 등 뭐라고 부르든"**: 이 인용구는 제인 하워드의 1998년 책《Families》(p. 234)에 나온다.

149 **로웰 스트리트(현재의 로마스니 웨이)**: Levesque, "The West End Through Time." 참조. 웨스트엔드와 보스턴의 다른 지역에 살던 우리 참가자들의 동네 중 상당수가 1950년대에 시작된 도시 재개발 기간에 불도저에 의해 철거되었기 때문에 더 이상 예전 모습이 남아 있지 않다. 시간의 흐름에 따른 웨스트엔드의 변화에 대한 훌륭한 설명은 http://web.mit.edu/aml2010/www/throughtime.html을 참조.

150 **심리학계에서 여전히 논쟁 중인 사안이다. 어떤 이들은 어릴 때 가족 내에서 한 경험이 우리가 어떤 사람이 되느냐를 결정한다고 믿는다**: 지그문트 프로이트와 그의 정신분석 체계를 추종하는 많은 이들은 성인의 성격과 기능이 형성되는 데 있어 유아기의 경험이 차지하는 역할을 강조한 것으로 유명하다. 주디스 리치 해리스의 1998년도 책(《양육가설》)은 유아기의 환경과 이후 기능 사이의 이런 연관성은 대부분 유전적 영향으로 설명할 수 있다고 주장하여 유아기의 환경이 인생 후반의 기능을 형성하는 정도에 대한 공개 토론에 불을 붙였다. 이 사안의 양측 지지자들은 지금도 계속 토론을 이어가고 있다.

151 **"인간은 섬이 아니다"**: 존 던의 이 인용문은《Devotions Upon Emergent Occasions: Together with Death's Duel》, pp. 108-9에서 찾을 수 있다.

152 **고대 중국에서는~ 가족의 개념이 형성되었다. ~ 이 모델은 한 자녀 가정 시대인 오늘날의 중국에도 강력하게 남아 있다**: Huang and Gove (2012) 참조.

153 **'볼룸 문화'**Ballroom culture: Marlon M. Bailey,《Butch Queens Up in Pumps》

154 **"일반적으로~ 사회적 안식처를 제공한다"**: Marlon M. Bailey,《Butch Queens Up in Pumps》, p. 5.

155 **현재의 삶이 어떻든 간에, 우리는 여전히 어린 시절의 유령과 우리를 키워준 사람들에 대한 기억을 지니고 있다**: 미국의 정신분석가이자 사회사업가인 셀마 프라이버그는 어린 시절의 유산이 미치는 영향과 관련해 〈Ghosts in the Nursery〉(1975)라는 제목의 영향력 있는 글을 썼다.

156 **1955년 발달 심리학자 에미 베르너**Emmy Werner**는**: 에미 베르너와 루스 S. 스미스는 이 연구를《Overcoming the Odds: High Risk Children from Birth to

Adulthood》(1992), 《Journeys from Childhood to Midlife: Risk, Resilience, and Recovery》(2001)라는 두 권의 책으로 요약했다.

157 **"[참가자들은] 사탕수수 농장에서 일하기 위해 하와이에 온 동남아시아와 유럽 이민자의 자녀와 손주들이었다. ~ 소수의 앵글로색슨 백인이 섞여 있었다"**: Emmy E. Werner and Ruth S. Smith, 〈An Epidemiologic Perspective on Some Antecedents and Consequences of Childhood Mental Health Problems and Learning Disabilities (A Report from the Kauai Longitudinal Study)〉, p. 293.

158 **베르너가 그 섬에서 일부 참가자만 선택하지 않았다는 점이다. ~ 이 연구는 30년 이상 지속되었다**: Werner (1993)에 연구 내용이 요약되어 있다.

159 **힘든 유년기를 보낸 아이들 중 3분의 1은~ 잘 적응하는 어른으로 성장했다**: Werner and Smith (1979).

160 **성인이 되어 어린 시절의 어려움을 인정하고 그 얘기를 좀 더 공개적으로 할 수 있게 된 하버드 연구 참가자들도 마찬가지였다. 다른 사람의 도움을 끌어내는 비슷한 능력을 가진 것처럼 보였다**: Waldinger and Schulz (2016)는 어려움을 인정하고 그것에 대해 얘기했을 때 생기는 이점의 증거를 제공한다.

161 **가족이 모여서 이야기를 나눌 수 있는 시간이~ 약물 남용, 10대 임신, 우울증의 위험도 낮춘다는 걸 알아냈다**: 이런 연구 결과가 Anne Fishel (2016), 〈Harnessing the Power of Family Dinners to Create Change in Family Therapy〉에 요약되어 있다.

162 **미국의 성인은 전체 식사의 절반 정도를 혼자 먹는다고 한다**: Ellen Byron (2019), "The Pleasures of Eating Alone."에서 보고된 내용.

163 **가족 이야기는 유대감을 형성하고 관계를 유지하는 데 중요하다**: 바바라 피스는 2006년에 출간한 《Family Routines and Rituals》와 2002년에 동료들과 함께 쓴 논문에서 가족 이야기와 다른 의식의 가치에 대해 논의한다.

제9장. 직장에서 관계가 좋아지면 삶의 질이 올라간다

164 **"하루하루를 판단하라"**: 이 인용문의 출처는 논쟁의 여지가 있다. 19세기에 작가 로버트 루이스 스티븐슨이 쓴 글이라는 얘기가 많지만 그보다 조금 더 후에 윌리엄 아서 워드가 쓴 글일 가능성이 더 크다. 스티븐슨의 버전은 흔히 "거둔 수확으로 하루하루를 판단하지 말고 심은 씨앗으로 판단하라."라고 인용된다. 이 인용

문의 출처에 대한 논의는 https://quoteinvestigator.com/2021/06/23/seeds/#note-439819-1 참조.

165 **영국 노동자들은 매년 가장 많은 시간을 일하지는 않지만~ 노동자의 죽은 예다:** Charlie Giattino and colleagues (2013), "Working Hours."

166 **영국의 평균적인 개인은 80세가 될 때까지~ 직장에서 약 11만 2,000시간(13년) 이상을 보낼 것이다**: 많은 나라에서 시간 사용 조사를 완료했다. 미국의 노동통계국은 미국시간사용조사ATUS의 일환으로 사람들이 다양한 활동에 소비하는 시간을 정기적으로 측정한다. 이런 시간 사용 조사는 평생 동안 각 활동에 소요된 총 시간의 추정치를 계산하기 위한 원시 데이터로 자주 사용된다. 이런 추정치는 사용된 정확한 데이터와 예측에 사용된 방법에 따라 달라진다. 우리가 사용한 것은 2017년에 Gemma Curtis가 올린 게시물(2021년 4월에 최종 수정)에서 나온 것이다.

167 **16세 이상의 모든 미국인 가운데 63퍼센트는 유급 노동력의 일부인데**: 미국 노동통계국(2021년 10월에 검색), https://data.bls.gov/timeseries/LNS11300000.

168 **그는 일터에서의 힘든 하루가 친밀한 관계에 미치는 영향을 정량화하기 위한 연구를 수행했다**: 이 연구 내용은 Schulz and colleagues (2004), 〈Coming Home Upset: Gender, Marital Satisfaction and the Daily Spillover of Workday Experience into Marriage〉에 요약되어 있다.

169 **감정을 무시하거나 파트너에게 숨기려고 하는 것 말이다. 이는 감정의 강도와 신체적 각성을 증가시킨다**: 제임스 그로스와 동료들은 다른 사람에게 감정을 숨기는 것이 신체에 미치는 영향을 조사하는 중요한 연구를 수행했다. Gross and Levenson (1993) 및 Gross (2002) 참조. 연구에 따르면 다른 사람에게 감정을 숨기려고 적극적으로 노력할 경우 심혈관계가 흥분 징후를 보이고 땀을 더 많이 흘리게 된다고 한다(내적인 생리적 각성의 또 다른 징후). 강한 부정적 감정을 무시하거나 피하려는 반복적인 시도가 종종 그런 감정과 관련된 어려움을 증가시킨다는 다른 연구(예: Hayes and colleagues, 2004)도 있다.

170 **일터에서 힘든 나날을 보내는 건 불가피한 일이다:** 어떤 이들은 사회적, 경제적 지위 때문에 직장에서 받은 부정적인 영향이 웰빙에 미치는 여파에 더 취약할 수 있다. 예를 들어 2020년에 렁과 동료들이 루이지애나에서 진행한 연구에 따르면 흑인 여성들은 직장의 영향이 가족생활로 파급되는 데 특히 취약할 수 있다.

171 **노스엔드는 이탈리아인들이 많이 사는 동네였고**: 보스턴에 사는 이탈리아 이민자들의 역사는 Stephen Puleo (2007), 《The Boston Italians》 참조.

172 **외로움은 흡연이나 비만만큼이나 사망 위험을 높인다**: Julianne Holt-Lunstad and colleagues (2010)의 메타 분석 리뷰에서 결론 참조.

173 **갤럽은 30년 동안 업무 몰입도 조사를 실시했다.~ '직장에 가장 친한 친구가 있는가?'다**: Annamarie Mann (2018), "Why We Need Best Friends at Work."

174 직장에 친한 친구가 있는 사람은 그렇지 않은 사람보다 일에 더 몰입한다고 한다: Annamarie Mann (2018)이 갤럽에 보고한 연구 결과와 우정을 쌓을 기회와 직업 만족도 및 몰입도 사이의 연관성을 조사한 Christine Riordan and Rodger Griffeth (1995)의 연구 참조.

175 **직장에서의 긍정적인 관계는 스트레스 수준을 낮추므로~ 우리를 더 행복하게 해준다**: Mann (2018), 〈뉴욕타임스〉에 실린 Adam Grant (2015)의 글, Riordan and Griffeth (1995)의 연구 참조.

176 **메리 에인스워스는~ 직장에서 직접 성차별을 겪었다**: 메리 에인스워스는 Agnes N. O'Connell and Nancy Felipe Russo, eds. (1983), 《Models of Achievement: Reflections of Eminent Women in Psychology》의 한 챕터에서 이때의 경험과 다른 인생 경험에 대해 썼다.

177 **미국에서는 1960년대 이후로 여성 노동력의 역할이 크게 바뀌어서~ 가정에서는 여성의 역할에 그에 상응하는 변화가 생기지 않았다**: 이런 경향은 앨리 혹실드의 책 《The Second Shift》(1989/2012)에 기록되어 있다. 유사한 추세와 불평등을 기록한 스콧 콜트레인의 2000년 리뷰도 참조.

178 **가정에서의 시간 부담은 여전히 여성에게 더 많이 지워진다**: Bianchi and colleagues (2012) 연구 참조.

179 **필라델피아 북동쪽 외곽에는 예전에 가족 농장이었던 땅이 넓게 펼쳐져 있다.~ UPS 택배 분류 센터로 전환되고 있다**: Inga Saffron (2021), "Our Desire for Quick Delivery Is Bringing More Warehouses to Our Neighborhoods." 다음 사이트에서 이런 변화에 대한 추가적인 문서를 확인할 수 있다. https://www.inquirer.com/philly/blogs/inq-phillydeals/ne-phila-ex-budd-site-sold-for-18m-to-cdc-for-warehouses-20180308.html, https://www.workshopoftheworld.com/northeast/budd.html, https://philadelph

ianeighborhoods.com/2019/10/16/northeast-residents-look-to-city-for-answers-about-budd-site-development/.

180 일이 사교와 연결의 주요 원천이라는 걸: Adam Grant (2015), "Friends at work? Not so Much." 참조.

181 **우리는 동료와 고객들로부터 고립되었다**: Philip Armour and colleagues가 랜드 연구소를 위해 작성한 2020년 보고서 참조.

182 **더 많은 기술 발전이 이루어져야 한다**: 특정한 작업 특성 변화와 그 영향에 대한 자세한 내용은 "The IWG Global Workspace Survey" (2019) 참조.

제10장. 우정은 인생의 거친 파도에서 우리를 보호해준다

183 **"내 친구들은 나의 '재산'이다."**: 에밀리 디킨슨은 1858년 새뮤얼 볼스에게 보낸 편지에 이 문구를 썼다.

184 **부처님의 제자 중 한 명인 아난다가**: 이 인용문은 쌍윳따 니까야 XLV.2의 우팟다 수타에 나오는 것으로, 번역본은 http://www.buddhismtoday.com/english/texts/samyutta/sn45-2.html에서 확인할 수 있다.

185 **"친구가 없다면"**: 아리스토텔레스는 기원전 350년에 《니코마코스 윤리학》(VIII권)에 실린 우정에 관한 에세이의 첫머리에 이렇게 썼다.

186 **세네카는 친구의 가치는 그들이 우리를 위해 할 수 있는 일보다 훨씬 크다고 썼다. ~ "추방당할 때 따라갈 수 있는 그런 사람을 만나기 위해서다."**: 세네카의 이 인용구는 그가 쓴 《Letters from a Stoic》에 나온다.

187 **사회적 연결이 건강과 장수에 미치는 영향을 분석하기 위해~ 2010년에 148개 연구와 방대한 양의 데이터를 모아 진행한 검토 작업**: 홀트-룬스타드가 《PLOS Medicine》에 기고한 2010년 논문 참조(앞서 제2장에서도 얘기했다).

188 **호주에서 진행된 대규모 종단 연구에서는~ 가장 강한 친구 네트워크를 가진 사람은**: L.C. Giles and colleagues (2004), 〈Effect of Social Networks on 10 Year Survival in Very Old Australians: The Australian Longitudinal Study of Aging〉 참조.

189 **유방암에 걸린 간호사 2,835명을 대상으로 한 종단 연구에서는~ 친한 친구가 없는 여성보다 생존 가능성이 네 배 높다는 것을 발견했다**: Candyce Kroenke and colleagues (2006), 〈Social Networks, Social Support, and Survival After

Breast Cancer Diagnosis〉 참조.

190 **1만 7,000명 이상을 대상으로 진행한 종단 연구에서는~ 사망 위험이 6년 동안 거의 4분의 1로 줄어들었다**: 이 연구 결과는 Kristina Orth-Gomer and J.V. Johnson (1987), 〈Social Network Interaction and Mortality. A Six Year Follow-up Study of a Random Sample of the Swedish Population〉에 보고되었다.

191 **"비밀을 공유하거나 친밀한 대화를 나누면서~ 비밀을 공유하는 것에 중점을 뒀다."**: 이 인용문은 Niobe Way (2013), 〈Boys' Friendships During Adolescence: Intimacy, Desire, and Loss〉 p. 202에서 발췌한 것이다.

192 남자와 여자가 우정에서 추구하는 것의 성별 차이는 문화적 가정을 고려해서 예상했던 차이보다 작다는 것이다: 총 8,825명의 개인이 포함된 36개의 개별 표본에서 우정에 대한 기대의 성별 차이를 메타 분석한 제프리 홀의 2011년 리뷰 참조. 이 메타분석은 연구 전반에 걸쳐 우정에 대한 기대치의 성별 차이가 대체로 크지 않다는 걸 발견했다. 이는 남성과 여성의 기대치가 나뉘기보다는 겹치는 부분이 훨씬 많다는 걸 의미한다. 예를 들어 여성 참가자들은 평균적으로 남성 참가자보다 우정에서 약간 더 많은 걸 기대했지만, 그 차이는 남성과 여성의 분포가 85퍼센트 이상 겹칠 정도로 작았다.

193 **한 흥미로운 연구를 진행하며~ 낯선 사람과 친근한 시간을 보내도 기분이 좋아진다는 얘기다**: 이 연구 결과는 Gillian M. Sandstrom and Elizabeth U. Dunn (2014), "Is Efficiency Overrated?: Minimal Social Interactions Lead to Belonging and Positive Affect."에 나온 것이다.

194 **반복적인 가벼운 접촉이 긴밀한 우정이 형성되는 과정을 촉진하는 것으로 나타났다**: Jeffrey Hall (2019), 〈How Many Hours Does It Take to Make a Friend?〉 presents research on how repeated contact is connected to friendship.

195 **마크 그래노베터**Mark Granovetter**는 ~ 중요한 연구를 했다**: 〈The Strength of Weak Ties〉 (1973)는 약한 유대관계에 관한 그래노베터의 고전적인 논문이다.

196 **"경청은 매력적이면서도 묘한 창조적 힘을 발휘한다"**: Brenda Ueland, 《Tell Me More》

197 **일반적인 종단 연구는 중간에 그만두는 비율이 훨씬 높고 수명주기 전체를 다루지 못한다**: 크리스틴 구스타프손과 동료들은 2012년 연구에서 종적 연구의 감소에 대해 논의했다.

198 **사회정서학습**Social and Emotinal Learning, SEL **과정은~ 전 세계 학교에서 이 프로그램을 테스트하는 중이다**: 레베카 테일러와 동료들은 2017년 메타 분석에서 사회정서학습의 개입을 검토했다. 호프만과 동료들은 2020년 논문에서 SEL 개입의 대표적인 사례들을 논의했다.

199 **조직, 일터, 커뮤니티 센터의 성인들에게도 똑같은 교육을 실시하려는 노력과 움직임이 진행되고 있다**: 우리(밥과 마크)도 수명연구재단(https://www.lifespanresearch.org/)과의 협력을 통해 성인들을 위한 이런 학습을 촉진하려는 노력에 참여하고 있다. 우리는 이 책에 인용된 연구를 바탕으로 개인이 더 행복하고 만족스러운 삶을 살 수 있도록 설계된 다섯 개 세션으로 구성된 과정을 두 개 만들었다. '인생 전환 로드맵' 과정(https://www.lifespanresearch.org/course-for-individuals/)은 인생의 모든 단계에 있는 성인을 대상으로 하는 것이고, '다음 장' 과정(https://www.lifespanresearch.org/next-chapter/)은 50~70세 사이의 개인을 대상으로 특별히 설계되었다.

참고문헌

Ainsworth, Mary D. "Reflections by Mary D. Ainsworth." In *Models of Achievement:Reflections of Eminent Women in Psychology,* Agnes N. O'Connell and Nancy Felipe Russo, eds. New York: Columbia University Press, 1983.

Aknin, L., et al. "Mental Health During the First Year of the COVID-19 Pandemic: A Review and Recommendations for Moving Forward." *Perspectives on Psychological Science* (accepted 2021).

Allen, Joseph P., et al. "Longitudinal Assessment of Autonomy and Relatedness in Adolescent-Family Interactions as Predictors of Adolescent Ego Development and Self-Esteem." *Child Development* 65, no. 1 (1994): 179-94. https://doi.org/10.2307/1131374.

Allibone, Samuel Austin. "Prose Quotations from Socrates to Macauley." Philadelphia: J. B Lippincott, 1880.

한나 아렌트, 《인간의 조건》, 한길사, 2019.

Aristotle. *Nicomachean Ethics* 1.5, W. D. Ross, trans. Kitchener, Ontario: Batoche

Books, 1999.

Armour, Philip, et al. "The COVID-19 Pandemic and the Changing Nature of Work: Lose Your Job, Show Up to Work, or Telecommute?" RAND Corporation, Santa Monica, CA (2020). https://www.rand.org/pubs/research_reports/RRA308-4.html.

Arrett, Jeffrey J. "Emerging Adulthood: A Theory of Development from the Late Teens Through the Twenties." *American Psychologist* 55 (2000): 469–80.

Bailey, Marlon M. *Butch Queens Up in Pumps.* Ann Arbor: University of Michigan Press, 2013.

Baldwin, T. W. *William Shakespeare's Small Latine and Lesse Greeke.* Urbana: University of Illinois Press, 1944.

Baltes, Paul B. "On the Incomplete Architecture of Human Ontogeny." *American Psychologist* 52 (1997): 366–80.

Bancroft, Anne. *The Wisdom of the Buddha: Heart Teachings in His Own Words.* Boulder, CO: Shambala, 2017.

Bandura, Albert. "The Psychology of Chance Encounters and Life Paths." *American Psychologist* 37, no. 7 (1982): 747–55. https://doi.org/10.1037/0003-066X.37.7.747.

Barreto, Manuela, et al. "Loneliness Around the World: Age, Gender, and Cultural Differences in Loneliness." *Personality and Individual Differences* 169 (2020): 110066. doi:10.1016/j.paid.2020.110066.

Barrick, Elyssa M., Alixandra Barasch, and Diana Tamir. "The Unexpected Social Consequences of Diverting Attention to Our Phones." *PsyArXiv* (October 18, 2020). doi:10.31234/osf.io/7mjax.

Bianchi, Suzanne M., et al. "Who Did, Does or Will Do It, and How Much Does It Matter?" *Social Forces* 91, no. 1 (September 2012): 55–63. https://doi.org/10.1093/sf/sos120.

Birkjaer, Michael, and Micah Kaats. "Does Social Media Really Pose a Threat to Young People's Well-being?" Nordic Council of Ministers (2019). http://dx.doi.org/10.6027/Nord2019-030.

Bohlmeijer, Ernst Thomas, Peter M. ten Klooster, and Martine Fledderus. "Psychometric Properties of the Five-Facet Mindfulness Questionnaire in Depressed Adults and Development of a Short Form." *Assessment* 18, no. 3 (2011): 308–20. https://doi.org/10.1177/1073191111408231.

Bonanno, G. A., et al. "The Importance of Being Flexible: The Ability to Both Enhance and Suppress Emotional Expression Predicts Long-Term Adjustment." *Psychological Science* 15 (2004): 482–87. http://dx.doi.org/10.1111/j.0956-7976.

Bonanno, George, and Charles L. Burton. "Regulatory Flexibility: An Individual Differences Perspective on Coping and Emotion Regulation." *Perspectives on Psychological Science* 8, no. 6 (2013): 591–612. https://doi.org/10.1177/1745691613504116.

Bosma, Hans, et al., "Low Job Control and Risk of Coronary Heart Disease in Whitehall II (Prospective Cohort) Study." *BMJ* 314 (1997): 558–65.

Bromfield, Richard. *Playing for Real.* Boston: Basil Books, 1992.

Buchholz, Laura. "Exploring the Promise of Mindfulness as Medicine." *JAMA* 314, no. 13 (October 2015): 1327–29. doi:10.1001/jama.2015.7023. PMID 26441167.

Buschman, Timothy J., et al. "Neural Substrates of Cognitive Capacity Limitations." *PNAS* 108, no. 27 (July 2011): 11252–55. https://doi.org/10.1073/pnas.1104666108.

Byron, Ellen. "The Pleasures of Eating Alone." *Wall Street Journal,* October 2, 2019. https://www.wsj.com/articles/eating-alone-loses-its-stigma-11570024507.

Cacioppo, John T., Stephanie Cacioppo, and Dorret I. Boomsma. "Evolutionary Mechanisms for Loneliness." *Cognition and Emotion* 28, no. 1 (2014): 3–21. doi:10.1080/02699931.2013.837379.

존 카치오포, 윌리엄 패트릭, 《인간은 왜 외로움을 느끼는가》, 민음사, 2013.

Cacioppo, John T., and Stephanie Cacioppo. "The Phenotype of Loneliness." *European Journal of Developmental Psychology* 9, no. 4 (2012): 446–52. doi:10.1080/17405629.2012.690510.

Cacioppo, John T., et al. "The Chicago Health, Aging and Social Relations Study." In *The Science of Subjective Wellbeing,* Michael Eid and Randy J. Larsen, eds. New York: Guilford Press, 2008. Chapter 13, 195–219.

Cacioppo, John T., and Stephanie Cacioppo. "The Population-Based Longitudinal Chicago Health, Aging, and Social Relations Study (CHASRS): Study Description and Predictors of Attrition in Older Adults." *Archives of Scientific Psychology* 6, no. 1 (2018): 21–31.

데일 카네기, 《데일 카네기 인간관계론》, 와일드북, 2023.

루이스 캐럴, 《거울 나라의 앨리스》, 시공주니어, 2019.

Carstensen, Laura L. "The Influence of a Sense of Time on Human Development." *Science* 312, no. 5782 (2006): 1913–15. doi:10.1126/science.1127488.

Carstensen, Laura L., D. M. Isaacowitz, and S. T. Charles. "Taking Time Seriously: A Theory of Socioemotional Selectivity." *American Psychologist* 54, no. 3 (1999): 165–81. doi:10.1037//0003-066x.54.3.165.

Caspi, A., and T. E. Moffitt. "The Continuity of Maladaptive Behavior: From Description to Understanding in the Study of Antisocial Behavior." In Wiley series on personality processes. *Developmental Psychopathology 2, Risk, Disorder, and Adaptation,* D. Cicchetti and D. J. Cohen, eds. Hoboken, N.J.: John Wiley & Sons, 1995.

Chakkarath, Pradeep. "Indian Thoughts on Psychological Human Development." In *Psychology and Psychoanalysis in India,* G. Misra, ed. New Delhi: Munshiram Manoharlal Publishers, 2013, pp. 167–90.

Chamie, Joseph. "The End of Marriage in America?" *The Hill,* August 10, 2021. https://thehill.com/opinion/finance/567107-the-end-of-marriage-in-america.

Coan, James, Hillary S. Schaefer, and Richard J. Davidson. "Lending a Hand: Social Regulation of the Neural Response to Threat." *Psychological Science* 17, no. 12 (2006): 1032–39. doi:10.1111/j.1467-9280.2006.01832.x.

Coan, James. "Why We Hold Hands: Dr. James Coan at TEDxCharlottesville 2013." TEDx Talks, January 25, 2014. https://www.youtube.com/

watch?v=1UMHUPPQ96c.

Cohen, Leonard. *The Future.* Sony Music Entertainment, 1992.

Cohen, Shiri, et al. "Eye of the Beholder: The Individual and Dyadic Contributions of Empathic Accuracy and Perceived Empathic Effort to Relationship Satisfaction." *Journal of Family Psychology* 26, no. 2 (2012): 236–45. doi:10.1037/a0027488.

Cohn, Deborah A., et al. "Working Models of Childhood Attachment and Couple Relationships." *Journal of Family Issues* 13, no. 4 (1992): 432–49.

Coltrane, Scott. "Research on Household Labor: Modeling and Measuring the Social Embeddedness of Routine Family Work." *Journal of Marriage and Family* 62, no. 4 (2000): 1208–33. http://www.jstor.org/stable/1566732.

Cox, Rachel Dunaway. *Youth into Maturity.* New York: Mental Health Materials Center, 1970.

Crick, N. R., and K. A. Dodge. "A Review and Reformulation of Social-Information Processing Mechanisms in Children's Development." *Psychological Bulletin* 115 (1994): 74–101.

Cronin, Christopher J., and William N. Evans. "Excess Mortality from COVID and Non-COVID Causes in Minority Populations." *Proceedings of the National Academy of Sciences* 118, no. 39 (September 2021): e2101386118. doi:10.1073/pnas.2101386118.

Curtis, Gemma. "Your Life in Numbers." Creative Commons License, September 29, 2017 (last modified April 28, 2021). https://www.dreams.co.uk/sleep-matters-club/your-life-in-numbers-infographic/.

Czeisler, Mark E., et al. "Mental Health, Substance Use, and Suicidal Ideation During the COVID-19 Pandemic." *Morbidity and Mortality Weekly Report,* United States, June 24–30, 2020: 1049–57. http://dx.doi.org/10.15585/mmwr.mm6932a1.

Dalai Lama. "Economics, Happiness, and the Search for a Better Life." *Dalailama.com,* February 2014. https://www.dalailama.com/news/2014/economics-happiness-and-the-search-for-a-better-life.

Dickinson, Emily. "Dickinson letter to Samuel Bowles (Letter 193)." *Letters from Dickinson to Bowles Archive* (1858). http://archive.emilydickinson.org/correspondence/bowles/1193.html.

Donne, John. *Devotions Upon Emergent Occasions: Together with Death's Duel.* Ann Arbor: University of Michigan Press, 1959.

Dworkin, Jordan. D., et al. "Capturing Naturally Occurring Emotional Suppression as It Unfolds in Couple Interactions." *Emotion* 19, no. 7 (2019): 1224–35. https://doi.org/10.1037/emo0000524.

Eid, Michael, and Randy J. Larsen, eds. *The Science of Subjective Wellbeing.* New York: Guilford Press, 2008.

Emerson, Ralph Waldo. "Gifts" (1844). In *Essays and English Traits.* The Harvard Classics, 1909–14. https://www.bartleby.com/5/113.html.

Emerson, Ralph Waldo. *Essays.* Boston: James Munroe & Co., 1841.

Emerson, Ralph Waldo. *Letters and Social Aims.* London: Chatto & Windus, 1876.

Epley, Nicholas, and Juliana Schroeder. "Mistakenly Seeking Solitude." *Journal of Experimental Psychology* 143, no. 5 (2014): 1980–99. doi:10.1037/a0037323.

에릭 에릭슨, 조앤 에릭슨, 《인생의 아홉 단계》, 교양인, 2019.

에릭 에릭슨, 《유년기와 사회》, 연암서가, 2014.

Erikson, Erik. *Identity and the Life Cycle.* New York: International Universities Press, 1959.

Fallows, James. "Linda Stone on Maintaining Focus in a Maddeningly Distractive World." *The Atlantic,* May 23, 2013. https://www.theatlantic.com/national/archive/2013/05/linda-stone-on-maintaining-focus-in-a-maddeningly-distractive-world/276201/.

Farson, Richard, and Ralph Keyes. *Whoever Makes the Most Mistakes.* New York: Free Press, 2002.

Fiese, Barbara H. *Family Routines and Rituals.* New Haven: Yale University Press, 2006.

Fiese, Barbara H., et al. "A Review of 50 Years of Research on Naturally Occurring Family Routines and Rituals: Cause for Celebration?" *Journal of*

Family Psychology 16, no. 4 (2002): 381–90. https://doi.org/10.1037/0893-3200.16.4.381.

엘리 핀켈, 《괜찮은 결혼》, 지식여행, 2019.

Fishel, Anne K. "Harnessing the Power of Family Dinners to Create Change in Family Therapy." *Australian and New Zealand Journal of Family Therapy* 37 (2016): 514–27. doi:10.1002/anzf.1185.

Fraiberg, Selma, et al. "Ghosts in the Nursery: A Psychoanalytic Approach to the Problems of Impaired Infant-Mother Relationships." *Journal of American Academy of Child Psychiatry* 14, no. 3 (1975): 387–421.

Fung, Helene H., and Laura L. Carstensen. "Sending Memorable Messages to the Old: Age Differences in Preferences and Memory for Advertisements." *Journal of Personality and Social Psychology* 85, no. 1 (2003): 163–78.

Gable, Shelly L., and Courtney L. Gosnell. "Approach and Avoidance Behavior in Interpersonal Relationships." *Emotion Review* 5, no. 3 (July 2013): 269–74. https://doi.org/10.1177/1754073913477513.

Gable, Shelly L. "Approach and avoidance social motives and goals." *Journal of Personality* 71 (2006): 175–222.

Giattino, Charlie, Esteban Ortiz-Ospina, and Max Roser. "Working Hours." *ourworld indata.org,* 2013/2020. https://ourworldindata.org/working-hours.

Giles, L. C., et al. "Effects of Social Networks on 10 Year Survival in Very Old Australians: The Australian Longitudinal Study of Aging." *Journal of Epidemiology and Community Health* 59 (2004): 547–79.

Granovetter, Mark S. "The Strength of Weak Ties." *American Journal of Sociology* 78, no. 6 (1973): 1360–80.

Grant, Adam. "Friends at Work? Not So Much." *New York Times,* September 4, 2015. https://www.nytimes.com/2015/09/06/opinion/sunday/adam-grant-friends-at-work-not-so-much.html?_r=2&mtrref=undefined&gwh=52A0804F85EE4EF9D01AD22AAC839063&gwt=pay&assetType=opinion.

Griffin, Sarah C., et al. "Loneliness and Sleep: A Systematic Review and Meta-analysis." *Health Psychology Open* 7, no. 1 (2020): 1–11. doi:10.1177/2055

102920913235.

Gross, James J. "Emotion Regulation: Affective, Cognitive, and Social Consequences." *Psychophysiology* 39, no. 3 (2002): 281 –91. doi:10.1017/s0048577201393198.

Gross, James. J., and Robert W. Levenson. "Emotional Suppression: Physiology, Selfreport, and Expressive Behavior." *Journal of Personality and Social Psychology* 64, no. 6 (1993): 970 –86. https://doi.org/10.1037/0022-3514.64.6.970.

Gustavson, Kristin, et al. "Attrition and Generalizability in Longitudinal Studies: Findings from a 15-Year Population-Based Study and a Monte Carlo Simulation Study." *BMC Public Health* 12, article no. 918. doi:10.1186/1471-2458-12-918.

Hall, Jeffrey A. "How Many Hours Does It Take to Make a Friend?" *Journal of Social and Personal Relationships* 36, no. 4 (April 2019): 1278 –96. https://doi.org/10.1177/0265407518761225.

Hall, Jeffrey A. "Sex Differences in Friendship Expectations: A Meta-Analysis." *Journal of Social and Personal Relationships* 28, no. 6 (September 2011): 723 –47. https://doi.org/10.1177/0265407510386192.

Hammond, Claudia. "Who Feels Lonely? The Results of the World's Largest Loneliness Study." BBC Radio 4, May 2018. https://www.bbc.co.uk/programmes/articles/2yzhfv4DvqVp5nZyxBD8G23/who-feels-lonely-the-results-of-the-world-s-largest-loneliness-study.

틱낫한, 《틱낫한 명상》, 불광출판사, 2013.

Harris, Judith Rich. *The Nurture Assumption: Why Children Turn Out the Way They Do.* New York: Free Press, 1998.

Hawkley, Louise C., and John T. Cacioppo. "Loneliness Matters: A Theoretical and Empirical Review of Consequences and Mechanisms." *Annals of Behavioral Medicine: A Publication of the Society of Behavioral Medicine* 40, no. 2 (2010): 218 –27.doi:10.1007/s12160-010-9210-8.

Hayes, Steven. C., et al. "Measuring Experiential Avoidance: A Preliminary Test of a Working Model." *The Psychological Record* 54, no. 4 (2004): 553 –78.

https://doi.org/10.1007/BF03395492.

Helson, R., et al. "The Growing Evidence for Personality Change in Adulthood: Findings from Research with Inventories." *Journal of Research in Personality* 36 (2002): 287–306.

Hill-Soderlund, Ashley L., et al. "Parasympathetic and Sympathetic Responses to the Strange Situation in Infants and Mothers from Avoidant and Securely Attached Dyads." *Developmental Psychobiology* 50, no. 4 (2008): 361–76. doi:10.1002/dev.20302.

앨리 러셀 혹실드, 《돈 잘 버는 여자 밥 잘 하는 남자》, 아침이슬, 2001.

Hoffmann, Jessica D., et al. "Teaching Emotion Regulation in Schools: Translating Research into Practice with the RULER Approach to Social and Emotional Learning." *Emotion* 20, no. 1 (2020), 105–9. https://doi.org/10.1037/emo0000649.

Holmes, Thomas H., and Richard H. Rahe. "The Social Readjustment Rating Scale." *Journal of Psychosomatic Research* 11, no. 2 (1967), 213–18. https://doi.org/10.1016/0022-3999(67)90010-4.

Holt-Lunstad, Julianne, Timothy B. Smith, and J. Bradley Layton. "Social Relationships and Mortality Risk: A Meta-analytic Review." *PLoS Medicine* 7, no. 7 (2010): e1000316. https://doi.org/10.1371/journal.pmed.1000316.

Holt-Lunstad, Julianne, et al. "Loneliness and Social Isolation as Risk Factors for Mortality: A Meta-Analytic Review." *Perspectives on Psychological Science* 10, no. 2 (2015): 227–37. doi:10.1177/1745691614568352.

House, James S., et al. "Social Relationships and Health." *Science New Series* 241, no. 4865 (July 1988): 540–45.

Howard, Jane. *Families.* New York: Simon & Schuster, 1998.

Huang, Grace Hui-Chen, and Mary Gove. "Confucianism and Chinese Families: Values and Practices in Education." *International Journal of Humanities and Social Science* 2, no. 3 (February 2012): 10–14. http://www.ijhssnet.com/journals/Vol_2_No_3_February_2012/2.pdf.

Hwang, Tzung-Jeng, et al. "Loneliness and Social Isolation During the COVID-19

Pandemic." *International Psychogeriatrics* 32, no. 10 (2020): 1217–20. doi:10.1017/S1041610220000988.

Impett, E. A., et al. "Moving Toward More Perfect Unions: Daily and Long-term Consequences of Approach and Avoidance Goals in Romantic Relationships." *Journal of Personality and Social Psychology* 99 (2010): 948–63.

IPSOS. "2020 Predictions, Perceptions and Expectations" (March 2020).

IWG. "The IWG Global Workspace Survey." International Workplace Group (March 2019). https://assets.regus.com/pdfs/iwg-workplace-survey/iwg-workplace-survey-2019.pdf.

Jaffe, Sara. "Queer Time: The Alternative to 'Adulting.'" *JStor Daily*, January 10, 2018. https://daily.jstor.org/queer-time-the-alternative-to-adulting/.

Jeffrey, Karen, et al. "The Cost of Loneliness to UK Employers." New Economics Foundation, February 2017. https://neweconomics.org/uploads/files/NEF_COST-OF-LONELINESS_DIGITAL-Final.pdf.

Jeste, Dilip V., Ellen E. Lee, and Stephanie Cacioppo. "Battling the Modern Behavioral Epidemic of Loneliness: Suggestions for Research and Interventions." *JAMA Psychiatry* 77, no. 6 (2020): 553–54. doi:10.1001/jamapsychiatry.2020.0027.

Jha, Amishi, et al. "Deploying Mindfulness to Gain Cognitive Advantage: Considerations for Military Effectiveness and Well-being." *NATO Science and Technology Conference Proceedings* (2019): 1–14. http://www.amishi.com/lab/wp-content/uploads/Jhaetal_2019_HFM_302_DeployingMindfulness.pdf.

Johnson, Sue. *Love Sense: The Revolutionary New Science of Romantic Relationships.* New York: Little, Brown, 2013.

Kahneman, Daniel, and Amos Tversky. "Prospect Theory: An Analysis of Decision Under Risk." *Econometrica* 47 (1979): 263–91.

Kahneman, Daniel, and Angus Deaton. "High Income Improves Evaluation of Life but Not Emotional Well-being." *Proceedings of the National Academy of Sciences* 107, no. 38 (September 2010): 16489–93. doi:10.1073/pnas.1011492107.

Kiecolt-Glaser, Janice K. "WEXMED Live: Jan Kiecolt Glaser." October 6, 2016, Ohio State Wexner Medical Center. Video, 14:52. https://www.youtube.com/watch?v=hjUW2YC1OYM.

Kiecolt-Glaser, Janice K., et al. "Slowing of Wound Healing by Psychological Stress." *Lancet* 346, no. 8984 (November 1995): 1194–96. doi:10.1016/s0140-6736(95)92899-5.

Killgore, William D. S., et al. "Loneliness: A Signature Mental Health Concern in the Era of COVID-19." *Psychiatry Research* 290 (2020): 113117.doi:10.1016/j.psychres.2020.113117.

Killingsworth, Matthew, and Daniel T. Gilbert. "A Wandering Mind Is an Unhappy Mind." *Science* 330, no. 6006 (2010): 932. doi:10.1126/science.1192439.

Krause, Sabrina, et al. "Effects of the Adult Attachment Projective Picture System on Oxytocin and Cortisol Blood Levels in Mothers." *Frontiers in Human Neuroscience* 8, no. 10 (2016): 627. doi:10.3389/fnhum.2016.00627.

Kroenke, Candyce H., et al. "Social Networks, Social Support, and Survival After Breast Cancer Diagnosis." *Journal of Clinical Oncology* 24, no. 7 (2006): 1105–11.doi:10.1200/JCO.2005.04.2846.

Kross, Ethan, Ozlem Ayduk, and W. Mischel. "When Asking 'Why' Does Not Hurt. Distinguishing Rumination from Reflective Processing of Negative Emotions." *Psychological Science* 16, no. 9 (2005): 709–15. doi:10.1111/j.1467-9280.2005.01600.x.

Kross, Ethan, et al. (2013). "Facebook Use Predicts Declines in Subjective Well-being in Young Adults." *PLoS ONE* 8, no. 8: e69841.

Kross, Ethan, and Ozlem Ayduk. "Self-Distancing: Theory, Research, and Current Directions." *Advances in Experimental Social Psychology* 55 (2017): 81–136. https://doi.org/10.1016/bs.aesp.2016.10.002.

이선 크로스, 《채터, 당신 안의 훼방꾼》, 김영사, 2021.

Kumashiro, M., and X. B. Arriaga. "Attachment Security Enhancement Model: Bolstering Attachment Security Through Close Relationships." In *Interpersonal Relationships and the Self-Concept,* B. Mattingly, K. McIntyre, and G. Lewandowski

Jr., eds. (2020). https://doi.org/10.1007/978-3-030-43747-3_5.

La Fontaine, Jean de. *The Complete Fables of Jean de La Fontaine.* Norman R. Shapiro, ed. Urbana: University of Illinois Press, 2007.

Lazarus, Richard S., and Susan Folkman. *Stress, Appraisal, and Coping.* New York: Springer, 1984.

Lazarus, Richard S. *Emotion and Adaptation.* New York: Oxford University Press, 1991.

Lee, Ellen, et al. "High Prevalence and Adverse Health Effects of Loneliness in Community-Dwelling Adults Across the Lifespan: Role of Wisdom as a Protective Factor." *International Psychogeriatrics* 31, no. 10 (2019): 1447-62. doi:10.1017/S1041610218002120.

L'Engle, Madeleine. *Walking on Water: Reflections on Faith and Art.* New York: Convergent, 1980.

Levesque, Amanda. "The West End Through Time." *Mit.edu* (Spring 2010). http://web.mit.edu/aml2010/www/throughtime.html.

대니얼 레빈슨, 《여자가 겪는 인생의 사계절》, 이화여자대학교출판문화원, 2004.

Luo, Ye, and Linda J. Waite. "Loneliness and Mortality Among Older Adults in China." *The Journals of Gerontology: Series B* 69, no. 4 (July 2014): 633-45. https://doi.org/10.1093/geronb/gbu007.

Lyubomirsky, Sonja, Kennon M. Sheldon, and David Schkade. "Pursuing Happiness: The Architecture of Sustainable Change." *Review of General Psychology* 9, no. 2 (2005): 111-31. doi:10.1037/1089-2680.9.2.111.

Magan, Christopher. "Isolated During the Pandemic Seniors Are Dying of Loneliness and Their Families Are Demanding Help," *Twin Cities Pioneer Press,* June 19, 2020. https://www.twincities.com/2020/06/19/isolated-during-the-pandemic-seniors-are-dying-of-loneliness-and-their-families-are-demanding-help/.

Mann, Annamarie. "Why We Need Best Friends at Work." Gallup, January 2018. https://www.gallup.com/workplace/236213/why-need-best-friends-work.aspx.

Manner, Jane. "Avoiding eSolation in Online Education." In *Proceedings of SITE 2003—Society for Information Technology and Teacher Education International Conference,* C. Crawford, et al., eds. Albuquerque: Association for the Advancement of Computing in Education (AACE) (2003): 408–10.

Marmot, Michael G., et al. "Contribution of Job Control and Other Risk Factors to Social Variations in Coronary Heart Disease Incidence." *Lancet* 350 (1997): 235–39.

Matthews, Timothy, et al. "Lonely Young Adults in Modern Britain: Findings from an Epidemiological Cohort Study." *Psychological Medicine* 49, no. 2 (January 2019): 268–77. doi:10.1017/S0033291718000788. Epub April 24, 2018.

McAdams, Kimberly, Richard E. Lucas, and M. Brent Donnellan. "The Role of Domain Satisfaction in Explaining the Paradoxical Association Between Life Satisfaction and Age." *Social Indicators Research* 109 (2012): 295–303. https://doi.org/10.1007/s11205-011-9903-9.

McGraw, A. P., et al. "Comparing Gains and Losses." *Psychological Science* 21 (2010): 1438–45.

Moors, A., et al. "Appraisal Theories of Emotion: State of the Art and Future Development." *Emotion Review* 5, no. 2 (2013): 119–24. doi:10.1177/1754073912468165.

Murayama, Kou. "The Science of Motivation." *Psychological Science Agenda,* June 2018. https://www.apa.org/science/about/psa/2018/06/motivation.

Neugarten, Bernie. "Adaptation and the Life Cycle." *The Counseling Psychologist* 6, no. 1 (1976): 16–20. doi:10.1177/001100007600600104.

Nevarez, Michael, Hannah M. Lee, and Robert J. Waldinger. "Friendship in War: Camaraderie and Posttraumatic Stress Disorder Prevention." *Journal of Traumatic Stress* 30, no. 5 (2017): 512–20.

Nielsen Report. "Q1 2018 Total Audience Report." 2018. https://www.nielsen.com/us/en/insights/report/2018/q1-2018-total-audience-report/.

Novick, Tessa K., et al. "Health-Related Social Needs and Kidney Risk Factor Control in an Urban Population." *Kidney Medicine* 3, no. 4 (2021): 680–82.

Oberst, Ursula, et al. "Negative Consequences from Heavy Social Networking in Adolescents: The Mediating Role of Fear of Missing Out." *Journal of Adolescence* 55 (2015): 51–60. https://doi.org/10.1016/j.adolescence.2016.12.008.

Okumura, S. *Realizing Genjokoan: The Key to Dogen's Shobogenzo.* Boston: Wisdom Publications, 2010.

Olsson, Craig A., et al. "A 32-Year Longitudinal Study of Child and Adolescent Pathways to Well-being in Adulthood." *Journal of Happiness Studies* 14, no. 3 (2013): 1069–83. doi:10.1007/s10902-012-9369-8.

Orben, A. "The Sisyphean Cycle of Technology Panics." *Perspectives on Psychological Science* 15, no. 5 (2020): 1143–57. https://doi.org/10.1177/1745691620919372.

Orth-Gomer, Kristina, and J. V. Johnson. "Social Network Interaction and Mortality. A Six Year Follow-up Study of a Random Sample of the Swedish Population." *Journal of Chronic Diseases* 40, no. 10 (1987): 949–57. doi:10.1016/0021-9681(87)90145-7.

Overall, Nickola C., and Jeffry A. Simpson. "Attachment and Dyadic Regulation Processes." *Current Opinion in Psychology* 1 (2015): 61–66. https://doi.org/10.1016/j.copsyc.2014.11.008.

Overstreet, R. Larry. "The Greek Concept of the 'Seven Stages of Life' and Its New Testament Significance." *Bulletin for Biblical Research* 19, no. 4 (2009): 537–63. http://www.jstor.org/stable/26423695.

Park, Soyoung Q., et al. "A Neural Link Between Generosity and Happiness." *Nature Communications* 8, no. 15964 (2017). https://doi.org/10.1038/ncomms15964.

Parker, Kim, et al. "Marriage and Cohabitation in the U.S." Pew Research Center (November 2019).

Pearson, Helen. *The Life Project.* Berkeley: Soft Skull Press, 2016.

Petrova, Kate, and Marc S. Schulz. "Emotional Experiences in Digitally Mediated and In-Person Interactions: An Experience-Sampling Study." *Cognition and Emotion* (2022): https://doi.org/10.1080/02699931.2022.2043244.

Petrova, Kate, et al. "Self-Distancing and Avoidance Mediate the Links Between Trait Mindfulness and Responses to Emotional Challenges." *Mindfulness* 12, no. 4 (2021): 947–58. https://doi.org/10.1007/s12671-020-01559-4.

Plato. *The Symposium,* Christopher Gill, trans. London: Penguin, 1999.

Pressman, S. D., et al. "Loneliness, Social Network Size, and Immune Response to Influenza Vaccination in College Freshmen." *Health Psychology* 24, no. 3 (2005): 297–306. doi:10.1037/0278-6133.24.3.297.

Puleo, Stephen. *The Boston Italians: A Story of Pride, Perseverance and Paesani, from the Years of the Great Immigration to the Present Day.* Boston: Beacon Press, 2007.

Rheault, Magali. "In U.S., 3 in 10 Working Adults Are Strapped for Time." Gallup, July 20, 2011. https://news.gallup.com/poll/148583/working-adults-strapped -time.aspx.

Riordan, Christine M., and Rodger W. Griffeth. "The Opportunity for Friendship in the Workplace: An Underexplored Construct." *Journal of Business Psychology* 10 (1995): 141–54. https://doi.org/10.1007/BF02249575.

Roberts, Max, Eric N. Reither, and Sojoung Lim. "Contributors to the Black-White Life Expectancy Gap in Washington, D.C." *Scientific Reports* 10, article no. 13416 (2020). https://doi.org/10.1038/s41598-020-70046-6.

Roder, Eva, et al. "Maternal Separation and Contact to a Stranger More than Reunion Affect the Autonomic Nervous System in the Mother-Child Dyad: ANS Measurements During Strange Situation Procedure in Mother-Child Dyad." *International Journal of Psychophysiology* 147 (2020): 26–34. https://doi.org/10.1016/j.ijpsycho.2019.08.015.

칼 로저스, 《진정한 사람되기》, 학지사, 2009.

Rogers, Kenny. "You Can't Make Old Friends." Track 1 on Kenny Rogers, *You Can't Make Old Friends*. Warner Music Nashville, 2013.

Ruavieja. "Ruavieja Commercial 2018 (English subs): #WeHaveToSeeMoreOfEachOther." November 20, 2018. https://www.youtube.com/watch?v=kma1bPDR-rE.

Rung, Ariane L., et al. "Work-Family Spillover and Depression: Are There Racial

Differences Among Employed Women?" *SSM—Population Health* 13 (2020): 100724. https://doi.org/10.1016/j.ssmph.2020.100724.

Saffron, Inga. "Our Desire for Quick Delivery Is Bringing More Warehouses to Our Neighborhoods." *Philadelphia Inquirer,* April 21, 2021. https://www.inquirer.com/real-estate/inga-saffron/philadelphia-amazon-ups-distribution-fulfillment-land-use-bustleton-residential-neighborhood-dhl-office-industrial-parks-20210421.html.

Sandstrom, Gillian M., and Elizabeth W. Dunn. "Is Efficiency Overrated?: Minimal Social Interactions Lead to Belonging and Positive Affect." *Social Psychological and Personality Science* 5, no. 4 (May 2014): 437–42. https://doi.org/10.1177/1948550613502990.

Sandstrom, Gillian M., and Erica J. Boothby. "Why Do People Avoid Talking to Strangers? A Mini Meta-analysis of Predicted Fears and Actual Experiences Talking to a Stranger." *Self and Identity* 20, no. 1 (2021): 47–71. doi:10.1080/15298868.2020.1816568.

Schulz, Marc, and Richard S. Lazarus. "Emotion Regulation During Adolescence: A Cognitive-Mediational Conceptualization." *In Adolescence and Beyond: Family Processes and Development,* P. K. Kerig, M. S. Schulz, and S. T. Hauser, eds. London: Oxford University Press, 2012.

Schulz, M. S., et al. "Coming Home Upset: Gender, Marital Satisfaction and the Daily Spillover of Workday Experience into Marriage." *Journal of Family Psychology* 18 (2004): 250–63.

Schulz, Marc S., P. A. Cowan, and C. P. Cowan. "Promoting Healthy Beginnings: A Randomized Controlled Trial of a Preventive Intervention to Preserve Marital Quality During the Transition to Parenthood." *Journal of Clinical and Consulting Psychology* 74 (2006): 20–31.

Seneca. *Letters from a Stoic,* trans. Robin Campbell (New York: Penguin, 1969/2004), pp. 49–50.

Sennett, Richard, and Jonathan Cobb. *The Hidden Injuries of Class.* New York: Knopf, 1972.

Shankar, Aparna, et al. "Social Isolation and Loneliness: Relationships with Cognitive Function During 4 Years of Follow-up in the English Longitudinal Study of Ageing." *Psychosomatic Medicine* 75, no. 2 (February 2013): 161–70. doi:10.1097/PSY.0b013e31827f09cd.

Sharif, M. A., C. Mogilner, and H. E. Hershfield. "Having Too Little or Too Much Time Is Linked to Lower Subjective Well-being." *Journal of Personality and Social Psychology.* Advance online publication (2021). https://doi.org/10.1037/pspp0000391.

Sheehy, Gail. New Passages: *Mapping Your Life Across Time.* New York: Ballantine, 1995.

Smith, C. A. "Dimensions of Appraisal and Physiological Response in Emotion." *Journal of Personality and Social Psychology* 56, no. 3 (1989): 339–53. https://doi org/10.1037/0022-3514.56.3.339.

Someshwar, Amala. "War, What Is It Good for? Examining Marital Satisfaction and Stability Following World War II." Undergraduate thesis, Bryn Mawr College, 2018.

Spangler, Gottfried, and Michael Schieche. "Emotional and Adrenocortical Responses of Infants to the Strange Situation: The Differential Function of Emotional Expression." *International Journal of Behavioral Development* 22, no. 4 (1998): 681–706. doi:10.1080/016502598384126.

Steinbeck, John. *Travels with Charley: In Search of America.* New York: Penguin, 1997.

Suzuki, Shunryu. *Zen Mind, Beginners Mind: Informal Talks on Zen Meditation and Practice.* Boulder, CO: Shambala Publications, 2011.

Tan, Pia. "The Taming of the Bull. Mind-Training and the Formation of Buddhist Traditions." http://dharmafarer.org/wordpress/wp-content/uploads/2009/12/8.2-Taming-of-the-Bull-piya.pdf, 2004.

Tarrant, John. *The Light Inside the Dark: Zen, Soul, and the Spiritual Life.* New York: HarperCollins, 1998.

Taylor, Rebecca D., et al. "Promoting Positive Youth Development Through School-Based Social and Emotional Learning Interventions: A Meta-Analysis of Follow-up Effects." *Child Development* 88, no. 4 (July/August 2017): 1156-71. https://doi.org/10.1111/cdev.12864.

Thompson, Derek. "The Myth That Americans Are Busier Than Ever." *theatlantic.com,* May 21, 2014. https://www.theatlantic.com/business/archive/2014/05/the-myth-that-americans-are-busier-than-ever/371350/.

Thoreau, Henry David. *The Writings of Henry David Thoreau (Journal 1, 1837–1846).* Edited by Bradford Torrey. Boston: Houghton Mifflin, 1906.

Twenge, Jean M., et al. "Generational Differences in Young Adults' Life Goals, Concern for Others, and Civic Orientation, 1966-2009." *Journal of Personality and Social Psychology* 102, no. 5 (May 2012): 1045-62. doi:10.1037/a0027408.

Ueland, Brenda. "Tell Me More." *Ladies' Home Journal,* November 1941.

U.S. Bureau of Labor Statistics (retrieved October 2021). https://data.bls.gov/timeseries/LNS11300000.

U.S. Department of Health and Human Services, Centers for Disease Control and Prevention, National Center for Chronic Disease Prevention and Health Promotion, Office on Smoking and Health. "The Health Consequences of Smoking—0 Years of Progress: A Report of the Surgeon General." Atlanta, 2014. https://www.cdc.gov/tobacco/data_statistics/sgr/50th-anniversary/index.htm.

조지 베일런트, 《행복의 조건》, 프런티어, 2010.

Vaillant, George. *Triumphs of Experience.* Cambridge: Harvard University Press, 2015.

Vaillant, George, and K. Mukamal. "Successful Aging." *American Journal of Psychiatry* 158 (2001): 839-47.

Verduyn, Philippe, et al. "Passive Facebook Usage Undermines Affective Well-being: Experimental and Longitudinal Evidence." *Journal of Experimental Psychology: General* 144, no. 2 (2015): 480-88. https://doi.org/10.1037/xge0000057.

Verduyn, Philippe, et al. "Do Social Network Sites Enhance or Undermine Subjective Well-being? A Critical Review." *Social Issues and Policy Review* 11, no. 1 (2017): 274 – 302.

Vespa, Jonathan. "The Changing Economics and Demographics of Young Adulthood, 1975 – 2016." United States Census Bureau, April 2017. https://www.census.gov/content/dam/Census/library/publications/2017/demo/p20-579.pdf.

Vlahovic, Tatiana A., Sam Roberts, and Robin Dunbar. "Effects of Duration and Laughter on Subjective Happiness Within Different Modes of Communication." *Journal of Computer-Mediated Communication* 17, no. 4 (July 2012): 436 – 50. https://doi.org/10.1111/j.1083-6101.2012.01584.x.

Waldinger, Robert J., and Marc S. Schulz. "Facing the Music or Burying Our Heads in the Sand?: Adaptive Emotion Regulation in Midlife and Late Life." *Research in Human Development* 7, no. 4 (2010): 292 – 306. doi:10.1080/15427609.2010.526527.

Waldinger, Robert J., and Marc S. Schulz. "The Long Reach of Nurturing Family Environments: Links with Midlife Emotion-Regulatory Styles and Late-Life Security in Intimate Relationships." *Psychological Science* 27, no. 11 (2016): 1443 – 50.

Waldinger, Robert J., and Marc S. Schulz. "What's Love Got to Do with It? Social Functioning, Perceived Health, and Daily Happiness in Married Octogenarians." *Psychology and Aging* 25, no. 2 (June 2010): 422 – 31. doi:10.1037/a0019087.

Waldinger, Robert J., et al. "Reading Others' Emotions: The Role of Intuitive Judgments in Predicting Marital Satisfaction, Quality and Stability." *Journal of Family Psychology* 18 (2004): 58 – 71.

Wallace, David Foster. "David Foster Wallace on Life and Work." *Wall Street Journal,* September 19, 2008. https://www.wsj.com/articles/SB122178211966454607.

Wang, Wendy. "More Than One-Third of Prime-Age Americans Have Never Married." *Institute for Family Studies Research Brief,* September 2020. https://ifstudies.org/ifs-admin/resources/final2-ifs-single-americansbrief2020.pdf.

Way, Niobe. "Boys' Friendships During Adolescence: Intimacy, Desire, and Loss." *Journal of Research on Adolescence* 23, no. 2 (2013): 201 – 13. doi:10.1111/jora.12047.

시몬 베유, 《중력과 은총》, 문학과지성사, 2021.

Werner, Emmy, and Ruth. S. Smith. *Overcoming the Odds: High Risk Children from Birth to Adulthood.* Ithaca: Cornell University Press, 1992.

Werner, Emmy E., and Ruth S. Smith. *Journeys from Childhood to Midlife: Risk, Resilience, and Recovery.* Ithaca: Cornell University Press, 2001.

Werner, Emmy E., and Ruth S. Smith. "An Epidemiologic Perspective on Some Antecedents and Consequences of Childhood Mental Health Problems and Learning Disabilities (A Report from the Kauai Longitudinal Study)." *Journal of American Academy of Child Psychiatry* 18, no. 2 (1979): 293.

Werner, Emmy. "Risk, Resilience, and Recovery: Perspectives from the Kauai Longitudinal Study." *Development and Psychopathology* 5, no. 4 (Fall 1993): 503 – 15. https://doi.org/10.1017/S095457940000612X.

Whillans, Ashley V., et al. "Buying Time Promotes Happiness." *PNAS* 114, no. 32 (2017): 8523 – 27. https://doi.org/10.1073/pnas.1706541114.

Whillans, Ashley. "Time Poor and Unhappy." *Harvard Business Review,* 2019. https://awhillans.com/uploads/1/2/3/5/123580974/whillans_03.19.19.pdf.

White, Judith B., et al. "Frequent Social Comparisons and Destructive Emotions and Behaviors: The Dark Side of Social Comparisons." *Journal of Adult Development* 13 (2006): 36 – 44.

Whitton, Sarah W., et al. "Prospective Associations from Family-of-Origin Interactions to Adult Marital Interactions and Relationship Adjustment." *Journal of Family Psychology* 22 (2008): 274 – 86. https://doi.org/10.1037/0893-3200.22.2.274.

Wile, Daniel. *After the Honeymoon: How Conflict Can Improve Your Relationship.* Hoboken, NJ: Wiley & Sons, 1988.

마크 윌리엄스, 존 티즈데일, 진델 세갈, 존 카밧진, 《마음챙김으로 우울을 지나는 법》, 마음친구, 2020.

Wilson, Timothy, and Daniel T. Gilbert. "Affective Forecasting." In *Advances in Experimental Social Psychology.* Mark P. Zanna, ed., vol. 35, pp. 345–411. San Diego: Academic Press, 2003.

Wilson, Timothy D., and Daniel T. Gilbert. "Affective Forecasting: Knowing What to Want." *Current Directions in Psychological Science* 14, no. 3 (June 2005): 131–34.

Wohn, Donghee Y., and Robert LaRose. "Effects of Loneliness and Differential Usage of Facebook on College Adjustment of First-Year Students." *Computers & Education* 76 (2014): 158–67. https://doi.org/10.1016/j.compedu.2014.03.018.

Wolf, Anthony. *Get Out of My Life, but First Could You Drive Me and Cheryl to the Mall?* New York: Farrar, Straus & Giroux, 2002.

Zagorski, Nick. "Profile of Elizabeth F. Loftus." *Proceedings of the National Academy of Sciences* 102, no. 39 (September 2005): 13721–23. doi:10.1073/pnas.0506223102.

Zanesco, Anthony P., et al. "Mindfulness Training as Cognitive Training in High-Demand Cohorts: An Initial Study in Elite Military Servicemembers." *Progress in Brain Research* 244 (2019): 323–54. https://doi.org/10.1016/bs.pbr.2018.10.001.

찾아보기

The
Good
Life